Alexander Iwánowitsch Herzen, geboren am 6. April 1812 in Moskau, ist am 21. Januar 1870 in Paris gestorben.

Die Erinnerungen des russischen Schriftstellers und Publizisten Alexander Herzen zählen zu den großen Beispielen einer Darstellungsform, die eindeutig weder der Autobiographie noch der politischen Literatur zuzuordnen ist, sondern Elemente beider Gattungen souverän miteinander verschmilzt.

1839 bis 1847 hat er in enger Verbindung mit Belinskij und den »Westlern« gestanden. 1847 verließ er Rußland, erlebte in Paris den Zusammenbruch der Revolution und machte die Bekanntschaft von Marx. 1852 ging er nach London, 1864 nach Genf; in dieser Phase seines Lebens begann seine Freundschaft mit Bakunin. – Herzen hat als Herausgeber zweier Zeitschriften (*Der Polarstern, Die Glocke*) in zahlreichen Aufsätzen und Pamphleten mit seinen Reformvorstellungen Einfluß auf die öffentliche Meinung in Rußland und in Europa genommen. Was die *Denkwürdigkeiten* zu einem paradigmatischen Werk macht, ist die vielschichtige Verknüpfung individueller lebensgeschichtlicher Ereignisse mit den objektiven Prozessen einer Epoche des Umbruchs und der neuen Zielsetzungen. Ein historisches Dokument also? Nicht nur und nicht in erster Linie, sondern auch und vor allem ein Buch der Erfahrungen und Wendungen.

insel taschenbuch 1097

Herzen

Die gescheiterte Revolution

Alexander Herzen
Die gescheiterte Revolution

Denkwürdigkeiten aus dem 19. Jahrhundert

Ausgewählt und herausgegeben von
Hans Magnus Enzensberger
Mit einer Einleitung von
Isaiah Berlin

Insel Verlag

Александр Иванович Герцен

БЫЛОЕ И ДУМЫ

Aus dem Russischen übersetzt von Hertha v. Schulz

insel taschenbuch 1097
Erste Auflage 1988
Insel Verlag Frankfurt am Main

Hinweise zu dieser Ausgabe am Schluß des Bandes
Vertrieb durch den Suhrkamp Taschenbuch Verlag
Umschlag nach Entwürfen von Willy Fleckhaus
Druck: Nomos Verlagsgesellschaft, Baden-Baden
Printed in Germany

1 2 3 4 5 6 – 93 92 91 90 89 88

Inhalt

Alexander Herzen
Die gescheiterte Revolution

Isaiah Berlin: Alexander Herzen. Eine Einführung

Ähnlich wie Diderot war Alexander Herzen ein genialer Amateur, dessen Anschauungen und Wirkungen die Richtung des sozialen Denkens in seinem Land nachhaltig veränderten. Ähnlich wie Diderot war er ein brillanter und unwiderstehlicher Unterhalter: er unterhielt sich mit seinen nächsten Freunden und in den Moskauer Salons ebensogut in Russisch wie in Französisch – und dies immer in einer mitreißenden Folge von Ideen und Bildern. Aus der Sicht der Nachwelt ist der Verlust, ganz wie im Falle Diderots, möglicherweise immens: er hatte keinen Boswell und keinen Eckermann, die seine Gespräche aufgezeichnet hätten, und er war nicht der Mann, der eine solche Beziehung überhaupt zugelassen hätte. Seine Prosa ist im wesentlichen eine Art Gespräch, mit allen Mängeln und Vorzügen, die dem Gespräch eignen: eloquent, unmittelbar, mit dem Hang des geborenen Geschichtenerzählers zur grandiosen Übertreibung, jederzeit bereit zu Abschweifungen, die ihn in ein Netzwerk von Erinnerungen oder Spekulationen verstricken, dann aber immer wieder zurückkehrend zum zentralen Punkt der Geschichte oder des Arguments. Vor allem aber besitzt seine Prosa die Lebendigkeit des gesprochenen Worts – sie erinnert weder an die sorgfältig komponierten Sätze der von ihm bewunderten französischen »Philosophen« noch an den sperrigen Stil der deutschen Philosophie, in deren Schule er ging; stets ist seine Stimme, fast zu stark, herauszuhören – in den Essays, den Pamphleten, in seiner Autobiographie ebenso wie in seinen Briefen und Notizen an seine Freunde.

Begabt, phantasievoll, selbstkritisch, war Herzen ein hervorragender Beobachter des sozialen Lebens; was er wahrnahm, ist einzigartig selbst für das artikulationsfähige 19. Jahrhundert. Er besaß einen scharfen, leicht erregbaren und ironischen Intellekt, ein feuriges und poetisches Temperament, die Fähigkeit zur lebendigen, oft poetischen Schreibweise – Eigenschaften, die sich gegenseitig ergänzten und bestärkten in treffenden Schilderungen von Menschen, Ereignissen, Ideen, persönlichen Beziehungen, politischen Situationen und in Beschreibungen von Lebensformen, an denen seine Schriften reich sind. Er war ein Mann von besonderer Sensibilität, von großer intellektueller Energie und beißendem Witz, von leicht verletzlicher Eigenliebe und mit Sinn für polemische Formulierungen. Analyse, Untersuchung, Enthüllung – diesem Metier war er verfallen. Er betrachtete sich selbst als großen »Entmystifizierer« von Phänomenen und Konventionen, und er liebte es, sich als unnachgiebigen Entdecker von deren gesellschaftlichem und moralischem Kern zu sehen. Tolstoj, der nur geringe Sympathien für Herzens Anschauungen besaß und sich nicht schnell zu überschwenglichem Lob auf seine schreibenden Zeitgenossen hinreißen ließ, besonders dann nicht, wenn sie zu seiner eigenen Klasse und zu seinem eigenen Land gehörten, bemerkte am Ende seines Lebens, daß er noch nie jemanden mit einer solchen »seltenen Kombination von funkelnder Brillanz und Tiefe« angetroffen habe. Alle diese Vorzüge machen einen guten Teil von Herzens Essays, politischen Artikeln, seinen tagesjournalistischen Arbeiten, seinen Notizen und Kritiken und nicht zuletzt von seinen Briefen, die er an Freunde oder politische Korrespondenten schrieb, spannend und aufschlußreich – sogar heute noch, wo die Gegenstände, mit denen sie sich befassen, zumeist überholt und hauptsächlich nur noch für den Historiker von Interesse sind.

Obwohl viel über Herzen geschrieben worden ist – und dies keineswegs nur in Rußland –, ist die Aufgabe des Biographen nicht eben dadurch leichter geworden, daß er sich selber ein unvergleichliches Denkmal in seinem größten Werk gesetzt hat – in einem autobiographischen Meisterwerk, das mit Fug und Recht an die Seite der Romane seiner Zeitgenossen und Landsleute Tolstoj, Turgenjew und Dostojewskij gehört. Alle drei waren sich dessen bewußt. Turgenjew, sein enger und lebenslanger Freund (das Auf und Ab in ihren persönlichen Beziehungen war wichtig für ihrer beider Leben – diese komplexe und interessante Geschichte ist bis heute nicht angemessen beschrieben worden), bewunderte ihn als Schriftsteller ebenso wie als revolutionären Publizisten.

Der angesehene Kritiker Wissarion Belinskij entdeckte, beschrieb und bewunderte seine außerordentliche schriftstellerische Begabung, als beide noch relativ jung und unbekannt waren. Selbst der zornige und mißtrauische Dostojewskij nahm ihn von seinem virulenten Haß aus, mit dem er die prowestlichen russischen Revolutionäre verfolgte, erkannte die poetische Kraft seines Stiles an und blieb ihm bis zum Ende seines Lebens wohlgesonnen. Was Tolstoj betrifft, so empfand er sowohl Freude an seiner Gesellschaft als auch an seinen Werken: Ein halbes Jahrhundert nach ihrem ersten Zusammentreffen in London erinnerte er sich noch lebhaft an die Begegnung.[1]

Es ist unbegreiflich, daß dieser bemerkenswerte Schriftsteller – zu seinen Lebzeiten eine gefeierte europäische Persönlichkeit, der bewunderte Freund von Michelet, Mazzini, Garibaldi und Victor Hugo, in seinem Heimatland lange Zeit nicht nur als Revolutionär, sondern auch als einer seiner größten Literaten verehrt – heute im Westen nicht viel mehr ist als ein Name. Das intellektuelle Vergnügen, das man aus der Lektüre seiner Prosa zieht, macht dies zu einem beispiellosen und unverdienten Verlust.

Alexander Herzen wurde am 6. April 1812 in Moskau geboren, wenige Monate vor dem Großfeuer, das Moskau während der Besetzung durch Napoleon nach der Schlacht von Borodino zerstörte. Sein Vater, Iwan Alexandrowitsch Jakowlew, stammte aus einer alteingesessenen, mit der Romanow-Dynastie entfernt verwandten Familie. Ebenso wie andere reiche und aus guter Familie stammende Angehörige des russischen Landadels hatte er einige Jahre im Ausland verbracht. Während eines dieser Aufenthalte lernte er Luise Haag kennen, die Tochter eines einfachen württembergischen Staatsbeamten – ein sanftes, unterwürfiges, ein wenig farbloses und wesentlich jüngeres Mädchen –, und nahm sie mit sich zurück nach Moskau. Aus irgendwelchen Gründen, vielleicht wegen des Unterschiedes ihres gesellschaftlichen Ranges, heiratete er sie nie gemäß dem Ritus der (orthodoxen) Kirche. Jakowlew gehörte der orthodoxen Kirche an, sie hingegen blieb lutherisch.[2] Er war ein stolzer, unabhängiger, hochmütiger Charakter, der zunehmend mürrisch und griesgrämig wurde. Er trat vor Ausbruch

1 P. Sergeyenko schreibt in seinem Buch über Tolstoj, dieser habe ihm im Jahre 1908 erzählt, daß er eine sehr klare Erinnerung an seinen Besuch bei Herzen in dessen Londoner Wohnung im März 1861 hatte. Lew Nikolajewitsch erinnerte sich seiner als eines breiten, dicklichen, kleinen Mannes, der Spannung erzeugte. »Lebendig, verständnisvoll, intelligent, interessant«, führte Lew Nikolajewitsch aus (wie üblich jede Abstufung von Bedeutung mit passenden Handbewegungen illustrierend), »Herzen begann sofort, sich mit mir zu unterhalten, so, als würden wir uns schon eine lange Zeit kennen. Ich fand seine Persönlichkeit bezaubernd. Ich habe niemals einen anziehenderen Menschen getroffen. Er stand haushoch über allen Politikern seiner und unserer Zeit« (P. Sergeyenko, *Tolstoi i ego sovremenniki*, Moskau, 1911, pp. 13–14).

2 Es gibt Beweise, wenn auch keine überzeugenden, daß sie ihm gemäß dem lutherischen Ritus angetraut war, was aber von der orthodoxen Kirche nicht anerkannt wurde.

des Krieges von 1812 in den Ruhestand und lebte zum Zeitpunkt der französischen Invasion in bitterer Untätigkeit und voller Groll in seinem Haus in Moskau. Während der Besetzung wurde er von Marschall Mortier wiedererkannt, den er in Paris kennengelernt hatte. Gegen die Zusicherung eines freien Geleits, das ihm erlaubte, seine Familie aus der verwüsteten Stadt herauszuführen, erklärte er sich bereit, eine Nachricht von Napoleon an Zar Alexander zu überbringen. Wegen dieses Vertrauensbruches wurde er auf seine Güter verbannt und durfte erst einige Zeit später nach Moskau zurückkehren. In seinem weitläufigen und düsteren Haus wuchs sein Sohn Alexander auf, dem er den Beinamen Herzen gegeben hatte, so als ob er die Tatsache betonen wollte, daß Alexander das Kind einer illegitimen Liaison, einer Liebesaffäre war. Luise Haag wurde nie der volle Status einer Ehefrau zugestanden, dem Jungen jedoch wurde jede Aufmerksamkeit zuteil. Er genoß die einem jungen Adligen seiner Zeit angemessene Erziehung, das bedeutet, er wurde von einer Schar von Kinderfrauen und Bediensteten umsorgt und von deutschen und französischen Privatlehrern unterrichtet, die sorgfältig von seinem neurotischen, reizbaren, zärtlichen, mißtrauischen Vater ausgewählt waren. Alle Mühe wurde darauf verwandt, seine Begabungen zu entwickeln. Er war ein lebendiges und phantasievolles Kind, das leicht und eifrig Wissen aufnahm. Sein Vater liebte ihn auf seine Art: sicherlich mehr als seinen Sohn Igor, der – ebenfalls illegitim – zehn Jahre früher geboren worden war. Doch um 1820 war er ein geschlagener deprimierter Mann, unfähig, mit seiner Familie oder irgend jemand anderem zu kommunizieren. Scharfsinnig, redlich, weder gefühllos noch ungerecht, ein »schwieriger« Charakter, wie der alte Prinz Bolkonskij aus Tolstojs *Krieg und Frieden*, erscheint Iwan Jakowlew in den Erinnerungen seines Sohnes als ein sich selbst zerfleischender, finsterer, verschlossener, innerlich fast erstarrter Mensch, der seine nächste Umgebung mit seinen Launen und seinem Sarkasmus abterrorisierte. Er hielt alle Fenster und Türen verschlossen, und abgesehen von wenigen alten Freunden und seinen Brüdern sah er im Grunde niemanden. In späteren Jahren beschrieb ihn sein Sohn als das Produkt »des Zusammenpralls von zwei so unvereinbaren Dingen wie dem 18. Jahrhundert und dem russischen Leben« – eine Kollision von Kulturen, die nicht wenige der eher empfindsamen Angehörigen des russischen Landadels unter der Herrschaft von Katharina II. und ihren Nachfolgern zerbrochen hatte. Der

Junge floh erleichtert aus der bedrückenden, beängstigenden Gesellschaft seines Vaters in die Räume, die von den Dienstboten und seiner Mutter bewohnt wurden. Sie war eine gütige und bescheidene Frau, die, unterdrückt von ihrem Gatten, eingeschüchtert durch die fremde Umgebung, ihren fast orientalischen Status im Haushaltsgefüge mit geduldiger Resignation zu akzeptieren schien. Die Dienstboten – Leibeigene von Jakowlews Gütern – waren angehalten, sich dem Sohn und wahrscheinlichen Erben ihres Herrn gehorsam zu erweisen. Herzen selbst schrieb in späteren Jahren die tiefste all seiner sozialen Empfindungen (die sein Freund, der Kritiker Belinskij, so sorgfältig diagnostiziert hat), die Sorge um die Freiheit und Würde der Menschen, den barbarischen Bedingungen zu, die ihn in seiner Kindheit umgeben haben. Er war ein bevorzugtes Kind und sehr verwöhnt, aber die Tatsache seiner illegitimen Abstammung und der Status seiner Mutter wurden ihm drastisch klargemacht, zum einen durch den Klatsch der Dienstboten und zum anderen – zumindest bei einer Gelegenheit –, als er ein Gespräch über ihn zwischen seinem Vater und einem alten Kameraden aus der Armee belauschte. Der Schock war – seiner eigenen Aussage zufolge – tief: er wurde wahrscheinlich zu einem der Schlüsselerlebnisse für sein ganzes Leben.

In russischer Literatur und Geschichte wurde er von einem jungen Universitäts-Studenten unterrichtet, einem enthusiastischen Anhänger der neuen Romantik, die – besonders in ihrer deutschen Ausprägung – begonnen hatte, das intellektuelle Leben Rußlands zu beherrschen. Er lernte Französisch (das seinem Vater leichter fiel zu schreiben als Russisch) und Deutsch (das er mit seiner Mutter sprach) und mehr europäische als russische Geschichte, denn sein Hauslehrer war ein französischer Flüchtling, der nach der Revolution nach Rußland emigriert war. Der Franzose verschwieg seine politische Überzeugung bis zu dem Tag, so berichtet uns Herzen, als ihn sein Schüler fragte, warum Ludwig XVI. hingerichtet worden war. Darauf antwortete er mit veränderter Stimme: »Weil er ein Verräter seines Vaterlandes war«, und als er sich des Verständnisses des Jungen sicher sah, gab er seine Zurückhaltung auf und sprach offen zu ihm über die Freiheit und Gleichheit der Menschen. Herzen war ein einsames Kind. Er las begierig in seines Vaters umfangreicher Bibliothek, vor allem französische Werke der Aufklärung. Er war gerade 14 Jahre alt, als Zar Nikolaus I. die Anführer der Dekabristen-Verschwörung hängen ließ. Er erklärte später, daß dieses Ereignis zum kritischen Wendepunkt seines Lebens wurde. Ob dem nun so war oder nicht – die Erinnerung an diese aristokratischen Märtyrer für die Sache der russischen konstitutionellen Freiheit wurde später zum geheiligten Symbol, für ihn ebenso wie für viele andere seines Standes und seiner Generation, und beeinflußte ihn für den Rest seines Lebens. Er berichtet uns, daß er und sein enger Freund ›Nik‹ Ogarëw einige Jahre nach diesem Ereignis auf den Sperlingshügeln über Moskau standen und einen feierlichen »Hannibal«-Schwur leisteten, diese Kämpfer für die Menschenrechte zu rächen und ihr eigenes Leben der Sache zu widmen, für die jene gestorben waren.

Im entsprechenden Alter wurde er Student an der Moskauer Universität, las Schiller und Goethe sowie wenig später die französischen utopischen Sozialisten Saint-Simon, Fourier und andere soziale Propheten, deren Texte, trotz der Zensur, nach Rußland hineingeschmuggelt wurden, und entwickelte sich zum überzeugten und leidenschaftlichen Radikalen. Ogarëw und er gehörten zu einer Gruppe von Studenten, die verbotene Bücher las und gefährliche Ideen diskutierte. Aus diesem Grunde wurde er, zusammen mit den meisten anderen »politisch unzuverlässigen« Studenten, verhaftet und zu Gefängnis verurteilt, wahrscheinlich, weil er es ablehnte, die ihm unterstellten Ansichten abzuleugnen. Sein Vater bot seinen ganzen Einfluß auf, um ein milderes Urteil zu erwirken, konnte seinen Sohn jedoch nicht davor bewahren, in die Provinzstadt Wjatka – nahe der asiatischen Grenze – verbannt zu werden, wo er zwar nicht ins Gefängnis mußte, aber zur Arbeit in der Lokalverwaltung gezwungen wurde. Zu seiner eigenen Verwunderung fand er an dieser neuen Prüfung seiner Fähigkeiten Gefallen. Er entfaltete ein administratives Können und wurde ein weit kompetenterer und engagierterer Staatsbeamter, als er später bereit war zuzugeben. Er half den korrupten und brutalen Gouverneur bloßzustellen, den er verabscheute und verachtete. In Wjatka wurde er in eine leidenschaftliche Liebesaffäre mit einer verheirateten Frau verwickelt, verhielt sich nicht korrekt und durchlitt Qualen der Reue. Er las Dante, erlebte eine religiöse Phase und begann einen leidenschaftlichen Briefwechsel mit seiner Kusine ersten Grades, Natalie, die – wie er – illegitim geboren, als Gesellschafterin im Hause einer reichen und despotischen Tante lebte. Als Resultat der unermüdlichen Anstrengungen seines Vaters wurde er in die Stadt Wladimir überführt, und mit der Hilfe seiner jungen Moskauer

Freunde inszenierte er die Entführung Natalies. Entgegen dem Willen der Verwandtschaft wurden sie in Wladimir getraut. Zu gegebener Zeit wurde ihm gestattet, nach Moskau zurückzukehren, von wo aus er auf eine Regierungsstelle nach Petersburg berufen wurde. Was immer seine Ambitionen zu der Zeit gewesen sein mögen, er blieb der radikalen Sache verpflichtet. Aufgrund eines von der Zensur geöffneten Briefes, in dem er das Verhalten der Polizei kritisiert hatte, wurde er erneut in die Verbannung geschickt, diesmal nach Nowgorod. Zwei Jahre später, im Jahre 1842, wurde ihm wieder gestattet, nach Moskau zurückzukehren. Von da ab galt er als etabliertes Mitglied der neuen radikalen Intelligentsia und als ein Märtyrer für die gerechte Sache. Er begann, für die progressiven Zeitschriften jener Zeit zu schreiben. Er handelte immer das gleiche zentrale Thema ab: die Unterdrückung des Individuums, die Erniedrigung und Entwürdigung des Menschen durch politische und persönliche Despotie, das Joch sozialer Zwänge, die dumpfe Ignoranz und barbarische Regierungswillkür, die die Menschen unter dem brutalen und verhaßten Zarenreich lähmte und zerstörte.

Wie die anderen Mitglieder seines Zirkels – der junge Dichter und Novellist Turgenjew, der Kritiker Belinskij, die zukünftigen Agitatoren Bakunin und Katkow (der erstere für die Sache der Revolution, der letztere für die der Reaktion), der literarische Essayist Annenkow, sein enger Freund Ogarëw – stürzte sich Herzen in das Studium der deutschen Metaphysik und der französischen soziologischen Theorie und Geschichte, der Werke von Kant, Schelling und vor allem Hegel wie auch von Saint-Simon, Augustin Thierry, Leroux, Mignet und Guizot. Er verfaßte fesselnde historische und philosophische Essays sowie Geschichten, die gesellschaftliche Streitfragen zum Inhalt hatten. Sie wurden publiziert, gelesen und diskutiert und verschafften ihrem Autor eine beachtliche Reputation. Er war kompromißlos. Selbst ein führender Vertreter des dissidenten russischen Adels, waren seine sozialistischen Überzeugungen weniger eine Reaktion auf die Grausamkeit und das Chaos der »Laissez-faire«-Ökonomie des bürgerlichen Westens – zumal Rußland damals in seinen frühen industriellen Anfängen noch eine halb-feudale, sozial und ökonomisch rückständige Gesellschaft war – als vielmehr eine direkte Antwort auf die lähmenden sozialen Probleme seines Landes: die Armut der Massen, die Leibeigenschaft und den Mangel an individueller Freiheit auf allen Ebenen, sowie auf eine gesetzlose und brutale Autokratie.[3] Hinzu kam der verwundete Nationalstolz einer mächtigen und halb-barbarischen Gesellschaft, deren Führer sich ihrer Rückständigkeit bewußt waren, und die unter einer Mischung von Bewunderung, Neid und Groll gegenüber dem zivilisierten Westen litten. Die Radikalen glaubten an Reformen nach demokratischen, säkularisierten, westlichen Richtlinien. Die Slawophilen zogen sich in einen mystischen Nationalismus zurück und predigten die Rückkehr zu althergebrachten, »organischen« Lebens- und Glaubensformen, die – ihnen zufolge – fast gänzlich durch die Reformen Peters I., die nur einer eifrigen und demütigenden Nachahmung des seelenlosen und auf jeden Fall hoffnungslos dekadenten Westens Vorschub geleistet hatten, zerstört worden waren. Herzen war ein extremer Anhänger der »Westler«, hielt jedoch seine Verbindungen zu den slawophilen Gegnern aufrecht – er sah in den besten unter ihnen romantische Reaktionäre, irregeleitete Nationalisten, letztlich aber doch redliche Verbündete gegen die zaristische Bürokratie. Später strebte er danach, seine Differenzen mit ihnen systematisch zu verringern, vielleicht aus der Sehnsucht heraus, alle Russen, die noch menschlicher Empörung fähig waren, in einem einzigen gewaltigen Protest gegen das grausame Regime vereint zu sehen. – Im Jahre 1847 starb Iwan Jakowlew. Er hinterließ den größeren Teil seines Vermögens Luise Haag und ihrem Sohn Alexander Herzen. Mit unermeßlichem Vertrauen in seine eigenen Fähigkeiten und brennend vor Begierde – um mit Fichtes Worten, die die Haltung einer ganzen Generation ausdrückten, zu sprechen – »in der Welt etwas zu tun und zu sein«, beschloß Herzen zu emigrieren. Es ist ungewiß, ob er wünschte oder erwartete, den Rest seines Lebens im Ausland zu verbringen; Tatsache ist, daß er dort geblieben ist. Er verließ Rußland im selben Jahr, reiste mit beträchtlichem Aufwand – begleitet von seiner Frau, seiner Mutter, zwei Freunden und Dienstboten – durch Deutschland und erreichte gegen Ende des Jahres 1847 das ersehnte Paris, die Hauptstadt der kulturellen Welt. Er tauchte sofort in den Lebensbereich der exilierten Radika-

3 Die historische Erklärung für die Ursprünge des russischen Sozialismus und Herzens Anteil an ihm kann hier nicht versucht werden. Dies wurde in einer Anzahl (nicht übersetzter) russischer, vor- wie nach-revolutionärer, Monographien unternommen. Die ausführlichste und originellste Studie zu diesem Thema ist bis zum heutigen Tag *Alexander Herzen und die Geburt des russischen Sozialismus 1812–1855* (1961) von Professor Martin Malia.

len und Sozialisten vieler Nationalitäten ein, die eine zentrale Rolle in der intellektuellen und künstlerischen Aktivität dieser Stadt spielten. Im Jahre 1848, als in einem europäischen Land nach dem anderen Revolutionen ausbrachen, befand er sich zusammen mit Bakunin und Proudhon auf dem linksextremen Flügel des revolutionären Sozialismus. Als Gerüchte über seine Aktivitäten die russische Regierung erreichten, wurde ihm befohlen, unverzüglich zurückzukehren. Er lehnte ab. Sein Vermögen und das seiner Mutter wurden beschlagnahmt. Mit Hilfe des Bankiers James Rothschild, der eine Zuneigung für den jungen russischen »Baron« gefaßt hatte und in der Lage war, die russische Regierung unter Druck zu setzen, erhielt Herzen den größten Teil seines Vermögens zurück und war damit aller finanziellen Sorgen enthoben. Dies verschaffte ihm einen Grad von Unabhängigkeit, dessen sich damals nicht viele Emigranten erfreuen konnten. Es versetzte ihn darüber hinaus in die Lage, andere Flüchtlinge und den radikalen Kampf finanziell zu unterstützen.

Kurze Zeit nach seiner Ankunft in Paris – noch vor Ausbruch der Revolution – schrieb er eine Reihe leidenschaftlicher Artikel für eine Moskauer Zeitschrift, die von seinen Freunden geleitet wurde. In diesen Artikeln legte er beredt und äußerst kritisch Zeugnis ab von den Lebensbedingungen und der Kultur dieser Stadt, vor allem lieferte er eine verheerende Analyse der Deformation der französischen Bourgeoisie, eine Anklage, die selbst durch die Werke seiner Zeitgenossen Marx und Heine in ihrer Schärfe nicht übertroffen wurde. Seine Moskauer Freunde nahmen dies zum größten Teil mit Mißfallen auf: Sie betrachteten seine Analysen als charakteristische Ausflüchte einer höchst theoretischen Phantasie, als unverantwortlichen Extremismus, unangebracht gegenüber den Erfordernissen eines mißregierten und rückständigen Landes, verglichen mit dessen Hinterwäldlerei der Fortschritt der Mittelklassen des Westens – wie groß ihre Unzulänglichkeiten auch sein mochten – einen beachtlichen Schritt nach vorn zu einer universellen Aufklärung darstellte. Diese frühen Werke, die *Briefe aus Italien und Frankreich,* besitzen Qualitäten, die für all seine Schriften charakteristisch werden sollten: eine Kette von beschreibenden Sätzen, deutlich, direkt, durchsetzt mit anschaulichen, aber niemals irrelevanten Abschweifungen, Variationen über das gleiche Thema in verschiedenen Tonlagen, mit Wortspielen, Neologismen, realen und imaginären Zitaten, Gallizismen, die seine nationalistischen russischen Freunde verärgerten, sarkastischen Beobachtungen, anschaulichen Bildern und unvergleichlichen Epigrammen, die – soweit sie nicht den Leser ob ihrer Virtuosität ermüden oder verwirren – zu der Kraft der Darstellung beitragen. Dadurch entsteht der Eindruck spontaner Improvisation: eines amüsanten Gesprächs mit einem intellektuell-heiteren, außerordentlich geistreichen und redlichen Mann, der mit einzigartigen Beobachtungs- und Ausdrucksfähigkeiten ausgestattet ist. Die Atmosphäre seiner Werke ist die eines glühenden, politischen Radikalismus, erfüllt von typisch aristokratischer (und mehr noch moskowitischer) Verachtung für alles Mittelmäßige, Berechnende, Selbstzufriedene, Kommerzielle, alles Vorsichtige, Unbedeutende oder zu Kompromissen Neigende und gegen das »juste milieu«, als dessen besonders abstoßende Vertreter Louis Philippe und Guizot herausgehoben werden. Herzens Standpunkt in diesen Essays verbindet optimistischen Idealismus – die Vision einer sozial, intellektuell und moralisch freien Gesellschaft, deren Anfänge er, ähnlich wie Proudhon, Marx und Louis Blanc, in der französischen Arbeiterklasse sah – mit dem Glauben an die radikale Revolution, die allein die Bedingung der Befreiung schaffen könnte. Gleichwohl erfüllte ihn ein tiefes Mißtrauen gegen alle Patentrezepte, das die meisten seiner Verbündeten nicht teilten, gegen die Programme und die Schlagworte aller politischen Parteien, gegen die großen offiziellen, historischen Losungen: Fortschritt, Freiheit, Gleichheit, nationale Einheit, historisch-verbriefte Rechte, menschliche Solidarität – Prinzipien und Parolen, in deren Namen Menschen vergewaltigt und ermordet worden waren (und ohne Zweifel bald wieder würden) und ihre Lebensformen verdammt und zerschlagen worden waren. Herzen erblickte, ähnlich wie die eher linksradikalen Hegelianer und besonders der Anarchist Max Stirner, in den großen, überwältigenden Abstraktionen, deren bloßer Klang die Menschheit in gewaltsame und im Grunde sinnlose Schlachten stürzte, eine Gefahr: sie erschienen ihm wie neue Götzenbilder, auf deren Altären das Blut von Menschen genauso sinnlos vergossen werden sollte wie das Blut der Opfer von gestern und vorgestern den älteren Idolen – der Kirche, der Monarchie, der feudalen Ordnung oder den unverletzlichen Zunftbräuchen –, die sich längst als Barrieren gegen den Fortschritt der Menschheit in Verruf gebracht hatten. Zusammen mit dieser Skepsis gegenüber dem Sinn und Wert von abstrakten Idealen und im Gegensatz zu den kurzfristigen, unmittelbaren Zielen von konkreten Menschen – bestimmten Freiheiten, Lohn für die Arbeit des Tages – sprach Herzen etwas noch viel Beunruhigenderes aus: eine quälende Ahnung von dem immer größer werdenden Abgrund zwischen den Werten der relativ freien und zivilisierten Eliten (denen er sich zugehörig wußte) und den gegenwärtigen Bedürfnissen, Sehnsüchten und Neigungen der breiten, sprachlosen Masse. Die Alte Welt war in Verfall begriffen und verdiente es, unterzugehen. Sie würde von ihren eigenen Opfern niedergerissen werden – den Sklaven, die die Kunst und Wissenschaft ihrer Herren in keiner Weise achteten – und, so fragt Herzen, warum sollten sie dies auch? War nicht alles auf ihrem Leid und ihrer Erniedrigung aufgebaut?

Es wurde von russischen und westlichen Kritikern oft behauptet, daß Herzen als leidenschaftlicher, ja sogar utopischer Sozialist nach Paris kam, und daß erst das Scheitern der Revolution von 1848 seine Desillusionierung und einen neuen, eher pessimistischen Realismus hervorgerufen habe. Dies wird durch das vorliegende Material nicht ausreichend erhärtet.[4] Selbst die skeptische Anmerkung aus dem Jahre 1847, insbesondere der Pessimismus im Hinblick auf die Wandlungsfähigkeit der Menschen und der noch tiefere Zweifel, ob solche Veränderungen, selbst wenn sie von unerschrockenen und intelligenten Revolutionären oder Reformern durchgeführt würden – Idealvorstellungen, die seinen westlich gesinnten Freunden in Rußland vorschwebten –, zu einer freieren und gerechteren Ordnung führen würden oder nicht im Gegenteil zu einer Herrschaft neuer Herren über neue Sklaven, stammt aus der Zeit vor dem großen Debakel. Dennoch blieb er ein überzeugter, letztlich optimistischer Revolutionär. Der Verlauf der Arbeiterrevolte und ihre brutale Niederschlagung in Italien und Frankreich quälten Herzen sein Leben lang. Seine Beschreibung der Ereignisse von 1848-49 aus nächster Nähe ist ein Meisterstück »engagierter« historischer und soziologischer Literatur; das gilt nicht minder für seine Studien über die in diese Umwälzungen verwikkelten Personen und die Reflexionen, die er über sie anstellt.

Herzen konnte und wollte nicht nach Rußland zurückkehren. Er wurde Schweizer Staatsbürger. Zu den Katastrophen der Revolution kam eine private Tragödie hinzu: die Verführung seiner ange-

4 Die beste Formulierung dieser verbreiteten, allgemein akzeptierten These findet sich in E.H. Carrs lebendiger und gut dokumentierter Abhandlung über Herzen in *The Romantic Exiles* und andernorts. Martin Malias Buch vermeidet diesen Irrtum.

beteten Frau durch den vertrautesten seiner neuen Freunde, den radikalen deutschen Dichter Georg Herwegh, einen Freund von Marx und Wagner, die »eiserne Lerche« der deutschen Revolution, wie Heine ihn halb ironisch nannte. Herzens progressive, ein wenig shelleyanische Ansichten über Liebe, Freundschaft, Gleichberechtigung der Geschlechter und die Irrationalität der bürgerlichen Moralvorstellungen wurden in dieser Krise auf die Probe gestellt und zerbrachen an ihr. Er wurde vor Kummer und Eifersucht beinahe verrückt: seine Liebe, seine Eitelkeit, seine Vorstellungen von den Grundlagen aller menschlichen Beziehungen erlitten einen Schlag, von dem er sich niemals mehr ganz erholte. Er tat, was kaum ein anderer vor ihm fertiggebracht hat: er beschrieb jedes Detail seines Schmerzes, jeden Schritt der sich verändernden Beziehung zu seiner Frau, zu Herwegh und dessen Frau, wie sie ihm rückblickend erschienen. Er notierte jedes Gespräch, das zwischen ihnen stattfand, jeden Augenblick des Zorns, der Verzweiflung, des Leidens, der Liebe, der Hoffnung, des Hasses, der Schmach und der gequälten selbstmörderischen Selbstverachtung. Selbstentäußerung – das Bedürfnis, sich mitzuteilen – und vielleicht das Verlangen nach Anerkennung waren primäre Bedürfnisse von Herzen. Konsequent fuhr er im Verlauf dieser trostlosesten Periode seines Lebens fort, Briefe und Artikel in mehreren Sprachen über politische und soziale Themen zu veröffentlichen, er half, Proudhon zu unterstützen, nahm eine Korrespondenz mit Schweizer Radikalen und russischen Emigranten auf, schrieb Anmerkungen, entwickelte Ideen, diskutierte und arbeitete unermüdlich sowohl als Publizist wie auch als ein aktiver Verfechter der revolutionären Sache. Nach kurzer Zeit kehrte Natalie in Nizza zu ihm zurück, jedoch nur, um in seinen Armen zu sterben. Kurz vor ihrem Tode sank das Schiff, auf dem seine Mutter und eines seiner Kinder, das taubstumm war, von Marseille aus reisten, in einem Sturm. Herzens Leben war an seinem tiefsten Punkt angelangt. Er verließ Nizza und den Zirkel der italienischen, französischen und polnischen Revolutionäre, unter denen er vielen freundschaftlich verbunden war. Er ging mit seinen drei ihm noch verbliebenen Kindern nach England. Herzen kam 1851 in London an.

In London und seinen Vorstädten zog Herzen mit seinen Kindern von Wohnung zu Wohnung, und dort schloß sich ihnen sein engster Freund, Nikolaj Ogarëw, an, der nach dem Tod Nikolaus I.

Rußland hatte verlassen können. Zusammen gründeten sie eine Druckerei und begannen, eine Monatsschrift in russischer Sprache herauszugeben, den *Polarstern*, das erste Organ, das der kompromißlosen Agitation gegen das russische Zarenregime gewidmet war. Die ersten Kapitel von *Erlebtes und Gedachtes* erschienen in diesem Blatt. Die Erinnerungen an die schrecklichen Jahre von 1848 bis 1851 beherrschten Herzens Gedanken und vergifteten sein Leben: diese bittere Geschichte niederzuschreiben wurde für ihn zu einer zwingenden Notwendigkeit, um sich Erleichterung zu verschaffen in einer Umgebung gleichgültiger Fremder.[5] Er zog sich immer mehr zurück. So entstand sein Buch, das er als Analogie zu *David Copperfield* verfaßte.[6] Er begann es in den letzten Monaten des Jahres 1852, schrieb daran jedoch mit vielen Unterbrechungen, so daß die ersten beiden Teile wahrscheinlich erst gegen Ende 1853 fertiggestellt waren. 1854 wurde eine Auswahl in englischer Sprache publiziert, der er den Titel *Prison and Exile* gab, wozu er wahrscheinlich durch Silvio Pellicos *Le Mie Prigioni* inspiriert wurde. Sie wurde sofort ein Erfolg, der ihn zum Weiterarbeiten ermutigte, so daß im Frühjahr 1855 auch die restlichen Kapitel vollendet wurden. Er revidierte den 4. Teil, fügte ihm neue Kapitel hinzu und verfaßte Teil 5. 1858 vervollständigte er den größten Teil des 6. Abschnitts. Die Abschnitte, die sein Privatleben zum Inhalt hatten – seine Liebe und die frühen Jahre seiner Ehe – wurden erst im Jahre 1857 abgefaßt. Er konnte es bis dahin nicht über sich bringen, diese Phase seines Lebens anzurühren. Danach unterbrach er diese Arbeit für sieben Jahre. Zwischen 1860 und 1864 wurden in

5 Herzen hatte keine nahen englischen Freunde, obwohl er Genossen, Verbündete und Bewunderer hatte. Einer von ihnen, der radikale Journalist W.J. Linton, für dessen *English Republic* Herzen Artikel geschrieben hatte, beschrieb ihn als »klein von Statur, stämmig gebaut, in seinen letzten Lebensjahren zur Korpulenz neigend, mit einem stattlichen Haupt, kastanienbraunem Haar und Bart, kleinen leuchtenden Augen und eher rötlicher Gesichtsfarbe. Gewinnend in seinen Umgangsformen, liebenswürdig, allerdings mit einer ausgeprägten Fähigkeit zur Ironie, geistreich, [. . .] klar, prägnant und eindrucksvoll, war er ein scharfsinniger und tiefgründiger Denker, mit der leidenschaftlichen Natur des ›Barbaren‹, gleichwohl großzügig und menschlich« (*Memories,* London 1895 pp. 146-7). Und in *European Republicans,* das zwei Jahre früher erschien, sprach er von ihm als »gutem Unterhalter mit einem offenherzigen und gefälligen Verhalten«. Turgenjew und Herzen waren die ersten Russen, die sich frei in der europäischen Gesellschaft bewegten, und sie mögen auch einen noch so guten Eindruck hinterlassen haben, er war wohl nicht stark genug, um den Mythos der dunklen »slawischen Seele« zu zerstreuen.

6 *»Copperfield* ist Dickens' *Erlebtes und Gedachtes«*, schrieb er in einem seiner Briefe in den frühen sechziger Jahren; Bescheidenheit zählte nicht zu seinen Tugenden.

London einzelne Essays veröffentlicht, die in keiner Beziehung zueinander stehen, wie z. B. über Robert Owen, den Schauspieler Shchepkin, den Maler Iwanow, Garibaldi *(Camicia Rossa)*. Obwohl diese Essays gewöhnlich in seine Memoiren einbezogen werden, waren sie ursprünglich nicht für diese gedacht. Die erste komplette Ausgabe der ersten vier Teile erschien 1861. Der Schlußteil – Teil 8 und fast der gesamte Teil 7 – wurden in dieser Reihenfolge in den Jahren 1865-67 fertiggestellt. Herzen ließ absichtlich einige Abschnitte unveröffentlicht: die intimsten Einzelheiten seiner persönlichen Tragödie erschienen erst posthum – lediglich ein Teil des Kapitels *Oceano Nox* wurde zu seinen Lebzeiten gedruckt. Er ließ ebenfalls die Geschichte seiner Affären mit Medwedewa in Wjatka und mit dem leibeigenen Mädchen Katharina in Moskau aus – sein Eingeständnis dieser Liebschaften gegenüber Natalie hatte den ersten Schatten auf ihre Beziehung geworfen, einen Schatten, der sich niemals mehr lichtete. Er unterdrückte ebenfalls ein Kapitel über *Die deutschen Emigranten*, das nicht gerade schmeichelhafte Kommentare über Marx und dessen Anhänger enthält, sowie einige für ihn typische, amüsante und ironische Studien über manchen seiner alten Freunde unter den russischen Radikalen. Er haßte gründlich die Unsitte, die schmutzige Wäsche der Revolutionäre in der Öffentlichkeit zu waschen, und stellte klar, daß er nicht beabsichtigte, Verbündete lächerlich zu machen und sie dem Gespött des gemeinsamen Feindes auszuliefern. Die erste autorisierte Edition der Memoiren wurde von Michail Lemke besorgt im Rahmen der Gesamtausgabe von Herzens Werken, die vor der russischen Revolution begonnen und einige Jahre danach abgeschlossen wurde. Seitdem ist sie in aufeinanderfolgenden sowjetischen Ausgaben mehrfach überarbeitet worden.

Die Memoiren bildeten einen anschaulichen, aber unvollkommenen Hintergrund zu Herzens bedeutendster Aktivität: dem revolutionären Journalismus. Der größte Teil seiner Artikel ist enthalten in der bekanntesten im Ausland erschienenen russischen Wochenzeitschrift *Kolokol – Die Glocke* –, die von Herzen und Ogarëw zuerst in London und dann in Genf von 1857 bis 1867 unter dem (von Schiller entlehnten) Motto »Vivos Voco« herausgegeben wurde. *Die Glocke* hatte ungeheuren Erfolg. Sie war das erste systematische Kampfmittel einer gegen die russische Autokratie gerichteten revolutionären Propaganda, mit Kenntnis, Aufrichtigkeit und Eloquenz geschrieben. Sie enthielt alles, was bis dahin unbekannt geblieben war: über Rußland und die russischen Kolonien, aber ebenso über Polen und andere unterdrückte Nationen. *Die Glocke* gelangte auf geheimen Wegen nach Rußland und wurde regelmäßig von hohen Staatsbeamten gelesen, ja sogar, wie Gerüchte zu berichten wissen, vom Zaren selbst. Herzen benutzte die Informationen, die ihn in geheimen Briefen und Botschaften erreichten – in denen Vergehen der russischen Bürokratie beschrieben waren –, um einzelne Skandale zu enthüllen: Fälle von Bestechung, Rechtsbeugung, Tyrannei und Betrug von Beamten oder einflußreichen Personen. *Die Glocke* nannte Namen, stellte peinliche Fragen und deckte die finsteren Aspekte des russischen Lebens auf. Reisende aus Rußland besuchten London, um den mysteriösen Führer der anwachsenden Opposition gegen den Zaren kennenzulernen. Generäle, hohe Beamte und andere loyale Untertanen des Zarenreiches befanden sich unter den vielen Besuchern, die kamen, um ihn zu sehen – einige aus Neugier, andere, um ihrer Sympathie oder Bewunderung Ausdruck zu verleihen. Er erreichte den Höhepunkt seines Ruhms, politisch wie literarisch, nach der russischen Niederlage im Krim-Krieg und dem Tod von Nikolaus I. Herzens öffentlicher Appell an den neuen Zaren, die Leibeigenen freizulassen und weitreichende, radikale Reformen »von oben« einzuleiten, sowie die ersten Schritte in diese Richtung im Jahr 1859, die ihn zu einer Lobeshymne auf Alexander II. mit dem Titel *Du hast gesiegt, O Galileo* veranlaßten, erzeugten auf beiden Seiten der russischen Grenze die Illusion, daß eine neue liberale Ära heraufdämmerte, in der ein gewisses Maß an Übereinstimmung – vielleicht sogar wirkliche Kooperation – zwischen dem Zarismus und seinen Opponenten erreicht werden könnte. Diese Euphorie hielt nicht lange vor. Trotzdem stand Herzen in sehr hohem Ansehen, höher als jeder andere Russe im Westen. In den späten fünfziger und frühen sechziger Jahren war er der anerkannte Sprecher all dessen, was an Rußland großherzig, aufgeklärt, zivilisiert und menschlich war. Mehr noch als Bakunin und sogar Turgenjew, dessen Novellen für den Westen eine wichtige Quelle der Kentnisse über Rußland waren, wirkte Herzen der Legende entgegen, die in die Vorstellungswelt der progressiven Europäer geradezu eingebrannt war – und deren repräsentativster Vertreter wohl Michelet war –, daß Rußland aus nichts anderem bestand als dem Regierungsterror auf der einen und den unaufgeklärten, schweigenden, mürrischen Massen unmenschlich behandelter Bauern auf der anderen Seite – ein Bild, das ein Nebenprodukt der weit verbreiteten Sympathie für das hauptsächliche Opfer des russischen Despotismus war: die gequälte Nation Polen. Es war letztlich die standhafte Ablehnung des Chauvinismus, die mit zum Hauptgrund für den endgültigen Zusammenbruch der *Glocke* und für Herzens eigenen politischen Untergang wurde.

Nach Rußland galt Herzens tiefste Liebe Italien und den Italienern. Die engsten Beziehungen unterhielt er zu den italienischen Verbannten Mazzini, Garibaldi, Saffi und Orsini. Obgleich er alle liberalen Bestrebungen in Frankreich unterstützte, blieb seine Haltung ihnen gegenüber zwiespältig – und dafür gab es eine Reihe von Gründen. Ähnlich wie Tocqueville (den er persönlich nicht mochte), empfand er Abscheu vor allem, was zentralisiert, bürokratisch, hierarchisch, rigiden Formen oder Gesetzen unterworfen war. Frankreich war für ihn die Verkörperung von Ordnung, Disziplin, Staatskult, Einheit und despotischen, abstrakten Regeln, die alle Dinge nach den gleichen Gesetzen und dem gleichen Muster einebneten – etwas, das Ähnlichkeit mit den großen Sklavenstaaten Preußen, Österreich, Rußland aufwies. Mit diesen verglich er ständig die dezentralisierten, ungebrochenen, unordentlichen, »wahrhaft demokratischen« Italiener, von denen er glaubte, daß sie eine tiefe Affinität zum russischen Geist hatten, den er in dem bäuerlichen Gemeindesystem mit seinem Sinn für natürliche Gerechtigkeit und menschliche Werte verkörpert sah. Im Hinblick auf dieses Ideal erschien ihm selbst England weniger feindlich als das berechnende und legalistische Frankreich. Mit solchen Empfindungen steht er in der Nähe seiner slawophilen Gegner. Überdies konnte er den Verrat der 1848er Revolution durch die bürgerlichen Parteien, die Erschießung der Arbeiter, die Niederschlagung der römischen Revolution durch die Truppen der französischen Republik, die Selbstgefälligkeit, Charakterlosigkeit und Phrasenhaftigkeit der französischen Politiker – Lamartine, Ledru-Rollin, Félix Pyat – nicht vergessen. Eine Zeitlang war er ein enger Verbündeter von Proudhon, und er respektierte ihn – trotz einiger Differenzen – auch weiterhin; er erblickte in Louis Blanc einen redlichen und unerschrockenen Demokraten; er stand auf gutem Fuß mit Victor Hugo; er mochte und bewunderte Michelet. Viel später besuchte er einen politischen Salon in Paris – zugestanden: es war der eines Polen – mit offensichtlichem Vergnügen.

Dort lernten ihn auch die Brüder Goncourt kennen, die einen lebhaften Bericht von dieser Begegnung im *Journal* hinterließen[7]. Obgleich Herzens Mutter Deutsche war, oder vielleicht gerade deswegen, fühlte er – ähnlich wie sein Freund Bakunin – eine starke Abneigung gegen das, was er als das unheilbare Spießbürgertum der Deutschen ansah und was ihm als besonders unangenehme Kombination von Autoritätshörigkeit und einer Neigung zu öffentlich ausgetragenen Hahnenkämpfen erschien; bei den Deutschen war diese Tendenz noch deutlicher ausgeprägt als bei allen anderen Emigranten. Vielleicht spielte hier sein Haß auf Herwegh – von dem er wußte, daß er mit Marx und Wagner befreundet war – ebenso eine Rolle, wie Marx' Angriff auf Karl Vogt, den Schweizer Naturforscher, dem Herzen sehr zugetan war. Mindestens drei seiner Freunde waren reine Deutsche. Goethe und Schiller bedeuteten ihm mehr als jeder russische Schriftsteller. Allerdings steckt eine gewisse Boshaftigkeit in seiner Darstellung der deutschen Verbannten; sie läßt die überlegene Komik vermissen, mit der er die Eigentümlichkeiten der übrigen Ausländerkolonien beschreibt, die in den fünfziger und sechziger Jahren in London versammelt waren, einer Stadt, die übrigens, wenn wir Herzen in diesem Punkt Glauben schenken dürfen, den Absurditäten und dem Märtyrertum der Verbannten mit völliger Gleichgültigkeit begegnete. Was seine Gastgeber, die Engländer, betrifft, so tauchen sie in seinen Schriften sehr selten auf. Herzen hatte Mill, Carlyle und Owen getroffen. Seine erste Nacht in England verbrachte er bei

7 Siehe die Eintragung im *Journal* unter dem 8. Februar 1865 – »Dinner bei Charles Edmond's (Chojecki) [. . .] Eine sokratische Maske mit dem warmen und transparenten Fleisch eines Rubens-Porträts, eine rote Narbe zwischen den Augenbrauen wie von einem Brenneisen, ergrauender Bart und Haare. Wenn er spricht, schwillt ein beständiges ironisches Lachen in seiner Kehle auf und ab. Seine Stimme ist sanft und langsam, ohne jede Derbheit, die man vielleicht wegen seines ausgeprägten Nackens erwartet hätte; die Gedanken sind subtil, feinfühlig, scharf, oft spitzfindig, immer bestimmt, durch Worte mit Licht erfüllt, die Zeit brauchen, um anzukommen, die aber immer das Treffende des Französischen besitzen, wie es von einem kultivierten und geistreichen Ausländer gesprochen wird.« »Er spricht vonn Bakunin und den elf Monaten, die dieser angekettet an eine Wand im Gefängnis verbrachte, von seiner Flucht aus Sibirien auf dem Amur-Fluß, von seiner Rückkehr auf dem Weg über Kalifornien, seiner Ankunft in London, wo, nach einer stürmischen und tränenreichen Umarmung seine ersten Worte an Herzen waren: ›Kann man hier Austern bekommen?‹« Die Goncourts zitieren ein charakteristisches, von Herzen geschriebenes Epigramm, um die Differenz zwischen dem französischen und englischen Charakter zu veranschaulichen. Sie berichten getreu die Geschichte von James Rothschilds Unternehmungen, um Herzens Besitz in Rußland zu retten.

englischen Gastgebern. Er stand auf ziemlich gutem Fuß mit einigen Herausgebern radikaler Zeitschriften (ein paar von ihnen, wie Linton und Cowen, verhalfen ihm dazu, seine Ansichten zu propagieren und Kontakt zu den Revolutionären auf dem Kontinent zu halten sowie geheime Propagandabeziehungen nach Rußland aufrechtzuerhalten) und mit einigen radikal gesinnten Mitgliedern des Parlaments, einschließlich einiger Minister zweiten Ranges. Im ganzen gesehen scheint er sogar noch weniger Kontakte zu den Engländern gehabt zu haben als sein Zeit- und Leidensgenosse Karl Marx. Trotzdem bewunderte er England. Er bewunderte seine Verfassung, und das Dickicht seiner ungeschriebenen Gesetze und Gewohnheitsrechte beflügelte seine ganze Erfindungskraft und romantische Phantasie. Die amüsanten Passagen von *Erlebtes und Gedachtes*, in denen er die Franzosen mit den Engländern oder die Engländer mit den Deutschen verglich, lassen einen scharfsinnigen und belustigten Einblick in die nationalen Eigenschaften der Engländer erkennen. Aber er konnte nie ganz wie sie sein. Sie blieben für ihn zu sehr auf ihre insularen Interessen beschränkt, zu gleichgültig, zu phantasielos, zu uninteressiert an den moralischen, sozialen und ästhetischen Fragen, die ihm am Herzen lagen, zu materialistisch und selbstzufrieden. Seinem Urteil zufolge sind sie stets intelligent und bisweilen scharfsinnig, distanziert und neigen zur Konventionalität. Ein Bericht über den Prozeß gegen einen französischen Radikalen in London, der einen politischen Gegner bei einem Duell im Windsor Great Park getötet hatte, ist zwar glänzend geschrieben, bleibt aber ein Stück Genre-Malerei, eine amüsante und brillante Karikatur. Die Franzosen, Schweizer, Italiener, ja sogar die Deutschen stehen ihm näher. Er kann keine wirkliche Beziehung zu den Engländern finden. Wenn er über die Menschheit nachdenkt, bezieht er sie nicht mit ein.

Neben seinen wichtigsten Tätigkeiten widmete er sich der Erziehung seiner Kinder, die er teilweise einer deutschen Idealistin – Malwida von Meysenbug – anvertraute, einer späteren Freundin von Nietzsche und Romain Rolland. Sein Privatleben war verflochten mit dem seines engen Freundes Ogarëw und dessen Frau, die seine Geliebte wurde. Dessen ungeachtet blieb die gegenseitige Zuneigung der beiden Freunde unverändert. Die Memoiren enthüllen wenig von den seltsamen emotionalen Konsequenzen dieses Verhältnisses.

Im übrigen lebte er das Leben eines wohlhabenden Schriftstellers aus guter Familie, eines Angehörigen des russischen und im besonderen des Moskauer Adels, seinem Heimatland entfremdet – ein mit gelegentlichen Augenblicken der Hoffnung und sogar der Euphorie angefülltes Leben, gefolgt von langen Perioden des Elends, bohrender Selbstkritik und eines verzehrenden Heimwehs. Dies mag einer der Gründe gewesen sein, die ihn bewogen, den russischen Bauern zu idealisieren und davon zu träumen, daß die Antwort auf die zentrale »soziale« Frage seiner Zeit – die der zunehmenden Ungleichheit, Ausbeutung, der Enthumanisierung sowohl des Unterdrückers wie der Unterdrückten – in der Bewahrung des russischen bäuerlichen Gemeindesystems liege. Er verstand dieses als den Ursprung der Entwicklung eines nicht-industriellen, halb-anarchistischen Sozialismus. Einzig eine solche Lösung, deutlich von den Ansichten Fouriers, Proudhons und George Sands beeinflußt, schien ihm frei zu sein von der unterdrükkenden, kasernenhaften Disziplin, die von den westlichen Kommunisten von Cabet bis Marx gefordert wurde; und ebenso frei von den gleichermaßen erdrückenden und – so erschien es ihm – deutlich vulgären und spießbürgerlichen Idealen, die in den gemäßigten, halb-sozialistischen Doktrinen enthalten waren, mit ihrem Glauben an die fortschrittliche Rolle der sich entwickelnden Industrialisierung, wie sie von den Vorreitern der Sozialdemokratie in Deutschland, Frankreich und von den Fabiern in England propagiert wurden. Später modifizierte er seine Ansicht; gegen Ende seines Lebens begann er die historische Bedeutung der organisierten städtischen Arbeiter anzuerkennen. Alles in allem blieb er jedoch seinem Glauben an die russische bäuerliche Gemeinschaft als einer Keimform desjenigen Lebens treu, in dem die Suche nach der individuellen Freiheit mit dem Bedürfnis nach kollektivem Handeln und Verantwortlichkeit versöhnt wäre. Er hielt bis zu seinem Ende fest an der romantischen Vision einer neuen, gerechten, allesverändernden gesellschaftlichen Ordnung.

Herzen ist weder konsequent noch systematisch; sein Stil hat in mittleren Lebensjahren die Zuversicht seiner Jugend verloren und vermittelt das verzehrende Heimweh, das ihn nie mehr verläßt. Nahezu alle Spuren des Hegelschen Einflusses sind verschwunden. »Die Absurdität der Wirklichkeit beleidigt uns, [...] gerade so, als hätte jemand versprochen, daß alles in der Welt ungemein schön, gerecht und harmonisch sein müßte. Wir haben genug über die tiefe abstrakte Weisheit von Natur und Geschichte gestaunt; es ist an der Zeit zu erkennen, daß Natur und Geschichte voll von Zufällen und Sinnlosigkeiten, Unordnung und Stümperhaftigkeiten sind.« Dieser Satz ist höchst charakteristisch für seine Stimmung in den sechziger Jahren; und es ist kein Zufall, daß seine Arbeiten keine geschlossene Komposition zeigen, sondern eine Abfolge von Fragmenten, Episoden, abgeschlossenen Vignetten, eine Mischung aus »Dichtung und Wahrheit«, Tatsachen und poetischer Freiheit sind. Seine Stimmungen wechseln ganz plötzlich. Manchmal glaubt er an die Notwendigkeit eines großen, reinigenden revolutionären Sturms; in anderen Augenblicken wieder wirft er seinem alten Freund Bakunin, der nach seiner Flucht aus einem russischen Zuchthaus in London zu ihm stieß, vor, er wolle die Revolution zu bald: er verstehe nicht, daß die Häuser für freie Menschen nicht aus den Steinen von Gefängnissen gebaut werden könnten, daß der Durchschnitts-Europäer des 19. Jahrhunderts zu sehr von der Sklaverei der alten Ordnung geprägt sei, um sich wirkliche Freiheit vorstellen zu können, und daß es nicht die befreiten Sklaven sein würden, die die neue Ordnung errichten, sondern neue, in Freiheit erzogene Menschen. Geschichte hat ihre eigene Dynamik. Geduld und stufenweises Fortschreiten allein können eine dauerhafte Veränderung bewirken. In solchen Momenten überlegt er sich, ob die Zukunft den freien anarchistischen Bauern oder den kühnen, erbarmungslosen Planern gehört. Vielleicht ist es der industrielle Arbeiter, der der Erbe der neuen, unvermeidlichen, kollektivistischen ökonomischen Ordnung sein wird.[8] Doch dann kehrt er wiederum zu seinen früheren Stimmungen der Desillusionierung zurück und fragt sich, ob die Menschen die Freiheit wirklich ersehnen. Vielleicht sind dies nur immer einige wenige in einer Generation, während die meisten lediglich eine gute Regierung wollen, gleichgültig, in wessen Händen sie liegt. Und so bestätigt er de Maistres bitteres Epigramm über Rousseau: »Monsieur Rousseau hat gefragt, wie es komme, daß Menschen, die frei geboren wurden, trotzdem überall in Ketten liegen. Das ist so, als wenn man sich fragen würde, warum Schafe, die als fleischfressende Wesen geboren wurden, trotzdem Gras fressen.« Schließlich wurde Herzen immer pessimistischer. Er hatte mit der Arbeit an einem idealen Konzept des menschlichen Lebens begonnen, ignorierte dabei aber die Kluft, die es von der

8 Dies ist die These, durch die orthodoxe sowjetische Gelehrte für sich in Anspruch nehmen, eine verspätete Annäherung an die Marxschen Vorstellungen zu belegen.

Gegenwart trennte – einerseits vom Rußland Nikolaus' I., andererseits vom korrupten Konstitutionalismus des Westens. In seiner Jugend glorifizierte er den jakobinischen Radikalismus und verdammte seine Widersacher in Rußland – den blinden Konservativismus, die slawophile Sehnsucht, den vorsichtigen Gradualismus seiner Freunde Granowskij und Turgenjew genauso wie die hegelianischen Aufrufe zu Geduld vor dem Geschichtsverlauf Der Kommunismus ist nur ein auf den Kopf gestellter Zarismus, die Ablösung einer Knechtschaft durch eine andere; die Ideale und Parolen der Politik entpuppen sich bei näherer Prüfung als Leerformeln, für die Fanatiker unzählige ihrer Zeitgenossen bedenkenlos opfern. Er ist sich nicht länger sicher, daß die Kluft zwischen der aufgeklärten Elite und den Massen jemals überbrückt werden kann (dies wird zum beherrschenden, ständig wiederkehrenden Thema im späten russischen Denken). Aber wenn dies alles auch nur zu einem kleinen Teil stimmt, ist radikale Veränderung dann noch möglich oder wünschenswert? Aus solchen Überlegungen resultieren Herzens Empirismus, Skeptizismus, der latente Pessimismus und die Verzweiflung in der Mitte der sechziger Jahre. Dies ist eine Haltung, die einige sowjetische Gelehrte als den Beginn einer Annäherung Herzens an eine quasi-marxistische Anerkennung der Gesetze gesellschaftlicher Entwicklung interpretieren – insbesondere der Unvermeidlichkeit der Industrialisierung und vor allen Dingen der zentralen Rolle, die das Proletariat hierbei spielen muß. Dies ist freilich nicht die Interpretation, die Herzens linksextreme russische Kritiker seinen Ansichten zu seinen Lebzeiten oder in dem folgenden halben Jahrhundert gaben. Ihnen erschienen diese Lehrsätze vielmehr symptomatisch für Konservativismus und Verrat zu sein. Denn während der fünfziger und sechziger Jahre wuchs in Rußland eine neue Generation von Radikalen heran, in einem damals rückständigen Land, das in dem schmerzlichen Prozeß der ursprünglichen, höchst rudimentären, allmählichen, sporadischen, ineffizienten Industrialisierung begriffen war. Dies waren Männer von unterschiedlichster sozialer Herkunft, erfüllt von Verachtung für die schwächlichen liberalen Kompromisse von 1848, ohne jegliche Illusion über die Aussichten der Freiheit im Westen, entschlossen zu eher rücksichtlosen Methoden; sie akzeptierten als wahr nur das, was die Wissenschaft beweisen kann, waren darauf vorbereitet, hart zu sein, um die Macht ihrer ebenfalls rücksichtslosen Unterdrücker zu brechen; sie verwarfen den

Ästhetizismus ebenso wie die Wertvorstellungen der »sanften« Generation der vierziger Jahre. Herzen erkannte, daß die Kritik und die Anwürfe, die gegen ihn als einen obsoleten, aristokratischen Dilettanten von diesen »Nihilisten« – wie sie in Turgenjews Roman *Väter und Söhne,* in der dieser Konflikt zum ersten Mal anschaulich dargestellt wird, genannt wurden – vorgetragen wurden, nicht allzu sehr unterschieden waren von der Verachtung, die er selbst in seiner eigenen Jugend für die wirkungslosen Reformer unter der Herrschaft Alexanders I. empfunden hatte. Aber das half ihm nicht, seine Lage leichter zu ertragen. Das, was von den hartgesottenen Revolutionären nur unwillig aufgenommen wurde, gefiel Tolstoj, der mehr als einmal sagte, daß die Zensur von Herzens Werken in Rußland ein charakteristischer Fehler der Regierung gewesen sei – einer Regierung, die in ihrem ängstlichen Bestreben, die Jugend auf ihrem Marsch in den revolutionären Enthusiasmus zu stoppen, sie verhaften ließ und sie nach Sibirien oder in die Gefängnisse verbannte, lange bevor sie ihr überhaupt gefährlich werden konnte, bevor sie noch den Weg der Legalität verließ; Herzen war diesen Weg gegangen, er hatte den Abgrund gesehen und vor ihm gewarnt, besonders in seinen *Briefen an einen alten Weggenossen*; nichts, wie Tolstoj meinte, wäre eine bessere Gegenkraft gegen den »revolutionären Nihilismus«, den Tolstoj verurteilte, als Herzens brillante Analysen. »Unsere junge Generation wäre nicht dieselbe, wenn Herzen während der letzten zwanzig Jahre von ihr gelesen worden wäre.« Die Unterdrückung seiner Bücher , so fuhr Tolstoj fort, war sowohl ein kriminelles wie – gerade aus der Sicht derjenigen, die keine gewaltsame Revolution wollten – ein idiotisches politisches Verhalten. Zu anderen Zeiten war Tolstoj weniger großzügig. Im Jahre 1860, sechs Monate bevor sie einander kennenlernten, hatte er Herzens Schriften mit einer Mischung aus Bewunderung und Verärgerung gelesen: »Herzen ist ein Mensch von konfusem Intellekt und morbider Eigenliebe«, schrieb er in einem Brief, »aber die Fülle seiner geistigen Anlagen, seine Güte und die Anmut seiner Gesinnung sind russisch!« Und 1896, während einer seiner anti-rationalistischen Launen, sagte er: »Was hat Herzen denn geschrieben, das von irgendeinem Nutzen gewesen wäre?« Dies als Einwand gegen das Argument, die Generation der vierziger Jahre hätte – wegen der rigiden russischen Zensur – nicht sagen können, was sie sagen wollte, Herzen aber habe in Paris in absoluter Freiheit schreiben können und es gleichwohl fertiggebracht,

»nichts Nützliches zu sagen«. Was Tolstoj am meisten ärgerte, war Herzens Sozialismus. 1908 beklagte er, daß Herzen ein »kleinlicher Sozialist« sei, selbst wenn er »haushoch über den anderen Politikern seiner Zeit und Stunde« stand. Daß er an die Politik als eine Waffe glaubte, genügte, um ihn in Tolstojs Augen zu verurteilen. Ab 1862 hatte Tolstoj dem Glauben an liberale Reformen und an den Fortschritt des menschlichen Lebens durch gesetzliche oder institutionelle Veränderungen den Kampf erklärt. Herzen fiel diesem allgemeinen Bann zum Opfer. »Er geht seinen Weg, ich werde den meinen gehen.« Tolstoj unterschätzte ernstlich Herzens revolutionäres Temperament. Wie skeptisch Herzen auch immer gegenüber bestimmten revolutionären Doktrinen oder Plänen in Rußland gewesen sein mag – und niemand war in diesem Punkt eher zu Zweifeln geneigt als er –, so setzte er am Ende seines Lebens auf die moralische und soziale Notwendigkeit einer Revolution in Rußland – ob früher oder später –, einer gewaltigen Umwälzung, gefolgt von einer gerechten, das heißt: einer sozialistischen Ordnung. Dabei verschloß er seine Augen wahrhaftig nicht vor der Möglichkeit, ja der Wahrscheinlichkeit, daß die große Rebellion Werte zerstören würde, denen er sich selbst verpflichtet fühlte, insbesondere die Freiheiten, ohne die er, und andere ähnlich ihm, nicht atmen konnte. Dies hinderte ihn nicht daran, nicht nur die Unvermeidlichkeit, sondern auch die historische Gerechtigkeit der kommenden Umwälzung anzuerkennen. Sein moralisches Empfinden, sein Respekt vor menschlichen Werten, sein ganzer Lebensstil trennten ihn von den jungen Radikalen der sechziger Jahre, doch – trotz all seinem Mißtrauen gegenüber politischem Fanatismus, ob von rechts oder links – wandelte er sich nicht zum vorsichtigen, reformistischen, liberalen Konstitutionalisten. Selbst in seiner gradualistischen Phase blieb er ein Agitator, ein Egalitarist und bis zu seinem Lebensende Sozialist. Gerade das schätzten und begrüßten sowohl die russischen Populisten als auch die russischen Marxisten – Michajlowskij wie Lenin – an ihm.

Es war nicht politische Klugheit oder Mäßigung, was ihn zu einer beharrlichen Unterstützung Polens in seiner Erhebung gegen Rußland im Jahre 1863 veranlaßt hatte. Die Welle des leidenschaftlichen Nationalismus, die die Niederschlagung des Aufstandes begleitete, beraubte ihn vieler Sympathien selbst unter den russischen Liberalen. Die Auflage der *Glocke* sank. Die neuen »harten« Revolutionäre benötigten sein Geld, gaben jedoch deutlich zu verstehen, daß sie ihn für einen liberalen Prediger antiquierter, humanistischer Auffassungen hielten, nutzlos für den kommenden gewaltsamen Kampf. Er verließ London in den späten sechziger Jahren und unternahm den Versuch, eine französische Ausgabe der *Glocke* in Genf herauszugeben. Als dies scheiterte, besuchte er seine Freunde in Florenz und kehrte zu Beginn des Jahres 1870 nach Paris zurück, kurz vor dem Ausbruch des Deutsch-Französischen Krieges. Dort starb er an Rippenfellentzündung, moralisch wie physisch gebrochen, dennoch nicht desillusioniert, bis zum Schluß mit konzentrierter Intelligenz und Kraft schreibend. Sein Leichnam wurde nach Nizza überführt, wo er an der Seite seiner Frau bestattet wurde. Eine lebensgroße Statue bezeichnet noch heute sein Grab.

Herzens Ideen haben Eingang in das allgemeine Gefüge des russischen politischen Denkens gefunden – Liberale wie Radikale, Populisten wie Anarchisten, Sozialisten wie Kommunisten haben sich auf ihn als einen geistigen Vater berufen. Aber was überdauert hat, von all seiner fieberhaften und unaufhörlichen Aktivität, ist – selbst in seinem Geburtsland – nicht eine systematische Theorie, sondern eine Handvoll Essays, einige bemerkenswerte Briefe; es sind seine Gedächtniskraft, seine Beobachtungsgabe, seine moralische Leidenschaft, seine psychologische Analyse und seine politische Beschreibung, gepaart mit einer großen schriftstellerischen Begabung, die seinen Namen unsterblich gemacht haben.

Herzen war kein unbeteiligter Beobachter und wollte dies nicht sein. Ebenso wie die Dichter und Novellisten seiner Nation schuf er einen Stil, eine Anschauungsweise und, mit den Worten von Gorkijs Huldigung an ihn gesprochen, »eine ganze Provinz, ein an Ideen erstaunlich reiches Land«[9], in dem alles unmittelbar erkennbar als das Seine und nur als das Seine existiert, ein Land, in das er alles verpflanzt, was er berührt, in welchem Dinge, Sinneswahrnehmungen, Gefühle, Personen, Ideen, private und öffentliche Ereignisse, Institutionen, ganze Kulturen Gestalt und Leben erhielten durch seine geschichtliche Phantasie. *Erlebtes und Gedachtes* ist die Arche Noah, auf die er sich selbst – und nicht nur sich allein – vor der Flut rettete, in der viele idealistische Radikale in den vierziger Jahren untergingen. Kunst überdauert und transzendiert ihren unmittelbaren Zweck. Die Strukturen, die Herzen

9 *Istoriya Russkoy Literatury*, p. 206 (Moskau 1939).

vielleicht in erster Linie zu seiner eigenen persönlichen Rettung aus dem Material seines mißlichen Schicksals – Exil, Einsamkeit, Verzweiflung – errichtete, überdauern ungebrochen. Geschrieben im Ausland, größtenteils europäische Probleme und Gestalten betreffend, stellen diese Erinnerungen ein großes, fortwirkendes Denkmal der russischen Gesellschaft dar, der Herzen angehörte. Ihre Vitalität und Anziehungskraft sind – im Verlauf der hundert Jahre, die seit dem Erscheinen des ersten Kapitels vergangen sind – nicht geringer geworden.

Alexander Herzen
Die gescheiterte Revolution

An N. P. Ogarjow

In diesem Buch
ist am meisten von zwei Personen die Rede.
Die eine ist nicht mehr,
du aber bist mir noch geblieben,
und darum gehört es mit Recht dir,
mein Freund.

Iskander

1. Juli 1860 – Eagle's Nest Bournemouth

Die russischen Jahre. Ein Mosaik

»Wera Artamonowna, erzählen Sie mir doch noch einmal, wie es war, als die Franzosen nach Moskau kamen«, pflegte ich zu sagen, wenn ich mich in meinem Bettchen ausstreckte, das ringsum mit Leinwand verkleidet war, damit ich nicht herausfiel, und mich in meine Steppdecke einwickelte.

»I bewahre! Was sind das für Geschichten, das haben Sie schon so oft gehört, und es ist auch Zeit zum Schlafen, stehen Sie lieber morgen ein bißchen früher auf«, antwortete gewöhnlich die alte Frau, die ihre Lieblingsgeschichte genausogern erzählt hätte, wie ich sie hören wollte.

»Erzählen Sie doch ein bißchen davon; nun, wie haben Sie es erfahren und wie hat es denn angefangen?

»Das hat eben so angefangen. Ihr Väterchen, Sie wissen doch, wie er ist, schiebt immer alles auf die lange Bank; er hat sich endlos zur Reise vorbereitet, bis es zu spät war! Alle sagten: Es ist Zeit zu fahren, worauf wird denn noch gewartet? Es war wohl schon niemand mehr in der Stadt. Nein, immer mußte er sich noch mit Pawel Iwanowitsch beraten, wie sie zusammen fahren könnten, und bald war der eine nicht fertig, bald der andere. Schließlich hatten wir doch alles gepackt, und die Kalesche stand bereit; die Herrschaften setzten sich an den Frühstückstisch, da kam plötzlich unser Küchenmeister ganz bleich ins Speisezimmer und meldete: ›Der Feind ist am Dragomilowoer Schlagbaum einmarschiert.‹ Da wurde uns denn doch allen angst und bange, jeder dachte bei sich: Gott steh uns bei! Alles ging drunter und drüber; und während wir noch hin und her liefen und jammerten, da sehen wir auf einmal schon Dragoner durch die Straße galoppieren, in solchen Helmen mit Pferdeschweifen hinten dran. Alle Schlagbäume wurden geschlossen, und da saß Ihr Väterchen fest, ja und Sie mit ihm; die Amme Darja stillte Sie damals noch, Sie waren ja so ein kränkliches und schwaches Kind.«

Und ich lächelte stolz, glücklich, daß ich am Kriege teilgenommen hatte.

Mein Vater hatte zwölf Jahre im Ausland verbracht, sein Bruder noch längere Zeit; sie wollten sich nun ihr Leben nach ausländischem Stil einrichten, ohne große Unkosten und unter Beibehaltung aller russischen Annehmlichkeiten. Doch dieses Leben kam nicht zustande – sei es, weil sie nicht miteinander auskommen konnten, sei es, weil die Gutsbesitzernatur über ausländische Gepflogenheiten die Oberhand gewann. Sie führten einen gemeinsamen Haushalt, der Gutsbesitz blieb ungeteilt, ein überaus zahlreiches Gesinde bevölkerte das untere Stockwerk – alle Vorbedingungen zur Unordnung waren demnach gegeben.

Etwa bis zu meinem zehnten Jahre fand ich nichts Merkwürdiges und Besonderes an meiner Lage; mir erschien es natürlich und selbstverständlich, daß ich im Hause meines Vaters lebte, daß ich mich in seinen Zimmern gesittet betragen mußte, daß meine Mutter andere Zimmer bewohnte, in denen ich nach Herzenslust schreien und Mutwillen treiben konnte. Der Senator verwöhnte mich und schenkte mir Spielzeug, Caleau trug mich auf Händen, Wera Artamonowna zog mich an, legte mich schlafen und wusch mich in einem Holztrog, Mme. Provost führte mich spazieren und sprach deutsch mit mir; alles ging seinen geregelten Gang, aber dennoch begann ich nachdenklich zu werden.

Flüchtig hingeworfene Bemerkungen und unvorsichtige Äußerungen erregten meine Aufmerksamkeit. Die gute alte Provost und das ganze Gesinde hingen mit grenzenloser Liebe an meiner Mutter, meinen Vater fürchteten sie, ihn liebten sie überhaupt nicht. Die häuslichen Szenen, die sich manchmal zwischen beiden abspielten, bildeten oft das Gesprächsthema von Wera Artamonowna und Mme. Provost, die stets auf der Seite meiner Mutter waren.

Meine Mutter hatte tatsächlich viele Unannehmlichkeiten zu ertragen. Sie war eine überaus gutherzige Frau, jedoch ohne festen Willen und wurde daher völlig von meinem Vater unterdrückt, gegen den sie aber, wie das immer bei schwachen Naturen der Fall zu sein pflegt, in Kleinigkeiten und unwichtigen Angelegenheiten hartnäckig opponierte. Zum Unglück war mein Vater gerade in jenen Kleinigkeiten fast immer im Recht, und der Streit endete gewöhnlich mit seinem Sieg.

»Wahrhaftig«, sagte zum Beispiel Mme. Provost oft, »an Stelle der gnädigen Frau würde ich ganz einfach wegfahren, zurück nach Stuttgart. Ist das etwa ein Vergnügen? Immer Launen und Unannehmlichkeiten, das ist ja zum Sterben langweilig.«

»Natürlich«, fügte Wera Artamonowna hinzu, »wenn Sie durch den da nicht an Händen und Füßen gebunden wäre«, dabei zeigte sie mit der Stricknadel auf mich. »Mitnehmen – wohin? Und wozu? Und ihn allein hierlassen? So wie das bei uns zugeht, täte einem das denn doch auch leid!«

Kinder sind überhaupt scharfblickender, als man denkt, sie lassen sich schnell ablenken, vergessen eine Zeitlang, was ihnen aufgefallen ist, kommen aber hartnäckig darauf zurück, besonders wenn es sich um etwas Geheimnisvolles und Schreckliches handelt, und versuchen mit erstaunlicher Beharrlichkeit und Geschicklichkeit die Wahrheit zu ergründen.

Einmal aufmerksam geworden, gelang es mir innerhalb von wenigen Wochen, alle Einzelheiten darüber zu erfahren, wie mein Vater und meine Mutter sich begegnet waren, wie meine Mutter sich entschlossen hatte, ihr Vaterhaus zu verlassen, wie sie in der russischen Botschaft in Kassel vom Senator versteckt worden war und wie sie in Männerkleidung über die Grenze gelangt war; all das erfuhr ich, ohne auch nur ein einziges Mal jemandem eine Frage gestellt zu haben.

Die erste Folge dieser Entdeckungen war eine Entfremdung zwischen mir und meinem Vater – wegen der Szenen, von denen ich bereits erzählt habe. Ich war auch schon früher Zeuge davon gewesen, aber ich hatte geglaubt, daß dies ganz in der Ordnung sei; ich war so daran gewöhnt, daß alles im Hause, der Senator nicht ausgenommen, meinen Vater fürchtete und er allen Verweise erteilte, daß ich darin nichts Befremdendes gefunden hatte. Jetzt begann ich die Dinge mit anderen Augen anzusehen, und der Gedanke, daß ein Teil alles dessen um meinetwillen ertragen wurde, legte sich so manches Mal als schwere dunkle Wolke auf meine helle, kindliche Phantasie.

Der zweite Gedanke, der seit jener Zeit in mir Wurzel faßte, war der, daß ich viel weniger von meinem Vater abhängig sei, als Kinder dies gemeinhin sind. Diese Selbständigkeit, die ich mir selbst ausgedacht hatte, gefiel mir.

Kinder haben die Dienstboten im allgemeinen gern; die Eltern, vornehmlich in Rußland, verbieten ihren Kindern, sich mit ihnen anzufreunden; die Kinder gehorchen ihnen aber nicht, weil es im Salon langweilig zugeht, in der Mägdestube jedoch lustig. In diesem Falle, wie in tausend anderen, wissen die Eltern nicht, was sie tun. Ich kann mir einfach nicht vorstellen, daß unser Vorzimmer schädlicher für unsere Kinder sein sollte als unser »Teezimmer« oder das »Diwanzimmer«. Im Vorzimmer lernen die Kinder grobe Ausdrücke und nehmen schlechte Manieren an, das ist wahr; im Salon aber nehmen sie rohe Gedanken und schlechte Gefühle auf.

Allein schon der Befehl, sich von Menschen fernzuhalten, mit denen die Kinder ununterbrochen in Berührung kommen, ist unmoralisch.

Bei uns wird viel von der tiefgehenden Verderbtheit der Dienstboten, insbesondere der leibeigenen, gesprochen. Sie zeichnen sich in der Tat nicht durch eine musterhafte Sittenstrenge aus, und ihre Demoralisation ist schon daran zu erkennen, daß sie allzu vieles hinnehmen, sich allzu selten empören und Widerstand leisten. Doch darum geht es hier nicht. Ich wüßte gerne, welcher Stand in Rußland weniger sittlich verdorben ist als sie. Etwa der Adel und die Beamten? Oder gar die Geistlichkeit?

Warum lachen Sie?

Dazu hätten allenfalls noch die Bauern ein gewisses Recht...

Der Unterschied zwischen den Adligen und dem Gesinde ist ebenso gering wie der zwischen ihren Standesbezeichnungen. Ich hasse, besonders nach den unglücklichen Ereignissen des Jahres 1848, die an die Masse gerichtete demagogische Schmeichelei, aber die aristokratische Verleumdung des Volkes hasse ich noch mehr. Indem sie die Dienstboten und Sklaven als lasterhafte wilde Tiere darstellen, streuen die Sklavenhalter anderen Leuten Sand in die Augen und ersticken den Schrei des Gewissens in ihrem eigenen Innern. Wir sind selten besser als der Pöbel; wir drücken uns nur feiner aus und verbergen unseren Egoismus und unsere Leidenschaften geschickter; unsere Wünsche sind nicht von so grober Art und treten nicht so offen zutage, weil wir sie leicht befriedigen können und gewohnt sind, uns keinen Zwang aufzuerlegen; wir sind einfach wohlhabender, satter und demzufolge anspruchsvoller.

Weder der Senator noch mein Vater bedrückten unser Gesinde besonders, das heißt, die Leute hatten nicht körperlich zu leiden. Der Senator war aufbrausend, ungeduldig und eben deshalb häufig grob und ungerecht; aber er kam so wenig mit ihnen in Berührung und beschäftigte sich so wenig mit ihnen, daß sie einander kaum kannten. Mein Vater setzte ihnen mit seinen Launen zu, er ließ ihnen keinen Blick, kein Wort, keine Bewegung durchgehen und belehrte sie unaufhörlich; für einen russischen Menschen ist das oft schlimmer als Schläge und Schelte.

Körperstrafen waren in unserem Hause so gut wie unbekannt, und die zwei, drei Fälle, bei denen der Senator und mein Vater zu dem verabscheuungswürdigen Mittel des »Polizeireviers« griffen, waren so ungewöhnlich, daß das ganze Gesinde monatelang davon sprach; überdies waren solche Strafen dann durch ernste Vergehen hervorgerufen.

Häufiger kam es vor, daß jemand vom Gesinde zum Militär gegeben wurde; diese Strafe war der Schrecken aller jungen Leute; allein und ohne Anhang, wollten sie doch lieber Leibeigene bleiben, als zwanzig Jahre lang das Joch des Soldatendienstes schleppen. Auf mich machten diese schrecklichen Szenen einen tiefen Eindruck ... Auf den Ruf des Gutsbesitzers kamen zwei Polizeisoldaten, die den zum Militär bestimmten Mann hinterrücks und unerwartet überrumpelten und festnahmen; der Dorfälteste erklärte dann gewöhnlich, der Herr habe am Abend vorher den Befehl gegeben, den Betreffenden der Behörde zu übergeben, und der Knecht versuchte unter Tränen die Haltung zu bewahren; die Frauen weinten, alle brachten ihm Geschenke, auch ich gab alles her, was ich konnte, etwa ein Zwanzigkopekenstück oder ein Halstuch.

Ich erinnere mich noch, daß mein Vater einmal befahl, einem Dorfältesten dafür, daß er den eingesammelten Zins veruntreut hatte, den Bart abzuschneiden. Mir war diese Strafe ganz unbegreiflich, aber der Anblick des sechzigjährigen alten Mannes erschütterte mich: er weinte laut, verneigte sich bis zur Erde und bat, ihm über den Zins hinaus noch eine Strafe von hundert Rubel aufzuerlegen, ihn aber vor der Schande zu bewahren.

Solange der Senator mit uns zusammenlebte, bestand das gemeinsame Hausgesinde aus dreißig Männern und fast ebensoviel Frauen; die verheirateten Frauen brauchten übrigens keine Dienste zu leisten, sie versorgten ihren eigenen Haushalt; im Dienst standen fünf, sechs Stubenmädchen und Wäscherinnen, die das obere Stockwerk nie betraten. Dazu kamen noch die Jungen und Mädchen, die für den Dienst ausgebildet wurden, das heißt, sie wurden zum Müßiggang, zur Faulheit, zum Lügen und zum Fuseltrinken erzogen.

Zur Charakterisierung des damaligen Lebens in Rußland ist es, glaube ich, nicht überflüssig, einige Worte über die Bezahlung des Gesindes zu sagen. Für Verpflegung bekam anfangs jeder monatlich fünf Rubel in Assignaten, später sechs. Die Frauen bekamen einen Rubel weniger, Kinder vom zehnten Jahr an die Hälfte. Die Leute bildeten untereinander »Artels«, und klagten nicht über Mangel, was beweist, wie überaus billig die Lebensmittel waren. Das höchste Gehalt betrug hundert Rubel in Assignaten jährlich, andere erhielten die Hälfte, einige – dreißig Rubel im Jahr. Knaben bekamen bis zu ihrem achtzehnten Jahr keinen Lohn. Außer dem Lohn wurden den Leuten Kleider, Mäntel, Hemden, Laken, Bettdecken, Handtücher und Segeltuchmatratzen gegeben; den Jungen, die keinen Lohn erhielten, gab man Geld zur Pflege der moralischen und physischen Sauberkeit, das heißt fürs Bad und für Beichte und Abendmahl. Wenn man alles in Rechnung stellte, kostete ein Dienstbote im Jahr etwa dreihundert Rubel in Assignaten; rechnet man dazu noch einen Aufschlag für Arzneien, den Arzt und die Kosten für solche Lebensmittel, die zufällig vom Lande in die Stadt gebracht wurden und mit denen man nicht wußte wohin, so kommen wir immer noch nicht über eine Summe von dreihundertfünfzig Rubel hinaus. Das ist der vierte Teil von dem, was ein Dienstbote in Paris oder London kostet.

Die Sklavenhalter bringen gewöhnlich noch die Versicherungsprämie für die Sklavenhaltung in Anrechnung, das heißt den Unterhalt der Frau und der Kinder durch den Gutsbesitzer und das kärgliche Stück Brot auf die alten Tage in irgendeinem Dorf. Natürlich, das muß in Anrechnung gebracht werden, aber diese Versicherungsprämie wird in ihrem Wert stark vermindert – durch die Prämie der Angst vor Körperstrafen, die Unmöglichkeit, den bestehenden Zustand zu ändern, und den Gedanken, daß man es noch weit schlechter hätte treffen können.

Ich habe genug Gelegenheit gehabt zu sehen, wie das schreckliche Bewußtsein der Hörigkeit das Dasein des Gesindes belastet und vergiftet, wie es die Seelen der Leute bedrückt und betäubt. Die Bauern, besonders diejenigen, die Zins zahlen müssen, spüren ihre persönliche Unfreiheit weniger, weil sie es irgendwie fertigbringen, an ihre völlige Versklavung nicht zu glauben. Hier aber, wo ein Mensch vom frühen Morgen bis spät in die Nacht auf einer schmutzigen Bank im Vorzimmer sitzen oder mit einem Teller hinter einem Stuhl stehen muß, ist kein Zweifel möglich.

Zum Abschluß dieses traurigen Themas will ich nur noch eines sagen: auf mich hat das Vorzimmer keinen wirklich schlechten Einfluß gehabt. Im Gegenteil, von meiner frühen Jugend an hat es in mir einen unüberwindlichen Haß gegen jede Art von Sklaverei und gegen jegliche Willkür entwickelt. Als ich noch ein Kind war, kam es vor, daß Wera Artamonowna, wenn sie mich wegen irgendeines Streichs recht empfindlich treffen wollte, zu mir sagte: »Warten Sie nur, wenn Sie groß sind, dann werden Sie genauso ein Barin[1] sein wie die anderen.« Mich kränkte das immer entsetzlich. Die gute Alte kann zufrieden sein: so wie die anderen bin ich zum mindesten nicht geworden.

An einem Wintermorgen, zu ganz ungewohnter Zeit, kam der Senator zu uns; mit besorgter Miene ging er schnellen Schrittes in das Arbeitskabinett meines Vaters und schloß die Tür hinter sich, nachdem er mir mit der Hand bedeutet hatte, ich solle im Saal zurückbleiben.

Zum Glück brauchte ich mir nicht lange den Kopf zu zerbrechen und herumzuraten, was geschehen sein konnte. Die Tür vom Vorzimmer öffnete sich ein wenig, und ein rotes Gesicht, halbverdeckt von dem Kragen eines mit Wolfsfell gefütterten Livreemantels, rief mich im Flüsterton zu sich heran; das war der Lakai des Senators. Ich rannte zur Tür.

»Haben Sie noch nichts gehört?« fragte er.

»Was?«

»Der Kaiser ist in Taganrog gestorben.«

Diese Neuigkeit erschütterte mich; ich hatte vorher niemals an die Möglichkeit seines Todes gedacht; ich war in großer Ehrfurcht vor Alexander aufgewachsen und erinnerte mich jetzt voller Betrübnis daran, daß ich ihn nicht lange davor in Moskau gesehen hatte. Auf einem Spaziergang waren wir ihm hinter dem Schlagbaum der nach Twer führenden Landstraße begegnet; er kam langsam mit zwei oder drei Generälen geritten, auf dem Rückweg von der Chodynka, wo gerade Manöver stattfanden. Sein Gesicht war freundlich, die Züge weich und gerundet, der Ausdruck müde und traurig. Als er an uns vorüberkam, nahm ich den Hut ab und hob ihn hoch; er grüßte mich lächelnd. Welch ein Unterschied gegenüber Nikolai, der ewig den Anblick einer kurzgeschorenen und glattgekämmten Meduse mit einem Schnurrbart bot! Er probierte unablässig aus –

1 (russ.) Herr.

auf der Straße, im Palais, an seinen Kindern und Ministern, an den Ordonnanzen und den Hofdamen –, ob sein Blick die Eigenschaft einer Klapperschlange habe, nämlich das Blut in den Adern gerinnen zu lassen. Wenn die äußerliche Milde Alexanders eine Maske war, ist dann eine solche Heuchelei nicht besser als die frech und offen zur Schau getragene Miene des Selbstherrschers?

Während mir unklare Gedanken durch den Kopf gingen und in den Läden Bilder des Zaren Konstantin verkauft wurden, während Zirkulare mit der Aufforderung zum Treuschwur herumgetragen wurden und alle guten Bürger sich beeilten, den Eid auf den neuen Zaren zu leisten, verbreitete sich das Gerücht vom Verzicht des Thronfolgers. Und wieder war es derselbe Lakai des Senators, der sehr auf politische Neuigkeiten versessen war und die beste Gelegenheit hatte, solche in sämtlichen Vorzimmern der Senatoren und Amtsstellen, in denen er vom Morgen bis in die Nacht hinein herumsitzen mußte, zu erfahren, wobei er nicht einmal denselben Vorteil wie die Pferde genoß, die nach dem Mittagessen gewechselt wurden – dieser Lakai also teilte mir mit, daß in Petersburg ein Aufstand gewesen und in der Galernaja-Straße »aus Kanonen« geschossen worden sei.

Am nächsten Tage besuchte uns abends der Gendarmeriegeneral Graf Komarowskij; er erzählte von dem Karree auf dem Platz vor der Isaakskathedrale, von der Attacke der Gardekavallerie und vom Tode des Grafen Miloradowitsch.

Und nun erfolgten Verhaftungen: »der ist verhaftet worden«, »jenen hat man ergriffen«, »den und den haben sie aus dem Dorf in die Stadt geholt«; die erschrockenen Eltern zitterten um ihre Kinder. Dunkle Wolken überzogen den Himmel.

Während der Regierungszeit Alexanders waren politische Verfolgungen selten gewesen; er verbannte zwar Puschkin wegen seiner Gedichte, und Labsin, weil er in seiner Eigenschaft als Sitzungssekretär in der Akademie der Künste vorgeschlagen hatte, den Kutscher Ilja Baikow zum Akademiemitglied zu ernennen; aber systematische Verfolgungen hatte es nicht gegeben. Die Geheimpolizei hatte sich noch nicht zu dem unumschränkt herrschenden Corps der Gendarmerie ausgewachsen, sondern bestand aus einer Kanzlei unter der Leitung des alten Voltairianers de Sanglen, eines Witzboldes und humorvollen Schwätzers von der Art eines Jouy. Unter Nikolai geriet de Sanglen selber unter Polizeiaufsicht und wurde als Liberaler angesehen, obwohl er sich in keiner Weise geändert hatte; allein an diesem Beispiel läßt sich der Unterschied zwischen den beiden Regierungen mit Leichtigkeit ermessen.

Nikolai war bis zu seiner Thronbesteigung völlig unbekannt gewesen; unter Alexander hatte er gar keine Rolle gespielt und niemanden interessiert. Jetzt kam alles angestürzt, um sich nach ihm zu erkundigen; Auskunft konnten einzig und allein die Gardeoffiziere geben; sie haßten ihn wegen seiner kalten Strenge, seiner kleinlichen Pedanterie und seines nachtragenden Charakters. Eine der ersten Anekdoten, die die Stadt durchflogen, bedeutete mehr als eine Bestätigung dessen, was die Gardeoffiziere von ihm dachten. Man erzählte sich, der Großfürst habe sich beim Exerzieren einmal so weit vergessen, daß er einen Offizier am Kragen packen wollte. Der Offizier sagte zu ihm: »Hoheit, ich habe einen Degen in der Hand.« Nikolai trat zurück, erwiderte nichts, vergaß aber auch die Antwort nicht. Nach dem 14. Dezember erkundigte er sich zweimal, ob dieser Offizier mitbeteiligt gewesen sei oder nicht. Glücklicherweise war er es nicht.

Der Ton der Gesellschaft änderte sich schlagartig vor aller Augen; der schnelle sittliche Verfall war ein trauriger Beweis dafür, wie wenig das Gefühl der persönlichen Würde bei den russischen Aristokraten entwickelt gewesen ist. Niemand (außer den Frauen) wagte es, seine Teilnahme zu zeigen, ein gutes Wort zugunsten von Verwandten oder Freunden einzulegen, denen man noch gestern die Hand gedrückt hatte, die aber über Nacht verhaftet worden waren. Im Gegenteil, es traten wilde Fanatiker der Knechtschaft auf, die einen waren es aus Gemeinheit, die anderen – was noch schlimmer ist – aus uneigennütziger Überzeugung.

Allein die Frauen nahmen an dieser schändlichen Verleugnung von Menschen, die ihnen nahestanden, nicht teil... Auch am Kreuz standen nur Frauen, und neben der blutigen Guillotine erschien – einmal Lucile Desmoulins, diese Ophelia der Revolution, die so lange neben dem Beil wartete, bis sie an die Reihe kam, dann George Sand, die dem fanatischen Jüngling Alibaud auf dem Schafott zum Zeichen der Teilnahme und Freundschaft die Hand reichte.

Die Frauen der zur Zwangsarbeit Verschickten verzichteten selbst auf alle bürgerlichen Rechte, sie entsagten ihrem Reichtum und ihrer gesellschaftlichen Stellung und fuhren für ihr ganzes Leben in die Unfreiheit, in das furchtbare Klima Ostsibiriens, unter den noch furchtbareren Druck der dortigen Polizei. Die Schwestern, die keine Reiseerlaubnis bekamen, zogen sich vom Hof zurück, und viele verließen Rußland; fast alle bewahrten in ihrer Seele ein lebendiges Gefühl der Liebe zu den Duldern; bei den Männern aber fehlte dieses Gefühl, die Furcht hatte es in ihren Herzen ausgerottet, und niemand wagte es, die Unglücklichen auch nur mit einem Wort zu erwähnen.

Die Erzählungen von dem Aufstand, vom Gericht, das Entsetzen darüber in Moskau machten einen tiefen Eindruck auf mich; eine neue Welt tat sich mir auf und wurde immer mehr zum Mittelpunkt meiner ganzen geistig-seelischen Existenz; ich weiß nicht, wie das kam, aber obgleich ich nur wenig und sehr unklar begriff, um was es sich handelte, fühlte ich, daß ich nicht auf der Seite stand, wo die Kartätschen und Siege, die Gefängnisse und Ketten waren. Die Hinrichtung Pestels und seiner Kameraden erweckte meine Seele endgültig aus ihrem kindlichen Schlaf.

Einmal nach dem Mittagessen äußerte mein Vater den Wunsch, vor die Stadt zu fahren. Ogarjow war gerade bei uns und wurde zusammen mit Sonnenberg eingeladen, mitzukommen. Diese Ausfahrten waren keine Kleinigkeit. In der viersitzigen Kutsche dauerte die Fahrt bis zum Schlagbaum eine Stunde oder noch länger. Die Kutsche war zwar von »Jochim gearbeitet«, im Verlauf ihres fünfzehnjährigen, wenn auch sehr ruhigen Dienstes aber doch allmählich dermaßen gealtert, daß sie einem Rumpelkasten glich, dabei wog sie immer noch schwerer als ein Belagerungsgeschütz. Die vier Pferde von verschiedener Größe und uneinheitlicher Farbe, die vom müßigen Leben faul geworden waren und sich Bäuche angefressen hatten, waren bereits nach einer Viertelstunde in Schweiß und Schaum gebadet; das war jedoch gegen die Order, die der Kutscher Awdej hatte, und so blieb ihm nichts anderes übrig, als im Schritt zu fahren. Die Fenster waren für gewöhnlich geschlossen, auch wenn es noch so heiß war; und zu alledem gesellte sich neben der gleichmäßig bedrückenden Aufsicht meines Vaters die unruhig-geschäftige, lästige Aufsicht Sonnenbergs – aber wir ertrugen alles gern, wenn wir nur zusammen sein konnten.

In Lushniki überquerten wir in einem Boot die Moskwa an derselben Stelle, wo der Kosak seinerzeit Karl Iwanowitsch aus dem Wasser gezogen hatte. Mein Vater schritt, wie immer, mürrisch und in gebückter Haltung dahin, Karl Iwanowitsch trippelte mit kleinen Schritten neben ihm und unterhielt ihn mit Klatschgeschichten und Geschwätz. Wir gingen vor ihnen her, und als wir sie weit genug hinter uns gelassen hatten, liefen wir hinauf auf die Sperlingsberge, zu der Stelle, wo der Grundstein zu Witbergs Dom gelegt worden war.

Atemlos und gerötet standen wir dort und wischten uns den Schweiß vom Gesicht. Die Sonne sank, die Kuppeln glänzten, die Stadt erstreckte sich unterhalb des Berges unübersehbar ins Weite, ein frischer Wind umwehte uns; lange standen wir aneinandergelehnt, und plötzlich fielen wir uns in die Arme und schworen im Anblick von ganz Moskau, unser Leben dem von uns erwählten Kampf zu opfern.

Diese Szene mag sehr unnatürlich und sehr theatralisch erscheinen, aber ich bin nun schon sechsundzwanzig Jahre lang, jedesmal, wenn ich an sie zurückdenke, bis zu Tränen gerührt; sie war von einer heiligen Aufrichtigkeit, das hat unser ganzes Leben bewiesen. [...]

Wir kannten nicht die ganze Stärke der Macht, gegen die wir zum Kampf antraten, aber wir nahmen den Kampf auf uns. Die Macht hat vieles in uns zerbrochen, doch nicht sie war es, die uns bezwang, und nicht ihr haben wir uns ergeben, trotz aller Schläge, die wir von ihr empfangen haben. Die Narben, die wir im Kampf mit ihr erhielten, sind ehrenvoll – die verrenkte Hüfte Jakobs war ein Zeichen dafür, daß er in der Nacht mit Gott gerungen hatte.

So ist es gewesen, Ogarjow, Hand in Hand traten wir beide ins Leben ein! Wir gingen furchtlos und stolz unseren Weg, folgten, ohne zu zaudern, jedem Ruf, der an uns erging, und ließen uns von jeder Begeisterung mitreißen. Der Weg, den wir uns gewählt hatten, war kein leichter, wir haben ihn kein einziges Mal verlassen; verwundet, gebrochen, gingen wir weiter, und niemand hat uns überholt. Ich bin angelangt... nicht am Ziel, aber an der Stelle, wo der Weg bergab führt, und unwillkürlich suche ich deine Hand, um mit dir gemeinsam den letzten Weg anzutreten, um sie zu drücken und mit einem traurigen Lächeln zu sagen: »Es ist erfüllt!«

Unterdessen schreibe ich in der Langeweile der mir durch die Ereignisse aufgezwungenen Muße unsere Erinnerungen nieder, da ich nicht die Kraft und die Frische in mir finde, um an ein neues Werk heranzugehen. Vieles von dem, was uns so eng verband, hat seinen Niederschlag in diesen Blättern gefunden, ich schenke sie dir. Für dich haben sie eine doppelte Bedeutung: die von Grabmälern, auf denen wir bekannte Namen finden.

Nach 1812 wuchs die Moskauer Universität in ihrer Bedeutung zusammen mit der Stadt Moskau; nachdem ihm Zar Peter seine Stellung als kaiserliche Residenz gekündigt hatte, war Moskau durch den Kaiser Napoleon (kraft seines Willens, aber noch viel mehr gegen seinen Willen) zur Hauptstadt des russischen Volkes befördert worden. Das Volk erkannte an dem Schmerz, den es empfand, als es von der Einnahme der Stadt durch den Feind hörte, seine enge Verbundenheit mit Moskau. Seit der Zeit begann für die Stadt eine neue Epoche. Ihre Universität wurde immer mehr zum Mittelpunkt des russischen Bildungswesens. Alle Bedingungen für seine Entwicklung waren hier vereinigt: die historische Bedeutung, die geographische Lage und die Abwesenheit des Zaren.

Das sehr angeregte geistige Leben, das sich nach Pawels Tod in Petersburg entwickelt hatte, fand seinen düsteren Abschluß mit dem 14. Dezember. Es kam Nikolai mit den fünf Galgen, mit der Zwangsarbeit, dem weißen Prügelriemen und dem himmelblauen Benckendorff.

Doch ungeachtet dessen wuchs der Einfluß der in Ungnade gefallenen Universität; wie in ein Sammelbecken ergossen sich in sie von allen Seiten und aus allen Ständen die jungen Kräfte Rußlands, in ihren Hörsälen reinigten sie sich von den Vorurteilen, die sie am heimischen Herd aufgenommen hatten, hier entwickelten sie sich geistig zur gleichen Höhe, schlossen Brüderschaft untereinander und ergossen sich aufs neue nach allen Seiten in das Russische Reich, in alle seine Schichten.

Bis zum Jahre 1848 war der Aufbau unserer Universitäten rein demokratisch. Ihre Tore standen jedem offen, der die Aufnahmeprüfung bestand und weder ein Leibeigener noch ein nicht von seiner Gemeinde entlassener Bauer war. Nikolai hat das alles verstümmelt; er schränkte die Zahl der neu aufzunehmenden Studenten ein, erhöhte die Kolleggebühren für Studenten, die auf eigene Kosten studierten, und gestattete nur, arme Adlige davon zu befreien. All dies gehört – zusammen mit dem Paßgesetz, der religiösen Unduldsamkeit und vielem anderen – zu der Reihe wahnwitziger Maßnahmen, die erst mit dem letzten Atemzug dieses vor das russische Rad geratenen Hemmschuhs verschwinden werden.

Die bunte Schar der jungen Leute, die von oben und unten, von Süden und Norden kamen, verschmolz bald zu einer kompakten Masse der Kameradschaftlichkeit. Die gesellschaftlichen Unterschiede hatten bei uns nicht jene beleidigende Auswirkung, wie wir sie in den englischen Schulen und Kasernen antreffen; von den englischen Universitäten will ich gar nicht reden: sie existieren ausschließlich für die Aristokratie und für die Reichen. Ein Student, dem es bei uns eingefallen wäre, sich seines blauen Blutes oder seines Reichtums zu rühmen, wäre in Acht und Bann getan und von den Kameraden bis aufs Blut gepeinigt worden.

Die äußeren – und dabei nicht einmal großen – Unterschiede, welche die Studenten aufteilten, waren anderen Ursprungs. So stand uns zum Beispiel die Medizinische Fakultät, die sich am entgegengesetzten Ende des Gartens befand, nicht so nahe wie die übrigen Fakultäten; außerdem gehörten zu ihr in der Mehrzahl Seminaristen und Deutsche. Die Deutschen hielten sich etwas abseits und waren sehr von westlich-kleinbürgerlichem Geist durchdrungen. Die ganze Erziehung der unglücklichen Seminaristen, alle ihre Begriffe waren völlig andere als unsere, und wir hatten keine gemeinsame Sprache; unter dem Joch des geistlichen Despotismus aufgewachsen, durch ihre Rhetorik und Theologie gehemmt, beneideten sie uns um unsere Ungezwungenheit; wir ärgerten uns über ihre christliche Demut.

Ich trat in die Physikalisch-Mathematische Fakultät ein, obwohl ich niemals große Fähigkeiten oder eine große Vorliebe für Mathematik gehabt hatte. Nik und ich hatten denselben Mathematiklehrer gehabt, den wir wegen seiner Witze und Geschichten sehr gern hatten; aber so unterhaltsam er sein mochte, eine große Leidenschaft für seine Wissenschaft konnte er wohl kaum in einem von uns entwickeln. Er kannte die Mathematik bis zu den Kegelschnitten einschließlich, das heißt genausoweit, wie dies zur Vorbereitung der Gymnasiasten für die Universität notwendig war; als echter Philosoph, der er war, hatte er nie das Bedürfnis gehabt, sich mit dem Teil der Mathematik zu befassen, der an den Universitäten gelehrt wurde. Besonders merkwürdig war dabei, daß er nur nach einem einzigen Buch vortrug, und das konsequent, zehn Jahre hintereinander, das war das Lehrbuch der Mathematik von Francœur; aber enthaltsam von Natur und jedem Luxus abhold, ging er über eine gewisse Seite nicht hinaus.

Ich wählte die Physikalisch-Mathematische Fakultät, weil eben dort die Naturwissenschaften gelehrt wurden, für die ich um diese Zeit ein leidenschaftliches Interesse gefaßt hatte.

So lag nun also die Abgeschlossenheit des väterlichen Hauses endlich hinter mir. Ich war au large[2]; statt der Einsamkeit in unserem kleinen Zimmer, statt der stillen und halb verheimlichten Zusammenkünfte nur mit Ogarjow umgab mich eine lärmende Familie von siebenhundert Köpfen. Dort hatte ich mich nach zwei Wochen mehr akklimatisiert als im Hause meines Vaters vom Tage meiner Geburt an.

Im August 1830 fuhren wir nach Wassiljewskoje, wir machten wie gewöhnlich in dem Radcliffeschloß von Perchuschkowo halt; nachdem die Pferde gefüttert waren und wir selbst gegessen hatten, wollten wir weiterfahren. Bakai, mit einem Handtuch umgürtet, hatte bereits »Abfahren!« geschrien, als ein Mann, der hoch zu Roß herangaloppiert kam, uns ein Zeichen gab, anzuhalten – der Vorreiter des Senators sprang verstaubt und verschwitzt vom Pferde und überreichte meinem Vater ein Paket. Dieses Paket enthielt die Julirevolution! – Die zwei Blätter des »Journal des Débats«, die er nebst einem Brief brachte, habe ich hundertmal gelesen, ich wußte sie auswendig – und zum erstenmal langweilte ich mich auf dem Lande.

Es war eine herrliche Zeit, die Ereignisse jagten schnell dahin. Kaum war die hagere Gestalt Karls X. hinter den Nebeln von Holyrood verschwunden, als Belgien aufflammte, der Thron des Bürgerkönigs wankte; ein heißer, revolutionärer Hauch begann in den Debatten und in der Literatur zu wehen. Romane, Dramen, Poeme – alles verwandelte sich aufs neue in Propaganda, in Kampf.

Damals war uns der ornamentale, dekorative Teil der revolutionären Inszenierungen in Frankreich noch unbekannt, und wir nahmen alles für bare Münze.

Wer wissen will, wie stark die Nachricht von dem Juliumsturz auf die junge Generation gewirkt hat, der möge die Beschreibung von Heine lesen, der auf Helgoland hörte, daß »der große heidnische Pan gestorben war«. Hier ist nichts von künstlicher Begeisterung: Heine war mit seinen dreißig Jahren genauso hingerissen, von genau solcher ans Kindische grenzenden Begeisterung erfüllt wie wir mit unseren achtzehn.

2 (franz.) im Freien.

Wir verfolgten Schritt um Schritt jedes Wort, jedes Ereignis, die kühnen Fragen und die scharfen Antworten, wir verfolgten das Auftreten General Lafayettes und General Lamarques, wir kannten alle damals hervortretenden Männer nicht nur genauestens, wir liebten sie auch schwärmerisch, die radikalen, versteht sich, und bewahrten ihre Porträts auf, angefangen von Manuel und Benjamin Constant bis zu Dupont de l'Eure und Armand Carrel.

Mitten in diesem Trubel betäubte uns plötzlich, wie eine Bombe, die in unmittelbarer Nähe explodiert, die Nachricht von dem Warschauer Aufstand. Das war bereits nicht weit, das war bei uns, und wir blickten einander mit Tränen in den Augen an und wiederholten das uns teure Wort: *»Nein! Es sind keine leeren Träume!«*

Wir freuten uns über jede Niederlage, die Diebitsch erlitt, wir glaubten nicht an die Mißerfolge der Polen, und ich fügte meiner Bilderwand unverzüglich das Porträt von Tadeusz Kościuszko hinzu.

Zu eben dieser Zeit sah ich Nikolai zum zweitenmal, und diesmal prägte sich sein Gesicht meinem Gedächtnis noch stärker ein. Der Adel gab für ihn einen Ball, ich war auf der Empore des Adelskasinos und konnte mich so recht an ihm satt sehen. Er trug damals noch keinen Schnurrbart, sein Gesicht war jung, aber die Wandlung in seinen Zügen seit der Krönung erschütterte mich. Finster stand er an einer Säule und blickte grimmig und kalt vor sich hin, ohne jemanden anzusehen. Er war magerer geworden. An diesen Zügen, an diesen bleiernen Augen konnte man deutlich das Schicksal Polens, ja auch Rußlands ablesen. Er war innerlich unsicher und erschrocken, er zweifelte an der Festigkeit des Thrones und bereitete die Rache vor für alles, was er durchlitten hatte, für seine Angst und seinen Zweifel.

Mit der Unterwerfung Polens kam die ganze zurückgehaltene Bosheit dieses Mannes zum Ausbruch. Bald bekamen auch wir dies zu spüren.

Das Spitzelnetz, das zu Beginn seiner Regierungszeit um die Universität gelegt worden war, begann sich zusammenzuziehen. Im Jahre 1832 verschwand ein Pole, ein Student unserer Fakultät. Er war auf Staatskosten, ohne seinen Willen, geschickt und unserem Studienjahr zugeteilt worden; wir lernten ihn kennen, er trat bescheiden auf und war immer traurig, niemals hörten wir von ihm ein einziges scharfes Wort, aber niemals hörten wir auch nur ein Wort der Schwäche. Eines Morgens kam er nicht zu den Vorlesungen, am nächsten Tag ebenfalls nicht. Wir fragten nach, und die Staatsstipendiaten unter den Studenten sagten uns unter dem Siegel der Verschwiegenheit, daß er in der Nacht abgeholt worden sei; man habe ihn in die Verwaltung gerufen, dann seien irgendwelche Leute erschienen, die seine Papiere und Sachen geholt und Anweisung gegeben hätten, nicht darüber zu sprechen. Damit endete die Angelegenheit; wir haben niemals wieder etwas von dem Schicksal dieses unglücklichen jungen Menschen gehört.*

Einige Monate vergingen, da verbreitete sich plötzlich im Auditorium das Gerücht, daß in der Nacht mehrere Studenten festgenommen worden seien; genannt wurden Kostenezkij, Kohlreif, Antonowitsch und andere; wir kannten sie gut – alle waren vortreffliche junge Leute. Kohlreif, der Sohn eines protestantischen Pastors, war ein überaus begabter Musiker. Sie wurden einer Kriegsgerichtskommission übergeben, das hieß mit anderen Worten, sie waren dem Untergang geweiht. Fieberhaft warteten wir alle, was mit ihnen geschehen würde, aber auch sie schienen anfangs spurlos verschwunden zu sein. Der Sturm, der die aufgegangene Saat vernichtete, war dicht bei uns angelangt. Wir spürten sein Näherkommen nicht nur, wir hörten und sahen es und drängten uns immer dichter aneinander.

Noch ehe sich das Ungewitter über uns entlud, war mein Studium zu Ende. Die üblichen Sorgen, die Nächte ohne Schlaf, die der nutzlosen mnemonischen Folter gewidmet waren, das oberflächliche Lernen in aller Hast und Eile und der Gedanke an das Examen, der den Sieg über das wissenschaftliche Interesse davonträgt, das alles war, wie das immer ist. Ich schrieb eine Dissertation über Astronomie, mit der ich eine Goldmedaille zu erringen hoffte, und bekam eine silberne. Ich bin überzeugt, daß ich heute nicht mehr imstande wäre, zu verstehen, was ich damals geschrieben habe und was dem Gewicht von Silber entsprach.

Das Jahr nach der Beendigung des Studiums bildete für uns den feierlichen Abschluß der ersten Jugend. Es war ein fortgesetztes Fest der Freundschaft, des Austausches von Ideen, der Begeisterung, der Ausgelassenheit.

Ein kleines Häuflein von Universitätsfreunden, deren Kamerad-

*Und wo sind die Kritskijs? Was haben sie getan, und wer hat über sie Gericht gehalten? Wozu sind sie verurteilt worden?

schaft die Studienzeit überdauert hatte, war nicht auseinandergegangen und hielt in gemeinsamen Sympathien und Träumen weiter zusammen, niemand dachte an seine materielle Lage, an die Gestaltung seiner Zukunft. Bei erwachsenen Leuten würde ich dieses Verhalten nicht loben, bei jungen Menschen aber schätze ich es hoch ein. Die Jugend wird stets unpraktisch sein, wenn sie nicht unter dem Einfluß des Philistertums geistig und moralisch korrumpiert ist. Um wieviel mehr muß sie es in einem jungen Lande sein, das noch reich ist an Zielen und arm an Erreichtem.

So endet der erste Teil unserer Jugend, der zweite beginnt mit dem Gefängnis. Doch bevor wir in diesen Teil eintreten, muß ich berichten, in welcher Wegrichtung, bei welchen Gedanken er uns antraf.

Die Zeit, die der Niederschlagung des polnischen Aufstandes folgte, hatte eine rasch erzieherische Wirkung. Uns quälte jetzt nicht allein, daß Nikolai in seinem strengen Regiment gewachsen und erstarkt war; mit innerem Entsetzen begannen wir zu erkennen, daß auch in Europa, und besonders in Frankreich, von wo wir die politische Parole und die Losung erwarteten, die Dinge nicht zum besten standen; unsere Theorien begannen uns verdächtig zu werden.

Der kindliche Liberalismus des Jahres 1826, der sich allmählich zu der französischen Betrachtungsweise entwickelt hatte, die von Lafayette und Benjamin Constant gepredigt und von Béranger besungen wurde, hatte nach dem Untergang Polens seine Zauberkraft für uns verloren.

Damals geschah es, daß ein Teil der jungen Menschen, unter ihnen auch Wadim, sich in ein ernsthaftes und gründliches Studium der russischen Geschichte stürzte.

Ein anderer Teil wandte sich dem Studium der deutschen Philosophie zu.

Ogarjow und ich gehörten weder zu den einen noch zu den anderen. Wir waren allzusehr mit anderen Ideen verwachsen, um sie schnell aufzugeben. Der Glaube an die Tischredenrevolution von Béranger war erschüttert, aber wir suchten nach etwas anderem, das wir weder in der Nestorchronik noch in dem transzendentalen Idealismus Schellings finden konnten.

Mitten in dieser Gärung, mitten in den Vermutungen und den Anstrengungen, die Zweifel, die uns ängstigten, zu verstehen, gerieten uns die Broschüren der Saint-Simonisten in die Hände, ihre Predigten, ihr Prozeß. Sie setzten uns in Erstaunen.

Oberflächliche und nichtoberflächliche Leute haben genug gelacht über Vater Enfantin und seine Apostel; die Zeit einer anderen Beurteilung dieser Vorläufer des Sozialismus bricht an.

Feierlich und poetisch traten diese begeisterten Jünglinge mit ihren nicht ausgeschnittenen Westen und langgewachsenen Bärten mitten in der spießbürgerlichen Welt auf. Sie verkündeten einen neuen Glauben, sie hatten etwas zu sagen und hatten etwas, in dessen Namen sie die alte Ordnung der Dinge vor ihr Gericht riefen, jene alte Ordnung, die sie nach dem Code Napoléon und der Orléans-Religion richten wollte.

Auf der einen Seite – die Befreiung der Frau, der Aufruf an sie, an der allgemeinen Arbeit teilzunehmen und ihr Schicksal in ihre eigenen Hände zu nehmen, der Bund mit ihr als einer Gleichgestellten. Auf der anderen – die Rechtfertigung, die Erlösung des Fleisches, réhabilitation de la chair[3]!

Große Worte, die eine ganze Welt von neuen Beziehungen zwischen den Menschen einschlossen – eine Welt der Gesundheit, eine Welt des Geistes, eine Welt der Schönheit, eine Welt von natürlicher und darum reiner Sittlichkeit. Man hat sich sehr viel lustig gemacht über die Freiheit der Frau, über die Anerkennung der Rechte des Fleisches, wobei man diesen Worten einen schmutzigen und vulgären Sinn beilegte; unsere mönchisch verdorbene Vorstellung fürchtet das Fleischliche, fürchtet die Frau. Gute Leute begriffen, daß die reinigende Taufe des Fleisches das Sterbegebet für das Christentum bedeutet; die Religion des Lebens löste die Religion des Todes ab, die Religion der Schönheit trat an die Stelle der Religion der Geißelung und der Abmagerung durch Fasten und Beten. Der gekreuzigte Körper seinerseits stand auf und schämte sich nicht mehr seiner selbst; der Mensch erreichte eine harmonische Einheit, er merkte, daß er ein Wesen aus einem Guß ist und nicht wie das Uhrpendel, aus zwei verschiedenen Metallen zusammengesetzt, die sich gegenseitig im Zaum halten, daß der Feind, mit dem er so eng verbunden war, verschwunden ist.

Was für ein Mut gehörte dazu, um öffentlich in Frankreich diese Worte der Befreiung vom Spiritualismus auszusprechen, der eine so große Rolle in den Vorstellungen der Franzosen spielt und so ganz und gar nicht ihrem Verhalten eigen ist.

3 (franz.) Rehabilitation des Fleisches.

Die alte Welt, verlacht von Voltaire, durch die Revolution ins Wanken gebracht, aber vom Spießbürgertum für den alltäglichen Gebrauch gestützt, umgemodelt und untermauert, hatte so etwas noch nicht erlebt. Sie wollte die Abtrünnigen auf der Grundlage ihrer eigenen heimlich vereinbarten Scheinheiligkeit richten, diese Leute aber haben diese Scheinheiligkeit selbst entlarvt. Man beschuldigte sie der Abtrünnigkeit vom Christentum, sie aber zeigten auf das nach der Revolution von 1830 verhängte Heiligenbild über dem Kopf des Richters. Man beschuldigte sie der Rechtfertigung der Sinnlichkeit, sie aber fragten den Richter, ob er ein keusches Leben führe.

Die neue Welt klopfte an die Tür, und unsere Seelen, unsere Herzen öffneten sich ihr. Der Saint-Simonismus wurde zur Grundlage unserer Überzeugungen und ist es im wesentlichen auch unverändert geblieben.

Wir waren so leicht empfänglich und so aufrichtig jung, daß die mächtige Welt des Saint-Simonismus uns mühelos mitriß und wir früh über jene Grenze hinwegschwammen, an der ganze Reihen von Menschen stehenbleiben, die Hände sinken lassen, zurückgehen oder seitlich nach einer Furt suchen – einer Furt durch das Meer!

Aber nicht alle nahmen mit uns das Risiko auf sich. Sozialismus und Realismus sind bis in unsere Zeit die Klippen der Prüfung geblieben, die auf den Wegen der Revolution und der Wissenschaft liegen. Die Schwimmergruppen, die von den Wogen der Ereignisse oder des Denkens an diese Felsblöcke getragen werden, trennen sich unverzüglich und bilden zwei ewig bestehende Lager, deren Vertreter in immer neuem Gewande durch die ganze Geschichte gehen, durch alle Umwälzungen, durch die zahllosen Parteien und die kleinen, aus zehn Jünglingen bestehenden Kreise. Das eine Lager repräsentiert die Logik, das andere die Geschichte, das eine die Dialektik, das andere die Embryogenese. Das eine von ihnen steht der Wahrheit näher, das andere der realen Möglichkeit.

Von einer Wahl kann hier gar keine Rede sein, das Denken ist schwerer zu bändigen als jede Leidenschaft: man wird, ohne es zu wollen, von ihm mit fortgerissen; wer es aufhalten kann, sei es durch das Gefühl, die Täuschung der Phantasie oder die Angst vor den Folgen, der hält es auf, aber das können nicht alle. Bei wem das Denken die Oberhand gewinnt, bei dem erhebt sich nicht die Frage nach der Anwendbarkeit, auch nicht danach, ob es leichter oder schwerer sein wird – der sucht nach der Wahrheit und führt unerbittlich, unparteiisch seine Prinzipien durch, wie einstmals die Saint-Simonisten, wie Proudhon bis heute.

Gegen zwei Uhr nachts weckte mich der Kammerdiener meines Vaters; er war nicht angezogen und ganz erschrocken.

»Ein Offizier verlangt nach Ihnen.«

»Was für ein Offizier?«

»Ich weiß es nicht.«

»Nun, dann weiß ich es«, sagte ich zu ihm und warf mir einen Schlafrock über.

In der Tür des Saales stand eine von einem Militärmantel umhüllte Gestalt; gegen das Fenster zu war ein weißer Helmbusch zu sehen, dahinter waren noch einige Gesichter – ich konnte eine Kosakenmütze erkennen.

Das war der Polizeimeister Miller.

Er sagte mir, daß er auf Befehl des Militär-Generalgouverneurs, dessen Anweisung er in Händen hielt, meine Papiere durchsehen müsse. Es wurden Kerzen gebracht. Der Polizeimeister nahm meine Schlüssel; der Revierwachtmeister und sein Gehilfe begannen in meinen Büchern, in meiner Wäsche zu wühlen. Der Polizeimeister nahm sich die Papiere vor; ihm erschien alles verdächtig, er legte alles beiseite, und plötzlich sagte er zu mir gewandt: »Ich bitte Sie, sich zuerst einmal anzukleiden: Sie werden mit mir fahren.«

»Wohin?« fragte ich.

»Zur Pretschistenka-Polizeiwache«, erwiderte der Polizeimeister mit beruhigender Stimme.

»Und dann?«

»Weiter ist im Befehl des Generalgouverneurs nichts gesagt.«

Ich begann mich anzuziehen.

Inzwischen hatte die erschrockene Dienerschaft meine Mutter geweckt; sie kam aus ihrem Schlafzimmer zu mir ins Zimmer gestürzt, wurde jedoch an der Tür zwischen dem Salon und dem Saal von einem Kosaken angehalten. Sie schrie auf, ich zuckte zusammen und lief zu ihr. Der Polizeimeister ließ die Papiere liegen und kam mit mir in den Saal. Er entschuldigte sich bei meiner Mutter, ließ sie durch, beschimpfte den Kosaken, der unschuldig war, und kehrte zu den Papieren zurück.

Dann trat mein Vater ein. Er war bleich, bemühte sich aber, seine leidenschaftslose Rolle durchzuhalten. Die Situation wurde drükkend. Meine Mutter saß in einer Ecke und weinte. Mein Vater sprach mit dem Polizeimeister über belanglose Dinge, aber seine Stimme zitterte. Ich fürchtete, daß ich dies à la longue[4] nicht ertragen würde, und wollte den Polizisten des Viertels nicht das Vergnügen gönnen, mich weinen zu sehen.

Ich zupfte den Polizeimeister am Ärmel.

»Lassen Sie uns fahren!«

»Fahren wir«, sagte er erfreut.

Mein Vater ging aus dem Zimmer und kehrte eine Minute später zurück; er hatte ein kleines Heiligenbild mitgebracht, hing es mir um den Hals und sagte, daß sein sterbender Vater ihn damit gesegnet habe. Ich war gerührt; dieses religiöse Geschenk zeigte mir das Maß der Angst und der Erschütterung in der Seele des alten Mannes. Ich kniete nieder, als er es mir umlegte; er hob mich auf, umarmte und segnete mich.

Die Ikone stellte, auf Emaille gemalt, das abgeschlagene Haupt Johannes des Täufers auf einer Schüssel dar. Ob das ein Beispiel, ein Rat oder eine Prophezeiung sein sollte, das weiß ich nicht, aber der Sinn, der in dem Heiligenbild lag, erschütterte mich.

Meine Mutter war nahezu besinnungslos.

Das ganze Gesinde begleitete mich weinend die Treppe hinunter, alle drängten sich zu mir, um mich, um meine Hände zu küssen – ich wohnte gewissermaßen bei lebendigem Leibe meinem Leichenbegängnis bei; der Polizeimeister runzelte die Stirn und trieb zur Eile.

Die Polizei hatte uns schon lange beobachtet, aber in ihrer Ungeduld und in ihrem Eifer keinen begründeten Anlaß abgewartet und daher einen Bock geschossen. Sie hatte den verabschiedeten Offizier Skaretka vorgeschickt, der uns in eine Falle locken und überführen sollte; er hatte nahezu unseren ganzen Kreis kennengelernt, aber wir merkten sehr bald, wer er war, und hielten ihn fern von uns. Andere junge Leute, größtenteils Studenten, waren nicht so vorsichtig, aber diese anderen hatten keinerlei ernstere Verbindung mit uns.

Ein Student, der soeben sein Studium beendet hatte, gab für seine Freunde am 24. Juni 1834 ein Fest. Von uns ist nicht nur kein ein-

4 (franz.) auf die Dauer.

ziger dabeigewesen, es war auch niemand eingeladen. Die jungen Leute betranken sich, trieben Unsinn, tanzten Mazurka und sangen unter anderem im Chor das bekannte Lied von Sokolowskij:

»Der Russenzar ist eben
Ins Jenseits abgeflitzt,
Es hat ihm ein Chirurgus
Das Bäuchlein aufgeschlitzt.

Es weint das Volk der Russen,
Es weint ihr ganzer Staat,
Denn Konstantin, das Ekel,
Wird jetzt ihr Potentat.

Jedoch der sel'ge Kaiser
Noch aus dem stillen Grab,
Dem Herrscher aller Welten
Ein Brieflein übergab.

Der Schöpfer fühlte Mitleid,
Und dieses war der Grund,
Daß Nikolai zum Thron kam –
Der Lump, der Schweinehund.«

Am späten Abend erinnerte sich Skaretka plötzlich, daß dies sein Namenstag sei, er erzählte, er habe vorteilhaft ein Pferd verkauft, und lud die Studenten zu sich ein, wobei er ihnen ein Dutzend Flaschen Champagner versprach. Alle fuhren zu ihm. Der Champagner kam, der Hausherr, der hin und her wankte, schlug vor, das Lied von Sokolowskij noch einmal zu singen. Mitten in dem Gesang öffnete sich die Tür, und Zynskij mit der Polizei trat ein. Das alles war grob, dumm, ungeschickt und zudem mißglückt.

Die Polizei hatte uns festnehmen wollen, sie hatte nach einem äußeren Anlaß gesucht, um fünf, sechs, die sie aufs Korn genommen hatte, in eine Affäre zu verwickeln, nun aber hatte sie zwanzig Unschuldige verhaftet.

Doch es ist schwer, die russische Polizei in Verlegenheit zu setzen. Zwei Wochen später wurden wir als an dem Fest Mitbeteiligte verhaftet. Bei Sokolowskij waren Briefe von Satin, bei Satin Briefe von Ogarjow, bei Ogarjow – meine Briefe gefunden worden;

nichtsdestoweniger hatte sich dabei nichts Belastendes ergeben. Die erste Untersuchung führte zu nichts. Um die Arbeit der zweiten Kommission erfolgreicher zu machen, schickte ihr der Zar aus Petersburg den auserlesensten aller Inquisitoren, A. F. Golizyn.

Diese Gattung ist bei uns selten. Zu ihr gehörte der bekannte Direktor aus der Dritten Abteilung, Mordwinow, der Rektor der Wilnaer Universität, Pelikan, sowie einige im Beamtendienst stehende Balten und heruntergekommene Polen.*

Die Inquisition hatte jedoch das Pech, daß zum Ersten Mitglied der Kommission der Kommandant von Moskau, Staal, ernannt worden war. Staal, ein aufrechter Krieger, ein alter tapferer General, untersuchte die Angelegenheit und fand, daß sie aus zwei Fällen bestehe, die nichts miteinander zu tun hätten: der erste sei die Affäre des Festes, die polizeilich bestraft werden müsse, der andere – die Verhaftung von Leuten, die Gott weiß warum festgenommen worden seien und deren ganze erkennbare Schuld in irgendwelchen halbausgesprochenen Meinungen bestehe; es wäre ebenso schwierig wie lächerlich, sie deshalb vor Gericht zu stellen.

Die Ansicht Staals gefiel Golizyn junior nicht. Ihre Meinungsverschiedenheit führte zu einer heftigen Auseinandersetzung; der alte Haudegen wurde rot vor Zorn, stieß mit seinem Säbel auf den Boden und sagte: »Statt Menschen zugrunde zu richten, sollten Sie lieber eine Eingabe betreffs der Schließung sämtlicher Schulen und Universitäten machen, das würde verhindern, daß es weitere Unglückliche gibt; im übrigen aber können Sie machen, was Sie wollen, aber bitte ohne mich; ich setze keinen Fuß mehr in die Kommission.»

Mit diesen Worten verließ der alte Mann eiligst den Saal.

Dies wurde noch am selben Tage dem Zaren gemeldet.

Am andern Morgen, als der Kommandant zum Rapport erschien, fragte ihn der Zar, warum er nicht mehr in der Kommission mitarbeiten wolle. Staal erzählte, warum.

»Was für ein Unsinn!« entgegnete der Zar. »Sich mit Golizyn zanken – schämst du dich nicht? Ich hoffe, daß du auch weiterhin in der Kommission bleibst.«

»Majestät«, erwiderte Staal, »schonen Sie meine grauen Haare, ich bin in einem makellosen Leben alt geworden. Mein Eifer im

*Zu den sich neuerdings auf diesem Gebiet auszeichnenden Talenten gehört der bekannte Liprandi, der ein Projekt zur Gründung einer Akademie für Spitzel eingereicht hat (1858).

Dienst ist Euer Majestät bekannt, mein Blut, der Rest meiner Tage gehört Ihnen. Hier aber geht es um meine Ehre – mein Gewissen empört sich gegen das, was in der Kommission vorgeht.«

Der Zar runzelte die Stirn, Staal machte eine Abschiedsverbeugung und kam seitdem nie wieder zu den Kommissionssitzungen.

Diese Anekdote, deren Wahrheit nicht dem geringsten Zweifel unterliegt, wirft ein helles Licht auf den Charakter Nikolais. Wie war es nur möglich, daß es ihm nicht einmal in den Sinn kam, daß die Sache doch nicht ganz sauber sein könne, wenn jemand, dem er seine Achtung nicht versagte, ein tapferer Soldat, ein verdienter alter Mann, sich so dagegen wehrte und ihn so flehentlich bat, seine Ehre zu schonen? Das mindeste, was er hätte tun können, wäre gewesen, Golizyn persönlich vorzuladen und Staal zu befehlen, in dessen Gegenwart zu der Angelegenheit Stellung zu nehmen. Er hat dies nicht getan, vielmehr befahl er, uns in strengeren Gewahrsam zu nehmen.

Nach dem Austritt Staals waren in der Kommission nur Feinde der Angeklagten zurückgeblieben, unter dem Vorsitz eines einfältigen alten Mannes, des Fürsten S. M. Golizyn, der nach neun Monaten noch ebensowenig von der Sache wußte wie neun Monate vor ihrem Beginn. Er bewahrte ein würdevolles Schweigen, ergriff selten das Wort und fragte jedesmal bei der Beendigung eines Verhörs: »Darrrf er entlassen werrrden?« »Ja, er darf«, antwortete Golizyn junior, und Golizyn senior sagte dann mit wichtiger Miene zu dem Häftling: »Sie können gehen!« – Mein erstes Verhör dauerte vier Stunden.

Die Fragen waren von zweierlei Art. Die einen bezweckten, eine Denkweise, die »dem Geiste der Regierung nicht eigentümlich ist, revolutionäre und von der verderblichen Lehre Saint-Simons durchdrungene Ansichten« festzustellen, wie Golizyn junior und der Auditeur Oranskij sich ausdrückten.

Diese Fragen waren leicht zu beantworten, aber es waren eigentlich keine Fragen. In den beschlagnahmten Papieren und Briefen waren die Ansichten recht klar und eindeutig ausgesprochen worden; die Fragen konnten sich eigentlich nur auf die reale Tatsache beziehen, ob der Betreffende diese Zeilen geschrieben habe oder nicht. Die Kommission hielt es für notwendig, bei jedem herausgeschriebenen Satz hinzuzufügen: »Wie erklären Sie die folgende Stelle in Ihrem Schreiben?«

Es versteht sich von selbst, daß es nichts zu erklären gab, als Antwort schrieb ich ausweichende und nichtssagende Phrasen hin. In einem Brief hatte der Auditeur den Satz entdeckt: »Alle konstitutionellen Charten führen zu nichts, das sind Verträge zwischen dem Herrn und Sklaven; die Aufgabe besteht nicht darin, das Los der Sklaven zu bessern, sondern dafür zu sorgen, daß es keine Sklaven mehr gibt.« Als ich diesen Satz zu erklären hatte, bemerkte ich, daß ich es keineswegs für meine Pflicht halte, die konstitutionelle Regierungsform zu verteidigen, und daß ich ja angeklagt werden könnte, wenn ich das täte.

»Die konstitutionelle Form kann von zwei Seiten angegriffen werden«, sagte Golizyn junior mit seiner nervösen, zischenden Stimme, »Sie greifen sie nicht vom monarchistischen Standpunkt an, sonst würden Sie nicht von Sklaven sprechen.«

»In diesem Falle teile ich den Fehler mit der Kaiserin Katharina II., die ihren Untertanen verbot, sich Sklaven zu nennen.«

Golizyn junior, der vor Wut über diese ironische Antwort nach Luft schnappte, sagte zu mir: »Sie scheinen zu glauben, daß wir hier zusammenkommen, um scholastische Dispute zu führen, und daß Sie in der Universität sind und eine Dissertation verteidigen?«

»Warum verlangen Sie denn Erklärungen?«

»Sie tun, als verstünden Sie nicht, was man von Ihnen will.«

»Ich verstehe es auch nicht.«

»Wie hartnäckig sie alle sind«, fügte der Vorsitzende, Golizyn senior, hinzu, zuckte die Achseln und warf dem Gendarmerieobersten Schubinskij einen Blick zu. Ich lächelte.

»Genau wie Ogarjow«, vollendete der nette Vorsitzende.

Es wurde eine Pause gemacht. Die Kommission tagte in der Bibliothek des Fürsten Sergej Michailowitsch; ich wandte mich den Schränken zu und betrachtete die Bücher. Unter anderem stand dort die vielbändige Ausgabe der Memoiren des Herzogs von Saint-Simon.

»Hier«, sagte ich, zu dem Vorsitzenden gewandt, »welche Ungerechtigkeit! Ich befinde mich wegen Saint-Simonismus in Untersuchungshaft, und Sie, Fürst, haben an die zwanzig Bände seiner Werke in Ihrem Besitz!«

Da der gute Mann sein Lebtag nie etwas gelesen hatte, wußte er nicht, was er mir zur Antwort geben sollte. Doch Golizyn junior blickte mich mit den Augen einer Giftschlange an und fragte: »Sehen Sie denn nicht, daß dies die Memoiren des Herzogs von Saint-Simon sind, der unter Ludwig XIV. gelebt hat?«

Der Vorsitzende lächelte, machte mir ein Zeichen mit dem Kopf, das ausdrückte: ›Was, Brüderlein, da bist du aber reingefallen?‹ und sagte: »Sie können gehen.«

Als ich schon in der Tür war, fragte der Vorsitzende: »Das war doch eben der, der über Peter I. geschrieben hat, das was Sie mir gezeigt haben?«

»Ja, der ist es«, antwortete Schubinskij.

Ich blieb stehen.

»Il a des moyens«[5], bemerkte der Vorsitzende.

»Um so schlimmer. Das Gift ist in geschickten Händen gefährlicher«, fügte der Inquisitor hinzu. »Ein äußerst gefährlicher und ein ganz unverbesserlicher junger Mann...«

In diesen Worten lag mein Urteil.

Als ich meine letzte Frage erhalten hatte, saß ich allein in dem kleinen Zimmer, in dem wir unsere Aussagen niederschrieben. Plötzlich öffnete sich die Tür, und Golizyn junior trat mit traurigem und besorgtem Gesicht ein.

»Ich bin gekommen«, sagte er, »um mit Ihnen vor Abschluß Ihrer Aussagen zu sprechen. Die alte Freundschaft meines verstorbenen Vaters mit dem Ihrigen in längst vergangener Zeit veranlaßt mich, besonderen Anteil an Ihnen zu nehmen. Sie sind jung und können noch Karriere machen; dazu müssen Sie aber aus dieser Affäre herauskommen... und das hängt zum Glück von Ihnen ab. Ihr Vater hat sich Ihre Verhaftung sehr zu Herzen genommen und lebt jetzt nur von der Hoffnung, daß Sie freigelassen werden; Fürst Sergej Michailowitsch und ich haben soeben darüber gesprochen und sind aufrichtig bereit, vieles zu tun; geben Sie uns die Möglichkeit, Ihnen zu helfen.«

Ich merkte, worauf seine Rede hinauslief – das Blut stieg mir zu Kopf –, und ich kaute ärgerlich an meiner Feder.

Er fuhr fort: »Ihr Weg führt geradewegs in den Militärdienst oder die Kasematten, und auf dem Wege dahin töten Sie Ihren Vater; er wird den Tag nicht überleben, an dem er Sie in dem grauen Mantel sieht.«

Ich wollte etwas sagen, doch er fiel mir ins Wort.

»Ich weiß, was Sie sagen wollen. Warten Sie noch ein wenig. Daß Sie etwas gegen die Regierung im Schilde führten, ist ganz klar. Um die Gnade des Monarchen auf Sie zu lenken, brauchen wir Beweise

5 (franz.) Er hat Fähigkeiten.

Ihrer Reue. Sie stellen alles in Abrede, weichen direkten Antworten aus und schonen aus falschem Ehrgefühl Menschen, von denen wir mehr wissen als Sie und die weniger zurückhaltend waren als Sie*; Sie werden den andern nicht helfen, diese aber werden Sie mit sich in den Abgrund reißen. Schreiben Sie einen Brief an die Kommission, schlicht und offenherzig, sagen Sie, daß Sie ihre Schuld erkennen, daß Sie sich durch Ihre Jugend haben mitreißen lassen, nennen Sie die unglücklichen verirrten Menschen, die Sie verführt haben... Wollen Sie sich nicht um diesen geringen Preis Ihre Zukunft erkaufen und das Leben Ihres Vaters?«

»Ich weiß nichts und werde meinen Aussagen kein Wort hinzufügen«, erwiderte ich.

Golizyn stand auf und sagte in kühlem Ton: »Ah, Sie wollen also nicht, das ist dann nicht unsere Schuld!«

Damit hatten die Verhöre ihren Abschluß gefunden.

Mitte März wurde das Urteil über uns bestätigt; niemand wußte etwas von seinem Inhalt; die einen sagten, wir würden in den Kaukasus geschickt, andere behaupteten, daß man uns nach Bobruisk bringen werde, die dritten hofften, daß alle freigelassen würden (dies war die Ansicht Staals, die dieser dem Zaren gesondert unterbreitet hatte; er schlug vor, uns die Gefängnishaft als Strafe anzurechnen).

Endlich, am 20. März, wurden wir alle zusammen zum Fürsten Golizyn zur Urteilsverkündung gerufen. Das war ein ganz hoher Festtag für uns. Hier sahen wir uns zum erstenmal nach der Verhaftung wieder.

Laut und fröhlich umarmten wir einander und schüttelten uns die Hände, umgeben von einem Kordon von Gendarmerie- und Garnisonsoffizieren. Das Wiedersehen gab uns allen neuen Mut; die gegenseitigen Fragen und die Anekdoten wollten kein Ende nehmen.

Oranskij putzte seine Brille, räusperte sich und begann ehrfurchtsvoll den allerhöchsten Willen zu verkünden. Darin hieß es, daß der Zar, nachdem er den Bericht der Kommission gelesen habe, unter besonderer Berücksichtigung des jugendlichen Alters der Verbrecher, befohlen habe, uns nicht vor Gericht zu stellen, sondern uns wissen zu lassen, daß wir dem Gesetze nach als Men-

*Es erübrigt sich wohl, zu sagen, daß dies eine freche Lüge war, ein gemeiner polizeilicher Kunstgriff.

schen, die der Majestätsbeleidigung durch Absingen aufrührerischer Lieder überführt worden seien, unser Leben verwirkt hätten; auf Grund anderer Gesetze müßten wir zu lebenslänglicher Zwangsarbeit verschickt werden. In seiner grenzenlosen Gnade jedoch habe der Zar dem größten Teil der Schuldigen verziehen und angeordnet, sie an ihrem Wohnort unter der Aufsicht der Polizei zu belassen. Über diejenigen, die eine größere Schuld auf sich geladen hätten, befehle er, Korrektionsstrafen zu verhängen, bestehend in der Verschickung auf unbestimmte Zeit in entfernte Gouvernements, wo sie unter der Aufsicht der örtlichen Obrigkeit im zivilen Staatsdienst tätig sein sollten.

Die Kanzlei war unvergleichlich viel schlimmer als das Gefängnis. Nicht daß es viel wirkliche Arbeit gegeben hätte, aber die erstikkende Atmosphäre dieses muffigen Milieus, in der man sich wie in einer Hundehütte vorkam, und die schreckliche, sinnlose Zeitvergeudung – das war es, was die Kanzlei unerträglich machte. Alenizyn tyrannisierte mich nicht, er war sogar höflicher, als ich erwartet hatte; er hatte das Gymnasium in Kasan besucht und respektierte demzufolge einen Kandidaten der Moskauer Universität.

In der Kanzlei waren ungefähr zwanzig Schreiber tätig. Größtenteils waren es Menschen ohne die geringste Bildung und ohne jeden Begriff der Moral – als Söhne von Schreibern und Sekretären waren sie es von der Wiege an gewohnt, den Dienst als ein Mittel des Erwerbs und die Bauern als ein Objekt, das Profit einbringt, zu betrachten. Sie verkauften Auskünfte, nahmen Zwanzig- und Fünfundzwanzigkopekenstücke an, betrogen um ein Glas Branntwein, erniedrigten sich und begingen allerhand Gemeinheiten. Mein Kammerdiener hörte auf, im Wirtshaus ins »Billardzimmer« zu gehen; er meinte, die Beamten mogelten schlimmer als sonst irgend jemand und einen Denkzettel könne man ihnen nicht geben, weil sie Offiziere seien.

Und mit diesen Leuten, die mein Diener nur ihres Ranges wegen nicht verprügelte, war ich gezwungen, täglich von neun bis zwei Uhr vormittags und von fünf bis acht Uhr abends zusammenzusitzen.

Außer Alenizyn, dem Vorsteher der gesamten Kanzlei, hatte ich noch einen Vorgesetzten, den Abteilungsleiter, dem ich zugewiesen wurde, auch kein böses, aber ein ungebildetes, ständig betrunkenes Geschöpf. Am selben Tisch mit mir saßen noch vier Schreiber. Man mußte sich mit ihnen unterhalten und mit ihnen verkehren, ja und mit allen anderen ebenfalls. Ganz zu schweigen davon, daß diese Leute mir, meines »Hochmuts wegen«, früher oder später ein Bein gestellt hätten, gibt es überhaupt keine Möglichkeit, mehrere Stunden mit ein und denselben Menschen zu verbringen, ohne ihre Bekanntschaft zu machen. Außerdem darf man nicht vergessen, wie sehr sich die Provinzler an einen Auswärtigen hängen, besonders wenn er aus der Hauptstadt kommt, noch dazu mit einer interessanten Vergangenheit.

Wenn ich den ganzen Tag in dieser Galeere verbracht hatte, kam ich oft in einer Art geistiger Betäubung nach Hause und warf mich auf das Sofa – erschöpft, erniedrigt, nicht fähig, irgendeine Arbeit zu tun, mich mit was es auch sei zu beschäftigen. Ich sehnte mich von ganzem Herzen nach meiner Zelle im Krutizkij-Gefängnis mit ihrem Kohlendunst und ihren Schaben, dem Gendarmen draußen und dem Schloß an der Tür. Dort war ich frei gewesen, hatte tun können, was ich wollte, niemand hatte mich gestört; statt dieses albernen Geschwätzes, der schmutzigen Menschen, dieser niedrigen Begriffe und groben Gefühle herrschte dort Totenstille und eine durch nichts zu störende Muße. Und wenn ich mir dann bewußt wurde, daß ich nach dem Essen wieder hingehen mußte und morgen wieder, bemächtigte sich meiner zuweilen Wut und Verzweiflung, und ich trank Wein und Schnaps zu meinem Trost.

Die in Petersburg und Nowgorod krampfhaft angespannten Nerven hatten sich beruhigt, die inneren Stürme hatten sich gelegt. Es war vorbei mit der Selbstzergliederung und gegenseitigen Erforschung, wir hatten aufgehört, gerade erst verharschte Wunden unnötig mit Worten wieder aufzureißen, immer wieder zu ein und denselben schmerzlichen Erinnerungen zurückzukehren – all das war nun vorüber; der erschütterte Glaube aber an unsere Unfehlbarkeit verlieh unserem Leben einen ernsteren und wahreren Charakter. Mein Artikel »Anläßlich eines Dramas« war das Schlußwort zu der überstandenen Krankheit.

Von draußen her bedrückte uns nur die polizeiliche Aufsicht; ich kann nicht sagen, daß sie sehr lästig gewesen wäre, aber das unangenehme Gefühl eines von der Hand des Revierwachtmeisters erhobenen Damoklesschwertes über dem Haupt ist doch sehr widerwärtig.

Die neuen Freunde nahmen uns mit Wärme auf, viel besser als vor zwei Jahren. An ihrer Spitze stand Granowskij: ihm gebührt der erste Platz in diesen fünf Jahren. Ogarjow befand sich fast die ganze Zeit über in fremden Ländern. Granowskij ersetzte ihn uns, und die schönsten Augenblicke jener Zeit verdanken wir ihm. Eine große Macht der Liebe lag in dieser Persönlichkeit. Mit vielen stimmte ich in meinen Ansichten mehr überein, doch ihm stand ich näher – irgendwo da innen, in der Tiefe der Seele.

Granowskij und wir alle waren sehr beschäftigt, alle arbeiteten und betätigten sich, die einen hatten Lehrstühle an der Universität inne, andere schrieben für eine Zeitschrift oder eine Rundschau, und wieder andere studierten die russische Geschichte; die Anfänge alles dessen, was später getan wurde, fallen in diese Zeit.

Wir waren bereits längst keine Kinder mehr; im Jahre 1842 hatte ich mein dreißigstes Lebensjahr vollendet; wir wußten nur zu gut, wohin uns unsere Tätigkeit führte, machten aber weiter. Nicht übereilt, sondern wohlüberlegt setzten wir unseren Weg fort, in dem ruhig gewordenen, gleichmäßigen Schritt, den uns die Erfahrung und das Familienleben gelehrt hatten. Das hieß nicht, daß wir alt geworden wären, nein, wir waren jung, gerade in dieser Zeit, und deswegen waren die einen, wenn sie das Katheder der Universität betraten, die anderen, wenn sie Artikel druckten oder eine Zeitung herausgaben, tagtäglich der Gefahr der Verhaftung, der Entlassung, der Verbannung ausgesetzt.

Einem solchen Kreis von begabten, gebildeten, vielseitigen und reinen Menschen bin ich später nirgendwo wieder begegnet, weder auf den höchsten Höhen der politischen noch auf den alles überragenden Gipfeln der literarischen und künstlerischen Welt. Und ich bin viel gereist, habe überall gelebt und bin mit Menschen aller Art zusammengekommen; die Revolution hat mich bis zu jenen Grenzen der Entwicklung getrieben, hinter welchen nichts mehr ist, und ich kann mit ehrlichem Gewissen nur immer wieder dasselbe feststellen.

Die in sich geschlossene und vollendete Persönlichkeit des westlichen Menschen, die uns anfangs durch ihr großes Können auf einem bestimmten Gebiet in Erstaunen setzt, frappiert uns nachher durch ihre Einseitigkeit. Er ist immer zufrieden mit sich, seine suffisance[6] aber beleidigt uns. Er vergißt niemals seine persönlichen Belange, seine Situation ist im allgemeinen beengt, und seine Sitten entsprechen einem kläglichen Milieu.

Ich glaube nicht, daß die Menschen hier immer so gewesen sind;

der westliche Mensch befindet sich nicht in seinem Normalzustand – er ist in der Mauserung. Die fehlgeschlagenen Revolutionen haben sich nach innen gewendet, keine einzige hat ihn verändert, jede hat eine Spur hinterlassen und seine Begriffe umgeworfen, die Woge der Geschichte aber hat in natürlicher Folgerichtigkeit auf die Hauptbühne die schlammige Schicht der Spießbürger hochgespült, die sich über die fossile Klasse der Aristokraten gelegt und die aufkeimenden Saaten des Volkes überschwemmt hat. Das Spießbürgertum ist mit unserem Charakter unvereinbar – und Gott sei Dank!

Ob es nun von unserer Undiszipliniertheit kommt, vom Mangel an moralischer Festigkeit und dem Fehlen einer bestimmten Tätigkeit, von unserer Unreife auf dem Gebiete der Bildung, dem Aristokratismus unserer Erziehung, jedenfalls sind wir im Leben einerseits mehr Künstler als die Menschen des Westens, andererseits auch viel einfacher als sie: wir verfügen zwar nicht über ihr Spezialkönnen, dafür sind wir vielseitiger als sie. Hochentwickelte Persönlichkeiten trifft man bei uns selten an; wenn man sie aber trifft, so sind sie üppig und in die Breite gewachsen, ohne Spaliere und Zäune. Ganz anders ist es im Westen.

Im Gespräch mit den allersympathischsten Leuten kann man gerade hier zu solch unterschiedlichen Ansichten kommen, daß es nichts Gemeinsames mehr gibt und ein Überzeugen unmöglich ist. Und bei solchem eigensinnigen Widerstand und unbeabsichtigten Unverständnis stößt man eben mit dem Kopf gegen die Grenzen einer Welt, die fertig dasteht.

Ganz im Gegensatz dazu gaben unsere theoretischen Meinungsverschiedenheiten den Gesprächen einen lebendigen Reiz für die Beteiligten und weckten das Bedürfnis nach einem wirksamen Austausch der Gedanken; sie hielten den Geist frisch und brachten uns voran; indem wir uns aneinander rieben, entwickelten wir uns und waren dank jener composite[7] einer Genossenschaft, die Proudhon so ausgezeichnet in der mechanischen Arbeit nachgewiesen hat, in Wirklichkeit doch stärker.

Voller Liebe verweile ich bei dieser Zeit der freundschaftlichen Zusammenarbeit, in der die Pulse stärker und höher schlugen, jener Zeit der Übereinstimmung und des mannhaften Kampfes, bei diesen Jahren, in denen wir zum letztenmal jung waren!

6 (franz.) Selbstgefälligkeit.
7 hier: Geschlossenheit.

Unser kleiner Kreis versammelte sich oft, bald bei dem einen, bald bei dem andern, am häufigsten bei mir. Unter Plaudern und Scherzen, beim Abendessen und beim Wein vollzog sich ein äußerst tätiger und rascher Austausch von Gedanken, Neuigkeiten und Kenntnissen; jeder gab weiter, was er gelesen und erfahren hatte, Diskussionen verallgemeinerten die Ansichten, und das von jedem einzelnen Erarbeitete wurde zum Gemeingut aller. Auf keinem Gebiet des Wissens, in keinem Zweige der Literatur und der Kunst gab es eine bedeutende Erscheinung, die nicht einem von uns in die Hände gefallen oder vor Augen gekommen und nicht sogleich allen mitgeteilt worden wäre.

Einige Monate vor dem Hinscheiden meines Vaters war Graf Orlow auf den Posten von Benckendorff berufen worden. Ich hatte damals an Olga Alexandrowna geschrieben, ob es ihr nicht möglich wäre, für mich einen Auslandspaß oder auf irgendeine Art die Einreise nach Petersburg zu erwirken, damit ich selbst mich darum bemühen könnte. Olga Alexandrowna hatte geantwortet, daß das zweite leichter wäre, und einige Tage später hatte ich von Orlow die »allerhöchste« Erlaubnis erhalten, für kurze Zeit nach Petersburg zu kommen, um meine Angelegenheiten zu ordnen. Die Krankheit meines Vaters, sein Hinscheiden, das tatsächliche Ordnen meiner Angelegenheiten und einige Monate Aufenthalt im Sommerhaus verhinderten meine Reise bis zum Winter. Ende November machte ich mich auf den Weg nach Petersburg, nachdem ich bereits vorher dem Generalgouverneur ein Gesuch um einen Paß eingereicht hatte. Ich wußte, daß er die Erlaubnis nicht erteilen konnte, da ich mich noch immer unter strenger Aufsicht der Polizei befand; mir war nur an einem gelegen: daß er eine Anfrage nach Petersburg richtete.

Am Tage meiner Abreise schickte ich am Morgen auf die Polizei nach einem Reiseschein, statt des Scheins erschien der Revierwachtmeister, um mir zu sagen, daß es Schwierigkeiten gebe und daß der Reviervorsteher selbst zu mir kommen werde. Dieser kam auch, bat um eine Unterredung unter vier Augen und teilte mir die Neuigkeit mit, daß mir vor fünf Jahren die Einreise nach Petersburg verboten worden sei und er ohne den allerhöchsten Befehl den Schein nicht unterschreiben könne.

»Daran soll die Sache nicht scheitern«, sagte ich lachend und holte den Brief aus der Tasche.

Der Reviervorsteher bat, nachdem er den Brief höchlichst erstaunt gelesen hatte, um die Erlaubnis, ihn dem Oberpolizeimeister zu zeigen, und zwei Stunden später schickte er mir den Schein und mein Schriftstück.

Am dritten Tage nach meiner Ankunft in Petersburg kam der Hausknecht im Auftrage des Revierwachtmeisters zu mir, um zu fragen, mit was für einem Ausweis ich nach Petersburg gekommen sei. Den einzigen Ausweis, der sich in meinem Besitz befand, den Befehl über meine Versetzung in den Ruhestand, hatte ich meinem Gesuch an den Generalgouverneur wegen eines Passes beigefügt. Ich gab dem Hausknecht meinen Reiseschein, aber er kam mit der Bemerkung zurück, der Schein berechtige zur Ausreise aus Moskau, jedoch nicht zur Einreise nach Petersburg. Gleichzeitig erschien ein Polizist mit der Aufforderung, in die Kanzlei des Oberpolizeimeisters zu kommen. Ich begab mich in die Kanzlei Kokoschkins (die auch am Tage mit Lampen beleuchtet wurde!), und eine Stunde später traf er selbst ein. Kokoschkin repräsentierte noch besser als andere Personen desselben Schlages den Typ des bedingungslos ergebenen Dieners des Zaren, des Favoriten für die niedere Arbeit, ohne Gewissen, ohne Überlegung: er verrichtete seinen Dienst und bereicherte sich mit derselben Natürlichkeit, mit der die Vögel singen.

Perowskij sagte einmal zu Nikolai, daß Kokoschkin in großem Umfang Bestechungen annehme.

»Allerdings«, erwiderte Nikolai, »aber ich schlafe ruhig, wenn ich weiß, daß er in Petersburg Polizeimeister ist.«

Ich beobachtete ihn, solange er mit anderen verhandelte... Was für ein zerknittertes, altes und greisenhaft-verwüstetes Gesicht; er trug eine gekräuselte Perücke, die in einem schreienden Gegensatz zu seinen verlebten Zügen und den Runzeln stand.

Nachdem er sich zunächst mit irgendwelchen deutschen Frauen in deutscher Sprache unterhalten hatte, mit einer gewissen Vertraulichkeit, die zeigte, daß sie alte Bekannte waren, was auch daraus zu ersehen war, daß die Deutschen lachten und miteinander tuschelten, trat Kokoschkin auf mich zu und fragte, den Blick gesenkt und mit einer recht groben Stimme: »Ihnen ist doch die Einreise nach Petersburg allerhöchst verboten?«

»Ja, aber ich habe eine Erlaubnis.«

»Wo ist sie?«

»Ich habe sie bei mir.«
»Zeigen Sie sie her... wie können Sie denn zum zweitenmal sich derselben Erlaubnis bedienen?«
»Wieso zum zweitenmal?«
»Ich kann mich erinnern, daß Sie schon einmal hier waren.«
»Ich bin nicht hier gewesen.«
»Und was haben Sie denn hier zu erledigen?«
»Ich habe ein Anliegen an den Grafen Orlow.«
»Na und, waren Sie denn beim Grafen?«
»Nein, aber ich war in der Dritten Abteilung.«
»Haben Sie Dubelt gesprochen?«
»Ja.«
»Und ich habe gestern Orlow selber gesprochen; er sagt, daß er Ihnen keine Erlaubnis geschickt habe.«
»Sie befindet sich in Ihren Händen.«
»Gott weiß, wann das geschrieben worden ist, und die Frist ist auch verstrichen.«
»Aber es wäre doch wohl merkwürdig von meiner Seite gewesen, ohne Erlaubnis hierherzukommen und gleich anfangs bei General Dubelt Besuch zu machen.«
»Wenn Sie keine Scherereien haben wollen, dann machen Sie sich gefälligst auf den Rückweg, und dies nicht später als innerhalb von vierundzwanzig Stunden.«
»Ich habe gar nicht die Absicht gehabt, lange hier zu bleiben, aber ich muß eine Antwort des Grafen Orlow abwarten.«
»Ich kann Ihnen das nicht erlauben, und auch der Graf Orlow ist sehr unzufrieden, daß Sie ohne eine Erlaubnis hergekommen sind.«
»Darf ich um mein Papier bitten, ich fahre sogleich zum Grafen.«
»Das muß bei mir bleiben.«
»Aber es ist doch ein Brief, er lautet auf meinen Namen, er ist das einzige Dokument, das mein Hiersein legitimiert.«
»Das Schriftstück bleibt bei mir als Beweis dafür, daß Sie in Petersburg gewesen sind. Ich rate Ihnen ernstlich, morgen abzureisen, damit die Sache für Sie nicht noch schlimmer wird.«
Er nickte mir zu und ging hinaus. Wie soll man da mit solchen Leuten reden?

Ich fuhr in die Dritte Abteilung und erzählte Dubelt, was gewesen war. Dubelt brach in Gelächter aus.

»Ewig bringen sie alles durcheinander! – Kokoschkin hat dem Grafen gemeldet, daß Sie ohne Erlaubnis hergekommen seien, und da hat der Graf gesagt, daß man Sie ausweisen solle, aber ich habe die Sache nachher aufgeklärt; Sie können bleiben, so lange Sie wollen, ich werde gleich befehlen, der Polizei zu schreiben. Doch jetzt zu Ihrer Angelegenheit: der Graf glaubt nicht, daß es für Sie von Nutzen wäre, um die Erlaubnis zu bitten, ins Ausland reisen zu dürfen. Der Kaiser hat Ihre Bitte zweimal abgeschlagen, das letztemal, nachdem Graf Stroganow für Sie gebeten hatte; wenn er ein drittes Mal ablehnt, dann werden Sie während dieser Regierungszeit natürlich nicht einmal mehr in einen Kurort reisen dürfen.«

»Was soll ich denn tun?« fragte ich voller Entsetzen: der Gedanke an die Reise und die Freiheit hatte sich in meiner Brust schon so festgesetzt!

»Fahren Sie nach Moskau; der Graf wird an den Generalgouverneur einen privaten Brief schreiben und ihm mitteilen, daß Sie wegen der Gesundheit Ihrer Frau Gemahlin ins Ausland zu reisen wünschen; er wird bemerken, daß er Sie von der allerbesten Seite kenne, und ihn fragen, ob er es für möglich halte, Sie von der Aufsicht zu befreien. Auf eine solche Frage kann man nur mit ›Ja‹ antworten. Wir erstatten dem Kaiser Meldung von der Aufhebung der Polizeiaufsicht, dann nehmen Sie sich einen Paß, wie alle anderen, und fahren mit Gott zur Kur, wohin Sie wollen.«

Mir erschien das alles außerordentlich kompliziert, ja sogar einfach als ein Winkelzug, um mich loszuwerden. Mich abweisen konnten sie nicht, das hätte ihnen Vorwürfe von Olga Alexandrowna eingetragen, die ich jeden Tag besuchte. Hatte ich Petersburg erst einmal verlassen, konnte ich nicht nochmals herkommen; einen Schriftwechsel mit diesen Herren anzufangen, war eine schwierige Sache. Einige meiner Zweifel teilte ich Dubelt mit; sein Gesicht bekam einen verdrießlichen Ausdruck, das heißt, sein Lächeln um den Mund herum verstärkte sich noch, während er die Augen noch mehr zusammenkniff.

»General«, sagte ich zum Schluß, »ich weiß nicht recht, aber mir erscheint es sogar wenig glaubhaft, daß Stroganows Bericht dem Kaiser vorgelegen hat.«

Dubelt klingelte und befahl, ihm meine »Akte« zu bringen; während er darauf wartete, sagte er gutmütig zu mir: »Der Graf und ich, wir schlagen Ihnen denjenigen Weg zur Erlangung eines Passes vor, den wir für den sichersten halten; sollten Sie Möglichkeiten haben, die sicherer sind, dann benutzen Sie diese; Sie können versichert sein, daß wir Sie nicht behindern werden.«

»Leontij Wassiljewitsch hat vollkommen recht«, bemerkte eine Grabesstimme. Ich drehte mich um: neben mir stand der noch grauer und noch älter gewordene Sagtynskij, der mich vor fünf Jahren in derselben Dritten Abteilung empfangen hatte.

»Ich rate Ihnen, sich von seiner Ansicht leiten zu lassen, wenn Sie reisen wollen.«

Ich bedankte mich bei ihm.

»Und da ist ja auch die Akte«, sagte Dubelt und nahm aus den Händen des Beamten ein dickes Heft in Empfang (was hätte ich darum gegeben, es von Anfang bis zu Ende durchzulesen! Im Jahre 1850 sah ich im Arbeitszimmer von Carlier in Paris mein »Dossier«; es wäre interessant gewesen, die beiden zu vergleichen); nachdem er darin geblättert hatte, überreichte er es mir aufgeschlagen: vor mir lag ein Bericht von Benckendorff, der sich auf den Brief von Stroganow bezog, in dem dieser für mich die Erlaubnis erbat, für sechs Monate zur Kur nach Deutschland zu reisen. Auf dem Rand war in großen Buchstaben mit Bleistift vermerkt: »zu früh«; die Bleistiftschrift war mit Lack überzogen worden, darunter stand mit Tinte eingetragen: »von der Hand Seiner Kaiserlichen Majestät geschrieben: zu früh. Graf A. Benckendorff.«

»Glauben Sie es jetzt?« fragte Dubelt.

»Ich glaube es«, antwortete ich, »und ich glaube Ihren Worten so sehr, daß ich morgen schon nach Moskau abreise.«

»Aber Sie können sich ruhig bei uns noch ein bißchen amüsieren, die Polizei wird Sie jetzt nicht mehr belästigen, und vor der Abreise kommen Sie noch einmal her; ich werde Befehl geben, daß man Ihnen den Brief an Schtscherbatow zeigt. Leben Sie wohl, bon voyage[8], falls wir uns nicht mehr sehen sollten.«

»Glückliche Reise«, fügte Sagtynskij hinzu.

Wir trennten uns, wie Sie sehen, im besten Einvernehmen.

Als ich zu Hause ankam, fand ich einen Gast vor – den Reviervorsteher des, ich glaube, II. Admiralitäts-Reviers. Er fragte mich, wann ich ausreisen würde.

»Morgen abend.«

»Ich bitte Sie, ja, mir scheint, ich dachte... der General sagte, am heutigen Datum. Seine Exzellenz wird die Frist natürlich verlängern, aber gestatten Sie, kann ich dessen versichert sein?«

8 (franz.) gute Reise.

»Das können Sie, das können Sie; übrigens, geben Sie mir einen Reiseschein.«

»Ich werde ihn im Revier schreiben und in etwa zwei Stunden herschicken. Mit welcher Firma geruhen Sie zu reisen?«

»Mit der Serapinskschen, wenn ich einen Platz bekomme.«

»Ausgezeichnet, und für den Fall, daß Sie keinen Platz finden sollten, seien Sie so gut und teilen es uns mit.«

»Mit Vergnügen.«

Abends kam wieder der Revierwachtmeister: der Reviervorsteher hatte befohlen, mir auszurichten, daß er keinen Reiseschein ausstellen könne und daß ich morgen früh um acht Uhr zum Oberpolizeimeister kommen solle.

Was zum Henker sollte das heißen! Wie langweilig! Um acht Uhr ging ich nicht hin, sondern erschien erst im Laufe des Vormittags in der Kanzlei. Der Reviervorsteher war dort und sagte zu mir:

»Sie dürfen nicht reisen: es ist ein Schriftstück aus der Dritten Abteilung gekommen.«

»Was ist geschehen?«

»Ich weiß es nicht, der General hat verboten, einen Reiseschein auszustellen.«

»Weiß der Bürovorsteher davon?«

»Wie sollte er es nicht wissen«, und er zeigte mir einen Obersten im Uniformrock mit Säbel, der im anderen Zimmer an einem großen Tisch saß; ich fragte ihn, worum es sich handele.

»Es stimmt«, sagte er, »ein Papier ist eingegangen, da ist es ja«, er las es durch und überreichte es mir. Dubelt schrieb, daß ich völlig berechtigt gewesen sei, nach Petersburg zu kommen, und bleiben könne, so lange ich wolle.

»Und darum lassen Sie mich nicht fort? Entschuldigen Sie, aber ich kann mich des Lachens nicht enthalten: gestern jagt mich der Oberpolizeimeister gegen meinen Willen von hier weg, heute läßt er mich gegen meinen Willen hierbleiben, und all das auf Grund dessen, daß in dem Schriftstück steht, ich könne bleiben, so lange ich wolle.«

Die Sache war so klar, daß selbst der Bürovorsteher, der Herr Oberst, in Lachen ausbrach.

»Warum soll ich denn das Geld für zwei Plätze in der Postkutsche zum Fenster hinauswerfen? Geben Sie bitte den Befehl, einen Reiseschein auszustellen.«

»Das kann ich nicht, aber ich gehe und melde es dem General.«

Kokoschkin befahl, den Schein auszustellen, und als er durch die Kanzlei kam, sagte er vorwurfsvoll zu mir: »Was soll denn das nun wieder heißen? Bald wollen Sie hierbleiben, bald reisen Sie; es ist doch verfügt worden, daß Sie hierbleiben können.«

Ich gab ihm gar keine Antwort.

Als wir abends den Schlagbaum passiert hatten und ich wieder die endlose Ebene sah, die sich bis nach »Vier-Arme« hinzieht, schaute ich zum Himmel auf und schwor mir aufrichtig, nie mehr in diese Stadt der Willkür himmelblauer, grüner und bunter Polizisten, kanzleibürokratischer Unordnung, lakaienhafter Frechheit und der Gendarmenpoesie zurückzukehren, in der einzig Dubelt sich höflich benahm, na, und der war – Chef der Dritten Abteilung.

Schtscherbatow antwortete Orlow ungern. Sein Sekretär war damals kein Oberst, sondern ein Pietist, der mich wegen meiner Aufsätze als einen »Atheisten und Hegelianer« haßte. Ich fuhr selber zu ihm zu einer Unterredung. Der Mönch-Sekretär sagte zu mir mit sanfter Stimme voll christlicher Salbung, daß dem Generalgouverneur nichts über mich bekannt sei, daß er zwar an meinen hohen sittlichen Qualitäten nicht zweifle, daß es jedoch notwendig sei, Erkundigungen beim Oberpolizeimeister einzuziehen. Er wollte die Sache in die Länge ziehen; dazu kam, daß dieser Herr keine Bestechungen annahm. Im russischen Staatsdienst sind uneigennützige Leute am allerschrecklichsten; bei uns nehmen nur die Deutschen in ihrer Naivität keine Bestechungen, wenn aber ein Russe diese nicht in Form von Geld nimmt, dann will er etwas anderes und erweist sich als solcher Schurke, daß Gott einen davor behüte. Zum Glück war mir der Oberpolizeimeister Lushin wohlgesonnen.

Nach etwa zehn Tagen stieß ich beim Nachhausekommen in der Tür mit einem Gendarmen zusammen. Das Erscheinen eines Gendarmen kommt in Rußland einem Dachziegel gleich, der einem auf den Kopf gefallen ist, und darum wartete ich nicht ohne ein unangenehmes Gefühl darauf, was er mir sagen würde; er überreichte mir ein Kuvert. Graf Orlow setzte mich von dem allerhöchsten Befehl in Kenntnis, die Polizeiaufsicht über mich aufzuheben. Damit hatte ich zugleich das Recht auf einen Auslandspaß erhalten.

Erstes Kapitel: Die Reise

Nun freut euch mit! Ich glaub es kaum!
Ich darf in fremde Länder reisen!
Ist's Wahrheit oder nur ein Traum?
Schon morgen wird es sich erweisen.
Den Paß bezahl ich, und im Raum
Der freien Welt darf ich dann kreisen.
Es geht per Post von *Ort zu Ort;*

Weit fort von hier. Und was wird dort?...
Ich weiß es nicht! Doch glaube ich!
Wohin wird mich das Schicksal führen?
Was hält es wohl bereit für mich?
Bang steh ich vor Europas Türen.
Mein Herz, so voller Sehnsucht, sprich,
Willst du in Träumen dich verlieren?
Doch zweifle ich, wenn's mir erlaubt,
Und schüttle wehmutsvoll mein Haupt.

»Humor« Teil II

»... Sechs, sieben Dreigespanne gaben uns das Geleit bis Tschornaja Grjas. Dort hoben wir zum letztenmal die Gläser und nahmen schluchzend Abschied.

Es war bereits Abend, die Schlittenkutsche knirschte auf dem Schnee... Ihr schautet uns betrübt nach, doch ihr ahntet nicht, daß dies ein Begräbnis war und die ewige Trennung bedeutete. Alle waren da, nur einer fehlte: der nächste von allen nahen Freunden, er allein war krank und schien gleichsam durch seine Abwesenheit bei meiner Abreise die Hände in Unschuld zu waschen.

Das war am 21. Januar des Jahres 1847...«

Zehn Tage später waren wir an der Grenze.

Der Unteroffizier gab mir die Pässe zurück, ein kleiner alter Soldat in einem plumpen, mit Wachstuch bezogenen Tschako und einem Gewehr von unglaublicher Größe und gewaltigem Gewicht hob den Schlagbaum; ein Uralkosak mit schmalen Augen und breiten Backenknochen, in der Hand die Zügel seines kleinen, struppigen und zerzausten Pferdchens, das über und über mit Eiszapfen verziert war, trat auf mich zu, um mir eine »glückliche Reise« zu wünschen; der schmutzige, magere und blasse Postkutscher, ein junger Jude, dessen Hals wohl vierfach mit irgendwelchen Lappen umwickelt war, kletterte auf den Bock.

»Lebt wohl! Lebt wohl!« sagte als erster unser alter Bekannter Karl Iwanowitsch, der uns bis Tauroggen begleitet hatte, und die Amme von Tata, eine schöne Bäuerin, die in Tränen zerfloß.

Der junge Jude brachte die Pferde in Gang, die Schlittenkutsche setzte sich in Bewegung; ich blickte zurück, der Schlagbaum sank nieder, der Wind fegte den Schnee aus Rußland auf die Landstraße und blies dem Kosakenpferd Schwanz und Mähne schräg in die Höhe.

Die Amme in Sarafan und Pelzjacke schaute uns immer noch nach und weinte; Sonnenberg, dieses Musterstück des elterlichen Hauses, diese komische Figur aus den Kindertagen, winkte mit dem Foulardtuch; ringsumher eine endlose Schneesteppe.

»Leb wohl, Tatjana! Leben Sie wohl, Karl Iwanowitsch!«

Da war der Grenzpfahl und darauf ein schneeverwehter einköpfiger und magerer Adler mit gespreizten Flügeln ... das ist auch nicht schlecht – ein Kopf weniger.

Lebt wohl!

... In Laugszargen baten mich die preußischen Gendarmen, in die Wachtstube zu kommen. Ein alter Sergeant nahm die Pässe entgegen, setzte die Brille auf und begann laut und ungemein deutlich all die überflüssigen Dinge, die darin standen, vorzulesen: *»Auf Befehl s. k. M. Nicolai des Ersten ... allen und jeden, denen daran gelegen etc., etc. ... Unterzeichner Peroffski, Minister des Innern, Kammerherr, Senator und Ritter des Ordens St. Wladimir ... Inhaber eines goldenen Degens mit der Inschrift für Tapferkeit« ...*

Dieser Sergeant, der so gern las, erinnert mich an einen anderen. Zwischen Terraccino und Neapel kam der neapolitanische Karabiniere viermal an unsere Postkutsche und verlangte jedesmal unsere Visa. Ich zeigte ihm mein neapolitanisches Visum; aber dieses und ein halber carlino waren ihm nicht genug, er trug die Pässe in die Kanzlei und kehrte nach etwa zwanzig Minuten zurück mit der

Aufforderung, ich und mein Gefährte sollten zum Brigadier kommen. Der Brigadier, ein alter und betrunkener Unteroffizier, fragte ziemlich grob: »Wie heißen Sie, woher kommen Sie?«

»Das steht ja alles da geschrieben.«

»Man kann das nicht lesen.«

Uns wurde klar, daß das Lesen nicht die starke Seite des Brigadiers war.

»Nach welchem Gesetz«, sagte mein Gefährte, »sind wir verpflichtet, Ihnen unsere Pässe vorzulesen; wir sind verpflichtet, sie bei uns zu haben und vorzuzeigen, nicht aber sie zu diktieren, da könnte ich Ihnen ja viel diktieren.«

»Accidenti!« murmelte der Alte, »va ben, va ben!«[1] und gab unsere Pässe zurück, ohne sie einzutragen.

Der gelehrte Gendarm in Laugszargen gehörte nicht zu jener Kategorie; nachdem er dreimal in den Pässen sämtliche Orden Perowskijs bis zur Schnalle für treue Dienste vorgelesen hatte, fragte er mich: »Und Sie, *Euer Hochwohlgeboren* – wer sind Sie?«

Ich machte große Augen, weil ich nicht begriff, was er von mir wollte.

»*Fräulein Maria Ern, Fräulein Maria Korsch, Frau Haag* – das sind alles Frauen, hier ist kein einziger Paß, der auf eine männliche Person lautet.«

Ich sah nach: tatsächlich, da waren nur die Pässe meiner Mutter und unserer zwei Bekannten, die mit uns reisten; mich überlief es kalt.

»Man hätte mich ja ohne einen Ausweis in Tauroggen nicht durchgelassen.«

»*Bereits so,* nur dürfen Sie nicht weiterfahren.«

»Was soll ich denn tun?«

»Wahrscheinlich haben Sie ihn in der Wachtstube vergessen, ich werde Ihnen einen Schlitten anspannen lassen, fahren Sie selber hin, die Ihren können sich solange bei uns wärmen. *He! Kerl, laß Er mal den Braunen anspannen.*«

Ich kann mich nicht ohne zu lachen an diesen dummen Vorfall erinnern, eben weil ich dadurch so völlig aus der Fassung geriet. Der Verlust dieses Passes, von dem ich mehrere Jahre geträumt, um den ich mich zwei Jahre lang bemüht hatte, im Augenblick meiner Grenzüberschreitung, war für mich niederschmetternd. Ich war überzeugt, ihn in die Tasche gesteckt zu haben, folglich hatte ich

1 (ital.) So ein Pech! schon gut, schon gut!

ihn daraus verloren; wo sollte man ihn suchen? Er war vom Schnee verweht... es würde notwendig sein, um einen neuen zu bitten, nach Riga zu schreiben, vielleicht selbst hinzufahren; man würde eine Meldung machen und dabei gewahr werden, daß ich im Januar in einen Kurort reiste. Kurz und gut, ich sah mich schon wieder in Petersburg, die Gestalten von Kokoschkin und von Sagtynskij, von Dubelt und Nikolai stiegen vor mir auf. Da hatte ich meine Reise, da hatte ich Paris, die Pressefreiheit, die Parlamente und die Theater!... Also würde ich sie wiedersehen: die Ministerialbeamten, die Revierwachtmeister und alle möglichen anderen Aufseher, die Polizisten mit den zwei glänzenden Knöpfen auf dem Rücken, mit denen sie hinter sich blicken... und vor allem würde ich den kleinen verhutzelten Soldaten mit dem schweren Tschako wiedersehen, auf dem die geheimnisvolle Zahl »4« steht, das reifbedeckte Kosakenpferd... Wenn ich wenigstens noch die Amme in »Tawroge« – wie sie es nannte – anträfe.

Inzwischen wurde ein großes, trauriges und knochiges Pferd vor einen winzigen Schlitten gespannt. Ich setzte mich zu dem Postillon im Militärmantel und hohen Kanonenstiefeln, der Postillon knallte klassisch mit der klassischen Peitsche – als plötzlich der gelehrte Sergeant, nur mit der Hose bekleidet, in den Vorraum gelaufen kam und schrie: *»Halt! Halt! Da ist der vermaledeite Paß«*, und er hielt ihn auseinandergefaltet in den Händen.

Mich packte ein krampfhaftes Lachen.

»Was machen Sie denn mit mir? Wo haben Sie ihn gefunden?«

»Schauen Sie«, sagte er, «Ihr russischer Sergeant hat ein Blatt ins andere gelegt, wer kann denn das wissen, ich bin nicht darauf gekommen, die Seite umzublättern...«

Dabei hatte er dreimal gelesen: *»Es ergeht deshalb an alle hohen Mächte, und an alle und jeden, welchen Standes und welcher Würde sie auch sein mögen...«*

Müde von der Reise, von den Sorgen und von vielem anderen kam ich in Königsberg an. Nachdem ich mich in einem tiefen Daunenpfühl ausgeschlafen hatte, ging ich am anderen Tage mir die Stadt ansehen; draußen war ein warmer Wintertag*; der Wirt des Gasthofes schlug mir vor, im Schlitten zu fahren, die Pferde trugen Schellen und Glöckchen, und auf dem Kopf Straußenfedern... Und wir waren vergnügt, der schwere Druck war uns von der Brust genommen, das unangenehme Gefühl der Angst, das beklemmende

* »Briefe aus Frankreich«. Brief 1.

Gefühl des Argwohns – sie waren verflogen. Im Fenster einer Buchhandlung waren Karikaturen von Nikolai ausgestellt; ich kaufte mir unverzüglich einen ganzen Vorrat. Abends war ich in einem kleinen, schmutzigen und schlechten Theater, aber ich kehrte von dort sehr erregt zurück – nicht durch die Schauspieler, sondern durch das Publikum, das größtenteils aus Arbeitern und jungen Leuten bestand; in den Pausen sprachen alle laut und frei, alle setzten ihre Hüte auf (ein Brauch, der außerordentlich bedeutsam ist, ebenso wie das Recht, den Bart nicht zu schneiden und so weiter). Diese Ungezwungenheit, dieses mehr heitere und lebendige Element setzt den Russen beim Überschreiten der Grenze in Erstaunen. Die Petersburger Regierung ist noch dermaßen grob und ungeschliffen, ist dermaßen nur Despotismus, daß sie gern Furcht einflößt und will, daß alles vor ihr zittert, mit einem Wort, sie will nicht nur die Macht, sondern auch ihre theatralische Zur-Schau-Stellung. Ideale der öffentlichen Ordnung in den Augen der Petersburger Zaren sind – das Vorzimmer und die Kasernen.

Als wir nach Berlin aufbrachen, setzte ich mich in ein Kabriolet; neben mir nahm ein eingemummelter Herr Platz; da es Abend war, konnte ich ihn unterwegs nicht recht sehen. Nachdem er erfahren hatte, daß ich Russe sei, begann er mich auszufragen: über die Strenge der Polizei, über die Pässe; selbstverständlich erzählte ich ihm alles, was ich wußte. Danach wurde über Preußen gesprochen, er pries die Uneigennützigkeit der preußischen Beamten, die Vortrefflichkeit der Verwaltung, lobte den König und fiel zu guter Letzt heftig über die Polen in der Provinz Posen her, weil sie keine guten Deutschen seien. Mich verwunderte dies, ich widersprach ihm, sagte geradeheraus, daß ich seine Meinung durchaus nicht teilte, und schwieg dann.

Unterdessen war es hell geworden; da erst bemerkte ich, daß mein konservativer Nachbar durchaus nicht infolge einer Erkältung durch die Nase sprach, sondern deshalb, weil er gar keine hatte, zum mindesten fehlte der sichtbarste Teil davon. Er hatte wahrscheinlich bemerkt, daß diese Entdeckung mir kein sonderliches Vergnügen bereitete, und hielt es daher für notwendig, mir gewissermaßen als Entschuldigung die Geschichte von dem Verlust der Nase und ihrer Wiederherstellung zu erzählen. Der erste Teil war recht verworren, der zweite jedoch sehr eingehend: Dieffenbach selbst hatte ihm aus dem Arm eine neue Nase herausgeschnitten, der Arm war sechs Wochen lang an das Gesicht gebunden gewesen; »*Majestät*« war ins Krankenhaus gekommen, um sich das anzusehen, hatte allerhöchst gestaunt und die Sache gutgeheißen.

> Le roi de Prusse, en le voyant,
> A dit: c'est vraiment étonnant.[2]

Offensichtlich war Dieffenbach damals mit seinen Gedanken bei etwas anderem gewesen, denn er hatte ihm eine ganz abscheuliche Nase herausgeschnitten. Bald aber entdeckte ich, daß die »Armnase« der allergeringste von seinen Mängeln war.

Unsere Fahrt von Königsberg nach Berlin war der schwierigste Teil der ganzen Reise. Bei uns hat sich wer weiß warum die Meinung eingebürgert, der preußische Postkutschendienst sei gut eingerichtet; das ist völliger Unsinn. Das Fahren mit der Post ist nur in Frankreich, in der Schweiz und in England angenehm. In England sind die Postwagen so gut gebaut, die Pferde so schön und die Kutscher so geschickt, daß man zum bloßen Vergnügen fahren könnte. Die allerlängsten Poststrecken fährt der Wagen in vollem Galopp ohne zu halten durch, ganz gleich, ob es bergauf oder bergab geht. Dank den Eisenbahnen ist das jetzt eine Angelegenheit der Geschichte geworden, damals aber haben wir die deutsche Post mit ihren Schindmähren erlebt, die auf der ganzen Welt ihresgleichen suchen. Lediglich die deutschen Postillone können sich vielleicht mit ihnen messen.

Die Reise von Königsberg nach Berlin ist sehr lang; wir nahmen sieben Plätze in der Diligence[3] und machten uns auf den Weg. Bei der ersten Station verkündete uns der Kondukteur, daß wir unsere Habseligkeiten nehmen und uns in eine andere Diligence setzen müßten, wobei er uns vorsorglich darauf aufmerksam machte, daß er für unsere Habe nicht haften könne. Ich gab ihm zu verstehen, daß ich mich in Königsberg erkundigt und die Auskunft erhalten hätte, daß wir die Plätze behalten könnten; der Kondukteur berief sich auf den Schnee und die Notwendigkeit, eine Diligence auf Schlittenkufen zu nehmen; dagegen war nichts einzuwenden. Wir machten uns also daran, die Sachen und die Kinder mitten in der Nacht im nassen Schnee umzuladen. Auf der nächsten Station wiederholte sich die Geschichte, und der Kondukteur gab sich nicht

2 (franz.) Der König von Preußen, als er ihn sah,
Sagte: Das ist erstaunlich fürwahr.

3 (franz.) Eilwagen, Eilpost.

einmal mehr die Mühe, den Wechsel des Gefährts zu begründen. So legten wir etwa den halben Weg zurück; da erklärte er uns ganz einfach, daß wir »jetzt nur fünf Plätze« erhalten würden.

»Wieso fünf? hier ist mein Billett.«

»Mehr Plätze sind nicht da.«

Ich protestierte; im Posthause öffnete sich krachend ein Fenster, und ein grauhaariger Kopf mit einem Schnurrbart fragte grob, um was der Streit gehe. Der Kondukteur sagte, daß ich sieben Plätze verlangte, er aber habe nur fünf; ich fügte hinzu, daß ich ein Billett hätte und eine Fahrgeldquittung über sieben Plätze. Ohne von mir Notiz zu nehmen, sagte der Kopf mit einer frechen, gequetschten russisch-deutschen Kommißstimme zu dem Kondukteur: »Na, wenn dieser Herr die fünf Plätze nicht haben will, dann schmeiß seine Sachen raus, soll er warten, bis einmal sieben Plätze frei sind.«

Darauf schlug der ehrenwerte Postmeister, den der Kondukteur *»Herr Major«* anredete und dessen Familienname Schwerin war, das Fenster zu. Wir überlegten die Angelegenheit, und da wir Russen waren, entschlossen wir uns weiterzufahren. Benvenuto Cellini, als Italiener, hätte in einem solchen Falle die Pistole gezogen und den Postmeister erschossen.

Mein von Dieffenbach ausgebesserter Nachbar war unterdessen im Wirtshaus gewesen; als er auf seinen Platz geklettert war und wir abfuhren, erzählte ich ihm die Geschichte. Er war angeheitert und folglich in guter Stimmung; er nahm tiefsten Anteil und bat mich, ihm in Berlin einen Bericht einzureichen.

»Sind Sie Postbeamter?« fragte ich.

»Nein«, erwiderte er noch mehr durch die Nase, »aber das ist gleichgültig... ich... sehen Sie... ich stehe, wie man das hier nennt, im Dienste der zentralen Polizei.«

Diese Entdeckung war für mich noch unangenehmer als die der Nase aus dem eigenen Arm.

Der erste Mensch, mit dem ich in Europa liberale Gespräche geführt hatte, war ein Spion. Er war freilich auch nicht der letzte.

Berlin, Köln, Belgien – das alles flirrte rasch an unseren Augen vorüber; wir betrachteten alles halb zerstreut, im Vorbeigehen; wir beeilten uns, ans Ziel zu kommen, und erreichten es endlich.

Ich öffnete ein altertümliches, schweres Fenster im Hôtel du Rhin; vor mir stand eine Säule,

… Das erzene Standbild dann, das kleine,
Mit finstrer Stirn und Dreispitzhut,
Gekreuzten Arms, wie Er's nur tut.

Und somit war ich tatsächlich in Paris, nicht im Traum, sondern wirklich und wahrhaftig: da war ja die Vendôme-Säule und die Rue de la Paix.

Paris! Der Klang dieses Wortes bedeutete für mich wohl kaum weniger als der des Wortes »Moskau«. Seit meiner Kindheit hatte ich von diesem Augenblick geträumt. Laßt mich doch einen Blick auf das Hôtel de Ville[4] werfen, auf das Café Foy im Palais-Royal, wo Camille Desmoulins ein grünes Blatt abgerissen und es statt einer Kokarde an seinem Hut befestigt hatte mit dem Ruf: »À la Bastille!«

Ich hielt es nicht zu Hause aus; ich zog mich an und begann planlos umherzuwandern … ich suchte Bakunin, Sasonow – da war die Rue St-Honoré, da waren die Elysäischen Felder – alle diese Namen, die mir seit langen Jahren vertraut waren … und da war auch Bakunin selber …

Ich begegnete ihm an der Ecke irgendeiner Straße; er kam mit drei Bekannten daher, denen er, gerade wie in Moskau, irgend etwas predigte, dabei dauernd stehenbleibend und mit der Zigarette gestikulierend. Für dieses Mal blieb die Predigt ohne Schluß: ich unterbrach sie und begab mich zusammen mit ihnen zu Sasonow, den ich mit meiner Ankunft überraschen wollte.

Ich war außer mir vor Freude!

Damit will ich hier auch schließen.

Paris werde ich nicht noch einmal beschreiben. Die erste Bekanntschaft mit dem europäischen Leben, der festliche Spaziergang durch Italien, das aus dem Schlaf aufgefahren war, die Revolution am Fuße des Vesuvs; die Revolution vor der Kirche Sankt Peters und endlich die Donnerkunde vom 24. Februar – davon habe ich in meinen »Briefen aus Frankreich und Italien« erzählt. Ich kann die Eindrücke, die halb verwischt und von anderen verdrängt worden sind, jetzt nicht mehr mit der früheren Lebendigkeit wiedergeben. Jene Briefe stellen einen unentbehrlichen Teil meiner »Memoiren und Reflexionen« dar, und was sind denn überhaupt Briefe, wenn nicht Aufzeichnungen über eine kurze Spanne Zeit?

4 (franz.) Rathaus.

Zweites Kapitel: Honigmond der Republik

»Morgen reisen wir nach Paris, ich verlasse Rom belebt und erregt. Was wird aus alledem werden? Wird sich das alles halten? Der Himmel ist nicht ohne Wolken, zeitweilig weht ein kalter Wind aus den Grabgewölben, er trägt einen Leichengeruch mit sich, den Geruch der Vergangenheit; die historische Tramontana ist stark, aber was auch kommen mag, Dank sei Rom für die fünf Monate, die ich in seinen Mauern verbracht habe. Was man innerlich erlebt hat, bleibt der Seele erhalten, und alles wird die Reaktion ja nicht wegblasen.«

So schrieb ich Ende April des Jahres 1848, als ich in der Via del Corso am Fenster saß und hinausblickte auf den »Volks«platz, auf dem ich soviel gesehen und soviel empfunden hatte.

Ich war verliebt in Italien, als ich es verließ, es tat mir leid um dieses Land – dort war ich nicht nur Zeuge großer Ereignisse gewesen, ich hatte auch die ersten mir sympathischen Menschen getroffen – und ich verließ es trotzdem. Es erschien mir als ein Verrat an meinen Überzeugungen, nicht in Paris zu sein, wenn dort die Republik herrschte. Die angeführten Zeilen lassen Zweifel erkennen, aber der Glaube gewann die Oberhand, und mit innerer Befriedigung blickte ich in Civita auf den Stempel des konsularischen Visums mit den darauf eingeschnittenen dräuenden Worten »République Française«; mir kam es gar nicht in den Sinn, daß Frankreich eben darum keine Republik war, weil man ein Visum brauchte!

Wir reisten mit einem Postdampfer. Die Gesellschaft war ziemlich groß und, wie immer, bunt zusammengewürfelt; da gab es Reisende aus Alexandria, Smyrna, Malta. Von Livorno an hatten wir einen heftigen Frühlingswind: er trieb den Dampfer mit unglaublicher Geschwindigkeit vor sich her, und das Schaukeln war unerträglich; innerhalb von zwei, drei Stunden war das Deck voll kranker Damen; allmählich legten sich auch die Männer, mit Ausnahme eines alten grauhaarigen Franzosen, eines Engländers aus Kanada in Pelzjoppe und Pelzmütze und mir. Die Kajüten waren auch voll von Kranken, und allein die dumpfe Luft und die Hitze darin genügten, um krank zu werden; wir drei saßen in der Nacht beim Brausen des Windes mitten auf dem Deck auf Koffern, eingehüllt in Mäntel und Segelbahnen; und die Wellen überfluteten manchmal klatschend das Vorderdeck. Den Engländer kannte ich: im vergangenen Jahr war ich mit ihm auf demselben Dampfer von Genua nach Civita-Vecchia gefahren. Der Zufall wollte es, daß nur wir beide zu Mittag speisten; während des ganzen Mittagessens sprach er nicht, aber beim Dessert, als er vom Marsala weich gestimmt war und sah, daß ich meinerseits nicht die Absicht hatte, ein Gespräch anzuknüpfen, überreichte er mir eine Zigarre und sagte, daß er »die Zigarren selbst aus Havanna mitgebracht« habe. Nachher wurden wir beide gesprächig; er war in Südamerika und Kalifornien gewesen und sagte, daß er viele Male nach Petersburg und Moskau habe reisen wollen, aber nicht fahren würde, ehe es nicht eine regelmäßige und direkte Verbindung zwischen London und Petersburg gäbe.*

»Fahren Sie nach Rom?« fragte ich ihn, als wir uns Civita näherten.

»Ich weiß noch nicht«, antwortete er.

Ich schwieg, weil ich annahm, daß er meine Frage als eine Unhöflichkeit aufgefaßt habe; doch er fügte sogleich hinzu: »Das hängt davon ab, wie mir das Klima in Civita gefällt. – Und Sie bleiben hier?«

»Ja. Der Dampfer geht morgen.«

Ich kannte die Engländer damals noch sehr wenig und konnte darum kaum das Lachen verbergen; und ich konnte es schon gar nicht, als ich ihm am anderen Tage, während ich vor dem Hotel auf und ab schlenderte, begegnete; in derselben Pelzjoppe, mit einem Portefeuille, einem Fernrohr und einem kleinen Reisenecessaire schritt er vor dem mit Koffern und allerhand anderen Gepäckstükken beladenen Diener einher.

»Ich fahre nach Neapel«, sagte er, als er mit mir zusammentraf.

»Hat Ihnen das Klima nicht gefallen?«

»Es ist miserabel.«

Ich vergaß zu erwähnen, daß er bei der ersten Überfahrt in der Kajüte die Koje unmittelbar über mir inne hatte; im Laufe der Nacht hätte er mich dreimal beinahe umgebracht – bald durch den Schrecken, den er mir einjagte, bald mit seinen Füßen: in der Kajüte herrschte eine entsetzliche Hitze, er stieg mehrmals herunter, um Kognak mit Wasser zu trinken, und jedesmal, wenn er herun-

* Jetzt gibt es sie.

ter oder hinauf stieg, trat er auf mich, erschrak und schrie laut: »Oh – beg pardon[1] – j'avais soif[2].«

»Pas de mal.«[3]

Wir begegneten uns also auf dieser Reise wie alte Bekannte; er äußerte sich überaus lobend darüber, daß ich der Seekrankheit nicht ausgesetzt sei, und präsentierte mir seine Havannazigarren. Es war ganz natürlich, daß sich das Gespräch eine Minute später um die Februarrevolution drehte. Selbstverständlich betrachtete der Engländer die Revolution in Europa als ein interessantes Schauspiel, als eine Quelle neuer und interessanter Beobachtungen und Empfindungen und erzählte von der Revolution in der Neu-Kolumbischen Republik.

Der Franzose nahm anders Anteil an diesen Dingen ... mit ihm geriet ich nach fünf Minuten in einen Streit; er antwortete ausweichend, klug, ohne übrigens im geringsten nachzugeben, und mit außerordentlicher Höflichkeit. Ich verteidigte die Republik und die Revolution. Der alte Herr, ohne sie direkt anzugreifen, verteidigte die historischen Formen als die einzig dauerhaften, volkstümlichen, die fähig seien, sowohl einem gerechtfertigten Fortschritt wie der notwendigen Stetigkeit zu genügen.

»Sie können sich nicht vorstellen«, sagte ich scherzend zu ihm, »was für ein originelles Vergnügen Sie mir gerade durch das bereiten, was Sie nicht aussprechen. Ich habe wohl fünfzehn Jahre lang so von der Monarchie gesprochen, wie Sie von der Republik sprechen. Die Rollen sind vertauscht: ich bin, indem ich die Republik verteidige, konservativ, Sie aber sind, indem Sie die legitimistische Monarchie verteidigen, ein perturbateur de l'ordre public[4].«

Der alte Herr und der Engländer brachen in Gelächter aus. Zu uns gesellte sich ein magerer, großer Herr, dessen Nase das »Charivari« und Philipon unsterblich gemacht haben; es war der Graf d'Argout (das »Charivari« behauptete, daß seine Tochter deshalb nicht heirate, um nicht unterzeichnen zu müssen: »Frau Sowieso, née d'Argout«[5]). Er mischte sich in die Unterhaltung, behandelte den alten Herrn mit großer Achtung, blickte jedoch auf mich mit eini-

1 (engl.) ich bitte um Entschuldigung.
2 (franz.) ich hatte Durst.
3 (franz.) das macht nichts.
4 (franz.) ein Störenfried der öffentlichen Ordnung.
5 (franz.) geborene d'Argout: ein Wortspiel: née = geborene, nez = Nase.

ger Verwunderung, die einem Widerwillen nahekam; ich bemerkte dies und begann um vier Grad roter zu sprechen.

»Das ist eine überaus merkwürdige Sache«, sagte der grauhaarige alte Herr zu mir, »Sie sind nicht der erste Russe mit einer solchen Sinnesart, dem ich begegne. Ihr Russen seid entweder die vollkommensten Sklaven des Zaren oder – passez-moi le mot[6] – Anarchisten. Und daraus ist zu folgern, daß ihr noch lange nicht frei sein werdet.*

In der Art ging unser politisches Gespräch weiter.

Als wir uns Marseille näherten und alle sich geschäftig um ihre Habseligkeiten kümmerten, trat ich zu dem alten Herrn und sagte, indem ich ihm meine Karte überreichte, daß es mir angenehm sein würde, wenn ich annehmen dürfte, unser Streit beim Schwanken des Schiffes habe keine unangenehmen Spuren hinterlassen. Der alte Herr verabschiedete sich sehr freundlich von mir, machte noch einige geistreiche Bemerkungen über die Republikaner, die ich ja jetzt aus nächster Nähe kennenlernen würde, und gab mir seine Karte. Es war der Herzog de Noailles, ein Verwandter der Bourbonen und einer der Hauptberater Heinrichs V.

Ich habe diesen Vorfall, der an sich sehr unwichtig ist, zu Nutz und Frommen unserer »Herzöge« der ersten drei Rangklassen erzählt. Wäre irgendein Senator oder Geheimer Rat an der Stelle von Noailles gewesen, er hätte meine Worte einfach als eine Frechheit im Dienst aufgenommen und nach dem Kapitän des Schiffes geschickt.

Ein russischer Minister** saß mit seiner Familie im Jahre 1850 auf einem Dampfer in seiner Equipage, um mit den Passagieren aus den Reihen der gewöhnlichen Sterblichen nicht in Berührung zu kommen. Können Sie sich etwas Lächerliches vorstellen, als in einer offenen Equipage zu sitzen ... noch dazu auf See, und bei einem Mann von übermäßigem Wuchs?

Der Hochmut unserer Würdenträger rührt gar nicht vom Aristokratismus her – das Herrentum stirbt aus; es ist das Gefühl von livrierten, gepuderten Dienern in großen Häusern, die sich der einen Seite gegenüber überaus gemein verhalten und gegen die andere überaus frech. Der Aristokrat ist eine Persönlichkeit, aber unsere Aristokraten – die treuen Diener des Thrones – haben überhaupt

* Diese Beurteilung habe ich später an die zehnmal gehört.

** Es war der berühmte Wiktor Panin.

6 (franz.) halten Sie mir das Wort zugute.

nichts Persönliches; sie ähneln den Medaillen Pawels I. mit der Aufschrift: »Nicht uns, nicht uns, sondern deinem Namen«. Unsere ganze Erziehung nimmt diese Richtung: der Soldat denkt, daß man ihn nur deshalb nicht mit Stöcken prügeln darf, weil er das Kreuz des Annenordens hat, der Stationsaufseher richtet zwischen der Hand des Reisenden und seiner Wange den Offiziersrang auf, der gekränkte Beamte zeigt auf seinen Stanislaw- oder Wladimirorden, »nicht meinethalben, nicht meinethalben, sondern meines Ranges wegen«!

Als ich in Marseille das Schiff verließ, begegnete mir eine große Prozession der Nationalgarde, die eine Büste der Freiheit, das heißt eine Frau mit riesigen Locken und einer phrygischen Mütze ins Hôtel de Ville trug. Mit dem Rufe »Vive la République!« zogen Tausende bewaffnete Bürger einher, darunter Arbeiter, die seit dem 24. Februar der Nationalgarde angehörten, in ihren Blusen. Es versteht sich von selbst, daß auch ich mich ihnen anschloß. Als die Prozession beim Hôtel de Ville angelangt war, traten ein General, der Maire[7] und ein Kommissar der Provisorischen Regierung, Démosthène Olivier, hinaus in die Vorhalle. Démosthène hatte, wie nach seinem Namen zu erwarten stand, eine Rede vorbereitet. Um ihn herum wurde ein großer Kreis gebildet: die Menge drängte selbstverständlich vorwärts, die Nationalgarde drängte sie zurück, die Menge gehorchte nicht; das beleidigte die bewaffneten Blusenmänner, sie drehten sich um, senkten die Gewehre und begannen den Leuten, die vornean standen, mit den Kolben auf die Zehen zu drücken; die Bürger der »einigen und unteilbaren Republik« wichen zurück...

Dies alles verwunderte mich um so mehr, als ich mich noch ganz unter dem Einfluß der italienischen und im besonderen der römischen Sitten befand, wo das stolze Gefühl der persönlichen Würde und der körperlichen Unantastbarkeit in jedem Menschen entwikkelt ist, nicht nur beim facchino[8], beim Briefträger, sondern auch beim Bettler, der die Hand ausstreckt. In der Romagna wäre auf diese Frechheit mit zwanzig »coltellata«[9] geantwortet worden. Die Franzosen wichen zurück – hatten sie vielleicht Hühneraugen?

Dieser Vorfall berührte mich sehr unangenehm: dazu kam noch,

7 (franz.) Bürgermeister.
8 (ital.) Gepäckträger.
9 (ital.) Messerstichen.

daß ich, im Hotel angekommen, in den Zeitungen von der Affäre in Rouen las. Was hatte das zu bedeuten, sollte etwa der Herzog de Noailles recht haben?

Aber wenn ein Mensch glauben will, ist es schwer, seinen Glauben auszurotten, und bevor ich nach Avignon kam, hatte ich die Gewehrkolben von Marseille und die Bajonette von Rouen vergessen.

Mit uns in der Diligence saß ein wohlbeleibter, stattlicher Abbé, in mittleren Jahren und von angenehmem Äußeren. Anfangs befaßte er sich anstandshalber mit seinem Gebetbuch, doch um nicht einzuschlafen, steckte er es bald in die Tasche und begann liebenswürdig und gescheit zu plaudern, mit der klassischen Korrektheit der Sprache von Port-Royal und der Sorbonne, mit Zitaten und keuschen Witzen.

Tatsächlich! Nur die Franzosen verstehen zu plaudern. Die Deutschen machen Liebeserklärungen, vertrauen einem Geheimnisse an oder schimpfen. In England liebt man die raouts[10] eben deshalb, weil da eine Unterhaltung unmöglich ist... eine Menge Leute, nirgends ist Platz, alle drängen und stoßen sich, keiner kennt den anderen; ist aber eine kleine Gesellschaft beisammen, gleich gibt es schlechte Musik, falschen Gesang, langweilige Spielchen, oder aber die Gäste und Gastgeber schleppen mit außerordentlicher Mühe eine Unterhaltung hin, mit Pausen, nach Luft schnappend, und erinnern dabei an die unglücklichen Pferde, die völlig erschöpft auf dem Treidelpfad eine beladene Barke stromauf ziehen.

Ich hätte den Abbé gern mit der Republik geneckt, doch es gelang mir nicht. Er war zufrieden mit der Freiheit ohne Übermaß, vor allem – ohne Blut und Krieg, und hielt Lamartine für einen großen Mann, für so etwas wie einen Perikles.

»Und eine Sappho obendrein«, fügte ich hinzu, ohne übrigens einen Disput anzufangen und dankbar dafür, daß er kein Wort über die Religion sagte. So kamen wir plaudernd nach Avignon, es war gegen elf Uhr abends.

»Gestatten Sie mir«, sagte ich zu dem Abbé beim Abendessen und schenkte ihm Wein ein, »einen recht seltenen Toast auszubringen: Auf die Republik et pour les hommes de l'église qui sont républicains!«[11]

10 (engl.) große und glänzende Abendgesellschaften, Prunkgesellschaften.
11 (franz.) und auf die Männer der Kirche, die Republikaner sind.

Der Abbé erhob sich und schloß einige Sätze von Cicero mit den Worten: »A la République future en Russie!«[12]

»A la République universelle!«[13] riefen der Kondukteur der Diligence und etwa drei Männer, die mit am Tisch saßen. Wir stießen miteinander an.

Ein katholischer Pfaffe, zwei, drei Handlungsgehilfen, ein Kondukteur und einige Russen – wenn das keine universelle Republik ist!

Aber es war lustig!

»Wohin reisen Sie?« fragte ich den Abbé, als wir aufs neue in die Diligence stiegen und ich ihn um seinen priesterlichen Segen zum Rauchen einer Zigarre erbeten hatte.

»Nach Paris«, antwortete er, »ich bin in die Nationalversammlung gewählt; es würde mich sehr freuen, Sie bei mir zu sehen – hier ist meine Adresse.«

Das war der Abbé Sibour, doyen[14] von irgend etwas, Bruder des Bischofs von Paris.

Zwei Wochen später kam der 15. Mai, dieses schreckliche Ritornell, dem die furchtbaren Junitage folgten. Das gehört alles nicht zu meiner Biographie, sondern zur Biographie des Menschengeschlechts...

Über diese Tage habe ich viel geschrieben.

Ich hätte hier, wie ein alter Kapitän in dem alten Liede enden können:

> Te souviens-tu?... mais ici je m'arrête,
> Ici fini tout noble souvenir.[15]

Aber mit diesen verfluchten Tagen beginnt eben der letzte Teil meines Lebens.

12 (franz.) Auf die künftige Republik in Rußland!
13 (franz.) Auf die Weltrepublik!
14 (franz.) Vorsteher.
15 (franz.) Denkst du daran?... doch hier halt ich ein,
Hier enden alle rühmlichen Erinnerungen.

Westliche Arabesken. Erstes Heft

I. *Der Traum*

Entsinnt ihr euch, Freunde, wie schön jener sonnige, klare Wintertag war, als sechs, sieben Dreigespanne uns bis Tschornaja Grjas das Geleit gaben, als wir dort zum letztenmal die Gläser klingen ließen und uns schluchzend trennten?

Es war bereits Abend, die Schlittenkutsche fuhr knirschend über den Schnee, ihr schautet uns traurig nach und ahntet nicht, daß dies ein Begräbnis war und die ewige Trennung bedeutete. Alle waren da, nur einer fehlte – der allernächste von den nahen Freunden, er allein war weit weg, und es war, als ob er sich durch seine Abwesenheit die Hände in Unschuld wüsche und zum Ausdruck bringe, daß ihn keine Schuld an meiner Abreise treffe.

Das war am 21. Januar des Jahres 1847.

Seitdem sind sieben Jahre vergangen*, und was für sieben Jahre! Darunter 1848 und 1852.

Was ist nicht alles geschehen in dieser Zeit! Und alles ist zusammengestürzt – das Allgemeine und das Persönliche, die europäische Revolution und der häusliche Herd, die Freiheit der Welt und das persönliche Glück.

Von dem früheren Leben ist kein Stein auf dem anderen geblieben. Damals stand ich in der Blüte meiner Entwicklung, mein vorangegangenes Leben ließ mich viel von der Zukunft erwarten. Kühn ging ich von euch weg in voreiliger Überheblichkeit, mit dem hochmütigen Vertrauen zum Leben. Ich hatte es eilig, mich loszulösen von einem kleinen Häuflein Menschen, die einander nahegekommen und miteinander verwachsen waren, die verbunden waren durch eine tiefe Liebe und ein gemeinsames Leid. Mich lockte die Ferne, die Weite, der offene Kampf und die freie Rede, ich suchte die unabhängige Arena, ich spürte Lust, meine Kräfte in der Freiheit zu erproben.

Jetzt erwarte ich schon nichts mehr; nach allem, was ich gesehen und erlebt habe, kann nichts mich besonders in Erstaunen setzen und von Herzen erfreuen: Staunen und Freude sind gebändigt durch die Erinnerungen an das Vergangene, durch die Furcht vor

* Geschrieben Ende des Jahres 1853.

dem Kommenden. Mir ist beinahe alles gleichgültig geworden, und ich wünsche ebensowenig morgen zu sterben wie sehr lange zu leben; mag das Ende ebenso zufällig und sinnlos kommen wie der Anfang.

Und ich habe ja alles gefunden, was ich suchte, sogar die Anerkennung seitens der alten, selbstzufriedenen Welt. Freilich blieb mir auch nicht der Verlust alles dessen erspart, woran ich unerschütterlich glaubte; ich verlor all mein Glück und fand Verrat, tückische Schläge aus dem Hinterhalt und überhaupt eine moralische Verderbnis, von der ihr euch keinen Begriff machen könnt.

Es fällt mir schwer, sehr schwer, diesen Teil meiner Erzählung zu beginnen; weil ich davor zurückschrak, habe ich die drei vorhergehenden Teile geschrieben. Doch jetzt stehen wir ihm endlich von Angesicht zu Angesicht gegenüber. Also fort mit der Schwäche: wer überleben konnte, muß auch die Kraft haben, sich zu erinnern.

Seit Mitte 1848 an habe ich von nichts anderem zu erzählen als von qualvollen Prüfungen, ungerächten Beleidigungen und unverdienten Schicksalsschlägen. Das Gedächtnis hat nichts als traurige Bilder, eigene und fremde Irrtümer, die Irrtümer von Personen, die Irrtümer ganzer Völker bewahrt. Und wo die Möglichkeit einer Rettung bestand, hat der Tod meinen Weg gekreuzt. Mit den letzten Tagen unseres Lebens in Rom endet der lichte Teil der Erinnerungen, die begonnen haben mit dem kindlichen Erwachen des Denkens, mit dem Bündnis der Knaben auf den Sperlingsbergen.

Erschreckt von dem Paris des Jahres 1847 wären mir die Augen beinahe früher aufgegangen, aber die Ereignisse, die um mich her brodelten, haben mich aufs neue mit fortgerissen. Ganz Italien »erwachte« vor meinen Augen! Ich sah den gezähmten König von Neapel und den Papst, der demütig wie um ein Almosen um die Liebe des Volkes bettelte, der Wirbelwind, der alles aufwühlte, trug auch mich fort; ganz Europa nahm sein Bett und wandelte – in einem Anfall von Somnambulismus, der von uns als ein Erwachen angesehen wurde. Als ich zu mir kam, war alles verschwunden – la somnambula[1] war, erschreckt von der Polizei, vom Dach gefallen, die Freunde hatten sich verstreut oder machten einander wütend den Garaus. Und ich fand mich mutterseelenallein, zwischen den Gräbern und den Wiegen – als Wächter, als Verteidiger, als Rächer – und war nicht imstande, etwas zu tun, weil ich mehr tun wollte, als üblich war.

1 (ital.) Mondsüchtige.

Und jetzt sitze ich in London, wohin es mich zufällig verschlagen hat, und bleibe hier, weil ich nicht weiß, was ich mit mir anfangen soll. Menschen einer fremden Rasse wimmeln und stoßen sich um mich her, umfangen von dem schweren Atem des Ozeans; eine Welt, im Begriff, sich in ein Chaos aufzulösen, sich in einem Nebel zu verlieren, der die Konturen undeutlich macht, in dem das Licht nur trübe Flecken hervorbringt.

... Jenes Land aber, umspült vom dunkelblauen Meer, überdeckt von einem dunkelblauen Himmel... Jenes Land allein liegt noch da als heller Streifen – jenseits des Friedhofs.

O Rom, wie liebe ich es, zurückzukehren zu deinem Blendwerk, wie gern gehe ich Tag um Tag die Zeit durch, in der ich trunken war von dir!

.... Es ist dunkle Nacht. Der Korso ist voller Menschen, hier und da sind Fackeln zu sehen. In Paris ist schon seit beinahe einem Monat die Republik ausgerufen. Aus Mailand sind Neuigkeiten gekommen: dort wird gekämpft, das Volk verlangt den Krieg, das Gerücht geht um, daß Karl Albert mit einem Heer anrückt. Das Gemurmel der unzufriedenen Menge gleicht dem an- und abschwellenden Brüllen des Meeres, dessen Wellen bald unter Getöse anrollen, bald leise Atem schöpfend innehalten.

Die Massen formieren sich, sie gehen zum piemontesischen Gesandten, um zu erfahren, ob der Krieg erklärt ist.

»Reiht euch ein, kommt mit uns!« schreien Dutzende von Stimmen.

»Wir sind Ausländer.«

»Um so besser, Santo dio[2], ihr seid unsere Gäste.«

Da zogen auch wir mit.

»Die Gäste voran, die Damen voran, nach vorn le donne forestiere!«[3]

Unter leidenschaftlichen Beifallsrufen trat die Menge auseinander. Ciceruacchio und ein junger Römer, ein Volksliederdichter, drängten mit der Fahne hindurch, der Tribun drückte den Damen die Hände und stellte sich mit ihnen an die Spitze von zehn-, zwölftausend Menschen – und alle setzten sich in Bewegung, in jener majestätischen und geschlossenen Ordnung, wie sie nur dem römischen Volke eigen ist.

Die Vorangehenden betraten den Palazzo, und einige Minuten

2 (ital.) heiliger Gott.

3 (ital.) die ausländischen Damen.

später öffneten sich die vom Saal auf den Balkon führenden Türen. Der Gesandte erschien, um das Volk zu beruhigen und die Nachricht vom Kriege zu bestätigen, seine Worte wurden mit überschwenglicher Freude aufgenommen. Ciceruacchio befand sich auf dem Balkon, von Fackeln und den Kandelabern hell beleuchtet, und neben ihm, unter der Fahne Italiens, gleichsam unter ihrem Schutz, standen vier junge Frauen, alle vier Russinnen – ist das nicht merkwürdig? Ich sehe sie noch wie heute auf dieser steinernen Tribüne und unten die wogenden zahllosen Volksmassen, deren Kriegsgeschrei und Flüche gegen die Jesuiten sich vermischten mit dem lauten »Evviva le donne forestiere!«[4]

In England hätte man sie und uns ausgepfiffen, mit Grobheiten überschüttet, ja vielleicht auch mit Steinen; in Frankreich hätte man sie für gekaufte Agenten angesehen. Hier aber begrüßte uns der aristokratische Proletarier, der Nachkomme von Marius und den Tribunen der Antike, herzlich und aufrichtig. Wir wurden von ihnen aufgenommen in den europäischen Kampf... und einzig zu Italien ist das Band der Liebe, zum mindesten eines herzlichen Gedenkens noch nicht gerissen.

Sollte dies alles nur ein Rausch, ein Fiebertraum gewesen sein? Vielleicht – aber ich beneide diejenigen nicht, die sich damals von diesem schönen Traumgesicht nicht haben hinreißen lassen. Es ging jedoch nicht an, lange zu schlafen; der unerbittliche Macbeth des wirklichen Lebens hatte bereits seine Hand erhoben, um den »Traum« zu töten... und

My dream was past – it had no further change![5]

II. *Im Gewitter*

... Am Abend des 24. Juni, als ich von der Place Maubert zurückkehrte, trat ich in ein Café am Quai d'Orsay. Einige Minuten später ertönte ein verworrenes Geschrei, das immer näher kam; ich ging zum Fenster: eine häßliche, lächerlich wirkende Rotte aus der banlieue[6] eilte der Ordnung zu Hilfe; unbeholfene und unansehnliche Leute, halb Bauern, halb Krämer, ein bißchen angeheitert, in

4 (ital.) Es leben die ausländischen Damen!
5 (engl.) Mein Traum war aus! Kein fernerer Wandel kam.
6 (franz.) Vorstadt.

schlechten Uniformen und altertümlichen Tschakos, marschierten in raschem, aber ungeordnetem Tritt dahin mit dem Ruf: »Es lebe Louis Napoléon!«

Diesen unheilvollen Ruf hörte ich da zum erstenmal. Ich konnte nicht an mich halten und schrie, als sie nahe herangekommen waren, aus aller Kraft: »Es lebe die Republik!« Die dem Fenster nahe waren, zeigten mir die Faust, ein Offizier murmelte irgendein Schimpfwort und drohte mit dem Degen; lange noch hörte man ihren Huldigungsruf für jenen Menschen, der im Begriff war, die erst halb durchgeführte Revolution abzuwürgen, die halb vollendete Republik zur Strecke zu bringen und mit seiner Person Frankreich zu strafen, das in seiner Überheblichkeit die anderen Völker und sein eigenes Proletariat vergessen hatte.

Am 25. oder 26. Juni, etwa um acht Uhr morgens, gingen Annenkow und ich auf die Elysäischen Felder; die Kanonade, die wir nachts gehört hatten, war verstummt, nur von Zeit zu Zeit knatterten von beiden Seiten Gewehrschüsse und erscholl Trommelschlag. Die Straßen waren leer, auf beiden Seiten stand Nationalgarde. Auf der Place de la Concorde war eine Abteilung der Mobilgarde postiert; bei ihnen standen einige arme Frauen mit Besen, ein paar Lumpensammler und einige Hausknechte von den benachbarten Häusern; die Gesichter aller waren düster und trugen den Ausdruck des Entsetzens. Ein Knabe von etwa siebzehn Jahren stand auf sein Gewehr gestützt da und erzählte etwas; wir traten gleichfalls hinzu. Er und alle seine Kameraden, ebensolche Knaben, waren halb betrunken, ihre Gesichter waren vom Pulver verschmiert und ihre Augen von Nächten ohne Schlaf und vom Schnaps entzündet; viele dösten, indem sie das Kinn auf den Gewehrlauf stützten.

»Na, was es da gegeben hat, das kann man gar nicht beschreiben.« Er schwieg und fuhr nach einer Weile fort. »Gut gekämpft haben sie ja, die anderen, aber wir haben es ihnen auch gegeben und unsere Kameraden gerächt! Viele sind gefallen, viele! Ich selber habe fünf oder sechs Kerlen das Bajonett bis zum Gewehrlauf in den Bauch gerannt – die werden noch dran denken!« fügte er hinzu, um sich als eingefleischten Bösewicht auszuweisen.

Die Frauen waren blaß und schwiegen, irgendein Hausknecht bemerkte: »Das geschieht den Schweinehunden recht!«, ... aber die abscheuliche Bemerkung fand nicht den geringsten Widerhall. Diese Gesellschaft war allzu tiefstehend, als daß die Metzelei und der unglückliche Junge, aus dem man einen Mörder gemacht hatte, bei ihnen Teilnahme erweckt hätte.

Schweigend und traurig gingen wir zur Madeleine. Hier wurden wir von einer Postenkette der Nationalgarde aufgehalten. Sie durchsuchten unsere Taschen, fragten, wohin wir gingen, und ließen uns passieren; aber der nächste Kordon, hinter der Madeleine, verweigerte uns den Durchgang und schickte uns zurück; als wir zu dem ersten zurückkamen, wurden wir aufs neue aufgehalten.

»Aber Sie haben ja gesehen, daß wir soeben hier durchgegangen sind!«

»Nicht durchlassen!« schrie der Offizier.

»Was soll das, machen Sie sich lustig über uns?« fragte ich ihn.

»Da gibt's nichts zu reden!« antwortete der Krämer in Uniform grob. »Nehmt sie fest – und zur Polizei: den einen kenne ich (er zeigte auf mich), ich habe ihn mehr als einmal auf den Versammlungen gesehen, der andere wird wohl genauso einer sein, sie sind alle beide keine Franzosen, ich verantworte alles – vorwärts!«

Zwei Soldaten mit Gewehren vorneweg, zwei hinter uns, je ein Soldat zu beiden Seiten führte man uns ab. Der erste Mensch, dem wir begegneten, war ein Vertreter des Volkes, mit dem albernen Trichter im Knopfloch: es war Tocqueville, der über Amerika geschrieben hatte. Ich wandte mich an ihn und erzählte, worum es sich handelte; hier war nicht zu spaßen: man hielt die Leute ohne Gerichtsurteil im Gefängnis fest, warf sie in die Keller der Tuilerien, ließ sie erschießen. Tocqueville fragte nicht einmal, wer wir seien: er verbeugte sich überaus höflich und gab die folgende Trivialität von sich: »Die gesetzgebende Gewalt hat keinerlei Recht, sich in die Anordnungen der vollziehenden einzumischen.« Wie hätte er da nicht unter Bonaparte Minister werden sollen?

Die »vollziehende Gewalt« führte uns über den Boulevard in die Straße Chaussée d'Antin, zum Polizeikommissar. Beiläufig möchte ich bemerken, daß ich weder bei der Verhaftung noch bei der Durchsuchung, noch auf dem Wege auch nur einen einzigen Polizisten gesehen habe; alles machten die kriegerischen Spießbürger. Der Boulevard war vollkommen leer, alle Geschäfte geschlossen, die Hausbewohner stürzten an die Fenster und Türen, als sie unsere Schritte hörten, und fragten, was für Leute wir seien. »Des émeutiers étrangers«[7], antwortete unsere Eskorte, und die braven Spießbürger betrachteten uns mit Zähneknirschen.

7 (franz.) ausländische Aufwiegler.

Von der Polizei schickte man uns ins Hôtel des Capucines; dort befand sich früher das Ministerium für auswärtige Angelegenheiten, jetzt aber amtierte dort irgendeine provisorische Polizeikommission. Wir traten mit unserer Eskorte in ein weiträumiges Arbeitszimmer. Ein kahlköpfiger alter Herr mit einer Brille und ganz in schwarz saß allein am Tisch; er fragte uns nochmals nach alldem, wonach der Kommissar gefragt hatte.

»Wo sind Ihre Pässe?«

»Wir tragen sie nie bei uns, wenn wir spazierengehen...«

Er ergriff irgendein Heft, blätterte lange darin – offensichtlich fand er nicht, was er suchte – und fragte den Begleiter: »Warum habt ihr sie festgenommen?«

»Der Offizier hat es befohlen; er sagt, das seien sehr verdächtige Leute.«

»Gut«, sagte der alte Herr, »ich werde die Sache untersuchen, ihr könnt gehen.«

Als unsere Begleiter weg waren, bat uns der alte Herr, den Grund zu unserer Verhaftung zu erklären. Ich setzte ihm die Sache auseinander und fügte hinzu, daß der Offizier mich vielleicht am 15. Mai in der Nähe der Kammer gesehen haben könnte. Dann erzählte ich, was mir am Vortag passiert war. Ich hatte im Café Caumartin gesessen, als plötzlich falscher Alarm gegeben wurde; eine Schwadron Dragoner raste im Galopp vorbei, die Nationalgarde trat zusammen, ich und noch etwa fünf Leute, die sich im Café befanden, gingen zum Fenster; ein Nationalgardist, der unten stand, schrie grob: »Habt ihr nicht gehört, daß die Fenster geschlossen werden sollen?«

Sein Ton gab mir das Recht zu der Annahme, daß er nicht mit mir spreche, und so schenkte ich seinen Worten nicht die geringste Aufmerksamkeit; dazu war ich nicht allein, sondern stand nur zufällig vornean. Da hob der Hüter der Ordnung das Gewehr und wollte, da dies im rez-de-chaussée[8] vor sich ging, mit dem Bajonett zustoßen; doch ich hatte seine Bewegung bemerkt, trat zurück und sagte zu den anderen: »Meine Herren, Sie sind Zeugen, daß ich ihm nichts getan habe, oder ist das so Brauch bei der Nationalgarde, Ausländer zu erstechen?«

»Mais c'est indigne, mais cela n'a pas de nom!«[9] pflichteten meine Nachbarn mir bei.

8 (franz.) Erdgeschoß.

9 (franz.) Das ist doch empörend, dafür gibt es keine Worte!

Der erschrockene Besitzer des Cafés schloß eilends die Fenster, ein Sergeant von gemeinem Äußeren erschien mit dem Befehl, alle aus dem Café zu jagen; mir schien das derselbe Herr gewesen zu sein, der den Befehl gegeben hatte, uns anzuhalten; das Café Caumartin war zudem zwei Schritte von der Madeleine entfernt.

»Da sehen Sie, meine Herren, was Unvorsichtigkeit für Folgen haben kann; wozu in solcher Zeit aus dem Hause gehen? Die Gemüter sind erregt, Blut fließt...«

Um diese Zeit führte ein Nationalgardist irgendein Dienstmädchen herein und sagte, der Offizier habe sie in dem Augenblick ergriffen, als sie einen Brief, der nach Berlin adressiert war, in den Kasten werfen wollte. Der alte Herr nahm das Kuvert in Empfang und befahl dem Soldaten zu gehen.

»Sie können sich nach Hause begeben«, sagte er zu uns, »nur gehen Sie bitte, nicht durch dieselben Straßen wie vorhin, besonders nicht an dem Kordon vorbei, der Sie verhaftet hat. Ja, warten Sie, ich gebe Ihnen einen Begleiter, er wird Sie auf die Elysäischen Felder hinausführen, dort können Sie allein weitergehen.«

»Nun und Sie«, bemerkte er zu dem Dienstmädchen, dem er den Brief zurückgab, ohne ihn geöffnet zu haben, »werfen Sie Ihren Brief in einen anderen Kasten, irgendwo weiter weg.«

Also schützte die Polizei die Leute vor bewaffneten Spießbürgern!

In der Nacht vom 26. zum 27. Juni, so erzählte Pierre Leroux, war er bei Sénard, den er bat, Anordnungen bezüglich der Gefangenen zu geben, die in den Kellern der Tuilerien schmachteten. Sénard, ein Mann, der durch seinen extremen Konservatismus bekannt war, sagte zu Pierre Leroux: »Und wer wird für ihr Leben auf der Straße einstehen? Die Nationalgarde wird sie sämtlich totschlagen. Wenn Sie eine Stunde früher gekommen wären, hätten Sie hier zwei Obersten angetroffen, ich habe sie mit Mühe besänftigen können, und es endete damit, daß ich zu ihnen sagte, wenn diese Scheußlichkeiten nicht aufhörten, würde ich statt des Präsidentenstuhles in der Kammer einen Platz hinter den Barrikaden einnehmen.«

Zwei Stunden später, nach meiner Rückkehr in meine Wohnung, erschienen der Hausknecht, ein unbekannter Mann im Frack und vier Männer in Arbeitskitteln, die ihre munizipalen Schnurrbärte und die Haltung von Gendarmen nur schlecht verbargen. Der Unbekannte knöpfte den Frack und die Weste auf, wies würdevoll auf seine dreifarbige Schärpe und sagte, daß er der Polizeikommissar Barlet sei (derselbe, der in der Deputiertenkammer am 2. Dezember einen Mann am Kragen nahm, der seinerseits Rom genommen hatte, den General Oudinot) und daß ihm befohlen worden sei, bei mir eine Haussuchung vorzunehmen. Ich übergab ihm die Schlüssel, und er machte sich genauso an die Arbeit wie im Jahre 1834 der Polizeimeister Miller.

Meine Frau trat ein; der Kommissar, wie einstmals der Gendarmerieoffizier, der im Auftrage Dubelts gekommen war, begann sich zu entschuldigen. Meine Frau, die ihn ruhig und gerade anblickte, sagte, als er zum Schluß seiner Rede um Nachsicht bat: »Es wäre von meiner Seite eine Grausamkeit, mich nicht in Ihre Lage zu versetzen: Sie sind durch die Pflicht, das zu tun, was Sie tun, schon genug bestraft.«

Der Kommissar errötete, sagte jedoch kein Wort. Nachdem er in den Papieren herumgewühlt und einen ganzen Stapel beiseite gelegt hatte, ging er plötzlich zum Kamin, schnupperte, befühlte die Asche und fragte, voller Würde zu mir gewandt: »Warum haben Sie Papiere verbrannt?«

»Ich habe keine Papiere verbrannt.«

»Ich bitte Sie, die Asche ist noch warm.«

»Nein, sie ist nicht warm.«

»Monsieur, vous parlez à un magistrat!«[10]

»Und die Asche ist trotzdem kalt«, sagte ich, aufgebracht und mit erhobener Stimme.

»Dann lüge ich wohl?«

»Woher haben Sie denn das Recht, an meinen Worten zu zweifeln? Sie haben da ein paar redliche Arbeiter mitgebracht, mögen sie doch die Asche untersuchen. Na, und wenn ich Papier verbrannt hätte? Erstens habe ich das Recht, etwas zu verbrennen, und zweitens: was wollen Sie denn dagegen tun?«

»Haben Sie weiter keine Papiere?«

»Nein.«

»Ich habe noch einige Briefe und außerordentlich unterhaltsame, kommen Sie zu mir«, sagte meine Frau.

»Ich bitte Sie, Ihre Briefe...«

»Bitte, machen Sie keine Umstände... Sie erfüllen doch Ihre Pflicht, kommen Sie.«

10 (franz.) Mein Herr, Sie sprechen mit einer obrigkeitlichen Person!

Der Kommissar ging mit, warf obenhin einen Blick auf die Briefe, die größtenteils aus Italien waren, und wollte hinausgehen...

»Sie haben ja nicht gesehen, daß hier unten ein Brief aus der Conciergerie[11] ist, von einem Häftling – sehen Sie? Wollen Sie ihn nicht mitnehmen?«

»Ich bitte Sie, gnädige Frau«, erwiderte der Revieraufseher der Republik, »Sie sind so voreingenommen, ich brauche diesen Brief gar nicht.«

»Was beabsichtigen Sie mit den russischen Papieren zu tun?« fragte ich.

»Man wird sie übersetzen.«

»Eben, aber woher nehmen Sie einen Übersetzer? Wenn Sie einen aus der russischen Botschaft nehmen, kommt das einer Denunziation gleich; Sie werden dadurch fünf, sechs Menschen ins Unglück stürzen. Sie würden mich aufrichtig verpflichten, wenn Sie im procès-verbal[12] darauf hinweisen wollten, daß ich inständig darum bäte, als Übersetzer einen der polnischen Emigranten zu nehmen.«

»Ich glaube, daß das möglich ist.«

»Ich danke Ihnen; ja und noch eine Bitte: Verstehen Sie ein bißchen Italienisch?«

»Ein wenig.«

»Ich will Ihnen zwei Briefe zeigen; darin ist das Wort ›Frankreich‹ nicht erwähnt; der sie geschrieben hat, befindet sich in den Händen der sardinischen Polizei; Sie werden aus dem Inhalt erkennen, daß es ihm schlecht ergehen wird, sofern die Briefe in deren Hände geraten.«

»Mais ah ça!«[13] bemerkte der Kommissar, der sich seiner menschlichen Würde allmählich bewußt zu werden schien. »Mir scheint, Sie glauben, wir stünden mit allen despotischen Polizeiorganen in Verbindung. Was die anderen machen, geht uns nichts an. Wir müssen notgedrungen bei uns Maßnahmen ergreifen, wenn auf den Straßen Blut fließt und Ausländer sich in unsere Angelegenheiten mischen.«

»Sehr gut, folglich können Sie die Briefe hierlassen.«

Der Kommissar hatte nicht gelogen: er verstand tatsächlich nicht viel Italienisch und darum steckte er die Briefe, nachdem er sie hin

11 (franz.) Gefängnis beim Justizpalast in Paris.
12 (franz.) Protokoll.
13 (franz.) Aber was denn!

und her gedreht hatte, in die Tasche mit dem Versprechen, sie zurückzugeben.

Damit endete seine Visite. Die Briefe des Italieners hat er am nächsten Tage zurückgegeben, aber meine Papiere waren verschwunden. Es verging ein Monat; ich schrieb einen Brief an Cavaignac, fragte ihn, warum die Polizei meine Papiere nicht zurückgebe und nicht mitteile, was sie darin gefunden habe; ein Umstand, der für sie sehr unwichtig, für meine Ehre aber von außerordentlicher Wichtigkeit wäre.

Letzteres hatte seinen Grund in folgendem. Einige Bekannte, die den Besuch des Kommissars und das Zurückhalten der Papiere abscheulich fanden, waren für mich eingetreten.

»Wir wollten uns vergewissern«, sagte darauf Lamoricière, »ob er nicht ein Agent der russischen Regierung ist.«

Diesen gemeinen Verdacht habe ich da zum erstenmal vernommen; für mich war dies völlig neu; mein Leben spielte sich in aller Öffentlichkeit ab, so offen wie in einem kristallenen Bienenstock, und plötzlich diese schmutzige Beschuldigung – und von wem ging sie aus? Von einer republikanischen Regierung!

Eine Woche später forderte man mich auf, in die Präfektur zu kommen; Barlet ging mit mir; im Kabinett von Ducoux empfing uns ein junger Beamter, der einem Petersburger Abteilungsvorsteher, von der Sorte der Ungezwungenen, sehr ähnlich war.

»General Cavaignac«, sagte er zu mir, »hat den Präfekten beauftragt, Ihre Papiere ohne jede Durchsicht zurückzugeben. Die über Sie eingeholten Informationen machen eine solche völlig überflüssig, auf Sie fällt nicht der geringste Verdacht; hier ist Ihr Portefeuille, wollen Sie die Güte haben, vorher dieses Papier zu unterzeichnen?«

Das war eine Quittung darüber, daß »alle Papiere mir vollzählig zurückgegeben seien«.

Ich hielt inne und fragte, ob es nicht richtiger wäre, wenn ich die Papiere durchsehen würde.

»Sie sind nicht angerührt worden. Da ist übrigens das Siegel.«

»Das Siegel ist unversehrt«, bemerkte Barlet beschwichtigend.

»Mein Siegel fehlt hier. Es ist auch nicht benutzt worden.«

»Das ist mein Siegel, und den Schlüssel hatten Sie ja.«

Da ich nicht mit einer Grobheit antworten wollte, lächelte ich. Dies erzürnte die beiden aufs äußerste; der Abteilungsvorsteher wurde zum Departementsvorsteher, er ergriff ein Messer, schnitt das Siegel heraus und sagte in ziemlich grobem Ton: »Dann sehen Sie doch nach, wenn Sie mir nicht glauben, nur habe ich nicht soviel Zeit«, und er ging, sich würdevoll verbeugend, hinaus.

Der Umstand, daß sie erzürnt waren, überzeugte mich davon, daß die Papiere tatsächlich nicht durchgesehen worden waren, deshalb gab ich nach einem flüchtigen Blick in das Portefeuille meine Unterschrift und begab mich nach Hause.

Drittes Kapitel: Die Choristen der Revolution

Die Cholera wütete in Paris, die schwere Luft, die sonnenlose Hitze stimmten melancholisch; der Anblick der verängstigten, unglücklichen Bevölkerung und die Reihen der Leichenwagen, die, wenn sie sich den Friedhöfen näherten, einander zu überholen trachteten – dies alles entsprach den Ereignissen.

Die Opfer der Seuche fielen in nächster Nähe dicht neben einem. Meine Mutter war mit einer Bekannten, einer Dame von etwa fünfundzwanzig Jahren, nach Saint-Cloud gefahren; abends, als sie zurückkehrten, fühlte sich die Dame ein bißchen unwohl, meine Mutter überredete sie, über Nacht bei uns zu bleiben. Am Morgen, gegen sieben Uhr, wurde mir gesagt, daß sie die Cholera habe; ich ging zu ihr und erstarrte: ihr Gesicht war nicht wiederzuerkennen; sie war hübsch gewesen – jetzt waren alle Muskeln erschlafft und zusammengeschrumpft, dunkle Schatten lagen unter den Augen. Mit Mühe machte ich Rayer im Institut ausfindig und brachte ihn zu uns. Nach einem Blick auf die Kranke, flüsterte er mir zu: »Sie sehen selbst, was hier getan werden kann«, verschrieb etwas und fuhr weg.

Die Kranke rief mich zu sich und fragte: »Was hat der Doktor zu Ihnen gesagt? Er hat doch etwas zu Ihnen gesagt?«

»Ich soll nach der Medizin schicken.«

Sie nahm mich bei der Hand – und die Hand setzte mich noch mehr in Verwunderung als das Gesicht: sie war abgemagert und knochig geworden, gerade als wäre nach ihrer Erkrankung ein Monat schweren Leidens vergangen; und den Blick voller Qual und Entsetzen auf mich geheftet sagte sie: »Sagen Sie mir, um Gottes willen, was er gesagt hat... muß ich sterben? Fürchten Sie sich denn nicht vor mir?« fügte sie hinzu.

Sie tat mir entsetzlich leid in diesem Augenblick; diese schreckliche Gewißheit, nicht nur des Todes, sondern auch der Ansteckungsgefahr der Krankheit, die so rasch ihr Leben verzehrte, muß entsetzlich qualvoll gewesen sein. Gegen Morgen starb sie.

I. Turgenjew war im Begriff, Paris zu verlassen, der Mietkontrakt seiner Wohnung lief ab; er kam zum Übernachten zu mir. Nach dem Mittagessen klagte er über die erstickende Schwüle; ich sagte zu ihm, daß ich am Morgen gebadet hätte; am Abend ging auch er baden. Als er zurückkam, fühlte er sich nicht wohl, er trank Sodawasser mit Wein und Zucker und ging schlafen. In der Nacht weckte er mich.

»Ich bin ein verlorener Mensch«, sagte er zu mir, »es ist die Cholera.«

Ihm war tatsächlich übel, und er hatte Spasmen; zum Glück kam er mit einer zehntägigen Krankheit davon.

Meine Mutter übersiedelte, nachdem sie ihre Bekannte beerdigt hatte, nach Ville d'Avray. Als I. Turgenjew erkrankte, schickte ich Natalie und die Kinder dorthin und blieb allein bei ihm; als ihm sehr viel besser war, übersiedelte auch ich nach Avray.

Dort suchte mich am Morgen des 12. Juni Sasonow auf. Er befand sich in einem Zustand der allergrößten Begeisterung, redete von einer in Vorbereitung befindlichen Bewegung, von der Unvermeidlichkeit des Erfolges, vom Ruhm, der die Teilnehmer erwarte, und forderte mich dringend auf, mich an dieser Lorbeerernte zu beteiligen. Ich sagte ihm, daß er meine Meinung über die gegenwärtige Lage der Dinge kenne, daß es mir töricht erscheine, ohne Glauben an die Sache mit Leuten zusammenzugehen, mit denen man so gut wie gar nichts Gemeinsames hat.

Darauf bemerkte der begeisterte Agitator, daß es natürlich geruhsamer und ungefährlicher sei, bei sich zu Hause skeptische Artikelchen zu schreiben, in einer Zeit, wo andere auf Straßen und Plätzen die Freiheit der Welt, die Solidarität der Völker und vieles andere Gute verteidigten.

Ein ganz nichtsnutziges Gefühl, das aber viele zu großen Fehlern und sogar zu Verbrechen verleitet hat und noch verleiten wird, regte sich in mir.

»Wie kommst du denn darauf, daß ich nicht mitgehen will?«

»Ich schließe dies aus deinen Worten.«

»Nein, ich habe gesagt, daß das töricht sei, aber ich habe ja nicht gesagt, daß ich niemals Dummheiten begehe.«

»Siehst du, das habe ich auch gewollt. So liebe ich dich! Wir brauchen also keine Zeit zu verlieren, fahren wir nach Paris. Heute abend um neun Uhr versammeln sich die Deutschen und andere Refugiés, gehen wir zuerst zu ihnen.«

»Wo versammeln sie sich denn?« fragte ich im Eisenbahnwagen.

»Im Café Lamblin, im Palais-Royal.«

Dies war das erste, worüber ich mich wunderte.

»Wie, im Café Lamblin?«

»Ja, dort kommen gewöhnlich die ›Roten‹ zusammen.«

»Eben darum scheint mir, daß man sich heute an einem anderen Ort versammeln sollte.«

»Sie sind nun einmal alle gewohnt, dorthin zu gehen.«

»Sicher ist das Bier dort sehr gut!«

In dem Café, an einem Dutzend kleiner Tischchen saßen gewichtig verschiedene habitués[1] der Revolution, die bedeutsam und finster unter breitrandigen Filzhüten, unter Mützen mit winzigem Schirm hervorblickten. Das waren jene ewigen Freier der revolutionären Penelope, jene bei allen Demonstrationen unvermeidlichen Gesichter, die ihr Tableau, ihren Hintergrund ausmachen, aus der Ferne bedrohlich anzusehen, wie die Papierdrachen, mit denen die Chinesen die Engländer abschrecken wollten.

In unruhigen Zeiten gesellschaftlicher Umformungen und Stürme, in denen die Staaten auf lange Zeit aus den Fugen gehen, kommt ein neues Geschlecht von Menschen zur Welt, die man die Choristen der Revolution nennen kann; aufgewachsen auf einem schwankenden und vulkanischen Boden, aufgezogen in einer Periode der Tumulte und des Stillstands im normalen Leben und Treiben, wächst dieses Geschlecht von frühen Jahren an in ein Milieu politischer Erregung hinein, es liebt seine dramatische Seite, die festlich-feierliche und grelle Inszenierung des Geschehens. Wie für Nikolai der Drill auf dem Exerzierplatz die Hauptsache in der militärischen Ausbildung war, so sind für sie alle diese Festessen, Demonstrationen, Protestationen, Versammlungen, Trinksprüche und Fahnen die Hauptsache an der Revolution.

Darunter gibt es gute, tapfere, der Sache aufrichtig ergebene Menschen, die auch bereit sind, sich den Kugeln zu stellen, in der Mehrzahl aber sind es nicht besonders gescheite und außerordentlich pedantische Leute. Unbeweglich und konservativ in allem, was die Revolution anbelangt, bleiben sie bei irgendeinem Programm stehen und gehen nicht vorwärts.

Sie reden ihr Leben lang über ein paar politische Ideen und kennen von ihnen sozusagen nur ihre rhetorische Seite, ihre priesterliche Gewandung, das heißt jene Allgemeinplätze, die wie die Entlein bei dem bekannten Kinderspielzeug à tour de role[2] in allen Zei-

1 (franz.) Stammgäste, hier: gewohnheitsmäßige Teilnehmer, Kämpfer.
2 (franz.) der Reihe nach.

tungsartikeln, in den Ansprachen auf Festessen und bei Angriffen in den Parlamenten immer wiederkehren.

Abgesehen von naiven Leuten, von revolutionären Doktrinären, strömen diesem Milieu natürlich verkannte Genies zu, unglückliche Literaten, Studenten, die ihr Studium nicht beendet, aber aufgehört haben zu lernen, Advokaten ohne Prozesse, Künstler ohne Talent, Leute mit großem Ehrgeiz, aber geringen Fähigkeiten, mit ungeheuren Ansprüchen, jedoch ohne Ausdauer und Arbeitskraft. In Zeiten von Umwälzungen ist die äußere Leitung, die in gewöhnlichen Zeiten die menschlichen Herden lenkt und weidet, geschwächt, und die sich selbst überlassenen Menschen wissen nicht, was sie mit sich anfangen sollen. Die Leichtigkeit, mit der in Revolutionszeiten, übrigens nur scheinbar, Berühmtheiten auftauchen, macht auf die junge Generation einen großen Eindruck, und sie stürzt sich in eine sinnlose Agitation; diese gewöhnt sie an heftige seelische Erregungen und entwöhnt sie der Arbeit. Das Leben in Kaffeehäusern und in den Klubs übt auf sie einen großen Reiz aus, es ist voller Bewegung, es schmeichelt ihrem Selbstgefühl und gewährt ihnen eine große Freiheit. Zu spät kommen kann man nicht, man braucht nicht mühevoll zu arbeiten, was heute nicht getan ist, kann morgen gemacht werden oder auch überhaupt nicht.

Die Choristen der Revolution zerfallen, gleich dem Chor in der griechischen Tragödie, noch in Halbchöre; auf sie kann die botanische Klassifikation angewendet werden: die einen könnte man Kryptogamen, die anderen Phanerogamen nennen. Einige davon werden zu ewigen Verschwörern, sie wechseln mehrfach ihre Wohnung und die Form ihres Bartes. Sie laden geheimnisvoll zu irgendwelchen ungewöhnlich wichtigen Verabredungen ein, wenn möglich nachts oder an einen unbequem zu erreichenden Ort. Wenn sie in der Öffentlichkeit ihren Freunden begegnen, grüßen sie nicht gern durch ein Neigen des Kopfes, sondern sie tun es bedeutsam mit den Augen. Viele verheimlichen ihre Adresse, teilen den Tag ihrer Abreise nicht mit, sagen nicht, wohin sie fahren, schreiben einem chiffriert und mit chemischer Tinte Neuigkeiten, die vermittels simpler holländischer Rußfarbe ohnehin in den Zeitungen abgedruckt sind.

Wie mir ein Franzose erzählte, hielt sich E., der unter Louis-Philippe in eine politische Affäre verwickelt war, in Paris verborgen; bei all seinen Reizen ist ein solches Leben à la longue[3] ermüdend

3 (franz.) auf die Dauer.

und langweilig. Delessert, ein bonvivant[4] und reicher Mann, war damals Präfekt von Paris; er bekleidete sein Amt bei der Polizei nicht aus Not, sondern aus Leidenschaft und liebte es, hin und wieder an einem fröhlichen Mittagessen teilzunehmen. Er und E. hatten viele gemeinsame Freunde; einmal, »zwischen der Birne und dem Käse«[5], wie die Franzosen sagen, sagte einer von ihnen zu ihm: »Wie ärgerlich, daß Sie den armen E. so verfolgen! Wir sind eines ausgezeichneten Gesprächspartners beraubt, und er muß sich wie ein Verbrecher verstecken.«

»Ich bitte Sie«, sagte Delessert, »wer denkt noch an seine Affäre! Warum versteckt er sich?« – Seine Bekannten lächelten ironisch. – »Ich werde mich bemühen, ihm – und damit auch Ihnen – klarzumachen, daß er töricht handelt.«

Nach Hause gekommen rief er einen seiner tüchtigsten Spitzel zu sich und fragte ihn: »Ist E. eigentlich in Paris?«

»Jawohl, er ist in Paris«, antwortete der Spitzel.

»Versteckt er sich?« fragte Delessert.

»Ja, er versteckt sich«, erwiderte der Spitzel.

»Wo?« fragte Delessert.

Der Spitzel nahm sein Büchlein heraus, blätterte darin und las die Adresse vor.

»Gut, dann gehen Sie morgen ganz früh zu ihm und sagen Sie, daß er sich unnötig Sorgen macht, daß wir ihn nicht suchen und daß er ruhig in seiner Wohnung bleiben kann.«

Der Spitzel führte den Befehl auf das genaueste aus, und zwei Stunden nach seinem Besuch teilte E. seinen nahen Angehörigen und Freunden mit, daß er Paris verlasse und sich in einer weiter entfernten Stadt verbergen werde, da der Präfekt den Ort entdeckt habe, an dem er sich versteckt halte!

Sosehr die Verschwörer sich bemühen, ihr Geheimnis mit dem durchsichtigen Schleier der Heimlichkeit und durch beredtes Schweigen zu verdecken, so sehr sind die Phanerogamen bemüht, alles was sie auf dem Herzen haben aufzudecken und auszuplaudern.

Das sind die permanenten Tribune der Kaffeehäuser und der Klubs; sie sind ständig mit allem unzufrieden und bemühen sich um alles mögliche; sie teilen alles mit, sogar das, was gar nicht geschehen ist, während wirkliche Vorgänge bei ihnen ins Quadrat

4 (franz.) Lebemann.

5 (franz.) »entre la poire et le fromage«, das heißt gegen Ende des Mittagessens.

und ins Kubische potenziert erscheinen wie die Berge auf den Reliefkarten. Das Auge gewöhnt sich allmählich so sehr an sie, daß es unwillkürlich bei jedem Straßenlärm, bei jeder Demonstration, auf jedem Bankett nach ihnen Ausschau hält.

Für mich war das Schauspiel im Café Lamblin noch etwas Neues, ich war damals wenig vertraut mit dem Hinterhof der Revolution. Allerdings – in Rom bin ich sowohl ins caffé delle Belle Arti wie auf Straßen und Plätze gegangen und habe den Circolo Romano und den Circolo Popolare aufgesucht: aber die damalige römische Bewegung trug noch nicht jenen politischen Treibhauscharakter, der sich besonders nach den Fehlschlägen des Jahres 1848 entwickelt hat. Ciceruacchio und seine Freunde zeigten eine ihnen eigene Naivität, eine südliche Mimik, die uns als Phrase erscheint, während wir ihre italienischen Phrasen für Deklamation halten; aber sie befanden sich in einer Periode jugendlichen Überschwanges, sie waren noch nicht recht zu sich gekommen nach dem dreihundertjährigen Schlaf; il popolano[6] Ciceruacchio war durchaus kein politischer Agitator von Profession, er hätte sich nichts Besseres gewünscht, als sich wieder in Frieden in sein kleines Haus auf der Strada Ripetta zurückzuziehen und im Kreise seiner Familie mit Bau- und Brennholz Handel zu treiben, als ein pater familias[7] und freier civis romanus[8].

Die Menschen, die ihn umgaben, konnten noch nicht den Stempel eines trivialen, schal gewordenen Pseudorevolutionarismus tragen, jenen Charakter des taré[9], der in Frankreich eine so traurige Verbreitung gefunden hat.

Wenn ich von den Kaffeehausagitatoren und den revolutionären Lazzaroni sprach, dann versteht es sich von selbst, daß ich keinesfalls dabei an die machtvollen Mitarbeiter an der Befreiung der Menschheit gedacht habe, an jene glühenden Prediger der Unabhängigkeit, an die Märtyrer der Liebe zum Nächsten, die weder durch Gefängnis noch Verbannung, weder durch das Exil noch die Armut zum Verstummen gebracht werden konnten, an jene Männer der Tat, die die Ereignisse vorwärts treiben, die mit ihrem Blut, ihren Tränen und ihren Reden in der Geschichte eine neue Ordnung heraufführen. Hier war die Rede von jener am Rande ange-

6 (ital.) Mann aus dem Volke.
7 (lat.) Familienvater.
8 (lat.) römischer Bürger.
9 (franz.) anrüchig.

schwemmten, mit tauben Blüten bedeckten Schicht, für die die Agitation an sich Ziel und Belohnung ist, der der Prozeß der Volksaufstände gefällt, wie der Prozeß des Lesens dem Petruschka Tschitschikows gefiel oder Nikolai – der Drill auf dem Exerzierplatz.

Die Reaktion braucht sich nicht zu freuen: auf ihrem Boden sind noch ganz andere Disteln und Fliegenpilze gewachsen und nicht nur am Rande, sondern überall. In ihr gedeihen ganze Völkerscharen von Beamten, die vor ihren Vorgesetzten zittern, von schnüffelnden Spitzeln, von freiwilligen Mordknechten, die bereit sind, für die eine wie für die andere Seite zu fechten, von Offizieren aller widerwärtigen Kategorien, angefangen vom preußischen Junkertum bis zu den raubgierigen französischen Algeriern, von den Gardeoffizieren bis zu den »Kammerpagen«. Und damit haben wir nur die weltliche Reaktion erwähnt, ohne dabei die Bettelmöche, die intrigierenden Jesuiten, die Polizei spielenden Pfaffen und die übrigen Mitglieder der Engel- und Erzengelhierarchien überhaupt zu berühren.

Wenn es in der Reaktion etwas gibt, das mit unseren Dilettanten der Revolution Ähnlichkeit hat, dann sind es die Höflinge: Leute, die für Zeremonien verwendet werden, die Leute der offiziellen Empfänge und Audienzen, Leute, die bei Taufen und Eheschließungen, bei Krönungs- und Bestattungsfeiern eine hervorragende Rolle spielen, Leute der Uniform, der Stickereien, die den Strahlenkranz der Macht, ihr Aroma repräsentieren.

Im Café Lamblin, wo waghalsige Bürger hinter petits verres[10] oder großen Gläsern saßen, erfuhr ich, daß es gar keinen Plan, gar kein richtiges Zentrum für die Bewegung, gar kein Programm gab. Die Erleuchtung sollte auf sie herniederkommen wie einstmals der Heilige Geist auf die Köpfe der Apostel. Nur in einem Punkt waren sich alle einig: darin, daß sie sich am Versammlungsort ohne Waffen einfinden wollten. Nach langen, fruchtlosen Redereien, die sich zwei Stunden lang hinzogen, und nachdem verabredet worden war, sich am nächsten Morgen um acht Uhr früh auf dem Boulevard Bonne Nouvelle, gegenüber vom Château d'Eau zu versammeln, begaben wir uns in die Redaktion der »Wahren Republik«.

Der Herausgeber war nicht zu Hause: er war zu den »Montagnards« gefahren, um sich Instruktionen zu holen. In einem großen, verräucherten, dürftig beleuchteten und noch dürftiger

10 (franz.) Schnäpschen.

möblierten Saal, der der Redaktion zu Versammlungen und Konferenzen diente, befanden sich etwa zwanzig Leute, größtenteils Polen und Deutsche. Sasonow nahm ein Blatt Papier und begann etwas zu schreiben; als er fertig war, las er es uns vor: das war ein Protest im Namen der Emigranten aller Länder gegen die Einnahme von Rom und eine Erklärung der Bereitschaft zur Teilnahme an der Bewegung. Denjenigen, die ihren Namen unsterblich machen wollten, indem sie ihn mit den glorreichen kommenden Tagen verbanden, schlug er vor, die Erklärung zu unterschreiben. Beinahe alle wollten ihren Namen unsterblich machen und unterschrieben. Der Herausgeber trat ein, müde, mißgestimmt und bemüht den Eindruck zu machen, daß er viel wisse, aber zum Schweigen verpflichtet sei; ich war sicher, daß er gar nichts wußte.

»Citoyens«, sagte Thoré, »la Montagne est en permanence.«[11]

Na, da konnte man nicht mehr am Erfolg zweifeln – en permanence! Sasonow übergab dem Herausgeber die Protesterklärung der europäischen Demokratie. Der Herausgeber las sie durch und sagte: »Das ist ausgezeichnet! Das ist ausgezeichnet! Frankreich dankt Ihnen, Bürger; aber wozu denn die Unterschriften? Es sind ihrer so wenige, daß im Falle eines Mißlingens der ganze Zorn unserer Feinde sich auf Sie entladen würde.«

Sasonow bestand darauf, daß die Namen stehenbleiben müßten; viele waren mit ihm einverstanden.

»Ich nehme das nicht auf meine Verantwortung«, entgegnete der Herausgeber, »verzeihen Sie mir, ich weiß besser als Sie, mit wem wir es zu tun haben.«

Damit riß er die Unterschriften ab und übergab die Namen von einem Dutzend Kandidaten für die Unsterblichkeit der Verbrennung im Feuer einer Kerze, den Text aber schickte er zum Setzen in die Druckerei.

Als wir die Redaktion verließen, begann es hell zu werden; Haufen zerlumpter Jungen und unglücklicher, ärmlich gekleideter Frauen standen, saßen und lagen auf den Trottoirs vor den verschiedenen Redaktionen und warteten auf die Zeitungsbündel: die einen, um sie zu falzen, die anderen, um damit an alle Enden von Paris zu laufen. Wir kamen auf einen Boulevard, es herrschte vollkommene Stille, hin und wieder stießen wir auf Patrouillen der Nationalgarde, auch argwöhnisch dreinblickende Stadtpolizisten spazierten auf und ab.

11 (franz.) Bürger, die Bergpartei tagt ununterbrochen.

»Wie sorglos schläft diese Stadt«, sagte mein Gefährte, »ohne zu ahnen, was für ein Ungewitter sie morgen wecken wird!«

»Aber dort wacht einer für uns alle«, sagte ich zu ihm und zeigte hinauf, das heißt auf das erleuchtete Fenster im Maison d'Or[12].

»Das kommt uns sehr gelegen, gehen wir hinein und trinken einen Absinth; mir ist im Magen nicht ganz wohl.«

»Und mein Magen ist leer, zudem wäre es nicht übel, zu Abend zu speisen; wie man im Kapitol ißt, weiß ich nicht, aber in der Conciergerie ist die Verpflegung abscheulich.«

An den Knochen der kalten Pute, die nach unserem Mahle übriggeblieben waren, hätte man weder ahnen können, daß in Paris die Cholera wütete noch daß wir zwei Stunden später im Begriff sein würden, die Geschicke Europas zu ändern. Wir aßen im Maison d'Or ganz so, wie Napoleon bei Austerlitz geschlafen hat.

Gegen neun Uhr, als wir auf dem Boulevard Bonne Nouvelle ankamen, standen dort bereits zahlreiche Gruppen von Menschen, die mit offensichtlicher Ungeduld auf das warteten, was sie tun sollten; auf den Gesichtern stand eine gewisse Skepsis geschrieben, doch konnte man zugleich an der besonderen Haltung einzelner Häuflein erkennen, daß sie erbittert waren. Hätten sich für diese Leute die richtigen Führer gefunden, wäre der Tag nicht als eine Farce zu Ende gegangen.

Es gab einen Augenblick, da schien es mir, daß es gleich losgehen würde. Irgendein Herr ritt ziemlich langsam über die Boulevards. Man erkannte in ihm einen der Minister (Lacroix), der wahrscheinlich nicht allein der frischen Luft wegen so früh einen Spazierritt unternommen hatte. Er wurde mit Geschrei umringt, vom Pferd gezogen, man zerriß ihm den Frack und ließ ihn dann laufen, das heißt eine andere Gruppe bemächtigte sich seiner und eskortierte ihn irgendwohin. Die Menge wuchs an, gegen zehn Uhr können es etwa fünfundzwanzigtausend Mann gewesen sein. Wen wir auch fragten, an wen wir uns auch wandten, niemand wußte etwas. Kersausie, ein früherer Karbonari, versicherte uns, daß die banlieue durch den Arc de Triomphe mit dem Ruf »Vive la République!« einmarschiere.

»Vor allem müßt ihr unbewaffnet bleiben«, erklärten wiederum sämtliche Senioren der Demokratie, »sonst verderbt ihr alles und gebt der Sache einen anderen Charakter. Das souveräne Volk muß

12 (franz.) Goldenes Haus.

der gesetzgebenden Versammlung seinen Willen friedlich und feierlich kundgeben, damit es den Feinden keinerlei Anlaß zur Verleumdung gibt.«

Endlich formierten sich die Kolonnen. Aus uns, den Ausländern, stellte man eine Ehrenphalanx zusammen, dicht hinter den führenden Persönlichkeiten an der Spitze, unter denen sich E. Arago in Oberstenuniform, der ehemalige Minister Bastide und andere Berühmtheiten des Jahres 1848 befanden. Mit verschiedenen Rufen und unter dem Gesang der »Marseillaise« setzten wir uns auf dem Boulevard in Bewegung. Wer die »Marseillaise« nicht gehört hat, wenn sie von vielen tausend Stimmen in jener nervösen Erregung und in der Nachdenklichkeit gesungen wird, die sich vor einem mit Sicherheit zu erwartenden Kampf notwendigerweise einstellen, der wird die aufwühlende Wirkung des revolutionären Psalmes wohl kaum verstehen.

In diesem Augenblick bekam die Demonstration einen majestätischen Charakter. Während wir uns langsam auf dem Boulevard vorwärts bewegten, öffneten sich alle Fenster; Damen und Kinder drängten sich an ihnen und traten auf die Balkone hinaus; die finsteren und beunruhigten Gesichter ihrer Ehemänner, ihrer Väter und Eigentümer, schauten hinter ihnen hervor ohne zu merken, daß aus den vierten Etagen und den Mansarden sich andere Köpfchen herausstreckten, die der armen Näherinnen und Arbeiterinnen; sie winkten mit Tüchern, nickten uns zu und grüßten uns mit den Händen. Von Zeit zu Zeit erschollen verschiedene Rufe, wenn wir an den Häusern bekannter Persönlichkeiten vorbeikamen.

So erreichten wir die Stelle, wo die Rue de la Paix in die Boulevards einmündet; sie war von einem Zug Vincenner Schützen abgeriegelt, und als unsere Kolonne nahe an sie herangekommen war, traten die Schützen plötzlich auseinander wie eine Dekoration im Theater, und Changarnier sprengte auf einem kleinen Pferd an der Spitze einer Schwadron Dragoner hervor. Ohne jegliche Aufforderung auseinanderzugehen, ohne Trommelwirbel und andere vom Gesetz vorgeschriebene Formalitäten, ritt er die ersten Reihen nieder, schnitt sie von den übrigen ab und befahl den Dragonern, aus denen er zwei Flügel formiert hatte, im Galopp die Straße zu säubern. Die Dragoner gingen mit einer wahren Begeisterung daran, die Leute zusammenzuschlagen; mit der flachen Klinge ihrer Pallasche – und bei dem geringsten Widerstand mit der Schneide – hieben sie auf die Menschen los. Ich hatte kaum begriffen, was geschehen war, als ich mich unmittelbar vor dem Maul eines Pferdes befand, das mir direkt ins Gesicht schnaubte, und mich einem Dragoner gegenübersah, der mich laut anschnauzte und drohte, mir eins mit der Fuchtel überzuziehen, wenn ich nicht zur Seite ginge. Ich wich nach rechts aus und wurde im Nu von der Menge mitgerissen und gegen ein Gitter der Rue Basse des Remparts gedrückt. Aus unserer Reihe war einzig Müller-Strübing neben mir geblieben; unterdessen drückten die Dragoner die vornan stehenden Menschen mit den Pferden zurück und diese wiederum uns, indem sie die Massen, die nirgendshin ausweichen konnten, nach hinten drängten. E. Arago sprang in die Straße Basse des Remparts hinunter, glitt aus und verrenkte sich den Fuß; ich und Strübing sprangen sofort nach; wir blickten einander voll rasender Empörung an, Strübing drehte sich um und schrie laut: »Aux armes! Aux armes!«[13] Ein Mann im Arbeiterkittel packte ihn am Kragen, stieß ihn auf die andere Seite und sagte: »Was tun Sie? Sie sind wohl wahnsinnig geworden?... Schauen Sie dahin.«

Auf der Straße – wahrscheinlich der Chaussée d'Antin – bewegte sich ein dichter Wald von Bajonetten.

»Gehen Sie fort, ehe man Sie gehört hat und solange der Weg noch nicht abgeschnitten ist. Alles ist verloren! Alles!« fügte er mit geballter Faust hinzu und entfernte sich schnellen Schrittes, ein Liedchen vor sich hin trällernd, als wäre gar nichts passiert.

Wir gingen zum Platz der Eintracht. Auf den Elysäischen Feldern war keine einzige Abteilung aus den Vorstädten; auch Kersausie hatte gewußt, daß dies nicht der Fall war; es war eine diplomatische Lüge zur Rettung, vielleicht aber auch zum Verderben derer gewesen, die ihm Glauben geschenkt hätten.

Die Frechheit des Überfalls auf waffenlose Menschen rief eine große Erbitterung hervor. Wäre tatsächlich etwas vorbereitet gewesen, hätte man Führer gehabt, nichts wäre leichter gewesen, als eine richtige Schlacht anzufangen. Der »Berg«, als er hörte, auf wie lachhafte Weise das souveräne Volk mit Pferden auseinandergetrieben worden war, verbarg sich hinter Wolken, statt in seiner vollen Größe hervorzutreten. Ledru-Rollin führte Verhandlungen mit Guinard; Guinard, der Artilleriekommandeur der Nationalgarde, hatte sich selbst der Bewegung anschließen wollen, er hatte Soldaten zur Verfügung stellen wollen, war damit einverstanden

13 (franz.) Zu den Waffen!

gewesen, Kanonen herzugeben, wollte aber unter keinen Umständen Munition liefern; er wollte sozusagen durch die moralische Kraft der Kanonen wirken; dasselbe hat Forestier mit seinen Legionen getan. Was es ihnen genützt hat – haben wir am Versailler Prozeß gesehen. Alle haben etwas tun wollen, aber niemand hatte den Mut dazu gehabt; am vorausschauendsten waren einige junge Leute: in der Hoffnung auf eine neue Ordnung hatten sie sich Uniformen, wie sie die Präfekten tragen, bestellt, die sie nach dem Mißlingen der Bewegung dem Schneider nicht abnahmen, weshalb dieser gezwungen war, sie zum Verkauf feilzubieten.

Als die in aller Eile zusammengestoppelte Regierung sich im Arts et Métiers[14] niedergelassen hatte, begaben sich die Arbeiter nach Hause, sie waren mit fragendem Blick eine Weile durch die Straßen gegangen, hatten aber bei niemandem Rat und Hilfe gefunden noch jemanden, der sie gebraucht hätte; wieder einmal hatten sie sich von der Insolvenz der Landesväter auf dem »Berge« überzeugen müssen; nun kehrten sie heim, vielleicht die Tränen verschlukkend, wie der Mann im Arbeitskittel, der zu uns gesagt hatte: »Alles ist verloren! Alles!«, vielleicht aber machten sie sich auch in der Stille darüber lustig, daß der »Berg« sich blamiert hatte.

Doch die Ungeschicklichkeit Ledru-Rollins, der Formalismus Guinards – all dies sind lediglich äußere Ursachen des Mißerfolges, und sie entsprachen genauso den Zeitverhältnissen, wie das Auftreten ausgesprochen starker Charaktere und das Zustandekommen glücklicher Umstände, wenn sie notwendig sind. Der innere Grund für den Mißerfolg bestand in der Unzulänglichkeit jener republikanischen Idee, von der die Bewegung ihren Ausgang genommen hatte. Ideen, die ihre Zeit überlebt, haben, können wohl eine Zeit lang an Krücken einhergehen, sie können sich sogar, wie Christus, ihren Adepten noch ein- oder zweimal nach ihrem Tode zeigen, aber es ist schwer für sie, sich des Lebens aufs neue zu bemächtigen und es zu lenken. Sie sind nicht imstande, den ganzen Menschen mitzureißen, oder aber es gelingt ihnen nur bei unfertigen Menschen. Wenn der »Berg« am 13. Juni die Oberhand behalten hätte, was hätte er getan? Er verfügte über keinerlei neue Ideen. Wieder hätte es nur die farblose Photographie des leuchtenden und düsteren Bildes von 1793 im Stile eines Rembrandt oder Salvator Rosa gegeben, ohne die Jakobiner, ohne Krieg, sogar ohne die naive Guillotine.

14 (franz.) Schule der Künste und des Handwerks.

Nach dem 13. Juni und dem Versuch des Lyoner Aufstandes begannen die Verhaftungen; der Maire und die Polizei kamen zu uns nach Ville d'Avray und suchten K. Blind und A. Ruge; ein Teil unserer Bekannten wurde festgenommen. Die Conciergerie war vollgepfropft: in einem kleinen Saal befanden sich bis zu sechzig Personen; in seiner Mitte stand ein Kübel für den Unrat, einmal am Tage wurde er hinausgetragen – und das alles in dem gebildeten Paris, zur Zeit der grimmig wütenden Cholera. Da ich nicht die geringste Lust hatte, ein, zwei Monate so komfortabel bei verfaulten Bohnen und stinkendem Fleisch zu verbringen, besorgte ich mir bei einem Moldau-Walachen einen Paß und reiste nach Genf.*

* Wie berechtigt meine Befürchtungen gewesen waren, beweist eine polizeiliche Haussuchung, die drei Tage nach meiner Abreise im Hause meiner Mutter in Ville d'Avray vorgenommen wurde. Sämtliche Schriftstücke wurden bei ihr beschlagnahmt, einschließlich der Korrespondenz ihres Stubenmädchens mit meinem Koch. Ich hatte es damals nicht für zeitgemäß gehalten, die Erzählung vom 13. Juni drucken zu lassen.

Viertes Kapitel: Die Emigration in Genf

Es hat eine Zeit gegeben, wo ich in einem Anfall von Zorn und bitterem Lachen daran gedacht habe, ein Pamphlet im Stile der Grandville'schen Illustrationen zu schreiben: »Les réfugiés peints par eux-mêmes«[1]. Ich bin froh, daß ich das nicht getan habe. Jetzt sehe ich die Dinge ruhiger an, lache weniger darüber und bin weniger empört. Hinzu kommt, daß die Emigration schon allzu lange dauert und allzu schwer auf den Menschen lastet.

Nichtsdestoweniger sage ich auch heute, daß eine Emigration, die nicht mit einem bestimmten Ziel unternommen, sondern durch den Sieg einer Gegenpartei erzwungen wird, die Entwicklung abriegelt und die Menschen aus der lebendigen Aktivität in eine illusorische Tätigkeit hinüberzieht. Menschen, die die Heimat in unterdrücktem Zorn verlassen, mit dem ständigen Gedanken, morgen wieder dahin zurückzukehren, gehen nicht vorwärts, sondern kehren ständig zum Alten zurück; die Hoffnung hält sie davon ab, festen Fuß zu fassen und sich mit einer länger dauernden Arbeit zu beschäftigen; ihre Gereiztheit und die leeren, aber erbitterten Wortgefechte lassen sie nicht über eine gewisse Anzahl von Fragen, Gedanken, Erinnerungen hinauskommen, die allmählich zu einer verpflichtenden und lastenden Überlieferung werden. Alle Menschen, insonderheit aber jene, die sich in einer außergewöhnlichen Lage befinden, tendieren dermaßen zum Formalismus, zum Zunftgeist, zu einem professionellen Äußeren, daß sie unverzüglich zu einem handwerksmäßigen, doktrinären Typus erstarren.

Alle Emigrantengruppen, die von dem lebendigen Milieu, zu dem sie gehörten, abgeschnitten sind, schließen die Augen, um die bitteren Wahrheiten nicht zu sehen, und leben sich immer mehr ein in einen phantastischen, abgeschlossenen Kreis, der aus erstarrten Erinnerungen und unerfüllbaren Hoffnungen besteht. Fügt man zu alledem noch die Entfremdung von den Nichtemigranten hinzu, eine gewisse Erbitterung und Exklusivität, etwas Mißtrauisches und Eifersüchtiges, dann hat man dieses neue, eigensinnige Israel mit aller Deutlichkeit vor sich.

1 (franz.) Die Emigranten in ihrer eigenen Darstellung.

Die Emigranten von 1849 glaubten noch nicht an die Dauerhaftigkeit des Sieges ihrer Feinde, der Rausch der Erfolge, die hinter ihnen lagen, war noch nicht verflogen, die Lieder des frohlockenden Volkes und sein Beifallsklatschen tönten noch in ihren Ohren. Sie glaubten fest daran, daß ihre Niederlage nur ein augenblicklicher Mißerfolg sei, und sie nahmen die Kleider nicht aus dem Koffer, um sie in die Kommode zu legen. Unterdessen stand Paris unter der Aufsicht der Polizei, Rom fiel unter den Schlägen der Franzosen, in Baden wütete der Bruder des preußischen Königs, und Paskewitsch übertölpelte nach echt russischer Art mit Bestechungen und Versprechungen Görgey in Ungarn. Genf war vollgepfropft mit Auswanderern, es wurde zum Koblenz der Revolution des Jahres 1848. Italiener aller Länder, Franzosen, die der Bochartschen Untersuchung und dem Versailler Prozeß entronnen waren, badische Freischärler, die in Genf in Reih und Glied mit ihren Offizieren und mit Gustav Struve einmarschiert waren, Teilnehmer des Wiener Aufstandes, Böhmen, Posener und galizische Polen – das alles drängte sich zwischen dem Hôtel des Bergues und dem Café de la Poste. Die Klügeren unter ihnen begannen zu ahnen, daß diese Emigration keine kurze Episode war, sie redeten von Amerika und reisten ab. Die Mehrzahl hingegen, und besonders die Franzosen, wartete, ihrer Veranlagung getreu, jeden Tag auf den Tod Napoleons und die Geburt der Republik: die einen auf die einer demokratischen und sozialistischen, die anderen auf die einer demokratischen, alles andere als sozialistischen.

Als ich einige Tage nach meiner Ankunft in Les Pâquis spazierenging, begegnete ich einem älteren Herrn von dem Aussehen eines russischen Dorfgeistlichen, mit einem niedrigen, breitrandigen Hut und in einem grau gewordenen weißen Überrock. Er ging voll priesterlicher Salbung spazieren; neben ihm schritt ein Mann von fürchterlichen Ausmaßen, nachlässig zusammengestoppelt aus ungeheuren menschlichen Gliedmaßen. In meiner Begleitung befand sich der junge Schriftsteller F. Kapp.

»Kennen Sie die Herren?« fragte er mich.

»Nein, aber sofern ich mich nicht irre, ist das Noah oder Lot, der mit Adam spazierengeht, der statt der Feigenblätter einen nicht nach Maß gearbeiteten Paletot angezogen hat.«

»Das sind Struve und Heinzen«, antwortete er lachend. »Wollen Sie ihre Bekanntschaft machen?«

»Sehr gern.«

Er führte mich zu ihnen.

Das Gespräch war unbedeutend; Struve war auf dem Wege nach Hause und bat uns mitzukommen; wir begleiteten ihn. Seine kleine Wohnung war angefüllt mit Badensern; in ihrer Mitte saß eine hochgewachsene und aus der Ferne gesehen ungemein schöne Frau, sie hatte sehr volles, zu einer originell zerzausten Frisur geformtes Haar; das war die bekannte Amalie Struve, seine Gattin.

Struves Gesicht hat auf mich von Anfang an einen merkwürdigen Eindruck gemacht: es trug jenen Ausdruck geistiger Erstarrung, den der Fanatismus Frömmlern und Ketzern zu verleihen pflegt. Wenn ich diese feste, zusammengepreßte Stirn betrachtete, den ruhigen Ausdruck seiner Augen, den ungekämmten Bart, das graumelierte Haar und seine ganze Gestalt, dann glaubte ich einen fanatischen Pastor aus dem Heere Gustav Adolfs vor mir zu haben, der vergessen hatte zu sterben, oder irgendeinen Taboriten, der zur Buße aufrief und das Abendmahl unter zwei Gestalten predigte. Das Äußere von Heinzen, dieses Sobakewitsch der deutschen Revolution, war mürrisch-grob; sanguinisch und unbeholfen, blickte er zornig unter gerunzelter Stirn hervor und war sehr einsilbig. Er schrieb später einmal, daß es genüge, zwei Millionen Menschen auf dem Erdball umzubringen – und die Sache der Revolution würde wie geschmiert vorangehen. Wer ihn auch nur einmal gesehen hat, wird sich nicht wundern, daß er so etwas geschrieben hat.

Ich kann nicht umhin, von einer überaus komischen Episode zu erzählen, die ich anläßlich dieses kannibalischen Ausspruches erlebt habe. In Genf lebte und lebt auch noch heute der Doktor R., der gütigste Mensch von der Welt, einer der allerplatonischsten und allerbeständigsten Liebhaber der Revolution, ein Freund aller Emigranten; er behandelte sie umsonst und speiste und tränkte sie auf eigene Kosten. Man konnte noch so früh ins Café de la Poste kommen, der Doktor war sicher schon da und las bereits die dritte oder vierte Zeitung, winkte geheimnisvoll mit dem Finger näher zu kommen und flüsterte einem ins Ohr: »Ich glaube, in Paris gibt es heute einen heißen Tag.«

»Wieso denn?«

»Ich kann Ihnen nicht sagen, von wem ich das gehört habe, es ist ein Mann, der Ledru-Rollin nahesteht, er war auf der Durchreise hier...«

»Aber Sie haben ja schon gestern und vorgestern etwas erwartet, bester Doktor!«

»Nun, was ist denn dabei? *Stadt Rom war nicht in einem Tage gebaut.*«

An diesen Mann, einen Freund von Heinzen, wandte ich mich in demselben Café, nachdem Heinzen sein philanthropisches Programm veröffentlicht hatte.

»Warum schreibt Ihr Freund denn solch einen gefährlichen Unsinn?« fragte ich ihn. »Die Reaktion schreit – und sie hat recht –, das sei ein deutscher Marat, ja und wie kann man auch zwei Millionen Köpfe fordern?«

R. wurde verlegen, wollte den Freund aber nicht preisgeben.

»Hören Sie«, sagte er schließlich, »Sie haben vielleicht eines außer acht gelassen: Heinzen spricht von dem ganzen Menschengeschlecht, in dieser Zahl sind mindestens zweihunderttausend Chinesen enthalten.«

»Nun ja, das ist eine andere Sache, Chinesen braucht man freilich nicht schonen«, erwiderte ich, und noch lange danach konnte ich mich nicht ohne ein tolles Gelächter an diesen erleichternden Umstand erinnern.

Zwei Tage nach unserer Begegnung in Les Pâquis kam ein garçon[2] des Hôtel des Bergues, wo ich abgestiegen war, zu mir ins Zimmer gelaufen und verkündete mit wichtiger Miene: »General Struve mit seinen Adjutanten.«

Ich dachte zuerst, daß irgend jemand den Jungen entweder aus Spaß zu mir geschickt oder dieser etwas falsch wiedergegeben habe; aber die Tür öffnete sich,

Mit bedächtigem Schritt
Gustav Struve tritt...

und mit ihm vier Herren; zwei waren in Militäruniform, wie sie damals die Freischärler trugen, und hatten zu allem Überfluß noch große rote brassards[3] um, die mit allerhand Emblemen geschmückt waren. Struve stellte mir sein Gefolge vor, wobei er es demokratisch mit »Brüder in der Verbannung« bezeichnete. Mit Vergnügen erfuhr ich, daß einer von ihnen, ein junger Mensch von etwa zwanzig Jahren, dem Aussehen nach ein Bruschenschaftler, der gerade erst den Stand eines Fuchsen hinter sich gebracht hat, bereits mit

2 (franz.) Knabe, hier Page.
3 (franz.) Armbinden.

Erfolg den Posten eines Ministers für innere Angelegenheiten per interim[4] bekleidete.

Struve begann sofort, mich über seine Theorie von den *sieben Geißeln* zu belehren: die Päpste, Pfaffen, Könige, Soldaten, Bankiers und so weiter sowie über die Einführung einer neuen demokratischen und revolutionären Religion. Ich bemerkte, daß, wenn es schon von unserem Willen abhinge, eine neue Religion einzuführen oder nicht, wir das lieber bleibenlassen und es dem Willen Gottes anheimstellen sollten, da es dem Wesen nach mehr zu seinem Ressort gehöre. Wir fingen an zu diskutieren. Struve ließ etwas von der *Weltseele* fallen, ich erwiderte ihm, daß sie mir nicht recht eingehen wolle, trotzdem Schelling die Weltseele so klar definiert habe, indem er sie *das Schwebende* nannte. Er sprang von seinem Stuhl auf, trat mit den Worten »entschuldigen Sie, gestatten Sie«, so nahe wie nur möglich an mich heran und spielte dann mit kräftigem Fingerdruck auf meinem Kopf herum, als wäre mein Schädel aus den Tasten eines Harmoniums zusammengesetzt.

»Tatsächlich«, sagte er, indem er sich an seine vier Brüder in der Verbannung wandte, *»Bürger Herzen hat kein, aber auch gar kein Organ der Veneration.«*

Alle waren sehr befriedigt, daß mir der »Buckel der Ehrfurcht« fehlte; ich übrigens auch.

Hierbei erklärte er mir, daß er ein großer Phrenologe sei und nicht nur ein Buch über das Gallsche System geschrieben, sondern sogar seine Amalie, nachdem er vorher ihren Schädel befühlt, danach erwählt habe. Er versicherte, daß der Buckel der Leidenschaften bei ihr so gut wie gar nicht vorhanden und daß der hintere Teil des Schädels, in dem sich ihr Sitz befindet, beinahe plattgedrückt sei. Aus diesem, für eine Scheidung genügenden Grunde habe er sie geheiratet.

Struve war ein großer Sonderling, er nahm nur Fastenspeisen mit Milch zu sich, trank keinen Wein und veranlaßte auch seine Amalie zu der gleichen Diät. Ihm erschien auch dies noch zu wenig, und so ging er denn jeden Tag mit ihr in der Arve baden, in der das Wasser mitten im Sommer kaum acht Grad erreicht, weil es so schnell vom Gebirge herunterströmt, daß es keine Zeit hat, sich zu erwärmen.

In der Folge hatte ich Gelegenheit, mit ihm über die vegetarische Ernährung zu sprechen. Ich erhob die üblichen Einwände: Bau der Zähne, größerer Kraftverlust bei der Verarbeitung des pflanzlichen

4 (lat.) provisorisch.

Fibrins, ich verwies auf die geringere Gehirnentwicklung bei den pflanzenfressenden Tieren. Er hörte sanftmütig zu, war keineswegs böse, blieb aber bei seiner Ansicht. Zum Schluß sagte er zu mir, offenbar um mich in Erstaunen zu setzen: »Wissen Sie nicht, daß ein Mensch, der sich ausschließlich vegetarisch ernährt, seinen Leib in einem solchen Maße reinigt, daß er nach seinem Tode überhaupt nicht riecht?«

»Das ist sehr angenehm«, entgegnete ich. »Aber was für einen Nutzen habe ich davon? Ich werde mich nicht selber beriechen, wenn ich gestorben bin.«

Struve lächelte nicht einmal, sagte jedoch mit ruhiger Überzeugung: »Sie werden noch einmal anders reden!«

»Ja, wenn der Buckel der Ehrfurcht gewachsen ist«, fügte ich hinzu.

Ende 1849 schickte mir Struve seinen neuen, für das freie Deutschland ersonnenen Kalender zu. Die Tage, die Monate – alles war in ein altgermanisches und schwer verständliches Idiom übertragen: statt den Heiligen war jeder Tag dem Gedächtnis von zwei Berühmtheiten geweiht, zum Beispiel Washington und Lafayette, dafür diente jeder zehnte der Erinnerung an die Feinde des Menschengeschlechts, zum Beispiel Nikolai und Metternich. Feiertage waren jene, die dem Gedenken besonders großer Männer, wie Luther, Kolumbus und anderer, galten. In diesem Kalender hatte Struve galant den 25. Dezember, Christi Geburt, durch das Amalienfest ersetzt!

Als er mich einmal auf der Straße traf, meinte er unter anderem, man müßte in Genf eine für alle Emigrantengruppen gemeinsame Zeitschrift in drei Sprachen herausgeben; sie könnte den Kampf gegen die »sieben Geißeln« führen und das »heilige Feuer« derjenigen Völker wachhalten, die jetzt von der Reaktion erdrückt würden. Ich antwortete ihm, daß dies selbstverständlich eine gute Sache wäre.

Das Herausgeben von Zeitschriften war damals eine epidemische Krankheit: alle zwei, drei Wochen entstanden Projekte, erschienen specimen[5], wurden Programme verschickt, danach zwei, drei Nummern und – alles verschwand wieder, ohne eine Spur zu hinterlassen. Leute, die zu nichts taugten, hielten sich immer noch für fähig, eine Zeitschrift herauszugeben, brachten ein-, zweihundert Franken zusammen und verwendeten sie für das erste und letzte

5 (engl.) Probenummern.

Heft. Deshalb verwunderte mich die Absicht Struves nicht im geringsten; was mich aber sehr wunderte, war sein Erscheinen bei mir am nächsten Morgen, gegen sieben Uhr. Ich dachte, es sei irgendein Unglück passiert, doch Struve nahm seelenruhig Platz, holte ein Papier aus der Tasche und sagte, während er sich anschickte es vorzulesen: »Bürger, da wir uns gestern über die Notwendigkeit geeinigt haben, eine Zeitschrift herauszugeben, bin ich also hergekommen, um Ihnen ihr Programm vorzulesen.«

Nachdem er es vorgelesen hatte, sagte er, daß er zu Mazzini und noch vielen anderen gehen werde, um sie zu einer beratenden Versammlung bei Heinzen einzuladen. Auch ich ging zu Heinzen. Er saß grimmig auf einem Stuhl am Tisch, hielt ein Heft in seiner riesigen Pranke, streckte mir die freie Hand entgegen und murmelte dröhnend: *»Bürger, Platz!«*

Anwesend waren etwa acht Personen, Deutsche und Franzosen. Irgendein Exvolksvertreter der französischen gesetzgebenden Versammlung machte einen Kostenanschlag und schrieb etwas in krummen Zeilen auf. Als Mazzini eintrat, schlug Struve vor, das von Heinzen geschriebene Programm vorzulesen. Heinzen räusperte sich und fing an auf deutsch zu lesen, ungeachtet dessen, daß die allen gemeinsame Sprache einzig die französische war.

Da keiner von ihnen auch nur den Schatten einer neuen Idee besaß, stellte das Programm die tausendste Variation jener demokratischen inhaltslosen Schönrederei dar, die genau solch ein Sermon wie die Predigt in der Kirche ist, nur auf einen revolutionären Text an Stelle des biblischen. Um der Anschuldigung des Sozialismus indirekt zuvorzukommen, behauptete Heinzen, daß die ökonomische Frage später von der demokratischen Republik selbst zur allgemeinen Zufriedenheit geregelt werden würde. Der Mann, der nicht davor zurückgeschreckt war, zwei Millionen Köpfe zu fordern, fürchtete, daß ihr Organ für ein kommunistisches gehalten werden könnte.

Nach der Vorlesung erhob ich einige Einwände; an seinen abrupten Antworten, der Einmischung Struves und an den Gesten des französischen Deputierten erriet ich jedoch, daß wir nur deshalb zur Beratung eingeladen worden waren, um das Programm von Heinzen und Struve anzunehmen, keineswegs aber, um darüber zu diskutieren; dies stimmte übrigens vollkommen überein mit der Theorie von Elpidifor Antiochowitsch Surow, dem Nowgoroder Militärgouverneur.

Mazzini hatte zwar betrübt zugehört, war jedoch einverstanden und zeichnete beinahe als erster für zwei, drei Aktien. ›Si omnes consentiunt, ego non dissentio‹[6], dachte ich à la Schufterle in den »Räubern« von Schiller und unterzeichnete ebenfalls.

Allein es waren zu wenig Aktionäre; der Deputierte mochte noch soviel rechnen und abwägen, die gezeichnete Summe reichte nicht aus.

»Meine Herren«, sagte Mazzini, »ich habe ein Mittel gefunden, um diese Schwierigkeit zu beseitigen: geben Sie die Zeitschrift anfangs nur auf französisch und auf deutsch heraus, und was die italienische Übersetzung anbelangt, so werde ich alle bemerkenswerten Artikel in meiner ›Italia del Popolo‹ unterbringen – dann verringern sich Ihre Ausgaben schon um ein Drittel.«

»In der Tat! Was könnte besser sein!«

Mazzinis Angebot wurde von allen angenommen. Gleich machte er ein fröhlicheres Gesicht. Ich fand das schrecklich komisch und hätte ihm ums Leben gern gezeigt, daß ich seinen Schachzug bemerkt hatte. Ich trat zu ihm, nahm einen Augenblick wahr als niemand sich in seiner Nähe befand, und sagte: »Sie haben sich die Zeitschrift großartig vom Halse geschafft.«

»Hören Sie«, bemerkte er, »der italienische Teil ist ja tatsächlich überflüssig.«

»Ebenso wie die zwei übrigen!« fügte ich hinzu. Über sein Gesicht glitt ein Lächeln und verschwand so schnell, als wäre es niemals aufgetaucht.

Ich sah Mazzini damals zum zweitenmal. Mazzini, der von meinem Aufenthalt in Rom wußte, hatte mich kennenlernen wollen. Eines Morgens begab ich mich mit L. Spini zu ihm nach Pâquis.

Als wir eintraten, saß Mazzini niedergeschlagen am Tisch und hörte der Erzählung eines ziemlich großen, schlanken und außerordentlich schönen jungen Mannes mit blondem Haar zu. Das war der tapfere Kampfgenosse von Garibaldi, der Verteidiger von Vascello und Anführer der römischen Legionäre, Giacomo Medici. In Gedanken versunken und ohne auf das zu achten, was um ihn her geschah, saß noch ein anderer junger Mann da, mit einem gramvollen, zerstreuten Gesichtsausdruck; das war der Genosse Mazzinis im Triumvirat, Marc Aurelius Saffi.

Mazzini erhob sich, und während er mir mit seinen durchdringenden Augen offen ins Gesicht blickte, streckte er mir freund-

6 (lat.) Wenn alle einverstanden sind, will ich nicht anderer Meinung sein.

schaftlich beide Hände entgegen. In Italien selbst begegnet man selten einem bei all seiner Ernsthaftigkeit so schönen Kopf von solch einer strengen antiken Prägung. Es gab Augenblicke, in denen der Ausdruck seines Gesichts hart und streng war, aber er wurde sogleich wieder milder und heiterte sich auf. Eine konzentrierte Gedankentätigkeit funkelte in seinen traurigen Augen; in ihnen wie in den Falten auf der Stirn lag ein Abgrund von Willen und Hartnäckigkeit. In allen Zügen sah man die Spuren von langjährigen Sorgen, durchwachten Nächten, überstandenen Stürmen, starken Leidenschaften, oder vielmehr einer starken Leidenschaft, und noch etwas Fanatisches – vielleicht Asketisches.

Mazzini ist sehr schlicht, sehr liebenswürdig im Umgang, aber die Gewohnheit zu herrschen, besonders im Disput, ist ihm anzumerken; er ist kaum imstande, bei einem Widerspruch seinen Ärger zu verbergen, und manchmal verbirgt er ihn auch wirklich nicht. Er kennt seine Macht und verschmäht offen alle äußeren Zeichen einer diktatorischen Stellung. Seine Popularität war damals ungeheuer groß. In seinem kleinen Zimmer in Genf, mit der ewigen Zigarre im Mund, vereinigte Mazzini, wie einstmals der Papst in Avignon, in seiner Hand die Fäden des psychischen Telegrafs, die ihn in lebendigen Kontakt mit der ganzen Halbinsel brachten. Er kannte jeden Herzschlag seiner Partei, verspürte die geringste Erschütterung, reagierte unverzüglich auf jeden Vorgang und gab mit erstaunlicher Unermüdlichkeit allem und allen die allgemeine Richtung.

Als Fanatiker und gleichzeitig Organisator hatte er Italien mit einem Netz von geheimen Gesellschaften überzogen, die alle in Verbindung miteinander standen und einem einzigen Ziele zustrebten. Diese Gesellschaften verzweigten sich in versteckte Arterien, gliederten sich auf in immer kleinere Gruppen und verliefen sich schließlich in den Apenninen und Alpen, in den königlichen palazzi[7] der Aristokraten und in den dunklen Gassen der italienischen Städte, in die keine Polizei eindringen kann. Die Dorfgeistlichen, die Kondukteure der Postreisekutschen, lombardische principe[8], Schmuggler, Gastwirte, Frauen, Banditen – alles wurde in den Dienst der Sache gestellt, alle waren Glieder der Kette, die zu ihm führte und die sich ihm unterordnete.

Seit den Zeiten von Menotti und der Brüder Bandiera treten nach-

7 (ital.) Paläste.
8 (ital.) Fürsten.

einander, Reihe um Reihe, begeisterte Jünglinge hervor, energische Plebejer, energische Aristokraten, manchmal alte Männer ... und nach den Weisungen Mazzinis, dem der greise Buonarotti, der Freund und Kamerad von Gracchus Babeuf, die Weihe gegeben hat, ziehen sie in den ungleichen Kampf, achten nicht der Ketten und des Schafotts und fügen so manches Mal im Sterben dem Ruf »Viva l'Italia!« ein »Evviva Mazzini!«[9] hinzu.

Eine derartige revolutionäre Organisation hat es nie und nirgends gegeben, und sie wird kaum irgendwo anders, als in Italien möglich sein, es sei denn in Spanien. Jetzt hat sie ihre frühere Einheit und ihre ehemalige Stärke verloren, sie hat sich erschöpft in dem jahrzehntelangen Martyrium, sie ist verblutet und ermattet vom Warten, ihre Ideen sind altersschwach geworden, und doch – was für ein revolutionärer Elan steckt noch in ihr, was für Vorbilder vermag sie noch hervorzubringen: Pianori, Orsini, Pisacane!

Die italienischen Emigranten überragten die anderen weder durch Talent noch durch Bildung: der größere Teil von ihnen kannte sogar überhaupt nichts, außer ihren eigenen Dichtern, außer ihrer Geschichte; aber sie trugen weder den abgenutzten, stereotypen Stempel der französischen Durchschnittsdemokraten, die herdenmäßig ein und dasselbe denken, fühlen, deklamieren, sich für dasselbe begeistern und in gleicher Weise ihre Gefühle zum Ausdruck bringen, noch besaßen sie jenen ungeschliffenen, groben, burschenhaften Charakter und die Kneipsitten, durch die sich die deutschen Auswanderer auszeichneten. Der französische Durchschnittsdemokrat ist ein Bourgeois in spe[10], der deutsche Revolutionär – ebenso wie der deutsche Burschenschafter – ist genau der gleiche Philister, nur in einem anderen Entwicklungsstadium. Die Italiener sind ursprünglicher, individueller.

Die Franzosen werden zu Tausenden nach einer Schablone produziert. Die jetzige Regierung hat das Geheimnis, die Persönlichkeit zu vernichten, nicht geschaffen, sondern nur begriffen, sie hat, vollkommen dem französischen Geiste entsprechend, die gesellschaftliche Erziehung in die Hand genommen, das heißt die Erziehung überhaupt, weil es eine häusliche Erziehung in Frankreich nicht gibt. In allen Städten des Kaiserreichs wird an ein und demselben Tage, zur gleichen Stunde und nach denselben Büchern ein

9 (ital.) Es lebe Italien! Es lebe Mazzini!
10 (lat.) von morgen.

und dasselbe unterrichtet. Bei allen Prüfungen werden ein und dieselben Fragen gestellt, ein und dieselben Rechenexempel aufgegeben; Lehrer, die vom Text abweichen oder das Programm ändern, werden unverzüglich entlassen. Diese seelenlose Gleichförmigkeit der Erziehung hat nur das in eine obligatorische, erbliche Form gebracht, was vorher in den Köpfen geisterte. Das ist das formal-demokratische Niveau, übertragen auf die geistige Entwicklung. Nichts dergleichen in Italien. Als ein Föderalist und Künstler von Natur flieht der Italiener voller Abscheu alles, was kasernenhaft, einförmig und geometrisch genau ist. Der Franzose ist der geborene Soldat: er liebt das Exerzieren, das Kommando, die Uniform, er liebt es, Furcht einzuflößen. Der Italiener – wenn es darauf ankommt – ist eher ein Bandit als ein Soldat, und damit will ich durchaus nicht etwas Schlimmes über ihn sagen. Er zieht es vor, selbst mit dem Risiko der Todesstrafe, den Feind nach eigenem Ermessen zu töten, statt ihn auf Befehl umzubringen. Dafür trägt aber auch niemand anderes die Verantwortung. Er lebt lieber ärmlich im Gebirge und versteckt Schmuggler, als daß er sie aufstöbert und ehrenhaft den Dienst eines Gendarmen verrichtet.

Der gebildete Italiener hat sich seine Bildung selbst erarbeitet, wie unsereins auch, durch das Leben, durch Leidenschaften, durch Bücher, die ihm zufällig in die Hände gefallen sind, und hat sich diese oder jene Anschauung erworben. Darum gibt es bei ihm wie bei uns Lücken und Mängel. Er und wir stehen der speziellen Vollkommenheit der Franzosen und der theoretischen Gelehrsamkeit der Deutschen in vielem nach, aber dafür sind bei uns und bei den Italienern die Farben leuchtender.

Wir haben sogar unsere gemeinsamen Fehler. Der Italiener hat dieselbe Neigung zur Faulheit wie wir auch; er findet nicht, daß Arbeit ein Genuß ist; er mag die damit verbundene Unruhe und Müdigkeit, den Verlust an Muße nicht. Die Industrie in Italien ist beinahe ebenso rückständig wie bei uns; auch ihnen liegen die Schätze unmittelbar unter den Füßen, aber sie heben sie nicht. Die Sitten in Italien haben sich nicht in dem Maße durch die neu-spießbürgerliche Strömung gewandelt wie in Frankreich und England.

Die Geschichte des italienischen Bürgertums hat überhaupt keine Ähnlichkeit mit der Entwicklung der Bourgeoisie in Frankreich und England. Die reichen Bürger, Nachkommen del popolo grasso[11], haben mehr als einmal mit der Feudalaristokratie erfolgreich

11 (ital.) wörtlich: des fetten Volkes.

rivalisiert, sie waren Beherrscher von Städten, und daher standen sie dem Plebejer und dem contadino[12] nicht ferner, sondern näher, als der rasch reich gewordene Pöbel anderer Länder. Das Spießertum im französischen Sinne erscheint in Italien eigentlich als eine besondere Schicht, die sich in der Zeit der ersten Revolution gebildet hat, und die man – wie das in der Geologie üblich ist – als die piemontesische Schicht bezeichnen kann. Sie zeichnet sich in Italien, ebenso wie auf dem ganzen europäischen Festland, dadurch aus, daß sie in vielen Fragen beständig liberal ist und in allen das Volk und allzu vorlaute Gespräche über Arbeit und Bezahlung fürchtet, außerdem noch dadurch, daß es stets den Feinden von oben nachgibt, niemals aber den eigenen Feinden von unten ein Zugeständnis macht.

Die Persönlichkeiten, aus denen sich die italienische Emigration zusammensetzte, entstammten allen möglichen Schichten der Gesellschaft. Was gab es nicht alles für Menschen rings um Mazzini, von den alten Namen aus den Chroniken von Guicciardini und Muratori, an die das Ohr des Volkes seit Jahrhunderten gewöhnt war, wie den Litta, Borromeo, Dal Verme, Belgioioso, Nani, Visconti, bis zu einem halbwilden Piraten Romeo aus den Abruzzen mit seinem dunklen, olivenfarbenen Gesicht und der unbändigen Tollkühnheit! Da waren Geistliche wie Sirtori – der heldenhafte Priester, der in Venedig beim ersten Schuß seine Soutane hochband und während der ganzen Belagerung und Verteidigung von Margera mit dem Gewehr in der Hand in den ersten Reihen im Kugelregen kämpfte; da war auch der glänzende militärische Stab neapolitanischer Offiziere wie Pisacane, Cosenz und die Brüder Mezzacapo; da waren auch die Trasteveriner Plebejer, abgehärtet in Treue und Entbehrungen, rauh und mürrisch, stumm in der Not, bescheiden und standhaft wie Pianori, und neben ihnen Toskaner, die sogar in ihrer Aussprache verzärtelt wirkten, aber ebenfalls bereit waren zum Kampf. Schließlich waren da Garibalid, von Kopf bis Fuß dem Cornelius Nepos entnommen, mit der Einfachheit eines Kindes, der Kühnheit eines Löwen, und Felice Orsini, dessen herrlicher Kopf erst unlängst die Stufen des Schafotts herabgerollt ist.

Doch nachdem ich sie genannt habe, kann ich nicht umhin, bei ihnen zu verweilen.

Garibaldi habe ich eigentlich erst im Jahre 1854 kennengelernt, als

12 (ital.) Bauern.

er als Kapitän eines Schiffes aus Südamerika kam und bei den Westindischen Docks vor Anker ging; ich ging zu ihm in Begleitung eines seiner Freunde aus dem römischen Krieg und mit Orsini. Garibaldi, in einem dicken hellen Paletot, einem grellbunten Schal um den Hals und der Mütze auf dem Kopf, schien mir mehr einem echten Seemann zu gleichen, denn jenem ruhmreichen Anführer des römischen Landsturms, dessen Statuetten in phantasievoller Kleidung in der ganzen Welt verkauft wurden. Die offenherzige Schlichtheit im Umgang, das Fehlen jeglichen Dünkels, die Herzlichkeit, mit der man von ihm empfangen wurde, nahmen für ihn ein. Seine Besatzung bestand fast ausschließlich aus Italienern, er war das Oberhaupt und der Herr, und ich bin sicher, er führte ein strenges Regiment, aber alle blickten fröhlich und voller Liebe auf ihn: sie waren stolz auf ihren Kapitän. Garibaldi bewirtete uns in seiner Kajüte mit einem Frühstück: auf besondere Art zubereiteten Austern aus Südamerika, getrockneten Früchten und Portwein; plötzlich sprang er auf und sagte: »Wartet, mit euch muß ich einen anderen Wein trinken«, und lief hinauf; gleich danach brachte ein Matrose eine Flasche; Garibaldi betrachtete sie mit einem Lächeln und schenkte jedem von uns ein Gläschen ein... Was wäre nicht alles zu erwarten gewesen bei einem Manne, der aus einem Lande jenseits des Ozeans gekommen war? Aber es war einfach ein Bellet aus seiner Heimat Nizza, den er aus Amerika nach London mitgebracht hatte.

Bei seiner schlichten und formlosen Art sich zu unterhalten, machte sich indessen allmählich doch die Kraft seiner Persönlichkeit bemerkbar; ohne Phrasen, ohne Allgemeinplätze gab sich der Volkstribun zu erkennen, der mit seiner Tapferkeit alte Soldaten in Erstaunen setzte, und in dem Kapitän des Schiffes war bereits mit Leichtigkeit der verwundete Löwe zu erraten, der knurrend und bei jedem Schritt die Zähne fletschend nach der Einnahme von Rom den Rückzug angetreten hatte; der seine Kampfgenossen verloren hatte und nun in San Marino, in Ravenna, in der Lombardei, in Tirol, im Tessin Soldaten, Bauern, Banditen und was immer ihm in den Weg kam, aufrief, nur um aufs neue über den Feind herzufallen, und dies an der Leiche seiner Gefährtin, die die Schwierigkeiten und Entbehrungen des Feldzuges nicht hatte ertragen können.

Seine Ansichten wichen im Jahre 1854 von denen Mazzinis bereits erheblich ab, obgleich er in guten Beziehungen zu ihm stand. Er hat ihm in meiner Gegenwart gesagt, daß man Piemont nicht reizen sollte, daß das Hauptziel jetzt die Befreiung vom österreichischen Joch sei und daß er sehr daran zweifele, daß Italien so bereit sei zur Einheit und zur Republik, wie Mazzini sich das vorstelle. Er war durchaus gegen alle Experimente und die Versuche, eine Volkserhebung in Gang zu setzen.

Als er mit seinem Schiff nach Newcastle-on-Tyne fuhr, um Kohle zu laden, und von dort zum Mittelländischen Meer aufbrach, sagte ich zu ihm, daß mir sein Seemannsleben ungeheuer gefalle, daß er von allen Emigranten den besseren Teil erwählt habe.

»Wer verbietet Ihnen denn, dasselbe zu tun?« entgegnete er voller Begeisterung. »Das war mein Lieblingstraum; lachen Sie darüber, wenn Sie wollen, aber ich liebe ihn auch jetzt noch. Man kennt mich in Amerika; ich könnte drei, vier solcher Schiffe unter meinem Kommando haben. Ich hätte die ganze Emigration darauf unterbringen können: Matrosen, Leutnants, Arbeiter, Köche – sie alle wären dann Emigranten. Was soll man jetzt in Europa tun? Sich an die Sklaverei gewöhnen, sich selbst untreu werden oder in England betteln gehen? In Amerika sich ansiedeln ist noch schlimmer: es wäre das Ende; das ist ein Land, in dem man die Heimat vergißt, das ist ein neues Vaterland, dort sind die Interessen andere, dort ist alles anders; Menschen, die in Amerika bleiben, scheiden aus unseren Reihen aus. Was gibt es also besseres, als meine Idee (und hier erhellte sich sein Gesicht), was ist besser, als sich zu einem Häuflein zusammenzutun, um einige Masten herum, und sich über den Ozean treiben zu lassen, indem man sich abhärtet bei dem rauhen Leben des Seemanns, im Kampf mit den Elementen, mit der Gefahr! Eine schwimmende Revolution, bereit an dieser oder jener Küste Anker zu werfen, unabhängig und unerreichbar!«

In diesem Augenblick erschien er mir wie ein klassischer Held, wie eine Gestalt aus der »Äneis«... über die – sofern er in einem anderen Zeitalter gelebt hätte – eine eigene Legende entstanden wäre, eine eigene »Arma virumque cano!«[13]

Orsini war ein Mensch von ganz anderer Art. Seine wilde Kraft und furchtbare Hartnäckigkeit bewies er am 14. Januar 1858 in der Rue Lepelletier; diese Eigenschaften haben ihm einen großen Namen in der Geschichte eingetragen und den Kopf des Sechsunddreißigjährigen unter das Messer der Guillotine gebracht. Ich

13 (lat.) Ich besinge die Waffen und den Mann!

lernte Orsini im Jahre 1851 in Nizza kennen; zeitweilig standen wir uns sogar sehr nahe, gingen später auseinander, um uns aufs neue näherzukommen, bis wir uns schließlich 1856 überwarfen; später versöhnten wir uns zwar, aber das alte Verhältnis zueinander stellte sich nicht wieder ein.

Persönlichkeiten wie Orsini entwickeln sich nur in Italien, dafür treten sie dort zu allen Zeiten und in allen Epochen auf: es sind Künstler der Verschwörung, Märtyrer und Abenteurer, Patrioten und Kondottieri, Teverinos und Rienzis, alles was man will – nur keine banalen alltäglichen Spießbürger. Solche Persönlichkeiten heben sich in den Chroniken einer jeden italienischen Stadt grell ab. Sie setzen in Erstaunen durch Gutes wie durch Böses, sie verblüffen durch die Stärke der Leidenschaften, durch die Kraft ihres Willens. Von frühester Jugend an gärt in ihnen ein unruhiger Sauerteig, sie brauchen die Gefahr, brauchen Glanz, Lorbeeren, Lobsprüche: es sind rein südliche Naturen, mit heißem Blut in den Adern, mit Leidenschaften, die für uns fast unbegreiflich sind, Naturen, die zu jeglicher Entbehrung bereit sind, zu jeglichem Opfer – und zwar aus einer Art von Genußsucht. Selbstverleugnung und Zuneigung gehen bei ihnen Hand in Hand mit Rachsucht und Unduldsamkeit; sie sind in vielem aufrichtig und in vielem verschlagen. Sowenig wählerisch sie in ihren Mitteln sind, sowenig achten sie der Gefahren; Nachfahren der römischen »Väter des Vaterlandes« und Kinder in Christo der Jesuitenpatres, gebildet an den klassischen Erinnerungen und an den Legenden von den mittelalterlichen Wirren, tragen sie in ihren Seelen eine Unmenge irrlichternder antiker Tugenden und katholischer Laster mit sich herum. Sie legen keinen Wert auf ihr eigenes Leben, aber ebensowenig auf das ihres Nächsten; ihre ungeheure Hartnäckigkeit kommt dem angelsächsischen Eigensinn gleich. Auf der einen Seite bekunden sie eine naive Vorliebe für äußerliche Dinge, einen Ehrgeiz, der bis zur Eitelkeit geht, bis zu dem wollüstigen Verlangen, sich an der Macht, am Beifallklatschen, am Ruhm zu berauschen, auf der anderen spricht aus ihnen der ganze römische Heroismus mit seiner Gleichgültigkeit gegen Entbehrungen und Tod.

Menschen von einer solchen Tatkraft können nur durch die Guillotine aufgehalten werden, andernfalls werden sie, kaum daß sie sich vor den sardinischen Gendarmen gerettet haben, unmittelbar zwischen den Krallen des österreichischen Geiers Verschwörungen anzetteln und, bereits einen Tag nach ihrer wunderbaren Errettung aus den Kasematten von Mantua, den Arm noch verletzt von dem Sprung, anfangen, die Entwürfe von Granaten zu zeichnen, die sie sodann im Angesicht der Gefahr unter Equipagen werfen. Gerade im Mißerfolg wachsen sie bis zu kolossalen Ausmaßen und versetzen durch ihren Tod dem Feind einen Schlag, der der Wirkung eines Granatsplitters gleichkommt.

Orsini war als junger Mensch der Geheimpolizei Gregors XIV. in die Hände gefallen: er wurde wegen Teilnahme an der Bewegung in der Romagna vor Gericht gestellt und hat, zur Galeerenstrafe verurteilt, bis zu seiner Amnestierung durch Pius IX. im Gefängnis gesessen. Dieses Leben mit Schmugglern, mit bravi[14] und mit den Überresten der Karbonaribewegung hat ihm seine ungeheure Kenntnis des Volksgeistes und die eiserne Stählung seines Charakters eingetragen. Von diesen Menschen, die sich im ständigen, täglichen Kampf mit der Gesellschaft befanden, die sie unterdrückte, hat er die Kunst der Selbstbeherrschung gelernt, die Kunst zu schweigen, nicht nur vor Gericht, sondern auch vor Freunden.

Menschen vom Schlage Orsinis üben auf andere eine starke Wirkung aus, ihre verschlossene Persönlichkeit gefällt, und doch ist den anderen nicht recht wohl in ihrer Gesellschaft; man blickt auf sie mit jenem von Schauern begleiteten nervösen Ergötzen, mit dem wir uns an den graziösen Bewegungen und den weichen Sprüngen eines Panthers erfreuen. Sie sind Kinder, aber böse Kinder. Nicht nur die Dantesche Hölle ist mit ihnen »gepflastert«, sondern auch alle nachfolgenden Jahrhunderte, die sich unter dem Einfluß seiner Furcht und Ehrfurcht einflößenden Poesie und der bitteren, bissigen Weisheit Machiavellis gebildet haben, sind voll von ihnen. Mazzini gehört genauso zu ihrer Familie wie Cosimo Medici und Orsini, wie Johann Procida. Man darf sogar weder den großen »auf Seeabenteuer ausgehenden« Kolumbus noch den größten »Banditen« der Neuzeit, Napoleon Bonaparte, aus ihrer Schar ausschließen.

Orsini war ein auffallend schöner Mann: sein ganzes Äußere, die schlanke und anmutige Gestalt zogen unwillkürlich die Aufmerksamkeit auf sich; er war still, sprach wenig, gestikulierte weniger als seine Landsleute mit den Händen und hob niemals die Stimme. Ein langer schwarzer Bart (wie er ihn in Italien trug) gab ihm das Aussehen eines jungen etrurischen Opferpriesters. Sein Kopf war ungewöhnlich schön und nur die unregelmäßige Linie der Nase

14 (ital.) gedungenen Mördern.

störte die Harmonie vielleicht ein wenig.* Doch war bei alledem in den Zügen Orsinis, in seinen Augen, in seinem häufigen Lächeln, in seiner sanften Stimme etwas, das einer Vertraulichkeit hemmend entgegenstand. Es war zu sehen, daß er sich im Zaum hielt, daß er sich niemals völlig hingab und sich erstaunlich beherrschen konnte; es war zu sehen, daß sein lächelnder Mund ohne seinen Willen kein einziges Wort verlor, daß hinter diesen von innen her funkelnden Augen Abgründe lagen, daß er dort, wo unsereins nachdenklich wird und zurückprallt, lächeln und die Farbe nicht wechseln, die Stimme nicht erheben und ohne Reue und ohne Zweifel weitergehen würde.

Im Frühjahr 1852 wartete Orsini auf eine sehr wichtige Nachricht in Familienangelegenheiten; es quälte ihn, daß er keinen Brief bekam, er sagte mir das viele Male, und ich wußte, in welcher Unruhe er lebte. Einmal, während des Mittagessens, in Gegenwart von zwei, drei fremden Leuten, kam der Briefträger ins Vorzimmer; Orsini ließ fragen, ob er einen Brief für ihn habe; es stellte sich heraus, daß tatsächlich ein Brief für ihn dabei war, er warf einen Blick hinein, steckte ihn in die Tasche und setzte das Gespräch fort. Etwa anderthalb Stunden später, als wir zu dritt waren, sagte Orsini zu uns: »Na, Gott sei Dank, endlich habe ich eine Antwort bekommen – alles geht gut.« Wir, die wir wußten, daß er einen Brief erwartete, hatten nichts gemerkt, so gelassen hatte er den Brief geöffnet und sodann in die Tasche geschoben; solch ein Mensch ist zum Verschwörer geboren. Er ist auch sein ganzes Leben lang einer gewesen.

Und doch – was hat er mit seiner Tatkraft erreicht? Was Garibaldi mit seiner Kühnheit? Pianori mit seinem Revolver? Pisacane und die anderen Märtyrer, deren Blut noch nicht getrocknet ist? Von den Österreichern wird Italien allenfalls durch Piemont befreit, von dem neapolitanischen Bourbon – durch den dicken Murat, beides aber unter dem Protektorat von Bonaparte. O divina Commedia![15] – oder einfach Commedia, in dem Sinne, wie es der Papst Chiaramonti im Gespräch mit Napoleon in Fontainebleau gemeint hat!

* Napoleon hatte, wie die Zeitungen schrieben, befohlen, den abgeschlagenen Kopf Orsinis in Salpetersäure zu tauchen, damit es nicht möglich wäre, eine Maske abzunehmen. Welch ein Fortschritt der Humanität und der Chemie seit jener Zeit, da man der Herodias den Kopf von Johannes dem Täufer auf einer goldenen Schüssel brachte!

15 (ital.) O göttliche Komödie!

Wenn ein Mensch, der lange auf schwarze Locken und in schwarze Augen geblickt hat, sich plötzlich einer blonden, blassen und nervösen Frau mit hellen Augenbrauen zuwendet, ist sein Auge jedesmal frappiert, und er findet sich nicht gleich zurecht. Der Unterschied, an den er nicht gedacht hat, den er vergessen hatte, drängt sich ihm unwillkürlich mit physischer Gewalt auf.

Genau dasselbe passiert bei einem raschen Wechsel von der italienischen Emigration zur deutschen.

Der Deutsche ist ohne Zweifel theoretisch entwickelter als alle anderen Völker, aber etwas Gescheites ist dabei bis heute nicht herausgekommen. Vom katholischen Fanatismus ist er zum protestantischen Pietismus einer transzendenten Philosophie und zum Poetismus der Philologie übergegangen, und jetzt geht er allmählich zur positiven Wissenschaft über: er »lernt in allen Klassen fleißig«, und darin besteht seine ganze Geschichte; beim Jüngsten Gericht wird man ihm das alles anrechnen. Das deutsche Volk, das weniger gelernt hat, hat viel gelitten; das Recht auf den Protestantismus hat es durch den dreißigjährigen Krieg erkauft, das Recht auf eine unabhängige Existenz, das heißt auf ein farbloses Dasein unter der Aufsicht Rußlands, durch den Kampf gegen Napoleon. Seine Befreiung im Jahre 1814/15 war die vollkommenste Reaktion, und als an Stelle von Jérôme Bonaparte der *Landesvater* erschien, in gepuderter Perücke und in seiner zerknitterten, altmodischen Uniform von gestern, und erklärte, daß für den nächstfolgenden Tag die, sagen wir fünfundvierzigste Parade anberaumt werde (die vierundvierzigste hatte vor der Revolution stattgefunden), da kam es allen Befreiten vor, als hätten sie plötzlich die Gegenwart verloren und wären in ein anderes Zeitalter zurückgekehrt; jeder befühlte seinen Hinterkopf, ob ihm da nicht ein Zopf mit einer Schleife daran gewachsen sei. Das Volk nahm dies in treuherziger Dummheit hin und sang die Lieder von Körner. Die Wissenschaften machten Fortschritte. In Berlin gab man griechische Tragödien und in Weimar dramatische Festspiele zu Ehren Goethes.

Die allerradikalsten Leute unter den Deutschen bleiben im Privatleben Philister. Kühn in der Logik entbinden sie sich von der praktischen Konsequenz und verfallen in schreiende Widersprüche. Bei einer Revolution erfaßt der deutsche Geist, wie bei allem, die allgemeine Idee, selbstverständlich in ihrer absoluten, das heißt nicht wirklichen Bedeutung, und begnügt sich mit ihrer ideellen Konstruktion, indem er sich einbildet, eine Sache sei getan, wenn sie begriffen ist, und daß ein Faktum sich ebenso leicht der Idee anpaßt, wie der Sinn eines Faktums dem Bewußtsein eingeht.

Der Engländer und der Franzose sind voller Vorurteile, der Deutsche ist es nicht; aber die ersteren sind konsequenter in ihrem Leben; mag sein, daß die Idee, der sie sich unterwerfen, widerspruchsvoll ist, aber sie wird von ihnen anerkannt. Der Deutsche erkennt zwar nichts an, außer der Vernunft und der Logik, unterwirft sich aber trotzdem vielem aus bloßer Berechnung, und das ist Heuchelei um eines Profites willen.

Der Franzose ist geistig nicht frei: reich an Initiative im praktischen Handeln, ist er arm in seinem Denken. Er denkt in überkommenen Begriffen und Formen, er begnügt sich damit, banalen Ideen ein modisches Gewand zu geben. Das Neue geht ihm schwer ein, ungeachtet dessen, daß er sich auf alles Neue stürzt. Der Franzose tyrannisiert seine Familie und glaubt, dies sei seine Pflicht, ebenso wie er an die »Ehrenlegion« glaubt und an die Schiedssprüche des Gerichts. Der Deutsche glaubt an gar nichts, bedient sich aber nach Bedarf der gesellschaftlichen Vorurteile. Er ist an Genügsamkeit gewöhnt, an das *Wohlbehagen*, an Ruhe, und wenn er aus seiner Studierstube in das *Prunkzimmer* oder ins Schlafzimmer geht, bringt er dem Schlafrock, der Ruhe und der Küche sein freies Denken zum Opfer. Der Deutsche ist ein großer Sybarit; das merkt man ihm nicht an, weil seine eingeengte Bewegungsfreiheit und sein kleinliches Leben an und für sich kümmerlich sind; der Eskimo jedoch, der alles für den Lebertran in die Waagschale wirft, ist genauso ein Epikuräer wie Lucullus. Dazu kommt, daß der Deutsche, von Natur lymphatisch veranlagt, bald dick wird und mit tausend Wurzeln in einer bestimmten Lebensweise haftenbleibt; alles, was ihn aus seinen Gewohnheiten reißen könnte, flößt seiner Philisternatur Entsetzen ein.

Alle deutschen Revolutionäre sind große Kosmopoliten, *sie haben überwunden den Standpunkt der Nationalität,* und alle sind sie von dem reizbarsten und beharrlichsten Patriotismus erfüllt. Sie sind bereit, die Weltrepublik anzuerkennen, die Grenzen zwischen den Ländern aufzuheben, wenn nur Triest und Danzig zu Deutschland gehören. Die Wiener Studenten haben es nicht verschmäht, unter der Führung von Radetzky in die Lombardei zu gehen, sie haben sogar unter der Leitung irgendeines Professors eine Kanone erobert, die sie der Stadt Innsbruck schenkten.

Bei diesem anmaßenden und kriegerischen Patriotismus blickt Deutschland seit der Zeit der ersten Revolution und bis heute voller Schrecken nach rechts und voller Schrecken nach links. Da sieht es Frankreich mit wehenden Fahnen den Rhein überschreiten, dort überschreitet Rußland den Njemen, und ein Volk von fünfundzwanzig Millionen Köpfen kommt sich völlig verwaist vor, es schimpft vor Angst, es haßt aus Angst, und um sich zu trösten, beweist es theoretisch, unter Berufung auf die Quellen, daß das Sein Frankreichs bereits ein Nicht-Sein, das Sein Rußlands dagegen ein Noch-nicht-Sein ist.

Der »kriegerische« Konvent, der sich in der Paulskirche zu Frankfurt versammelte und der aus guten und *in ihrem Fache sehr ausgezeichneten* Professoren, Ärzten, Theologen, Pharmazeuten und Philologen bestand, applaudierte den österreichischen Soldaten in der Lombardei und unterdrückte die Polen in Posen. Selbst die Schleswig-Holstein-Frage *(Stammverwandt!)* berührte sie nur vom Standpunkt des *»Teutschtums«* aus. Das erste freie Wort, das nach jahrhundertlangem Schweigen von den Vertretern des sich befreienden Deutschlands gesprochen wurde, war gegen die unterdrückten und schwachen Völkerschaften gerichtet; diese Unfähigkeit zur Freiheit, diese in so ungeschickter Weise von ihnen selbst preisgegebenen Versuche, sich den unrechtmäßig erworbenen Besitz zu erhalten, fordern zur Ironie heraus: die Menschen verzeihen unverschämte Ansprüche nur dann, wenn sie mit einem tatkräftigen Handeln verbunden sind, aber dieses fehlte hier.

Die Revolution von 1848 trug überall den Charakter der Übereilung, der Disziplinlosigkeit, hatte aber sowohl in Frankreich wie in Italien so gut wie gar nichts Lächerliches an sich; in Deutschland, außer in Wien, war sie voller Komik, unvergleichlich humoristischer, als die Komik des üblen Goetheschen Lustspiels *»Der Bürgergeneral«*.

Es gab keine Stadt, keinen »Flecken« in Deutschland, wo bei der Erhebung nicht der Versuch gemacht worden wäre, einen »Wohlfahrtsausschuß« zu bilden, mit sämtlichen Hauptpersonen: mit dem kalten Jüngling Saint-Just, mit finsteren Terroristen und einem militärischen Genie, das Carnot kopierte. Zwei, drei Robespierres habe ich persönlich gekannt; sie hatten immer ein frisches Hemd an, wuschen sich die Hände und reinigten sich die Nägel; dafür gab es auch ungekämmte Collot d'Herbois', und wenn sich im Klub ein Mann vorfand, der Bier noch lieber trank als die anderen und den *Stubenmädchen* noch unverhohlener nachstieg – dann war das ein Danton, *eine schwelgende Natur!*

Französische Schwächen und Mängel verflüchtigen sich zum Teil bei ihrem leichten und raschen Temperament. Bei einem Deutschen nehmen dieselben Mängel gewissermaßen eine dauerhafte und gründliche Entwicklung und fallen dadurch auf. Man muß diese deutschen Versuche selber gesehen haben, *so einen burschikosen Kamin de Paris*[16] in der Politik darzustellen, um sie bewerten zu können. Sie haben mich immer an die Ausgelassenheit einer Kuh erinnert, wenn dieses brave und ehrenwerte Tier, das die besten Familientugenden ziert, leichtsinnig wird und auf der Wiese ins Spielen gerät, dabei mit höchst ernster Miene mit beiden Hinterbeinen ausschlägt oder in schrägem Galopp umherläuft, wobei es sich selbst mit dem Schwanz antreibt.

Nach dem Dresdener Prozeß traf ich in Genf einen der dortigen Agitatoren und begann sogleich, ihn nach Bakunin auszufragen. Er lobte ihn sehr und erzählte, wie er selber unter seiner Leitung eine Barrikade befehligt habe. Entflammt von seiner Erzählung fuhr er fort: »Die Revolution ist ein Gewitter, da darf man weder auf sein Herz hören noch den landläufigen Gewohnheiten von Gerechtigkeit folgen ... man muß selbst unter diesen Verhältnissen gelebt haben, um den ›Berg‹ des Jahres 1794 voll zu verstehen. Stellen Sie sich vor, wir bemerken plötzlich eine dumpfe Bewegung in der königlichen Partei; absichtlich werden falsche Gerüchte verbreitet, es tauchen Leute mit verdächtigen Gesichtern auf. Ich überlegte hin und her und entschloß mich, meine Straße zu terrorisieren. ›*Männer!*‹ sage ich also zu meiner Abteilung. ›Unter Androhung eines Kriegsgerichts, das euch beim Belagerungszustand im Falle des Ungehorsams sofort zum Tode verurteilen kann, befehle ich euch, jeden, und zwar ohne Unterschied des Geschlechts, Alters und Standes, der versuchen sollte, die Barrikade zu überschreiten, festzunehmen und unter strenger Bewachung zu mir zu führen.‹ Das ging so mehr als vierundzwanzig Stunden lang. Wenn der Bürger, den man zu mir führte, ein guter Patriot war, ließ ich ihn durch, wenn es aber eine verdächtige Person war, gab ich der Wache ein Zeichen ...«

»Und«, sagte ich entsetzt, »und was tat sie?«

»Sie führte den Betreffenden ab nach Hause«, fügte der Terrorist stolz und selbstzufrieden hinzu.

16 (franz.) verstümmelt: gamin – Pariser Gassenjunge.

Zur Charakterisik der deutschen Befreier erzähle ich noch eine Anekdote.

Jener Jüngling, der interimistisch das Amt eines Ministers für innere Angelegenheiten bekleidete und den ich bereits erwähnte, als ich von dem Besuch Gustav Struves erzählte, schrieb mir einige Tage später einen Brief, in welchem er mich bat, irgendeine Arbeit für ihn zu finden. Ich schlug ihm vor, das Manuskript »Vom anderen Ufer«, das ich Kapp auf deutsch nach dem russischen Original diktiert hatte, für den Druck noch einmal abzuschreiben. Der junge Mann nahm das Angebot an. Einige Tage später sagte er zu mir, daß er so schlecht mit allerhand Freischärlern zusammen untergebracht sei, daß er weder einen Platz noch die nötige Ruhe zum Arbeiten habe, und bat um die Erlaubnis, die Abschrift im Zimmer von Kapp machen zu dürfen. Auch da ging die Arbeit nicht voran. Der Minister per interim kam um elf Uhr morgens, lag auf dem Sofa, rauchte Zigarren, trank Bier ... und ging abends zu den Beratungen und Versammlungen bei Struve. Kapp, der feinfühligste Mensch von der Welt, schämte sich für ihn; so verging etwa eine Woche. Kapp und ich – wir schwiegen, aber der Exminister brach das Schweigen: er bat mich in einem Briefchen um hundert Franken Vorschuß für die Arbeit. Ich schrieb ihm, er arbeite so langsam, daß ich ihm eine solche Summe im voraus nicht geben könne, wenn er jedoch sehr notwendig Geld brauche, so schickte ich ihm zwanzig Franken, obwohl er noch nicht einmal für zehn abgeschrieben habe.

Am Abend erschien der Minister zur Versammlung bei Struve und denunzierte mich wegen meines antibürgerlichen Verhaltens und Mißbrauchs des Kapitals. Der brave Minister war der Meinung, daß der Sozialismus nicht in der Organisation der Gesellschaft bestehe, sondern in der sinnlosen Aufteilung eines sinnloserweise erworbenen Vermögens.

Trotz des erstaunlichen Chaos, das in Struves Kopf herrschte entschied er, als anständiger Mensch, daß mich nicht die ganze Schuld treffe und daß der *Bürger* und *Bruder* vielleicht lieber mehr abschreiben und weniger um Geld im voraus bitten sollte. Er redete ihm zu, wegen der Geschichte keinen Lärm zu machen.

»Na, dann schick ich ihm das Geld eben *mit Verachtung* zurück«, sagte der Minister.

»Was für ein Unsinn!« schrie ein Freischärler. »Wenn der Bruder und Bürger es nicht nehmen will, dann schlage ich vor, sofort für die ganze Summe Bier holen zu lassen und auf den Untergang *der Besitzenden* zu trinken. Einverstanden?«

»Ja, ja, einverstanden, bravo!«

»Trinken wir«, schrie der Redner, »und geben wir uns das Wort, den russischen Aristokraten, der den Bruder beleidigt hat, nicht zu grüßen.«

»Ja, ja, man soll ihn nicht grüßen.«

Und tatsächlich, sie tranken das Bier und hörten auf, mich zu grüßen.

Alle diese lächerlichen Mängel, zusammen mit der besonnenen *Plumpheit* der Deutschen, beleidigen die südliche Natur der Italiener und erwecken in ihnen einen zoologischen, völkischen Haß. Am schlimmsten ist dabei, daß die gute Seite der Deutschen, das heißt die Seite der philosophischen Bildung, den Italiener kalt läßt oder ihm unzugänglich ist, die triviale und peinliche Seite aber ihn ständig irritiert. Der Italiener führt häufig ein ganz inhaltsloses und müßiges Leben, doch es vollzieht sich in einem gewissen künstlerischen, graziösen Rhythmus, und eben deshalb kann er am allerwenigsten die plumpen Scherze und das familiäre Gebaren des jovialen Deutschen vertragen.

Die anglogermanische Rasse ist viel gröber als die frankoromanische. Da ist nichts zu machen, das ist ihr physiologisches Kennzeichen, und es wäre lächerlich, ihr deswegen zu zürnen. Es ist Zeit, ein für allemal zu begreifen, daß verschiedene Menschenrassen, ebenso wie die verschiedenen Tiergattungen einen verschiedenen Charakter haben und daß dies nicht ihre Schuld ist. Niemand wird einem Ochsen zürnen, weil er weder die Schönheit des Pferdes noch die Schnelligkeit des Hirsches besitzt, niemand macht dem Pferd einen Vorwurf daraus, daß sein Filetfleisch nicht so schmackhaft ist wie das vom Ochsen; alles, was wir von ihnen verlangen können, im Namen der tierischen Brüderlichkeit, ist, daß sie friedlich auf ein und derselben Wiese weiden, ohne einander mit den Hörnern zu stoßen und ohne auszuschlagen. In der Nacht erreicht jedes Geschöpf das, wozu es befähigt ist, formt sich wie es kommt und nimmt dann den erblichen *pli*[17] seiner Gattung an; eine Erziehung ist nur bis zu einem gewissen Grad möglich, sie korrigiert das eine und impft das andere ein, aber vom Pferde ein Beefsteak und vom Ochsen den Paßgang verlangen zu wollen – das wäre denn doch töricht.

17 (franz.) Wesenszug.

Um sich den Unterschied zwischen zwei entgegengesetzten Traditionen der europäischen Rassen sinnfällig zu machen, braucht man sich nur in Paris und in London die Gassenjungen anzusehen; ich nehme gerade sie als Beispiel, weil sie unverfälscht sind in ihrer Grobheit.

Achten Sie einmal darauf, wie die Pariser gamins über irgendeinen englischen Sonderling lachen und wie die Londoner Bengel sich über einen Franzosen lustig machen; an diesem kleinen Beispiel kommt der Unterschied zwischen zwei entgegengesetzten Typen zweier europäischer Rassen ganz scharf zum Ausdruck. Der Pariser gamin ist frech und zudringlich, er kann unerträglich sein, aber erstens ist er witzig, seine Unarten beschränken sich auf Späße, und er reizt ebenso zum Lachen wie zum Zorn; zweitens gibt es Worte, bei denen er rot wird und unverzüglich von seinem Opfer abläßt; es gibt Worte, die er nie gebraucht; durch Grobheit läßt er sich schwer aufhalten, wenn aber der Patient gar den Stock hebt, dann komme ich für die Folgen nicht auf. Es muß noch bemerkt werden, daß man die französischen Jungen mit irgend etwas verblüffen muß: durch eine rote Weste mit blauen Streifen, einen ziegelroten Halbfrack, ein ungewöhnliches Cachenez, einen Lakaien, der einen Papagei trägt, einen Hund – durch Dinge also, die nur Engländer tun, und, wohl bemerkt, nur außerhalb von England. Einfach ein Ausländer sein genügt nicht, um sich dem Gelächter oder der Verfolgung auszusetzen.

Der Witz der Londoner Straßenjungen ist simpler; es beginnt damit, daß sie beim Anblick eines Ausländers* ein Gewieher anstimmen, und es genügt dafür bereits, daß dieser einen Schnurrbart trägt, einen Bart oder einen breitrandigen Hut; hierauf schreien sie wohl zwanzigmal: French pig! French dog![18] Wendet sich der Ausländer ihnen mit einer Antwort zu, verdoppelt sich das Gewieher und Gemecker; geht er weiter, laufen die Jungen hinter ihm her, dann bleibt nur die ultima ratio[19]: den Stock heben und ihn manchmal auch auf den ersten besten niedersausen lassen. Dann rennen die Jungen Hals über Kopf davon, wobei sie einen mit Schimpfworten überschütten; gelegentlich werfen sie einem auch aus der Ferne Dreck oder Steine nach.

In Frankreich beteiligen sich ein erwachsener Arbeiter, ein Ver-

*Das alles hat sich nach dem Krimkrieg (1866) sehr geändert.

18 (engl.) Französisches Schwein! Französischer Hund!

19 (lat.) das letzte Mittel.

käufer oder eine Händlerin niemals an den Streichen der gamins gegen einen Ausländer; in London grunzen alle schmutzigen Weiber, alle erwachsenen Verkäufer mit und helfen den Bengeln.

In Frankreich gibt es einen Schild, der auch den ungezogensten Jungen sofort zurückhält: das ist die Armut. Ein Land aber, das keinen beleidigenderen Ausdruck kennt als das Wort beggar[20], verfolgt einen Ausländer um so mehr, je schutzloser und ärmer er ist.

Ein italienischer Réfugié, ehemals Offizier bei der österreichischen Kavallerie, der nach dem Kriege sein Vaterland völlig mittellos verlassen hatte, trug, als es Winter geworden war, seinen Militärmantel. Das erregte gewaltiges Aufsehen auf dem Markt, über den er jeden Tag gehen mußte, und die Rufe »Wer ist Ihr Schneider?«, das Gelächter, schließlich das Zupfen am Kragen führten zuletzt dahin, daß der Italiener seinen Mantel zu Hause ließ und, bis ins Mark frierend, nur im Rock ausging.

Die rohen Späße auf der Straße, dieser Mangel an Feingefühl und Takt beim Volk erklären auch, warum die Frauen nirgends so oft und so schmerzlich geschlagen werden wie in England*, warum ein Vater imstande ist, die Tochter zu entehren, der Mann seine Frau und sie gerichtlich zu verfolgen.

Die Rohheiten auf der Straße kränken anfangs die Franzosen und Italiener sehr. Der Deutsche dagegen nimmt sie mit Gelächter auf und antwortet mit ebensolchen Schimpfreden; das Schimpfen geht eine Weile hin und her, und am Ende ist er sehr zufrieden. Beiden erscheint das als eine Liebenswürdigkeit, als ein reizender Spaß. »Bloody dog!«[21] schreit ihm grunzend der stolze Brite zu. – »Aas John Bull!« antwortet der Deutsche, und jeder geht seines Weges.

Dieses Benehmen beschränkt sich nicht allein auf die Straße; man braucht sich nur die Polemik zwischen Marx, Heinzen, Ruge et consorts[22] zu betrachten, die seit dem Jahre 1849 nicht aufgehört hat und jetzt jenseits des Ozeans fortgesetzt wird. Unser Auge ist nicht gewöhnt, derartige Ausdrücke und derartige Beschuldigun-

*Die »Times« hat einmal vor etwa zwei Jahren die Feststellung gemacht, daß durchschnittlich in jedem Londoner Stadtteil (es gibt deren zehn) jährlich bis zu zweihundert Prozesse wegen des Prügelns von Frauen und Kindern stattfinden. Wieviel Schläge aber haben keinen Prozeß zur Folge?

20 (engl.) Bettler.

21 (engl.) Bluthund!

22 (franz.) und Genossen.

gen in der Presse zu lesen: nichts wird verschont – weder die persönliche Ehre noch die Familienverhältnisse, noch anvertraute Geheimnisse.

Bei den Engländern verschwindet die Roheit, sobald sie sich zur Höhe eines Talentes oder aristokratischer Erziehung emporschwingen, bei den Deutschen – nie. Die größten Dichter Deutschlands (mit Ausnahme von Schiller) können in einen höchst ungeschliffenen vulgären Ton verfallen.

Einer der Gründe des schlechten Tones bei den Deutschen ist der, daß es in Deutschland überhaupt keine Erziehung in unserem Sinne dieses Wortes gibt. Die Deutschen werden unterrichtet, und sie werden viel unterrichtet, aber sie werden überhaupt nicht erzogen, nicht einmal in der Aristokratie, wo die Sitten der Kaserne und des Junkertums vorherrschen. In ihrem Alltagsleben fehlt das ästhetische Organ. Die Franzosen haben es verloren, ebenso wie sie die Eleganz ihrer Sprache verloren haben; der heutige Franzose wird es selten fertigbringen, einen Brief ohne kaufmännische und juristische Redewendungen zu schreiben: der Ladentisch und die Kaserne haben ihre Sitten verdorben.

Fünftes Kapitel: Die Schweiz

Die Wogen der Bewegung in Europa gingen im Jahre 1849 noch so hoch, daß es für jemand, der in Genf lebte, schwer war, die Aufmerksamkeit einzig auf die Schweiz zu konzentrieren. Dazu kommt noch, daß die politischen Parteien in der Kunst, dem Reisenden Sand in die Augen zu streuen, ziemlich viel Ähnlichkeit mit der russischen Regierung haben. Unter ihren Einfluß geraten, sieht er zwar alles, aber er sieht es nicht direkt und unmittelbar, sondern unter einem bestimmten Gesichtswinkel; aus diesem Zauberkreis kann er nicht heraus. Bereits sein erster Eindruck ist nicht der seinige: er ist tendenziös zurechtkonstruiert, durch Bestechung erkauft. Die voreingenommene Anschauung der Partei überrumpelt ihn, den sozusagen Unvorbereiteten, Gleichgültigen, Wehrlosen, und ehe er es sich versieht, wird sie zu seiner eigenen Anschauung.

Im Jahre 1849 kannte ich nur die radikale Schweiz, diejenige, die den demokratischen Umschwung vollzogen, die im Jahre 1847 den Sonderbund unterdrückt hatte. Später, mehr und mehr von Emigranten umgeben, teilte ich deren Entrüstung über die kleinmütige Bundesregierung und die klägliche Rolle, die sie vor den reaktionären Nachbarn spielte.

Näher und besser lernte ich die Schweiz bei meinen späteren Reisen kennen, und am besten in London. Während der qualvollen Muße der Jahre 53 und 54 habe ich viel dazugelernt und blickte auf vieles, was ich vordem erlebt und gesehen hatte, mit anderen Augen.

Die Schweiz ist durch schwere Prüfungen hindurchgegangen. Zwischen den Ruinen einer ganzen Welt von freien Institutionen, zwischen den Trümmern untergegangener Zivilisationen, die einander aufgerieben haben, mitten in der Auflösung aller menschlichen Daseinsbedingungen, aller Staatsformen zugunsten eines groben Despotismus sind zwei Länder geblieben wie sie waren. Das eine hinter seinem Meer, das andere hinter seinen Bergen, beide – mittelalterliche Republiken, beide – mit ihren Jahrhunderte alten Sitten und Gebräuchen fest in der Erde verwurzelt.

Doch welch ein Unterschied in der Stärke und der geographischen Lage zwischen England und der Schweiz! Wenn die Schweiz hinter ihren Bergen selbst auch eine Insel darstellt, so ist sie doch durch ihre Lage zwischen den anderen Staaten und den Geist ihrer Bevölkerung einerseits zu einem schwierigen Lavieren, andererseits zu einem Verhalten verpflichtet, das wohlberechnet sein muß. In England ist das Volk eigentlich ruhig, es ist um drei Jahrhunderte zurückgeblieben. Der aktive Teil Englands gehört einer bestimmten Schicht an; der größte Teil des Volkes steht außerhalb jeder Bewegung; der Chartismus berührt es kaum, und wenn, dann ausschließlich die städtischen Arbeiter. England steht abseits, es schleudert die Brennstoffe, die sich bei ihm ansammeln, von Zeit zu Zeit über den Ozean, wo sie dann nach und nach ihre imposante Wirkung tun. Ideen, die vom Kontinent ausgehen, dringen in England nicht rasch und gewaltsam ein, sondern finden nur allmählich Eingang, übertragen auf seine Sitten und übersetzt in seine Sprache.

Ganz anders stehen die Dinge in der Schweiz: dort gibt es keine Kasten, nicht einmal ausgesprochene Grenzen zwischen den Städtern und der ländlichen Bevölkerung. Die patriarchalen Patrizier der Kantone wurden beim ersten Ansturm demokratischer Ideen überrannt. Alle Lehren, alle Ideen nehmen ihren Weg hin und zurück durch die Schweiz und alle hinterlassen sie Spuren; sie spricht in drei Sprachen. Hier predigte Calvin, hier predigte der Schneider Weitling, hier lachte Voltaire, hier ist Rousseau geboren. Dieses Land, das in seiner Gesamtheit, angefangen vom Bauern und Arbeiter, zur Selbstverwaltung berufen ist, das von den großen Nachbarn erdrückt wird, das keine ständige Armee, keine Bürokratie und keine Diktatur besitzt, steht nach den Stürmen der Revolution und den Saturnalien der Reaktion noch als dieselbe freie, republikanische Föderation da wie vordem.

Es wäre wünschenswert zu erfahren, wie die Konservativen es erklären, daß die einzigen ruhigen Länder in Europa diejenigen sind, in denen die persönliche Freiheit und die Freiheit der Rede am wenigsten eingeengt worden sind. Während, zum Beispiel, das österreichische Kaiserreich durch eine Reihe von coups d'Etat gestützt wird, die den penetranten Moschusduft galvanischer Erschütterungen und administrativer Revolutionen verbreiten, während der französische Thron sich allein durch Terror und die Aufhebung jeder Gesetzlichkeit hält, haben sich in der Schweiz und in England sogar absurde und überalterte Formen erhalten, die mit der Freiheit dieser Länder verwachsen sind und unter ihrem mächtigen Schutz unerschüttert bleiben.

Die Haltung des Bundesrates in bezug auf die politischen Emigranten, die er, der ersten Aufforderung Österreichs und Frankreichs folgend, aus dem Lande jagte, war schmachvoll. Aber die Verantwortung dafür fällt ausschließlich auf die Regierung: die Fragen der Außenpolitik stehen dem Herzen des Volkes durchaus nicht so nahe wie die inneren Angelegenheiten. Im Grunde genommen beschäftigen sich alle Völker nur mit den eigenen Dingen, das übrige stellt entweder einen fernliegenden Wunsch oder einfach eine rhetorische Übung dar, die manchmal aufrichtig ist, aber auch dann selten von sachlichem Wert. Das Volk, das sich mit seiner allgemeinmenschlichen Anteilnahme an allen und allem einen Ruf erworben hat, kennt die Geographie nur höchst mangelhaft, ist aber von einem ausgeprägten, unerträglich reizbaren Patriotismus beseelt. Dazu wird der Schweizer von der Natur selbst daran gehindert, in die Ferne zu schweifen: er ist durch die Berge an sein heimatliches Tal gefesselt, wie der Küstenbewohner an seinen Strand, und solange man ihn dort in Ruhe läßt, ist er still.

Das Recht, über die Emigranten zu verfügen, das sich die Bundesregierung angemaßt hat, entspricht durchaus nicht dem Schweizer Brauch; nach diesem ist die Emigrantenfrage eine Angelegenheit der Kantone. Die Schweizer Radikalen waren unter dem Einfluß französischer Theorien bemüht gewesen, die zentrale Regierung in Bern zu stärken und haben damit einen großen Fehler begangen. Zum Glück sind die Versuche zur Zentralisation, außer in jenen Fällen, wo ihr praktischer Nutzen auf der Hand liegt, wie bei der Einrichtung des Postwesens, dem Wegebau, der Einheitlichkeit der Münzen, in der Schweiz gar nicht populär. Eine Zentralisation kann für die Ordnung in einem Lande, für verschiedene gemeinsame Unternehmungen sehr fruchtbar sein, aber sie ist unvereinbar mit der Freiheit; die Völker geraten dadurch leicht in die Lage einer wohlgehüteten Herde oder einer Koppel Hunde, die geschickt von irgendeinem Piqueur im Zaum gehalten werden.

Darum wird sie von den Amerikanern und Engländern ebensosehr gehaßt wie von den Schweizern.

Die numerisch schwache, nicht zentralisierte Schweiz ist eine Hydra, ein Briareos, die man mit einem Schlage nicht erlegen kann. Wo ist ihr Kopf? Wo ist ihr Herz? Überdies kann man sich ohne eine Residenzstadt keinen König vorstellen. Ein König in der Schweiz ist genauso eine Ungereimtheit wie eine Rangliste in New York. Die Berge, die Republik und der Föderalismus haben in der Schweiz einen starken, leistungsfähigen Menschenschlag herangebildet und bewahrt, den die Berge ebenso scharf umgrenzen wie der Boden, auf dem er steht, und den sie ebenso zusammenhalten wie diesen auch.

Man muß es erlebt haben, wie irgendwo bei einem Scheibenschießen des Bundes die Schützen der verschiedenen Kantone zusammenkommen, mit ihren Fahnen, in ihren Trachten und mit dem Karabiner auf dem Rücken. Sie sind stolz auf ihre Besonderheit und ihre Einheit, und wenn sie von ihren heimatlichen Bergen niedersteigen, grüßen sie einander und die Bundesfahne (die immer in derjenigen Stadt bleibt, in der das letzte Scheibenschießen stattgefunden hat) mit brüderlichem Zuruf, ohne sich im geringsten zu vermischen.

In diesen Festlichkeiten eines freien Volkes, in seinen Kriegsspielen, ohne die beleidigende étalage[1] der Monarchie, ohne den prunkvollen Pomp einer goldgestickten Aristokratie, einer buntfarbigen Garde, liegt etwas Feierliches und Machtvolles. Überall werden Reden gehalten, der selbstgekelterte Wein strömt, es erschallen Rufe, Lieder, Musik, und alle fühlen, daß ihre Schultern keine bleierne Last, keine knechtende Gewalt drückt...

In Genf wurde bald nach meiner Ankunft vor Beginn der Ferien ein Festessen für die Schüler sämtlicher Schulen gegeben. James Fazy (der Präsident des Kantons) lud mich zu diesem Fest ein. Auf einem Feld, in Carouge, war ein großes Zelt errichtet. Der Rat sowie alle Berühmtheiten des Kantons waren anwesend und aßen zusammen mit den Kindern zu Mittag. Ein Teil der Bürger, der gerade an der Reihe war, war in Uniform und mit Gewehr zur Ehrenwache einberufen worden. Fazy hielt eine Rede, und zwar eine völlig radikale, gratulierte denen, die Belohnungen erhalten hatten und brachte unter dem Dröhnen der Musik und der Kanonenschüsse einen Toast aus »Auf die künftigen Bürger!« Hierauf begaben sich die Kinder, in Zweierreihen geordnet, mit ihm auf eine Wiese, wo allerlei Belustigungen vorbereitet waren, Luftballons, Akrobaten und dergleichen. Die bewaffneten Bürger, das heißt die Väter, Onkel und älteren Brüder der Schüler, bildeten Spalier und präsentierten nacheinander, sobald die Spitze der Kolonne an ih-

1 (franz.) Aufputz.

nen vorüberkam, das Gewehr, jawohl, sie präsentierten das Gewehr vor ihren Söhnen, den Knaben, vor den Waisen, die auf Kosten des Kantons aufgezogen wurden... Die Kinder waren Ehrengäste der Stadt, deren »künftige Bürger«. Jemandem, der wie unsereins so oft dem feierlichen Aktus in Mädcheninternaten und anderen Institutionen beigewohnt hat, kommt das alles merkwürdig vor.

Merkwürdig ist auch, daß jeder Arbeiter, jeder erwachsene Bauer, die Kellner in den Gastwirtschaften und ihre Prinzipipale, die Bewohner der Berge und der Sümpfe die Angelegenheiten des Kantons gut kennen, an ihnen Anteil nehmen und Parteien angehören. Ihre Sprache und ihr Bildungsgrad sind sehr verschieden, und wenn der Genfer Arbeiter manchmal an ein Lyoner Klubmitglied erinnert, während der schlichte Bewohner der Berge noch bis heute den Leuten ähnelt, die den Schillerschen Tell umgeben, so hindert das weder den einen noch den anderen, sich lebhaft mit den öffentlichen Angelegenheiten zu beschäftigen. In Frankreich befinden sich in den Städten Ableger und Zweigstellen der politischen und sozialen Gesellschaften, ihre Mitglieder befassen sich mit der revolutionären Frage, und nebenbei wissen sie auch einiges von der gegenwärtigen Verwaltung. Dafür sind diejenigen, die außerhalb dieser Vereinigungen stehen, und insonderheit die Bauern, über gar nichts unterrichtet und interessieren sich überhaupt nicht für die Angelegenheiten Frankreichs und die des Departements.

Schließlich fällt uns wie den Franzosen das Fehlen jeglicher Ornate und Insignien, der ganzen opernhaften Ausstaffierung einer Regierung, auf. Der Präsident des Kantons, der Präsident der Bundesversammlung, die Staatssekretäre (das heißt die Minister), die Bundesobersten, sie alle gehen wie die gewöhnlichen Sterblichen ins Café, essen zu Mittag am gemeinsamen Tisch, sprechen über Landesangelegenheiten, disputieren mit den Arbeitern, disputieren in ihrer Gegenwart auch miteinander, und dazu wird gemeinsam mit den anderen Yvorner Wein und Kirschwasser getrunken.

Zu Beginn meiner Bekanntschaft mit James Fazy setzte mich diese demokratische Einfachheit in Erstaunen, und erst später, als ich tiefere Einblicke gewann, sah ich, daß die Kantonalregierung in allen gesetzlichen Fällen durchaus nicht schwach war, obgleich die der Wichtigkeit des Falles entsprechende Garderobe fehlte, obwohl es keine Hosenstreifen, keinen Federschmuck, keine Türsteher mit Zeremonienstab, keine schnauzbärtigen Wachtmeister sowie die anderen Spielereien und unnützen Dinge der monarchischen mise en scène gab.

Im Herbst 1849 begann die Verfolgung der Emigranten, die in der Schweiz Zuflucht gesucht hatten; die Regierung befand sich in den schwachen Händen von Doktrinären; die Bundesminister verloren den Kopf. Die eingeschüchterte Konföderation, die seinerzeit Louis-Philippe die Ausweisung Louis Napoleons verweigert hatte, wies jetzt auf den Befehl des letzteren die Menschen aus, die ein Asyl suchten, und tat Österreich und Preußen denselben Gefallen. Natürlich hatte es die Bundesregierung nicht mit dem alten dicken König zu tun, der äußerste Maßnahmen gern vermied, sondern mit Leuten, an deren Händen noch Blut klebte und die sich noch mitten im Taumel einer wilden Verfolgungswelle befanden. Aber was fürchtete denn die Bundesversammlung? Wäre sie imstande gewesen, über ihre Berge hinauszublicken, dann hätte sie begriffen, wieviel innere Angst die benachbarten Regierungen mit ihren Unverschämtheiten und Drohungen verdeckten. Keine einzige von ihnen besaß im Jahre 1849 genügend Stabilität und das sittliche Bewußtsein ihrer Stärke, um einen Krieg anzufangen. Die Konföderation brauchte nur die Zähne zu zeigen, und sie wären still geworden; die Doktrinäre haben die furchtsame Nachgiebigkeit vorgezogen und eine kleinliche, unedle Verfolgung von Menschen begonnen, die nicht wußten, wo sie bleiben sollten.

Einige Kantone, darunter auch der Genfer, leisteten der Bundesversammlung lange Zeit Widerstand, aber schließlich wurde auch Fazy in die Verfolgung der Emigranten nolens-volens mit hineingerissen.

Seine Lage war sehr unangenehm. Der Wandlung eines Mannes vom Verschwörer zum Inhaber der Regierungsgewalt, so natürlich das auch sein mag, hat seine komischen und ärgerlichen Seiten. Dabei muß gesagt werden, daß eigentlich nicht Fazy zur Regierung übergegangen ist, sondern daß die Regierung an Fazy überging; nichtsdestoweniger kam der ehemalige Verschwörer nicht selten in Konflikt mit dem Präsidenten des Kantons. Er war oftmals gezwungen, gegen die eigenen Freunde vorzugehen oder die Bundesbefehle manchmal offen zu mißachten, Maßnahmen zu ergreifen, gegen die er fast zehn Jahre lang in seinen Reden aufgetreten war. Er tat dieses wie jenes je nach Laune und brachte so beide Seiten gegen sich auf.

Fazy ist ein Mann von großer Tatkraft und von großer staatsmännischer Begabung, jedoch allzusehr Franzose, um nicht schroffe Maßnahmen, die Zentralisation und die Macht zu lieben. Er hat sein ganzes Leben lang im politischen Kampf gestanden. Als jungem Mann begegnen wir ihm auf den Pariser Barrikaden des Jahres 1830, sodann im Hôtel de Ville unter den jungen Leuten, die, trotz Lafayette und den Bankiers, die Proklamierung der Republik forderten. Périer und Lafitte fanden, daß »die beste Republik« der Herzog von Orléans sei; er wurde König, und Fazy stürzt sich in die radikalste republikanische Opposition. Dort arbeitet er zusammen mit Godefroy Cavaignac und Marrast, mit der Gesellschaft des droits de l'homme[2] und mit den Karbonari, nimmt an der Savoyischen Expedition von Mazzini teil, gibt eine Zeitschrift heraus, die nach französischer Manier mit Knüppeln erschlagen wird...

Als er sich schließlich überzeugt hatte, daß in Frankreich für ihn nichts zu tun war, erinnerte er sich seiner Heimat und übertrug seine ganze Energie, seine ganze erworbene Geschicklichkeit als Politiker, Publizist und Verschwörer auf die Entwicklung seiner Ideen im Genfer Kanton.

Er plante dort eine radikale Umwälzung und führte sie durch. Genf erhob sich gegen seine alte Regierung; die Debatten, Angriffe und Widerstände wanderten aus den Kammern und Zeitungen auf den Markt, und Fazy trat auf als das Haupt des sich empörenden Teiles der Stadt. Während er Anordnungen gab und seine bewaffneten Freunde aufstellte, blickte ein grauhaariger alter Mann zum Fenster heraus, und da er Berufssoldat war, konnte er sich nicht enthalten, Ratschläge darüber zu erteilen, wie man eine Kanone und eine Abteilung aufstellt. Fazy gehorchte. Der Rat war klug, wer aber war der alte Soldat? Es war Graf Osterman-Tolstoi, der Oberkommandierende der alliierten Armeen bei Kulm, der nach der Thronbesteigung Nikolais Rußland verlassen hatte und dann fast ständig in Genf lebte.

Während dieser Umwälzung hat Fazy gezeigt, daß er durchaus nicht nur über Takt und einen sicheren Blick verfügte, sondern auch über jenen Wagemut, den nach Saint-Just ein Revolutionär unbedingt braucht. Nachdem er die Konservativen fast ohne Blutvergießen geschlagen hatte, erschien er im Großen Rat und erklärte ihm, daß er aufgelöst sei. Die Mitglieder wollten ihn verhaften und fragten voller Entrüstung: in wessen Namen er es wage, so zu sprechen?

2 (franz.) der Menschenrechte.

»Im Namen des Genfer Volkes, das Ihrer schlechten Regierung überdrüssig ist und das mit mir gekommen ist«, bei diesen Worten zog Fazy den Vorhang an der Tür des Ratssaales zurück. Ein Haufe bewaffneter Leute füllte den Saal, bereit, beim ersten Wort Fazys die Gewehre anzulegen und zu schießen. Die alten »Patrizier« und friedlichen Calvinisten gerieten in Verwirrung.

»Verlassen Sie den Raum, solange es noch Zeit ist«, bemerkte Fazy, und sie trollten sich gehorsam nach Hause. Fazy aber setzte sich an den Tisch und schrieb ein Dekret oder Plebiszit, das verkündete, daß das Genfer Volk die alte Regierung abgesetzt habe und sich zu neuen Wahlen und zur Annahme einer neuen demokratischen Verfassung anschickte; inzwischen übertrage das Volk die Vollzugsgewalt James Fazy. Dies ist ein 18. Brumaire zugunsten der Demokratie und des Volkes. Fazy hat sich zwar selbst zum Diktator gewählt, doch ist die Wahl unbestreitbar eine sehr glückliche gewesen.

Seit jener Zeit, das heißt seit dem Jahre 1846, regiert er Genf. Da nach der Verfassung der Präsident für zwei Jahre gewählt wird und nicht zweimal hintereinander gewählt werden kann, ernennen die Genfer nach zwei Jahren irgendeinen blinden Verehrer Fazys, und auf diese Weise bleibt er de facto Präsident, zum großen Kummer der Konservativen und der Pietisten, die ständig in der Minderheit bleiben.

Während seiner Diktatur offenbarte Fazy neue Fähigkeiten. Die Administration und die Finanzen – alles machte gute Fortschritte; die konsequente Durchführung radikaler Prinzipien gewann ihm die Anhänglichkeit des Volkes; Fazy war als Organisator genauso tatkräftig wie er sich als Zerstörer gezeigt hatte. Genf blühte auf unter ihm. Das sagten mir nicht nur seine Freunde, sondern völlig fernstehende Leute, unter anderen auch der berühmte Sieger von Kulm, Osterman-Tolstoi.

Fazy, der in seinem Wesen ohnehin schroff und reizbar, hastig und unduldsam war, hatte stets despotisch-republikanische Gewohnheiten an sich gehabt; nachdem er sich an die Macht gewöhnt hatte, bekam der despotische pli so manches Mal die Oberhand; dazu kam noch, daß die Ereignisse und Ideen nach 1848 Fazy überrumpelten; so war er einerseits verwirrt, andererseits fühlte er sich übergangen. Da war sie nun, diese Republik, von der er zusammen mit Godefroy Cavaignac und Armand Carrel geträumt hatte... aber etwas war nicht recht im Lot. Sein ehemaliger Genosse Marrast, Präsident der Nationalversammlung, gibt ihm zu verstehen, daß er sich »beim Frühstück in Gegenwart des Sekretärs« unvorsichtig über den Katholizismus geäußert habe, und meint, daß man die Religion schonungsvoll behandeln müsse, um die Pfaffen nicht zu erzürnen; wenn der Exredakteur des »National« im Präsidentenhause aus einem Zimmer in das andere ging, salutierten ihm zwei Wachtposten. Ein anderer Freund und Protegé von Fazy ging noch weiter: er wurde selbst Präsident der Republik, aber mit seinem alten Kameraden wollte er nichts mehr zu tun haben und zeigte deutlich die Absicht, ein Napoleon zu werden. »Die Republik ist in Gefahr!« – jedoch die Arbeiter und fortschrittlichen Leute beschäftigen sich nicht mit ihr, sie reden immer nur vom Sozialismus. Das war also der Schuldige – und Fazy stürzte sich eigensinnig und erbittert auf den Sozialismus. Dies bedeutete, daß er seine Grenze erreicht hatte, seinen Kulminationspunkt, wie die Deutschen sagen, und daß es nun abwärts ging mit ihm.

Er und Mazzini, die Sozialisten gewesen waren, noch bevor es den Sozialismus gab, wurden seine Feinde, als er im Begriff war, sich von allgemeinen Bestrebungen zu einer revolutionären Kraft zu entwickeln. Ich habe mit den beiden viele Lanzen gebrochen und mit Verwunderung gesehen, wie wenig man mit Logik erreichen kann, wenn ein Mensch sich nicht überzeugen lassen will. Wenn das bei dem einen und bei dem anderen Politik war, ein Nachgeben gegenüber einer zeitweiligen Notwendigkeit, warum mußten sie sich dann so ereifern, warum ihre Rolle, sogar im privaten Gespräch, so gut spielen? Nein, sie hegten einen Groll gegen die neue Lehre, die sich außerhalb ihrer Sphäre entwickelt hatte; sogar einen Groll gegen den bloßen Namen. Ich schlug Fazy einmal vor, in unseren Gesprächen den Sozialismus »Kleopatra« zu nennen, damit dieses Wort ihn nicht ärgere und mit seinem Klang die Verständigung behindere. Die Broschüren von Mazzini gegen den Sozialismus haben dem berühmten Agitator späterhin mehr Schaden zugefügt als Radetzky – doch davon soll hier nicht die Rede sein.

Einmal, als ich nach Hause kam, fand ich einen Zettel von Struve vor: er teilte mir mit, daß Fazy ihn ausweise, und zwar in sehr schroffer Form. Die Bundesregierung hatte längst Ordre gegeben, Struve und Heinzen auszuweisen; Fazy hatte sich darauf beschränkt, es ihnen mitzuteilen. Was war denn nun Neues passiert?

Fazy wollte nicht, daß Struve in Genf seine »internationale« Zeitschrift herausgab; er fürchtete, und vielleicht mit Recht, daß er und Heinzen einen so gefährlichen Unsinn drucken könnten, daß damit aufs neue Drohungen seitens Frankreichs, die Klagen Preußens und das Zähneknirschen Österreichs heraufbeschworen würden. Wie ein praktischer Mensch glauben konnte, daß diese Zeitschrift je erscheinen würde, weiß ich nicht; genug, er forderte Struve auf, entweder auf die Zeitschrift zu verzichten oder Genf zu verlassen. In dem Augenblick zu verzichten, in dem Struve fanatisch davon träumte, mit Hilfe seiner Zeitschrift die »sieben Geißeln des Menschengeschlechts« endgültig zur Strecke zu bringen, das ging über die Kräfte des badischen Revolutionärs. Da schickte Fazy einen Revierwachtmeister zu ihm mit dem Befehl, unverzüglich den Kanton zu verlassen. Struve empfing den Polizisten kühl und erklärte, daß er zur Abreise noch nicht bereit sei. Fazy fühlte sich mit dem Revierwachtmeister gekränkt und befahl der Polizei, Struve hinauszubefördern. Ohne ein gerichtliches Urteil das Haus zu betreten war unmöglich; die von Bern aus veranlaßte Maßnahme war eine polizeiliche und keine gerichtliche (das, was die Franzosen mesure de salut public[3] nennen). Der Polizist wußte dies, da er aber Fazy einen Dienst erweisen und sich wahrscheinlich auch für den schlechten Empfang revanchieren wollte, hielt er eine Equipage in Bereitschaft und setzte sich mit einem Kameraden nicht weit von Struves Haus unter eine Linde.

Struve, insgeheim darüber befriedigt, daß die Ära der Verfolgungen und des Märtyrertums von neuem begann, und im voraus überzeugt, daß man ihm nichts besonders Ernstes antun würde, schickte allen seinen Bekannten Briefe mit der Nachricht über das Geschehene. In Erwartung ihrer glühenden Teilnahme und flammenden Entrüstung konnte er es sich nicht versagen, wenigstens einen Gang zu seinem Freunde Heinzen zu machen, der seinerseits ein ebensolches liebenswürdiges Zettelchen von Fazy erhalten hatte. Da Heinzen nicht weit entfernt wohnte, so begab sich Struve *ganz gemütlich* im Hausanzug und in Pantoffeln zu ihm. Er war kaum bis zu der Linde gekommen, hinter welcher der listige Sohn Calvins sich versteckt hatte, als dieser ihm den Weg abschnitt, den Befehl des Bundesrates vorzeigte und verlangte, daß er ihm folgen solle. Die Überzeugungskraft dieser Aufforderung wurde durch zwei Gendarmen verstärkt. Der erstaunte Struve, der Fazy verfluchte und ihn von nun an zu den »sieben Geißeln« zählte,

3 (franz.) Maßnahme zur Erhaltung der öffentlichen Ordnung.

setzte sich in den Wagen und rollte zusammen mit den Polizisten in den Kanton Waadt.

Etwas Derartiges war seit dem Beginn von Fazys Diktatur in Genf nicht vorgekommen. Das alles war recht grob und unnötig und hatte sogar etwas Närrisches an sich. Ich kochte vor Zorn, als ich gegen zwölf Uhr abends nach Hause zurückkehrte; am Pont des Bergues traf ich Fazy, der vergnügt in Begleitung einiger italienischer Emigranten daherkam.

»Ah, guten Tag, was gibt es Neues?« sagte er, als er mich erblickte.

»Viel«, antwortete ich in ausgesucht kühlem Ton.

»Nun, was denn?«

»Ja, zum Beispiel dies, daß in Genf, genau wie in Paris, die Leute auf der Straße festgenommen und mit Gewalt fortgebracht werden, il n'y a plus de sécurité dans les rues[4] – und ich fürchte mich, auszugehen...«

»Ah, Sie reden von Struve...«, erwiderte Fazy, den der Zorn dermaßen übermannte, daß seine Stimme sich zu überschlagen begann. »Was soll man denn mit diesen unvernünftigen Leuten anfangen? Ich bin es endlich müde und werde diesen Herren zeigen, was es heißt, die Gesetze zu mißbrauchen und die Anordnungen des Bundesrates offen zu brüskieren...«

»Ein Recht«, sagte ich lächelnd, »das Sie einzig sich selber zugestehen.«

»Soll ich wegen jedes Irrsinnigen, der aus Bedlam entsprungen ist, mich selber und den Kanton in Gefahr bringen, und dies unter den heutigen Verhältnissen? Und statt sich zu bedanken, werden sie auch noch grob. Stellen Sie sich vor, meine Herren, ich schicke zu ihm einen Polizeikommissar, und es hat nur wenig gefehlt, daß er ihn hinausgeschmissen hätte – das ist denn doch die Höhe! Sie begreifen einfach nicht, daß einem Beamten (magistrat), der im Namen des Gesetzes kommt, Achtung erwiesen werden muß. Ist es nicht so?«

Die Begleiter Fazys nickten bestätigend.

»Ich bin damit nicht einverstanden«, sagte ich zu ihm, »und sehe durchaus keinen Grund, einen Menschen deswegen zu achten, weil er ein Polizist ist oder etwa, weil er gekommen ist, um irgendeinen Unsinn zu verkünden, den Fourière oder Drouet in Bern geschrieben haben. Man braucht nicht grob zu sein, aber wozu Höf-

4 (franz.) es ist gefährlich geworden, auf die Straße zu gehen.

lichkeiten an einen Menschen verschwenden, der zu mir als ein Feind kommt, noch dazu als ein Feind, der die öffentliche Gewalt hinter sich hat?«

»So etwas habe ich in meinem Leben noch nicht gehört«, bemerkte Fazy, zuckte die Achseln und blitzte mich aus seinen Augen zornig an.

»Ihnen ist das neu, weil Sie niemals darüber nachgedacht haben. Sich die Beamten als Personen vorzustellen, die eine heilige Handlung zelebrieren, das ist vollkommen monarchistisch...«

»Sie wollen den Unterschied zwischen der Achtung vor dem Gesetz und Sklavensinn deshalb nicht verstehen, weil bei Ihnen der Zar und das Gesetz ein und dasselbe sind, c'est parfaitement russe!«[5]

»Ja, wie soll man denn das auch verstehen, wenn bei Ihnen die Achtung vor dem Gesetz Achtung vor dem Revierwachtmeister oder vor dem Schutzmann bedeutet?«

»Wissen Sie auch, mein Herr, daß der Polizeikommissar, den ich geschickt habe, nicht nur ein hochachtbarer Mann ist, sondern auch einer der treuesten Patrioten? Ich habe ihn bei der Ausübung seines Amtes gesehen...«

»Und ein ausgezeichneter Familienvater«, fuhr ich fort, »nur geht das weder mich noch Struve etwas an; er gehört nicht zu unserer Bekanntschaft, und er ist bei Struve durchaus nicht in seiner Eigenschaft als ein musterhafter Bürger erschienen, sondern als Vollstrecker einer Gewalt, die ihn verfolgt...«

»Aber ich bitte Sie«, bemerkte Fazy, der immer zorniger wurde, »was geht Sie dieser Struve an? Haben Sie selbst nicht erst gestern über ihn gelacht...«

»Ich fände es aber gar nicht lächerlich, wenn Sie ihn etwa heute aufhängen ließen.«

»Wissen Sie, was ich glaube?«, er blieb stehen. »Ich glaube, er ist einfach ein russischer Agent.«

»Herrgott, was für ein Unsinn!« sagte ich und brach in Gelächter aus.

»Wieso Unsinn?« schrie Fazy noch lauter. »Ich sage das in vollem Ernst zu Ihnen!«

Da ich den unbändig aufbrausenden Charakter meines Genfer Tyrannen kannte und wußte, daß er im Grunde genommen bei all seiner Reizbarkeit hundertmal besser war als seine Worte, zudem

5 (franz.) das ist ganz und gar russisch.

kein böser Mensch, hätte ich ihm seinen lauten Ton vielleicht durchgehen lassen; aber hier waren Zeugen anwesend, und außerdem war er der Präsident des Kantons und ich genau solch ein Vagabund ohne Papiere wie Struve; so antwortete ich ihm denn mit Stentorstimme: »Sie bilden sich wohl ein, weil Sie der Präsident sind, brauchen Sie nur irgend etwas zu sagen, und alle werden Ihnen sofort glauben?«

Mein Schreien tat seine Wirkung, Fazy mäßigte die Stimme; dafür aber schlug er erbarmungslos mit der Faust auf das Brückengeländer und bemerkte: »Aber sein Onkel, Gustav Struve, ist doch russischer Geschäftsträger in Hamburg.«

»Na, das haben Sie wohl aus der Fabel ›Der Wolf und das Schaf‹. Ich gehe lieber nach Hause. Leben Sie wohl!«

»In der Tat, gehen wir lieber schlafen, als daß wir uns streiten, sonst verzanken wir uns noch«, bemerkte Fazy und lächelte gezwungen.

Ich ging ins Hôtel des Bergues, Fazy mit den Italienern über die Brücke. Wir hatten im Eifer so geschrien, daß sich einige Fenster im Hotel geöffnet und das Publikum in Gestalt von Kellnern und Touristen unserer Debatte zugehört hatte.

Inzwischen war der Revierwachtmeister und hochachtbare Bürger, der Struve abtransportiert hatte, zurückgekehrt, jedoch nicht allein, sondern in Begleitung desselben Struve. Im ersten Städtchen des Kantons Waadt, in der Nähe von Coppet, wo die Staël und die Récamier lebten, hatte sich ein höchst amüsanter Zwischenfall ereignet. Als der Polizeipräfekt, ein glühender Republikaner, hörte, unter welchen Umständen Struve festgenommen worden war, erklärte er, daß die Genfer Polizei ungesetzlich gehandelt habe, und weigerte sich nicht nur, Struve weiterzubefördern, sondern schickte ihn zurück.

Man kann sich die Wut Fazys vorstellen, als er – gleichsam als Dessert zu unserem Gespräch – von der wohlbehaltenen Rückkehr Struves erfuhr. Nachdem er sich eine Weile mündlich und schriftlich mit dem »Tyrannen« gezankt hatte, reiste Struve zusammen mit Heinzen nach England; dort war es, wo Heinzen zwei Millionen Köpfe forderte und dann mit seinem Pylades friedlich nach Amerika absegelte, anfangs mit der Absicht, eine Schule für junge Mädchen zu gründen, dann um in St. Louis den »Pionier« herauszugeben, eine Zeitschrift, die selbst bejahrte Männer nicht immer lesen dürften.

Etwa fünf Tage nach dem Gespräch an der Brücke traf ich mit Fazy im Café de la Poste zusammen.

»Warum haben Sie sich so lange nicht sehen lassen?« fragte er. »Sind Sie immer noch böse? Na, ich muß schon sagen, diese Geschichten mit den Emigranten sind eine solche Plage, man kann den Verstand dabei verlieren! Der Bundesrat bombardiert mich mit Noten, und dann ist da dieser verdammte Sous-Präfekt von Gex, der eigens hierbleibt, um zu sehen, ob die Franzosen interniert sind. Ich gebe mir Mühe, alles in Ordnung zu bringen, und die eigenen Freunde sind mir dafür auch noch böse. Jetzt gibt es noch eine neue Sache, und eine sehr üble dazu; ich weiß schon jetzt, daß man über mich herziehen wird, aber was soll ich tun?«

Er nahm an meinem Tischchen Platz und fuhr, die Stimme senkend, fort: »Das sind bereits keine Phrasen mehr und kein Sozialismus, das ist einfach Diebstahl.«

Er reichte mir einen Brief. Irgendein deutscher regierender Herzog beklagte sich, daß ihm bei der Besetzung seines Städtchens durch Freischärler Wertsachen und unter anderem ein altertümlicher Kelch von seltener Arbeit gestohlen worden seien; der Kelch befindet sich bei dem ehemaligen Anführer der Legion, Blenker, und da zur Kenntnis Seiner Durchlaucht gelangt sei, daß Blenker in Genf lebe, so bitte er Fazy um Beistand zur Auffindung der Gegenstände.

»Was sagen Sie dazu?« fragte Fazy mit triumphierender Stimme.

»Nichts. In Kriegszeiten kann viel passieren.«

»Was soll ich denn nach Ihrer Meinung tun?«

»Den Brief wegwerfen oder diesem Narren schreiben, daß Sie keineswegs sein Geheimpolizist in Genf sind. Was haben Sie mit seinem Geschirr zu tun? Er soll sich freuen, daß Blenker ihn nicht aufgehängt hat, und da sucht er noch nach seinen Habseligkeiten.«

»Sie sind ein äußerst gefährlicher Sophist«, sagte Fazy, »nur haben Sie dabei nicht bedacht, daß derartige Streiche einen Schatten auf unsere Partei werfen... man kann diese Sache unmöglich auf sich beruhen lassen.«

»Ich weiß nicht, warum Sie sich das so zu Herzen nehmen. Als ob nicht viel schrecklichere Dinge auf der Welt geschähen. Was die Partei und ihre Ehre anbelangt, so werden Sie vielleicht wieder sagen, daß ich ein Sophist sei: überlegen Sie selbst, ob Sie ihr damit nützen, wenn Sie dieser Sache nachgehen. Schenken Sie der Denunziation des Herzogs keine Beachtung! Man wird sie als eine

Verleumdung betrachten. Wenn zu dem Gerücht aber noch die Nachricht hinzukommt, daß Sie eine Haussuchung haben vornehmen lassen und zu allem Unglück etwas gefunden worden ist, dann wird es für Blenker und für die ganze Partei schwerhalten, sich zu rechtfertigen.«

Fazy staunte aufrichtig über die russische Unordnung meiner Ansichten.

Die Sache Blenker endete, wie es nicht besser sein konnte. Er befand sich nicht in Genf; beim Erscheinen des Untersuchungsrichters und der Polizei wies seine Frau ruhig die Sachen und das Geld vor, erzählte, woher sie stammten, und als sie von dem Gefäß hörte, holte sie es selber herbei: es war ein überaus einfacher silberner Kelch. Junge Leute, die in der Landwehr dienten, hatten ihn genommen und ihrem Obersten, zur Erinnerung an den Sieg, dargebracht.

Fazy hatte sich späterhin bei Blenker entschuldigt und zugegeben, daß er sich in dieser Angelegenheit übereilt habe. Eine maßlose Sucht, die Wahrheit aufzudecken, in Kriminalprozessen bis zu letzten Einzelheiten vorzudringen, Die Schuldigen mit Ingrimm zu verfolgen, sie konfus zu machen – all dies sind echt französische Fehler; die Gerichtsbarkeit ist für sie ein blutgieriges Spiel, ähnlich wie die Stierkämpfe für die Spanier. Der Staatsanwalt fühlt sich, gleich einem geschickten Toreador, erniedrigt und beleidigt, wenn das gehetzte Tier davonkommt. In England gibt es nichts dergleichen: der Richter blickt kaltblütig auf den Angeklagten, strengt sich nicht sonderlich an und ist beinahe zufrieden, wenn die Geschworenen kein schuldigsprechendes Verdikt fällen.

Die Emigranten ihrerseits reizten Fazy und vergifteten ihm seine Tage. All dies ist verständlich, und man darf sich nicht allzu streng dazu verhalten. Die Leidenschaften, die zur Zeit der revolutionären Bewegungen entfacht waren, hatten sich durch den Mißerfolg nicht beruhigt und fanden ihren Ausdruck, da sie keinen anderen Ausweg hatten, in einer aufsässigen und unruhigen Gemütsverfassung. Diese Leute verlangte es danach, um jeden Preis zu reden, gerade zu einer Zeit, in der sie zum Schweigen verurteilt waren, wo sie sich in den Hintergrund zurückziehen, sich unsichtbar machen, sich konzentrieren sollten; sie aber waren, ganz im Gegenteil, bemüht, den Schauplatz nicht zu verlassen, und demonstrierten mit allen Mitteln ihr Vorhandensein; sie schrieben Broschüren, schrieben in Zeitschriften, sie sprachen auf Versammlungen, sprachen in den Cafés, verbreiteten falsche Nachrichten und ängstigten dumme Regierungen mit einem baldigen Aufstand. Der größte Teil von ihnen gehörte zu den allerungefährlichsten Choristen der Revolutionen, aber die erschreckten Regierungen, die auf ihre Art nicht weniger verrückt waren, glaubten an die Stärke ihrer Gegner, und da sie eine freie und kühne Sprache nicht gewohnt waren, schrien sie von der unvermeidlichen Gefahr, vom Untergang der Religion, des Thrones, der Familie und forderten, daß diese fürchterlichen Leute des Aufruhrs und der Zerstörung vom Bundesrat ausgewiesen würden.

Eine der ersten Maßnahmen, die von der Schweizer Regierung ergriffen wurden, bestand darin, daß sie diejenigen Emigranten, die Napoleon besonders unsympathisch waren, von der französischen Grenze entfernte. Diese Maßregel durchzuführen ging Fazy sehr gegen den Strich: er war fast mit allen persönlich bekannt. Nachdem er ihnen den Befehl, Genf zu verlassen, verkündet hatte, gab er sich Mühe, nicht zu wissen, wer weggefahren war und wer nicht. Die Nichtabgereisten sollten außerdem auf den Besuch der wichtigsten Cafés, auf den Pont des Bergues, verzichten – und gerade dies wollten sie nicht. Daraus ergaben sich komische Pensionatsszenen, an denen ehemalige Volksvertreter, Leute mit grauem Haar, Männer über Vierzig, bekannte Schriftsteller auf der einen Seite und der Präsident eines freien Kantons sowie Polizeiagenten von knechtischen Nachbarn der Schweiz auf der anderen beteiligt waren.

Einmal fragte in meiner Gegenwart der Souspräfekt von Gex in ironischem Ton bei Fazy an: »M. le président, befindet sich X. eigentlich in Genf?«

»Er ist längst nicht mehr da«, antwortete Fazy kurz.

»Das freut mich sehr«, bemerkte der Souspräfekt und ging seines Weges. Fazy jedoch packte mich ungestüm bei der Hand, zeigte krampfhaft erregt auf einen Mann, der ruhig seine Zigarre rauchte, und sagte: »Da ist er! Da ist er! Lassen Sie uns auf die andere Seite gehen, damit wir diesem Räuber nicht begegnen. Das ist ja die reinste Hölle!«

Ich konnte mir das Lachen nicht verbeißen. Natürlich, das war der ausgewiesene Flüchtling, und er ging eben auf dem Pont des Bergues spazieren, der in Genf dasselbe ist, wie bei uns der Twerskoi Boulevard.

Ich blieb bis Mitte Dezember in Genf. Die Verfolgungen, die seitens der russischen Regierung insgeheim gegen mich eingesetzt hatten, zwangen mich, die Stadt zu verlassen, um nach Zürich zu fahren und das Vermögen meiner Mutter zu retten, nach dem der »unvergeßliche« Imperator seine kaiserlichen Krallen ausgestreckt hatte.

Das war eine furchtbare Zeit in meinem Leben. Es war die Stille zwischen zwei Donnerschlägen, eine drückende, schwere, aber keineswegs erhabene Stille... Anzeichen hoben drohend den Finger, aber ich wendete mich auch da noch nicht von ihnen ab. Das Leben ging ungleichmäßig und ungeordnet weiter, doch es brachte auch lichte Tage mit sich; diese verdankte ich der grandiosen schweizerischen Natur.

Entfernung von den Menschen und eine schöne Natur üben eine erstaunlich heilkräftige Wirkung aus. Ich sprach aus Erfahrung, als ich im »Geisteskranken« schrieb: »Wenn die Seele ein großes Leid in sich trägt, wenn ein Mensch nicht so weit mit sich zurechtgekommen ist, daß er sich mit dem Vergangenen auszusöhnen vermag, daß er sich beruhigt im Begreifen, dann braucht er die Ferne und die Berge, das Meer und eine warme, milde Luft. Er braucht sie, damit die Trauer sich nicht in Erbitterung, in Verzweiflung verwandelt, damit er sich nicht verhärtet...«

Es gab auch damals schon so manches, von dem ich gern ausgeruht hätte. Die anderthalb Jahre, die ich im Mittelpunkt politischer Wirren und Streitigkeiten verbracht hatte, in ständiger Erregung angesichts blutiger Schauspiele, eines furchtbaren allgemeinen Niederganges und kleinlichen Verrats, hatten viel Bitterkeit, Gram und Müdigkeit auf dem Grunde der Seele hinterlassen. Meine Ironie nahm einen anderen Charakter an. Als Granowskij »Vom anderen Ufer« gelesen hatte, das gerade in jener Zeit entstanden war, schrieb er mir: »Dein Buch ist zu uns gelangt, ich habe es mit Freude und einem Gefühl des Stolzes gelesen... doch bei alledem ist etwas Müdes darin, Du stehst allzu allein und wirst vielleicht ein großer Schriftsteller; aber das, was in Rußland für alle lebendig und sympathisch an Deinem Talent war, das scheint auf dem fremden Boden verschwunden zu sein...« Sasonow, der vor meiner Abreise aus Paris, im Jahre 1849, den Anfang meiner Erzählung »Die Pflicht vor allem«, die zwei Jahre vorher entstanden war, noch einmal gelesen hatte, sagte zu mir: »Du wirst diese Erzählung nicht beenden, und du wirst auch nichts Ähnliches mehr schreiben. Dein frohes Lachen und Dein gutmütiger Scherz sind verschwunden.«

Aber konnte denn ein Mensch durch die Prüfung der Jahre 1848 und 1849 hindurchgehen und der gleiche bleiben? Ich selbst fühlte diese Veränderung nur zu gut. Zu Hause, wenn keine fremden Leute da waren, stellte sich noch manchmal die Stimmung von früher ein; das waren freilich keine Augenblicke »eines frohen Lachens«, sondern eher einer heiteren Wehmut; wenn wir der Vergangenheit und unserer Freunde gedachten, wenn wir uns an die Bilder aus unserer jüngst vergangenen Zeit in Rom erinnerten, wenn wir am Bettchen der schlafenden Kinder saßen oder ihrem Spiel zuschauten, dann kam die Stimmung von einst, die Stimmung vergangener Tage über mich: die Seele wurde angeweht von Frische, von einer jugendlichen Poesie voll sanfter Harmonie; es wurde einem wohl ums Herz, man wurde still, und ein solcher Abend half einem dann über manchen Tag leichter hinweg!

Diese Augenblicke waren nicht häufig; wertlose und wenig erfreuliche Zerstreuungen ließen es nicht dazu kommen, die Zahl der Menschen um uns, die uns wenig bedeuteten, wuchs, und wenn es dem Abend zuging, war unser kleiner Salon auf den Champs-Élysées angefüllt mit Fremden. Größtenteils waren es neu angekommene Emigranten, gute und unglückliche Leute, aber befreundet war ich nur mit einem Menschen... und wohin sollte diese Freundschaft einmal führen!...

Mit Freuden verließ ich Paris, aber in Genf fanden wir uns in der gleichen Gesellschaft wieder, nur waren die Personen andere und die Verhältnisse beengter. In der Schweiz war damals alles mit der Politik verquickt, alles zerfiel in Parteien: die tables d'hôte und die Kaffeehäuser, die Uhrmacher und die Frauen. Eine ausschließliche Orientierung auf das Politische, besonders während der lastenden Ruhe, die stets mißglückten Umwälzungen zu folgen pflegt, wirkt außerordentlich ermüdend in ihrer unfruchtbaren Dürre und ihrer eintönigen Neigung, dauernd der Vergangenheit Vorwürfe zu machen. Sie ähnelt der Sommerzeit in großen Städten, wo alles verstaubt ist, wo es heiß ist und an frischer Luft fehlt, wo hinter blassen Bäumen Mauern und die warmen Pflastersteine hindurchschimmern, die die Sonnenhitze zurückwerfen. Ein lebendiger Mensch sehnt sich mit aller Macht nach einer Luft, die noch nicht von unzähligen anderen geatmet worden ist, in der es nicht riecht nach den Abfällen des Lebens und nicht durcheinander dröhnt und klirrt, wo sich weder ein fettiger, ekler Geruch noch unaufhörlicher Lärm bemerkbar machen.

Manchmal rissen wir uns tatsächlich los von Genf, fuhren an den Ufern des Sees entlang, fuhren zum Fuß des Montblanc, und die bewölkte, düstere Schönheit der Bergwelt verdeckte mit ihren scharfgezeichneten Schatten alle Eitelkeiten und alle Unrast des Lebens, sie erfrischte Leib und Seele mit dem kalten Hauch ihrer ewigen Gletscher.

Ich weiß nicht, ob ich wünschte, für immer in der Schweiz zu bleiben; unsereins, den Bewohner von Tälern und Fluren, behindern die Berge nach einer gewissen Zeit: sie sind allzu ungeheuer und nahe, sie bedrücken uns, schränken uns ein, doch manchmal tut es gut, eine kurze Zeit in ihrem Schatten zu wohnen. Außerdem lebt an den Berghängen ein reiner und guter Stamm, ein Stamm armer, aber nicht unglücklicher Menschen, mit geringen Ansprüchen, gewöhnt an ein bodenständiges und unabhängiges Leben. Die Schlacken der Zivilisation, ihr Grünspan, haben sich auf diesen Menschen noch nicht absetzen können; die geschichtlichen Veränderungen ziehen gleich Wolken unter ihnen vorbei und berühren sie wenig. Die römische Welt lebt noch in Graubünden fort, und es ist, als ob die Zeit der Bauernkriege in Appenzell gerade eben erst vorüber sei. Vielleicht findet sich noch in den Pyrenäen oder anderen Gebirgen, in Tirol ein ebenso gesunder Menschenschlag, aber im allgemeinen ist er in Europa längst nicht mehr vorhanden.

Westliche Arabesken. Zweites Heft

I. *Il pianto*[1]

Nach den Junitagen sah ich, daß die Revolution besiegt war, glaubte aber noch an die Besiegten, an die Gefallenen, glaubte an die wunderwirkende Kraft der Reliquien, an ihre geistige Macht. In Genf begann ich immer klarer zu erkennen, daß die Revolution nicht nur besiegt war, sondern auch, daß sie unterliegen mußte.

Mir schwindelte von meinen Entdeckungen, ein Abgrund tat sich vor meinen Augen auf, und ich fühlte, wie mir der Boden unter den Füßen schwand.

Nicht die Reaktion hatte die Revolution besiegt. Die Reaktion hatte sich überall als borniert, feige und schwachsinnig erwiesen, überall war sie vor dem Ansturm der Volksbrandung schimpflich zurückgewichen und wartete im Hinterhalt ab, bis ihre Zeit käme, in Paris und in Neapel, in Wien und in Berlin. Die Revolution war, wie Agrippina, gefallen unter den Streichen ihrer Kinder und, was am schlimmsten war, ohne daß es ihnen bewußt wurde; es waren mehr Heroismus und jugendliche Selbstaufopferung mit im Spiele gewesen als Verstand, und die reinen und edlen Opfer waren gefallen, ohne zu wissen, wofür. Das Schicksal der Übriggebliebenen war vielleicht noch trauriger. In Zwietracht untereinander, in persönliche Streitigkeiten verwickelt, in trauriger Selbstverblendung, zerfressen von ungezügeltem Ehrgeiz blieben sie bei den unerwarteten Tagen ihres Triumphes stehen und wollten weder die verwelkten Kränze noch das Hochzeitsgewand ablegen, ungeachtet dessen, daß die Braut sie betrogen hatte.

Unglücksfälle, Müßiggang und die Not führten zu Unduldsamkeit, Eigensinn und Gereiztheit... Die Emigration zerschlug sich in kleine Häuflein, in deren Mittelpunkt Namen und Gehässigkeit standen, aber keine Prinzipien. Der ständig rückwärts gerichtete Blick und die exklusive Abgeschlossenheit der Gesellschaft kamen sehr bald im Sprechen und Denken, in Haltung und Kleidung zum Ausdruck; eine neue Gilde – die Gilde der Auswanderer – bildete sich und verknöcherte wie die anderen Zünfte auch. Und wie einstmals Basilius der Große an Gregor von Nazianz schrieb, er

1 (ital.) hier: die Klage.

»schwelge im Fasten und finde Genuß in Entbehrungen«, so sind jetzt freiwillige Märtyrer aufgetaucht, deren Stand ihnen vorschreibt zu leiden und deren Beruf es ist, unglücklich zu sein, und darunter gibt es äußerst gewissenhafte Leute; Basilius der Große hat ja seinem Freund auch offenherzig über die Orgien der Fleischesabtötung und von der Wonne der Verfolgung geschrieben. Bei alledem bewegte sich das Bewußtsein nicht um einen Schritt vorwärts, das Denken schlief... Wenn diese Leute vom Schall einer neuen Posaune und einem neuen Sturmläuten aufgerufen würden, sie würden, wie die neun schlafenden Jungfrauen, genau den Tag fortsetzen, an dem sie eingeschlafen waren.

Das Herz verging einem vor Gram über diese deprimierenden Wahrheiten; es war ein schweres Stück Erziehung, das ich durchmachen mußte.

Traurig saß ich einmal in dem düsteren, unfreundlichen Zürich im Speisezimmer meiner Mutter; das war Ende Dezember 1849. Ich sollte am nächsten Tage nach Paris reisen; es war ein kalter Tag und es schneite, zwei, drei Holzscheite brannten unwillig, rauchend und knisternd im Kamin; alle waren mit Packen beschäftigt; ich saß mutterseelenallein, und das Genfer Leben schwebte mir vor Augen; vor mir schien alles im Dunkel zu liegen, ich fürchtete mich vor etwas, und mein Zustand war so unerträglich, daß ich mich – wenn ich es gekonnt hätte – auf die Knie geworfen und geweint hätte, daß ich gebetet hätte; aber ich konnte es nicht, und statt eines Gebetes schrieb ich einen Fluch nieder – meinen »Epilog auf das Jahr 1849«.

»Enttäuschung, Müdigkeit, Blasiertheit!« sagten die demokratischen Rezensenten von diesen unter Schmerzen geschriebenen Zeilen. Jawohl, Müdigkeit!... Enttäuschung!... Das Wort Enttäuschung ist abgedroschen, banal, ein Schleier, unter dem sich Trägheit des Herzens, Egoismus, der sich als Liebe gebärdet, tönende Leere der Eigenliebe, die auf alles Anspruch erhebt, und zu nichts taugliche Kräfte verbergen. Wir sind ihrer längst überdrüssig – dieser höheren, unerkannten Naturen, die ausgemergelt sind vor Neid und unglücklich vor Hochmut, im Leben wie in den Romanen. An alledem ist nicht zu zweifeln, aber sollte denn wirklich auf dem Grunde dieser furchtbaren psychischen Schmerzen, die nun allmählich in lächerliche Parodien und in eine triviale Maskerade ausarten, nicht doch ein Stück der Wahrheit liegen, die unserer Zeit in besonderem Maße eigen ist?

Der Dichter, der das Wort und die Stimme für diesen Schmerz gefunden hat, war viel zu stolz, um sich zu verstellen und um des Applauses wegen zu leiden; im Gegenteil, er sagte seine bitteren Gedanken oft rund heraus mit solchem Humor, daß die guten Leute sich totlachen wollten. Die Enttäuschung Byrons ist mehr als eine Laune, mehr als eine persönliche Stimmung. Byron ist daran zerbrochen, daß das Leben ihn betrogen hat. Und das Leben hat ihn nicht deswegen betrogen, weil seine Forderungen falsch waren, sondern deshalb, weil England und Byron auf zwei verschiedenen Altersstufen standen, zwei verschiedenen Erziehungsstadien angehörten, und weil sie einander gerade in der Epoche begegnet sind, in der sich der Nebel zerstreute.

Diesen Zwiespalt hat es auch schon früher gegeben, aber erst in unserem Zeitalter ist er uns zum Bewußtsein gekommen, in unserem Zeitalter tritt immer mehr die Unmöglichkeit zutage, ihn durch irgendeinen Glauben zu überbrücken. Nach dem römischen Zwiespalt kam das Christentum, dem Christentum folgte der Glaube an die Zivilisation, an die Menschheit. Die letzte Religion ist der Liberalismus, aber seine Kirche ist nicht von einer anderen Welt, sondern von dieser, seine Theodizee ist eine politische Lehre; er steht auf der Erde und kennt keine mystischen Versöhnungen, er muß sich tatsächlich aussöhnen. Der triumphierende und später geschlagene Liberalismus hat diesen Zwiespalt in aller Nacktheit aufgedeckt; das schmerzliche Bewußtsein dessen kommt in der Ironie des heutigen Menschen zum Ausdruck, in seinem Skeptizismus, mit dem er die Scherben seiner zerschlagenen Abgötter hinwegfegt.

In der Ironie findet der Ärger darüber Ausdruck, daß die logische Wahrheit nicht ein und dasselbe ist wie die historische, daß diese über die dialektische Entwicklung hinaus ihren eigenen leidenschaftlichen und zufälligen Weg der Entwicklung geht und daß sie außer ihrer Vernunft auch noch ihre Liebesgeschichte hat.

Enttäuschungen* in unserem Sinne dieses Wortes hat man bis zur Revolution nicht gekannt; das 18. Jahrhundert war eines der religiösesten Zeitalter der Geschichte. Ich spreche noch nicht einmal von dem Großmärtyrer Saint-Just oder von dem Apostel Jean-

* »Unser« Skeptizismus war im vorigen Jahrhundert überhaupt unbekannt, einzig Diderot und England machen eine Ausnahme. In England war der Skeptizismus seit langer Zeit zu Hause, und Byron folgte notwendig auf Shakespeare, Hobbes und Hume.

Jacques; aber ist denn Papst Voltaire, der den Enkel Franklins im Namen Gottes und der Freiheit gesegnet hat, nicht ein Pietist seiner Menschheitsreligion?

Der Skeptizismus wurde zusammen mit der Republik am 22. September 1792 proklamiert.

Die Jakobiner und überhaupt die Revolutionäre gehörten zu einer Minderheit, die sich aus dem Volksleben durch ihre Entwicklung herausgelöst hatte: sie stellten so etwas dar wie eine weltliche Geistlichkeit, die sich vorgenommen hat, die menschlichen Herden zu hüten. Sie verkörperten den höchsten Gedanken ihrer Zeit, ihr höchstes, aber nicht ihr allgemeines Bewußtsein, nicht das Denken aller.

Die neue Geistlichkeit besaß keine Zwangsmittel, weder solche der Phantasie noch der realen Gewalt; von dem Augenblick an, als die Macht ihren Händen entfallen war, besaßen sie nur noch eine Waffe – die Überzeugung; aber um zu überzeugen, genügt es nicht, daß man recht hat, und darin liegt der ganze Irrtum, notwendig ist vielmehr noch eines – die Gleichheit der Hirne!

Solange bei den Klängen des heiligen Hugenottenliedes und der heiligen »Marseillaise« der verzweifelte Kampf währte, solange die Scheiterhaufen brannten und das Blut floß, bemerkte man diese Ungleichheit nicht; aber schließlich stürzte das plumpe Gebäude der feudalen Monarchie zusammen; lange hatte man gebraucht, um Breschen in die Mauern zu schlagen, um die Türschlösser aufzubrechen... endlich... ein letzter Schlag – ein letzter Einbruch – nun vorwärts, ihr Tapferen, die Tore sind offen – und die Menge strömt hinein, nur sah sie anders aus, als man erwartet hatte. Was waren das für Menschen? Aus welchem Jahrhundert? Das waren keine Spartaner, das war nicht der große populus romanus. Davus sum, non Oedipus![2] Eine nicht aufzuhaltende Schmutzwelle überflutete alles. In dem Terror der Jahre 93 und 94 kam das innere Entsetzen der Jakobiner zum Ausdruck: sie erkannten den furchtbaren Irrtum, sie wollten ihn mit der Guillotine wiedergutmachen, doch soviel Köpfe sie auch abschlagen mochten, sie mußten trotz allem ihren eigenen vor der Macht der heraufkommenden Gesellschaftsschicht beugen. Dieser Schicht unterwarf sich alles, sie überwand die Revolution und die Reaktion, sie überschwemmte die alten Formen und erfüllte sie mit ihrem eigenen Inhalt, weil sie die einzige aktive Mehrheit der heraufkommenden Epoche dar-

2 (lat.) das römische Volk. Ich bin Davus, nicht Ödipus!

stellte. Als Sieyès erklärte, daß die Bürger »alles« seien, hatte er in einem viel größeren Maße damit recht, als er selbst annahm.

Die Kleinbürger sind nicht durch die Revolution geschaffen worden, sie waren fertig vorhanden samt ihren Überlieferungen und Sitten, der revolutionären Idee auf eine andere Art feindlich gesinnt. Die Aristokratie hatte sie kurz gehalten und im Hintergrund; als sie befreit waren, schritten sie über die Leichen ihrer Befreier hinweg und führten ihre eigene Ordnung ein. Die Minderheit wurde entweder zertreten, oder sie ging im Kleinbürgertum auf.

Ein paar Menschen aus jeder Generation blieben, trotz allem was geschehen war, die hartnäckigen Hüter der Idee; diese Leviten, aber vielleicht auch Azteken, nahmen die ungerechte Strafe für das Monopol einer exklusiven Entwicklung auf sich, für die Überlegenheit der Hirne satter Kasten, jener müßigen Kasten, die Zeit gehabt haben, nicht nur mit den Muskeln zu arbeiten.

Wir ärgern uns und geraten außer uns über die Sinnlosigkeit, die Ungerechtigkeit dieser Tatsache. Gerade als ob irgend jemand (außer uns selbst) versprochen hätte, daß in der Welt alles schön, gerecht und wie geschmiert vor sich gehen würde. Wir haben uns genug gewundert über die abstrakte Weisheit der Natur und der geschichtlichen Entwicklung; es wird Zeit zu merken, daß es in der Natur und in der Geschichte viel Zufälliges, Dummes, Mißlungenes und Verworrenes gibt. Die Vernunft, der Gedanke stehen am Ende – das ist nun das Ergebnis; alles beginnt mit dem Stumpfsinn des Neugeborenen; die Möglichkeit und das Streben liegen in ihm, ehe das Kind aber zur Entwicklung und zum Bewußtsein gelangt, ist es einer Reihe von äußeren und inneren Einflüssen, Richtungsänderungen und Hindernissen ausgesetzt. Das eine bekommt eine Hirnerweichung, das andere fällt hin, und das Hirn wird plattgedrückt, beide bleiben Idioten; das dritte fällt nicht hin, stirbt nicht am Scharlach und wird ein Dichter, ein Heerführer, ein Bandit, ein Richter. Im allgemeinen wissen wir in der Natur, in der Geschichte und im Leben hauptsächlich von Erfolgen und Fortschritten zu berichten; wir fangen erst jetzt an zu merken, daß nicht alles so großartig abgestimmt ist, wie es schien, weil wir selbst – ein Fehlschlag, eine gestochene Karte sind.

Das Bewußtsein von der Ohnmacht der Idee, von dem Fehlen einer unbedingten Macht der Wahrheit über die wirkliche Welt macht uns traurig. Eine neue Art von Manichäismus ergreift von uns Besitz, wir sind bereit, par dépit[3], an das vernünftige (das heißt das absichtliche) Böse zu glauben, wie wir an das vernünftige Gute geglaubt haben; dies ist der letzte Tribut, den wir dem Idealismus entrichten.

Dieser Schmerz wird mit der Zeit vergehen, sein tragischer und leidenschaftlicher Charakter wird sich legen; in der Neuen Welt der Vereinigten Staaten fehlt er fast völlig. Dieses Volk, das jung, unternehmend und mehr geschäftstüchtig als klug ist, ist dermaßen mit der Einrichtung seiner Wohnung beschäftigt, daß es unsere quälenden Schmerzen überhaupt nicht kennt. Dort gibt es überdies auch nicht zwei Bildungsstufen. Die Personen, aus denen die Schichten in der dortigen Gesellschaft bestehen, wechseln unaufhörlich, sie steigen hoch und sie steigen nieder, ein jeder nach der Bilanz seines Kredit und Debet. Der robuste Menschenschlag der englischen Kolonisten breitet sich ungeheuer aus; wenn er die Oberhand bekommt, werden die Menschen zwar nicht glücklicher werden, aber zufriedener. Diese Zufriedenheit wird minderwertiger, armseliger und trockener sein als das, was in den Idealen des romantischen Europa herumgeisterte, aber sie wird weder mit Königen noch mit einer Zentralisation verbunden sein, und vielleicht wird es auch keinen Hunger geben. Wer imstande ist, den alten europäischen Adam auszuziehen und als ein neuer Jonathan wiedergeboren zu werden, der soll mit dem nächsten Dampfer irgendwohin nach Wisconsin oder Kansas fahren – dort wird es ihm bestimmt besser ergehen als in der europäischen Zersetzung.

Diejenigen, die dazu nicht imstande sind, werden hierbleiben und ihr Leben als Musterbeispiele des wunderschönen Traumes beschließen, den die Menschheit einmal geträumt hat. Sie haben allzusehr von der Phantasie und von Idealen gelebt, um in die vernünftige amerikanische Altersstufe einzugehen.

Das ist kein großes Unglück: unser sind wenig, und wir werden bald aussterben!

II. *Post scriptum*

Ich weiß, daß meine Ansicht über Europa bei uns eine unfreundliche Aufnahme finden wird. Wir wollen nun einmal, zu unserem eigenen Trost, ein anderes Europa und glauben an dieses, wie die

3 (franz.) aus Verdruß.

Christen an das Paradies glauben. Träume zerstören ist überhaupt eine unangenehme Sache, aber mich zwingt eine innere Macht, die ich nicht überwinden kann, die Wahrheit auszusprechen – sogar in den Fällen, wo sie mir schadet.

Wir kennen Europa im allgemeinen von der Schule her, literarisch, das heißt wir kennen es nicht, und wir beurteilen es à livre ouvert[4], nach Büchern und Bildern, so wie Kinder die wirkliche Welt nach dem »Orbis pictus« beurteilen, indem sie sich vorstellen, daß sämtliche Frauen auf den Sandwichinseln ein Tamburin in den Händen über dem Kopf halten und daß, wo ein nackter Neger ist, unbedingt fünf Schritte von ihm entfernt ein Löwe mit zerzauster Mähne steht oder ein Tiger mit bösen Augen.

Unsere klassische Unkenntnis des westlichen Menschen wird viel Unheil anrichten, daraus werden sich noch vielfältiger Stammeshaß und blutige Zusammenstöße entwickeln.

Erstens ist uns nur die obere, die gebildete Schicht Europas bekannt, die das schwere Fundament des Volkslebens überlagert, das sich im Laufe von Jahrhunderten entwickelt hat, wobei es sich vom Instinkt, von Gesetzen leiten ließ, die man selbst in Europa noch wenig kennt. Die westliche Bildung dringt nicht ein in diese zyklopischen Schöpfungen, durch die die Geschichte mit dem Boden verwurzelt ist und der Geologie nahekommt. Die europäischen Staaten sind zusammengeschweißt aus zwei Völkern, deren Besonderheiten durch völlig verschiedene Arten der Erziehung aufrechterhalten werden. Die östliche Einheit, derzufolge ein türkischer Großwesir und jener Türke, der ihm die Pfeife reicht, einander ähnlich sind, gibt es hier nicht. Die Massen der ländlichen Bevölkerung haben seit den Religionskriegen und den Bauernaufständen keinerlei aktiven Anteil an den Ereignissen genommen; sie wurden von ihnen nach rechts und nach links gebeugt wie Getreidefelder, ohne auch nur für einen Augenblick ihren Boden zu verlassen.

Zweitens kennen wir auch die Schicht, die uns bekannt ist und mit der wir in Berührung kommen, nur historisch, nicht in der Gegenwart. Sobald wir das eine und das andere Jahr in Europa verbracht haben, sehen wir mit Verwunderung, daß die westlichen Menschen ganz allgemein unserer Vorstellung von ihnen nicht entsprechen, daß sie weit darunter stehen.

Das Ideal, das wir uns geschaffen haben, enthält wohl richtige

4 (franz.) hier: oberflächlich.

Elemente, aber entweder sind sie nicht mehr vorhanden oder sie haben sich völlig verändert. Der ritterliche Heldenmut, die Eleganz der aristokratischen Sitten, die strenge Haltung der Protestanten, die stolze Unabhängigkeit der Engländer, das üppige Leben der italienischen Künstler, der sprühende Geist der Enzyklopädisten und die finstere Tatkraft der Terroristen – das alles ist umgeschmolzen worden und hat sich umgewandelt in den Komplex einer neuen tonangebenden Moral, der bürgerlichen. Ihre Sitten bilden ein Ganzes, das heißt eine vollendete, in sich abgeschlossene Lebensanschauung, mit eigenen Überlieferungen und Regeln, mit eigenen Ansichten von Gut und Böse, mit eigenen Formen und ihrer eigenen Sittlichkeit niedrigerer Kategorie.

Wie der Ritter das Urbild der feudalen Welt gewesen ist, so wurde der Kaufmann zum Urbild einer neuen Welt: die Herren sind abgelöst worden von den Unternehmern. An und für sich hat das Bild des Kaufmanns als Person etwas Verschwommenes, er ist ein intermediärer Typ; als Vermittler zwischen einem, der produziert, und einem anderen, der verbraucht, stellt er so etwas dar wie eine Straße, eine Lastfuhre, ein Werkzeug.

Der Ritter war mehr er selbst, er war mehr Person und war, so gut er es verstand, auf die Wahrung seiner Würde bedacht, daher war er im Grunde genommen auch nicht abhängig, weder vom Reichtum noch von einer Stellung; die Hauptsache war seine Persönlichkeit; beim Bürger verbirgt sich die Persönlichkeit oder tritt nicht hervor, weil nicht sie die Hauptsache ist: Hauptsache ist für ihn die Ware, das Geschäft, die Sache, Hauptsache ist – das Eigentum.

Der Ritter war schrecklich ungebildet, ein Schläger und Raufbold, Räuber und Mönch, Säufer und Pietist, aber er war in allem offen und aufrichtig; zudem war er stets bereit, für das, was er als eine gerechte Sache ansah, sein Leben aufs Spiel zu setzen; er hatte seine eigenen sittlichen Gesetze, seinen eigenen Ehrenkodex, einen sehr willkürlichen zwar, von dem er aber nicht abwich, ohne die Achtung vor sich selbst oder die Achtung von seinesgleichen zu verlieren.

Der Kaufmann ist ein Mann des Friedens, nicht des Krieges; hartnäckig und beharrlich verteidigt er seine Rechte, aber er ist schwach im Angriff; berechnend und geizig, sieht er in allem einen Handel und läßt sich, wie ein Ritter, mit jedem, der ihm über den Weg läuft, in einen Zweikampf ein, nur ist seine Waffe – die List.

Seine Vorfahren, die mittelalterlichen Städter, waren gezwungen gewesen, zu Listen zu greifen, wenn sie sich vor Gewalttaten und Ausplünderung retten wollten: sie erkauften Ruhe und Besitz durch Verschlagenheit und Verschlossenheit, indem sie sich duckten, verstellten und sich im Zaum hielten. Seine Vorfahren übervorteilten den Ritter, hielten dabei den Hut in der Hand und verneigten sich bis zum Boden; sie wiegten den Kopf und seufzten, sie erzählten den Nachbarn von ihrer Armut, nichtsdestoweniger vergruben sie heimlich Geld in der Erde. Das alles ist den Nachkommen natürlich in Fleisch und Blut übergegangen und ist zum physiologischen Merkmal einer besonderen Gattung von Menschen geworden, die man den Mittelstand nennt.

Solange dieser Stand sich noch in einer unglücklichen Lage befand und zur Verteidigung seines Glaubens und zur Eroberung seiner Rechte mit der edleren Randschicht der Aristokratie Hand in Hand ging, war er voller Größe und Poesie. Doch dieser Zustand hielt nicht lange an, und Sancho Pansa, der das Übergewicht bekommen hatte und sich überall breitmachte, ließ sich völlig gehen, wobei er seinen volkstümlichen Humor und seinen gesunden Verstand verlor; die vulgäre Seite seiner Natur gewann die Oberhand.

Unter dem Einfluß des Bürgertums änderte sich alles in Europa. Die ritterliche Ehre wurde abgelöst von der buchhalterischen Redlichkeit, die vornehmen Sitten von gesetztem Benehmen, die Höflichkeit von Prüderie, der Stolz von Empfindlichkeit, die Parks von Gemüsegärten, die Paläste von Gasthäusern, die allen offen standen (das heißt allen, die Geld hatten).

Die früheren, veralteten, aber folgerichtigen Begriffe von den Beziehungen zwischen den Menschen waren erschüttert, aber ein neues Bewußtsein von den wahren Beziehungen der Menschen untereinander war noch nicht zutage getreten. Diese chaotische Ungebundenheit trug besonders dazu bei, daß sich alle kleinlichen und schlechten Seiten des Bürgertums unter dem allmächtigen Einfluß eines durch nichts eingedämmten Erwerbstriebes frei entwickeln konnten.

Man betrachte die moralischen Grundsätze, die seit etwa einem halben Jahrhundert Geltung haben. Was gibt es da nicht alles? Römische Begriffe vom Staat neben der gotischen Gewaltenteilung, Protestantismus und Volkswirtschaftslehre, salus populi[5]

5 (lat.) Wohl des Volkes.

und chacun pour soi[6], Brutus und Thomas a Kempis, das Evangelium und Bentham, die doppelte Buchführung und J.-J. Rousseau. Mit einem derartigen Durcheinander im Kopf und einem Magnet in der Brust, der ewig vom Golde angezogen wird, war es nicht schwer, zu solchen Absurditäten zu gelangen, wie dies in den fortgeschrittenen Ländern Europas der Fall ist.

Die ganze Moral beschränkt sich darauf, daß der Nichtbesitzende mit allen Mitteln erwerben muß, der Besitzende aber – sein Eigentum bewahren und vergrößern; die Flagge, die zum Beginn des Handels auf dem Markt gehißt wird, ist zum Banner der neuen Gesellschaft geworden. Der Mensch ist de facto zum Zubehör des Besitzes geworden; das Leben beschränkt sich auf den ständigen Kampf um Geld.

Die politische Frage hat sich seit 1830 allmählich zu einer ausschließlich bürgerlichen Frage entwickelt, und der jahrhundertealte Kampf kommt nur noch in den Interessen und Bestrebungen des herrschenden Besitzes zum Ausdruck. Das Leben ist nichts anderes als ein Börsenspiel geworden, alles hat sich in Wechselbuden und Märkte verwandelt: die Redaktionen der Zeitungen, die Wahlversammlungen, die Parlamente. Die Engländer haben sich dermaßen daran gewöhnt, alles in die Nomenklatur des Kramladens einzureihen, daß sie ihre alte anglikanische Kirche – Old Shop[7] nennen.

Sämtliche Parteien und deren Schattierungen haben sich in der bürgerlichen Welt allmählich in zwei Lager gespalten: auf der einen Seite sehen wir die Bürger der besitzenden Klasse, die sich hartnäkkig weigern, ihre Monopole aufzugeben, auf der anderen die besitzlosen Bürger, die den Händen der ersteren ihr Besitztum entreißen wollen, aber nicht die Kraft dazu haben, das heißt auf der einen Seite Geiz, auf der anderen Neid. Da ein wirklich sittliches Prinzip in alledem nicht vorhanden ist, so wird auch die Stellung einer Person auf der einen oder der anderen Seite einzig durch die äußeren Besitzverhältnisse und die Position bestimmt, die sie in der Gesellschaft einnimmt. Eine Oppositionswelle nach der anderen erlangt den Sieg, das heißt, sie gelangt zu Besitz oder Stellung und geht natürlich von der Seite des Neides auf die Seite des Geizes über. Für diesen Übergang kann es nichts Günstigeres geben als das fruchtlose Hin und Her der Parlamentsdebatten; es täuscht

6 (franz.) ein jeder sorgt für sich.
7 (engl.) Alter Laden.

Bewegung vor und setzt zugleich jeder Sache eine Grenze, es weckt den Anschein sachlicher Aktivität und bietet sich als Form der Vertretung allgemeiner Interessen dar, dient aber dabei nur der Erreichung höchst persönlicher Ziele.

Die parlamentarische Regierung – nicht in der Gestalt, wie sie aus den volkstümlichen Grundlagen des angelsächsischen Common Law[8] hervorgeht, sondern in der gesetzlichen Form, zu der sie sich im heutigen Staat entwickelt hat – ist der kolossalste Leerlauf der Welt. Ist es wohl möglich, in imposanterer Weise auf ein und demselben Fleck zu stehen, während man sich den Anschein eines feierlichen Marsches gibt, als es in den beiden englischen Parlamenten der Fall ist?

Aber diese Wahrung des Scheins ist ja die Hauptsache.

Dem ganzen Europäertum der heutigen Zeit liegen zwei gewichtige Züge zugrunde, deren Herkunft offenbar hinterm Ladentisch zu suchen ist: einerseits Heuchelei und Heimlichkeit, andererseits – das Zur-Schau-Stellen und der étalage[9]. Beim Verkauf nur die gute Seite der Ware zeigen, sie um den halben Preis einkaufen, Schund für gute Ware, die Form für das Wesen ausgeben, irgendeine Bedingung verschweigen, den buchstäblichen Sinn zum eigenen Nutzen auslegen, etwas scheinen, statt etwas zu sein, sich anständig benehmen, anstatt sich gut zu betragen, die äußere *Respectabilität* wahren statt der inneren Würde.

In dieser Welt ist alles in einem solchen Grade Dekoration, daß selbst die allergröbste Unwissenheit den Anschein von Bildung angenommen hat. Wer von uns ist nicht schon auf die Unwissenheit der westlichen Gesellschaft gestoßen und darüber errötet (ich rede hier nicht von den Gelehrten, sondern von den Leuten, aus denen die sogenannte Gesellschaft besteht)? Eine ernsthafte theoretische Bildung kann es dort nicht geben; sie erfordert zuviel Zeit, sie lenkt zu sehr vom Geschäft ab. Da in der bürgerlichen Gesellschaft alles, was außerhalb der Handelsumsätze und der »Exploitation« der eigenen gesellschaftlichen Position liegt, nicht wesentlich ist, muß ihre Bildung notwendig eine beschränkte sein. Daraus ergibt sich jene Unbeholfenheit und geistige Schwerfälligkeit, die wir in bürgerlichen Kreisen jedesmal beobachten können, wenn jemand von ihnen gezwungen ist, von dem ausgetretenen und gebahnten Weg abzuweichen. Überhaupt sind ihre Schlauheit und Heuchelei bei

8 (engl.) englisches (ungeschriebenes) Gewohnheitsrecht.

9 (franz.) Aufputz, Auslage.

weitem nicht so gescheit und weitsichtig, wie man sich das vorstellt; ihr Format ist armselig, ihr Geist keineswegs tiefgründig.

Die Engländer wissen das und verlassen daher nie die ausgetretenen Bahnen; da sie jede Veränderung fürchten, ertragen sie lieber nicht nur die lästigen, sondern, was noch schlimmer ist, auch die lächerlichen Unbequemlichkeiten ihres Konservativismus.

Die französischen Bürger waren nicht so vorsichtig und stürzten, bei all ihrer Verschlagenheit und Doppelzüngigkeit, mitten hinein ins Kaiserreich.

Siegessicher proklamierten sie das allgemeine Wahlrecht als Grundlage der neuen Staatsordnung. Diese arithmetische Flagge war ihnen sympathisch, die Wahrheit ließ sich durch Addition und Subtraktion ermitteln, man konnte sie auf dem Rechenbrett ausrechnen und mit Stecknadeln abstecken.

Und was haben sie nun dem Richterspruch aller Stimmen unterworfen? Bei dem derzeitigen Zustand der Gesellschaft! Die Frage, die das Bestehen der Republik betraf. Sie wollten diese durch das Volk totschlagen lassen, ein leeres Wort aus ihr machen, weil sie sie nicht mochten. Wird derjenige, der die Wahrheit liebt, hingehen und jeden, der ihm über den Weg läuft, um seine Meinung fragen? Hätten etwa Kolumbus oder Kopernikus die Existenz Amerikas oder die Umdrehung der Erde von einer Abstimmung abhängig gemacht?

Alles war schlau ersonnen, aber mit den Folgen hatten sich die guten Leute verrechnet.

Der Spalt, der sich zwischen dem Parterre und den handelnden Personen auf der Bühne gebildet hatte und der anfangs noch mit dem fadenscheinigen Teppich der Lamartineschen Beredsamkeit verdeckt gewesen war, wurde immer breiter und breiter; das Blut der Junitage hatte ihn ausgewaschen, und da wurde dem gereizten Volk die Präsidentenfrage gestellt. Als Antwort auf diese Frage stieg Louis-Napoléon aus dem Spalt, rieb sich die verschlafenen Augen und hatte sofort alles fest in der Hand, das heißt auch die Bürger, die sich in Erinnerung an alte Zeiten einbildeten, daß er herrschen, sie aber regieren würden.

Das, was wir auf der großen Bühne der staatspolitischen Ereignisse sehen, wiederholt sich mikroskopisch klein an jedem häuslichen Herd. Die bürgerliche Zersetzung ist bis in die verborgensten Winkel des Einzellebens und der Familie vorgedrungen. Niemals hat der Katholizismus, niemals hat das Rittertum den Menschen so tief, so allseitig ihren Stempel aufgedrückt, wie es die Bourgeoisie tut.

Adel verpflichtete. Denn da seine Rechte zum Teil phantastischer Art waren, waren selbstverständlich auch seine Pflichten phantastisch, aber sie bewirkten eine gewisse gegenseitige Verpflichtung unter Gleichen. Der Katholizismus verpflichtete seinerseits noch stärker. Die Ritter und die Gläubigen kamen häufig ihren Verpflichtungen nicht nach, aber das Bewußtsein, daß sie dadurch einen von ihnen selbst anerkannten gesellschaftlichen Vertrag verletzten, gestattete ihnen weder die Freiheit zu solchen Abweichungen von der Pflicht noch ihr Betragen zu einer Norm zu erheben. Sie besaßen ihr eigenes Festtagsgewand, ihre eigene offizielle Attitude, die keine Lüge waren, sondern eher ihr Ideal.

Der Inhalt dieses Ideals geht uns jetzt nichts mehr an. Ihr Prozeß ist entschieden und längst verloren. Wir wollen nur darauf hinweisen, daß der bürgerliche Stand, ganz im Gegensatz dazu, zu nichts verpflichtet, nicht einmal zum Kriegsdienst, solange es noch Freiwillige gibt; das heißt, er ist verpflichtet, per fas et nefas[10], Besitz zu haben. Sein Evangelium ist kurz: »Verdiene, vermehre deine Einkünfte wie Sand am Meer, nutze und mißbrauche dein bares und moralisches Kapital, ohne dich zu ruinieren, und du wirst satt und in Ehren ein hohes Alter erreichen, deine Kinder verheiraten und ein gutes Andenken hinterlassen.«

Die Lossagung von der ritterlichen und katholischen Welt war notwendig geworden, und sie war nicht das Werk von Bürgern, sondern einfach von freien Menschen, das heißt von Menschen, die sich von jeglichem Herdendasein losgesagt hatten. Darunter gab es Ritter wie Ulrich von Hutten und Adlige wie Arouet Voltaire, Uhrmacherlehrlinge wie Rousseau, Regimentsärzte wie Schiller und Kaufmannssöhne wie Goethe. Der Bürgerstand profitierte von ihrer Arbeit und fand sich nicht nur befreit von Königen und von der Sklaverei, sondern auch von allen gesellschaftlichen Lasten, außer der kollektiven Steuer zur Dingung einer sie schützenden Regierung.

Aus dem Protestantismus machten sie ihre eigene Religion, eine Religion, die das Gewissen des Christen mit der Beschäftigung eines Wucherers aussöhnt, eine dermaßen kleinbürgerliche Religion, daß das Volk, das sein Blut für sie vergoß, sie aufgegeben hat. In England geht der Pöbel am allerwenigsten in die Kirche.

10 (lat.) auf jede (erlaubte und unerlaubte) Weise.

Aus der Revolution haben sie ihre eigene Republik machen wollen, aber sie ist ihnen unter den Händen entschlüpft, ebenso wie die antike Zivilisation den Barbaren entschlüpft ist, das heißt, sie hatte keinen Platz in der Gegenwart, sondern nur die Hoffnung auf instaurationem magnam[11].

Die Reformation und die Revolution erschraken selber dermaßen vor der Hohlheit der Welt, in die sie eintraten, daß sie in zwei Arten von Mönchtum Rettung suchten: in der kalten, langweiligen Frömmelei des Puritanismus und in dem trockenen, gekünstelten Gemeinsinn eines republikanischen Formalismus. Der Intoleranz der Quäker und der Jakobiner lag die Angst zugrunde, daß der Boden, auf dem sie standen, nicht fest sein könnte; sie sahen, daß sie starke Mittel anwenden mußten, um die einen davon zu überzeugen, daß dies die Kirche, die anderen – daß dies die Freiheit sei.

Solchergestalt ist die allgemeine Atmosphäre des europäischen Lebens. Sie ist drückender und unerträglicher dort, wo die derzeitige westliche Wesensart am höchsten entwickelt ist, dort, wo sie ihren Prinzipien am treuesten geblieben ist, wo sie reicher, besser ausgebildet, das heißt, wo sie industrieller ist. Und dies ist der Grund, weshalb irgendwo in Italien oder in Spanien das Leben nicht so unerträglich beklemmend ist wie in England oder in Frankreich... Und dies ist der Grund, weshalb die gebirgige, arme und ländliche Schweiz das einzige Stückchen Erde Europas ist, in das man sich in Frieden zurückziehen kann.

11 (lat.) die große Wiedererstehung.

Sechstes Kapitel: Das Geld und die Polizei

Im Dezember 1849 erfuhr ich, daß die Vollmacht zwecks Verpfändung meines Besitztums, die ich aus Paris abgesandt hatte und die in der Gesandtschaft beglaubigt worden war, für nichtig erklärt und unmittelbar darauf das Kapital meiner Mutter beschlagnahmt worden sei. Es war keine Zeit zu verlieren, und so verließ ich, wie bereits im vorigen Kapitel erwähnt, Genf sofort und reiste zu meiner Mutter.

In unserer Zeit der finanziellen Unordnung wäre es dumm und heuchlerisch, sein Vermögen gering zu schätzen. Geld bedeutet Unabhängigkeit, Macht, es ist eine Waffe. Eine Waffe aber wirft niemand in Kriegszeiten weg, und sei es auch eine feindliche, sogar eine rostige. Die Sklaverei der Armut ist furchtbar, ich habe sie in allen Formen studiert, da ich jahrelang mit Menschen zusammengelebt habe, die sich nur mit dem, was sie auf dem Leibe trugen, aus politischen Schiffbrüchen gerettet hatten. Darum hielt ich es für gerechtfertigt und notwendig, alle Maßnahmen zu ergreifen, um den Bärentatzen der russischen Regierung alles, was möglich war zu entreißen.

Ich hätte ohnedies um ein Haar alles verloren. Als ich Rußland verließ, hatte ich keinen bestimmten Plan, ich wollte nur solange es irgend ging im Ausland bleiben. Es kam die Revolution von 1848 und riß mich mit hinein in ihren Strudel, noch bevor ich etwas zur Rettung meines Vermögens unternommen hatte. Gute Leute warfen mir vor, daß ich mich Hals über Kopf in eine politische Bewegung gestürzt und die Zukunft der Familie dem Willen Gottes überlassen hätte; vielleicht habe ich auch wirklich nicht ganz vorsichtig gehandelt, aber wenn ich, als ich 1848 in Rom lebte, zu Hause gesessen und darüber nachgedacht hätte, wie ich mein Vermögen retten könnte, während das aus dem Schlaf erwachte Italien vor meinen Fenstern raste, dann wäre ich wahrscheinlich nicht im Ausland geblieben, sondern nach Petersburg gereist, wäre aufs neue in den Staatsdienst getreten und könnte heute »Vizegouverneur« sein, den Posten eines »Oberstaatsanwalts« innehaben und würde zu meinem Sekretär »Du« sagen, meinen Minister aber mit

»Eure hohe Exzellenz« anreden.

Soviel Mäßigung und Besonnenheit besaß ich nicht, und diesen Umstand segne ich jetzt hundertfach. Herz und Erinnerung wären heute ärmer, wenn ich jene lichten Augenblicke des Glaubens und der Begeisterung versäumt hätte! Und was hätte ich dadurch schon gewonnen? Ja und selbst wenn es für mich von Vorteil gewesen wäre – was aber hätte es ihr eingetragen, deren gebrochenes Leben später nichts als ein Leiden war, das mit dem Grabe endete? Wie bitter hätte mich mein Gewissen angeklagt, wenn ich sie aus vorsorglicher Umsicht um die beinahe letzten Augenblicke eines ungetrübten Glückes gebracht hätte! Und dann – die Hauptsache habe ich ja schließlich doch erreicht: ich habe fast das ganze Vermögen gerettet, mit Ausnahme eines Gutes in Kostroma.

Nach den Junitagen wurde meine Situation gefährlicher. Ich machte die Bekanntschaft von Rothschild und bat ihn, mir zwei Kreditscheine der Moskauer Depositenbank einzuwechseln. Begreiflicherweise war die Geschäftslage damals nicht gut und der Kurs miserabel; seine Bedingungen waren unvorteilhaft, aber ich erklärte mich sofort einverstanden und hatte das Vergnügen, auf Rothschilds Lippen ein leichtes Lächeln des Bedauerns zu sehen: er hielt mich für einen der unzähligen princes russes[1], der in Paris in Schulden geraten war, und nannte mich daher »monsieur le comte«[2].

Das Geld für die ersten Kreditscheine war unverzüglich ausgezahlt worden; die folgenden, die auf eine weit höhere Summe lauteten, wurden zwar ebenfalls eingelöst, aber der Korrespondent Rothschilds hatte ihn benachrichtigt, daß mein Kapital beschlagnahmt sei; zum Glück war dies nicht mehr der Fall.

So kam es, daß ich mich mit einer großen Geldsumme in Paris befand, mitten in der unruhigsten Zeit, ohne Erfahrung und ohne zu wissen, was ich damit anfangen sollte. Jedoch ging alles ziemlich gut. Überhaupt, je leidenschaftsloser man sich in finanziellen Angelegenheiten verhält, je weniger Sorgen man sich macht, je weniger man sich aufregt, um so leichter geht alles. Es kann jemandem, der habgierig Reichtümer anhäuft, oder einem ängstlichen Geizkragen ebenso leicht passieren, daß er sein Vermögen verliert, wie einem Verschwender.

Auf Rothschilds Rat hin kaufte ich mir einige amerikanische und

1 (franz.) russischen Fürsten.
2 (franz.) Herr Graf.

französische Wertpapiere sowie ein kleines Haus in der Rue Amsterdam, in dem sich das Hôtel de Havre befand.

Einer meiner ersten revolutionären Schritte, die mich von Rußland lösten, brachte mich in die ehrenwerte Korporation der konservativen Müßiggänger, ließ mich die Bekanntschaft von Bankiers und Notaren machen, gewöhnte mich daran, die Börsenkurse zu verfolgen, kurz und gut, er machte mich zum westlichen Rentier. Trennt sich ein moderner Mensch von der Umwelt, in der er lebt, dann bringt das einen fürchterlichen Wirrwarr in sein Privatleben. Wir befinden uns genau in der Mitte zwischen zwei einander behindernden Strömen; wir werden bald in die eine, bald in die andere Richtung geworfen, und das wird noch lange andauern, so lange, bis der eine oder der andere endgültig das Übergewicht erlangt hat, und der Strom – zwar immer noch unruhig und stürmisch – in einer Richtung fließt und es dem Schwimmer leichter macht, das heißt ihn mit sich fortträgt.

Glücklich, wer bis dahin so zu lavieren versteht, daß er, obgleich schaukelnd und den Wellen nachgebend, doch in seiner eigenen Richtung schwimmt!

Beim Hauskauf hatte ich Gelegenheit, die geschäftliche und bürgerliche Welt Frankreichs etwas näher kennenzulernen. Der bürokratische Formalismus beim Abschluß des Kaufvertrages steht dem unseren nicht nach. Der alte Notar las mir mehrere Hefte vor: die urkundliche Bestätigung, daß er sie mir vorgelesen habe, das mainlevée[3], sodann die eigentliche Urkunde; zusammen ergab das ein ganzes Buch in folio. Bei unseren letzten Verhandlungen bezüglich des Preises und der Auslagen hatte mir der Besitzer des Hauses gesagt, daß er mir einen Preisnachlaß gewähren und die bedeutenden Kosten für den Kaufkontrakt auf sich nehmen wolle, wenn ich die ganze Summe unverzüglich ihm persönlich auszahlen würde; ich verstand ihn nicht, weil ich gleich zu Beginn erklärt hatte, daß ich sofort bar zahlen würde. Der Notar setzte mir auseinander, daß das Geld zum mindesten drei Monate bei ihm bleiben müsse; im Laufe dieser Zeit findet die Veröffentlichung statt und werden alle Gläubiger aufgerufen, die irgendwelche Forderungen an das Haus haben. Das Haus war für siebzigtausend verpfändet, es konnte sich aber eine weitere Hypothek noch in anderen Händen befinden. Nach drei Monaten, wenn die Erhebungen ange-

3 (franz.) Aufhebung einer gerichtlichen Beschlagnahme.
4 (franz.) Entlastung von der Hypothek.

stellt sind, wird dem Käufer die purge hypothécaire[4] übergeben und dem ehemaligen Besitzer das Geld ausgehändigt.

Der Hausbesitzer erklärte, daß er keine anderen Schulden habe. Der Notar bestätigte dies.

»Ihr Ehrenwort und Ihre Hand darauf«, sagte ich zu ihm, »daß Sie keine anderen Schulden haben, die auf dem Haus lasten?«

»Das will ich gern tun.«

»In diesem Falle bin ich einverstanden und erscheine morgen hier mit einem Scheck von Rothschild.«

Als ich am nächsten Tage zu Rothschild kam, schlug sein Sekretär die Hände über dem Kopf zusammen.

»Sie werden Sie beschwindeln! Wie kann man nur! Wenn Sie wollen, werden wir den Kauf rückgängig machen. Das ist eine unerhörte Sache: bei einem Unbekannten etwas unter solchen Bedingungen zu kaufen.«

»Wenn Sie wollen, schicke ich jemanden mit, der diese Angelegenheit prüft?« fragte Baron James selber.

Ich hatte keine Lust, die Rolle eines derart Unmündigen zu spielen, erklärte, daß ich mein Wort gegeben hätte, und ließ mir einen Scheck auf die volle Summe geben. Als ich bei dem Notar eintraf, befand sich dort, außer den Zeugen, auch der Gläubiger, der gekommen war, seine siebzigtausend Francs in Empfang zu nehmen. Der Kaufvertrag wurde nochmals gelesen, wir unterzeichneten, der Notar gratulierte mir zu meiner neuen Eigenschaft als Pariser Hausbesitzer ... es blieb nur noch übrig, den Scheck einzuhändigen.

»Wie ärgerlich«, sagte der frühere Hausbesitzer, als er ihn aus meinen Händen entgegennahm, »ich habe vergessen, Sie darum zu bitten, zwei Schecks mitzubringen, wie soll ich jetzt siebzigtausend abzweigen?«

»Nichts ist leichter: Fahren Sie zu Rothschild, dort wird man Ihnen zwei geben, oder noch einfacher, fahren Sie zur Bank.«

»Meinetwegen, ich werde hinfahren«, sagte der Gläubiger.

Der Hausbesitzer runzelte die Stirn und erwiderte, daß dies seine Sache sei, daß er fahren werde.

Der Gläubiger verzog das Gesicht. Der Notar machte gutmütig den Vorschlag, daß beide zusammen fahren sollten.

Ich konnte das Lachen kaum verbeißen und sagte zu ihnen: »Da haben Sie Ihre Quittung, geben Sie mir den Scheck zurück, ich fahre hin und wechsle ihn.«

»Sie verpflichten uns unendlich«, sagten sie und atmeten erfreut auf; und ich fuhr zur Bank.

Vier Monate später wurde mir die purge hypothécaire zugesandt, und ich hatte durch mein voreiliges Vertrauen zehntausend Francs gewonnen.

Nach dem 13. Juni 1849 hatte der Polizeipräfekt Rébelliau eine Anzeige gegen mich erstattet; wahrscheinlich gingen auch die merkwürdigen von der Petersburger Regierung ergriffenen Maßnahmen bezüglich meines Vermögens auf seine Denunziation zurück. Diese waren es, wie ich schon sagte, die mich veranlaßten, mit meiner Mutter nach Paris zu reisen.

Wir reisten über Neuchâtel und Besançon. Unsere Reise begann damit, daß ich in Bern meinen Mantel in der Posthalterei vergaß; da ich einen warmen Paletot und warme Gummischuhe anhatte, kehrte ich nicht erst um, ihn zu holen. Bis zum Gebirge ging alles gut, aber auf den Berghöhen trafen wir kniehohen Schnee an, gegen acht Grad Frost und die verdammte Schweizer Bise. Die Postkutsche kam nicht voran, und die Reisenden wurden zu zweien und dreien auf kleine Schlitten verteilt. Ich kann mich nicht erinnern, daß ich jemals dermaßen unter Kälte gelitten hätte wie in jener Nacht. Die Füße taten mir geradezu weh, ich vergrub sie im Stroh, später gab mir der Postkutscher irgendeinen kurzen Umhang, doch auch der half wenig. Auf der dritten Haltestelle kaufte ich einer Bäuerin für etwa fünfzehn Franken ihren Schal ab und hüllte mich darin ein; aber das war bereits während der Abfahrt, und es wurde mit jeder Meile wärmer.

Diese Straße ist auf der französischen Seite von großartiger Schönheit; ein weit ausgedehntes Amphitheater gewaltiger und in ihren Umrissen einander vollkommen unähnlicher Berge begleiten einen bis Besançon; hier und dort sieht man auf den Felsen die Überreste von befestigten Ritterburgen. In dieser Natur liegt etwas Machtvolles und Strenges, etwas Hartes und Finsteres; im Angesicht dieser Welt wuchs der Dorfjunge Pierre-Joseph Proudhon heran, Nachfahr eines alten Bauerngeschlechts; hier formte sich sein Charakter. Und in der Tat gilt von ihm, nur in einem anderen Sinne, das Wort des Dichters über die Florentiner:

E tiene ancora del monte et del macigno![5]

5 (ital.) Und noch so hart ist, wie sein Schiefer war!

Rothschild war bereit, den Kreditschein meiner Mutter anzunehmen, wollte aber keine Vorauszahlung leisten und berief sich auf den Brief von Gasser. Tatsächlich verweigerte der Vormundschaftsrat die Auszahlung des Geldes. Da beauftragte Rothschild Gasser, eine Audienz bei Nesselrode zu verlangen und ihn zu fragen, um was es sich handele. Nesselrode erwiderte, daß die Scheine zwar ganz in Ordnung seien und die Forderung Rothschilds berechtigt, daß aber der Kaiser befohlen habe, das Kapital aus politischen und geheimen Gründen zu sperren.

Ich erinnere mich an das Erstaunen im Büro Rothschilds beim Empfang dieser Antwort. Unter einem solchen Aktenstück suchte das Auge unwillkürlich nach dem Siegel Alarichs oder nach dem Stempel von Dschingis-Khan. Einen derartigen Scherz hatte Rothschild nicht einmal von einem so anerkannten Meister der Despotie wie Nikolai erwartet.

»In meinen Augen«, sagte ich zu ihm, »ist nichts Erstaunliches daran, daß Nikolai, um mich zu strafen, das Geld meiner Mutter mausen oder mich damit in die Falle locken will; aber ich kann mir nicht vorstellen, daß Ihr Name in Rußland sowenig Gewicht haben sollte. Die Scheine gehören Ihnen und nicht meiner Mutter; indem sie ihre Unterschrift darunter setzte, hat sie dieselben dem Vorweiser (au porteur) übergeben, doch nachdem Sie sie unterschrieben haben, sind Sie dieser porteur, und eben Ihnen wird frech geantwortet: ›Das Geld gehört Ihnen, aber der gnädige Herr hat befohlen, nicht zu zahlen.‹«

Meine Rede hatte Erfolg. Rothschild begann ärgerlich zu werden und sagte, im Zimmer auf und ab gehend: »Nein, ich erlaube nicht, mit mir zu spaßen, ich werde der Bank den Prozeß machen, ich verlange beim Finanzminister eine kategorische Antwort!«

›Na‹, dachte ich, ›das wird Wrontschenko aber nicht begreifen. Eine »konfidentielle« Antwort ging noch an – aber eine »kategorische« ...!‹

»Da haben Sie ein kleines Beispiel, wie die Autokratie, auf die die Reaktion so große Hoffnungen setzt, ungezwungen und sans gêne[6] mit dem Eigentum schaltet und waltet. Der Kosakenkommunismus ist beinahe noch gefährlicher als der von Louis Blanc.«

»Ich werde mir überlegen, was zu tun ist«, sagte Rothschild. »Das kann man so nicht hingehen lassen.«

6 (franz.) zwanglos.

Etwa drei Tage nach diesem Gespräch begegnete ich Rothschild auf dem Boulevard.

»Übrigens«, sagte er zu mir und hielt mich an, »ich habe gestern über Ihre Angelegenheit mit Kisseljow* gesprochen. Ich muß Ihnen sagen – Sie entschuldigen doch? –, daß er eine sehr schlechte Meinung von Ihnen hat und wohl kaum etwas zu Ihren Gunsten unternehmen wird.«

»Kommen Sie häufig mit ihm zusammen?«

»Hin und wieder, auf Abendgesellschaften.«

»Tun Sie mir den Gefallen, sagen Sie ihm, daß Sie heute mit mir zusammengetroffen sind und daß ich die allerschlechteste Meinung von ihm habe, aber deshalb keinesfalls der Meinung bin, daß es gerecht sein würde, seine Mutter zu bestehlen.«

Rothschild lachte; er begann, glaube ich, von nun an zu merken, daß ich kein prince russe sei, und redete mich nunmehr mit Baron an; aber er erhob mich, glaube ich, nur deshalb, damit ich würdig sei, mich mit ihm zu unterhalten.

Am anderen Tage schickte er nach mir; ich begab mich sofort zu ihm. Er überreichte mir einen nicht unterzeichneten Brief an Gasser und fügte hinzu: »Das ist unser Entwurf eines Briefes; setzen Sie sich, lesen Sie ihn aufmerksam durch und sagen Sie, ob Sie damit zufrieden sind; wenn Sie etwas hinzufügen oder ändern wollen, werden wir das gleich tun. Mir gestatten Sie jedoch, in meiner Arbeit fortzufahren.«

Zunächst schaute ich mich um. Jeden Augenblick öffnete sich eine kleine Tür, ein Börsenagent nach dem anderen trat ein und sagte laut eine Ziffer; Rothschild, der fortfuhr zu lesen, murmelte ohne die Augen zu heben: »ja – nein – gut – eventuell – genug«, und die Ziffer entfernte sich. In dem Zimmer befanden sich verschiedene Herren, gewöhnliche Kapitalisten, Mitglieder der Volksversammlung, zwei, drei ausgemergelte Touristen mit jungen Bärten auf den alten Wangen – jene ewigen Gesichter von Leuten, die in Kurorten Wein trinken und sich an den Höfen vorstellen lassen, jene schwachen und lymphatischen Sprößlinge aristokratischer Geschlechter, die mit ihnen aussterben, jene Leute, die vom Kartentisch weg ihre Nase auch noch ins Börsenspiel stecken. Sie alle sprachen halblaut miteinander. Der judäische Zar saß ruhig hinter

*Dies war nicht P. D. Kisseljow, der sich später in Paris aufhielt, ein sehr anständiger Mann und der bekannte Minister der Reichsdomänen, sondern ein anderer, der nach Rom versetzt worden ist.

seinem Tisch, sah Papiere durch, verzeichnete etwas darauf, sicher lauter Millionen oder zum mindesten Hunderttausende.

»Nun, wie ist es«, sagte er zu mir gewandt, »sind Sie zufrieden?«

»Vollkommen«, antwortete ich.

Der Brief war ausgezeichnet: von dringlicher Schärfe, wie es sich gehört, wenn eine Macht mit einer anderen spricht. Er schrieb Gasser, daß dieser unverzüglich eine Audienz bei Nesselrode und bei dem Minister der Finanzen verlangen solle, um ihnen zu sagen, daß Rothschild sich nicht darum kümmere, wem die Kreditscheine gehört haben, daß er sie gekauft habe und ihre Bezahlung fordere oder eine klare und gesetzlich begründete Erklärung, warum die Zahlung nicht geleistet werde; daß er im Falle einer Weigerung die Angelegenheit von Rechtsberatern prüfen lassen werde und anrate, die Folgen einer Weigerung sehr zu überlegen, die besonders merkwürdig anmute zu einer Zeit, da die russische Regierung sich darum bemühe, durch seine Vermittlung eine neue Anleihe abzuschließen. Rothschild schloß damit, daß er im Falle weiterer Verschleppungen sich genötigt sehen würde, die Sache durch die Zeitungen öffentlich bekannt zu machen, um andere Kapitalisten zu warnen. Er empfahl Gasser, diesen Brief Nesselrode zu zeigen.

»Ich bin sehr erfreut... aber«, sagte er, die Feder in der Hand haltend und mir mit einer gewissen Treuherzigkeit direkt in die Augen blickend, »aber, lieber Baron, glauben Sie wirklich, daß ich diesen Brief, der mich au bout du compte[7] mit Rußland entzweien kann, für ein halbes Prozent Kommission unterschreibe?«

Ich schwieg.

»Erstens«, fuhr er fort, »wird Gasser Ausgaben haben, bei Ihnen wird ja nichts umsonst getan, und diese müssen selbstverständlich zu Ihren Lasten gehen; darüber hinaus... wieviel schlagen Sie vor?«

»Mir scheint«, sagte ich, »daß es an Ihnen wäre, einen Vorschlag zu machen, und an mir, mein Einverständnis zu geben.«

»Nun gut, also sagen wir fünf? Das ist nicht viel.«

»Gestatten Sie mir zu überlegen...«

Ich wollte einfach die Summe ausrechnen.

»Aber selbstverständlich... Übrigens«, fügte er mit mephistophelischer Ironie im Gesicht hinzu, »Sie können diese Sache auch umsonst zu Ende führen: die Rechte Ihrer Frau Mutter sind unanfechtbar, sie ist württembergische Staatsangehörige, wenden Sie

7 (franz.) im Endeffekt.

sich an Stuttgart – der Minister für auswärtige Angelegenheiten ist verpflichtet, für sie einzutreten und die Zahlung zu erwirken. Ich werde, um die Wahrheit zu sagen, sehr erfreut sein, dieses unangenehme Geschäft von meinen Schultern abzuwälzen.«

Wir wurden unterbrochen. Ich ging hinaus ins Büro, verblüfft von der geradezu antiken Einfachheit seiner Anschauung und seiner Frage. Selbst wenn er zehn, fünfzehn Prozent verlangt hätte, wäre ich noch einverstanden gewesen. Ich brauchte seine Hilfe notwendig; er wußte dies so gut, daß er sich sogar über das »verrusste« Württemberg lustig machte. Ich jedoch ließ mich wieder von jener heimatlichen Sparpolitik leiten, nach der es üblich war, daß man einen Droschkenkutscher, der für eine noch so große Entfernung einen Zwanziger forderte, einen Fünfzehner anzubieten versuchte, und sagte zu Schomburg, ohne einen triftigen Grund, daß ich es für angemessen hielte, die Kommissionsgebühr um ein Prozent herabzusetzen. Schomburg versprach, meine Meinung weiterzuleiten und bat mich, in einer halben Stunde wiederzukommen.

Als ich eine halbe Stunde später die Treppe zum Winterpalais der Finanzen in der Rue Lafitte hinaufstieg, kam der Rivale Nikolais diese heruntergestiegen.

»Schomburg hat mir berichtet«, sprach Seine Majestät huldvoll lächelnd und mir allerhöchst ihre kaiserliche Hand entgegenstrekkend, »der Brief ist unterschrieben und abgeschickt. Sie werden sehen, wie sie umschwenken werden; ich werde ihnen schon zeigen, was es heißt, seinen Spaß mit mir zu treiben.«

›Nur nicht für ein halbes Prozent‹, dachte ich bei mir und wollte niederknien, um ihm außer meiner Dankbarkeit das alleruntertänigste Treuegelöbnis darzubringen, begnügte mich jedoch damit zu sagen:

»Wenn Sie vollkommen sicher sind, dann befehlen Sie, mir wenigstens für die Hälfte der Gesamtsumme einen Kredit zu eröffnen.«

»Mit Vergnügen«, erwiderte der Herr und Kaiser und schritt weiter zur Rue Lafitte.

Ich machte eine Abschiedsverbeugung vor Seiner Majestät und ging ins Maison d'Or, das ganz in der Nähe lag.

Einen oder anderthalb Monate später zahlte der spröde zahlende Petersburger Kaufmann Erster Gilde Nikolai Romanow, bedroht vom Konkurs und von der Veröffentlichung in den Zeitungen, auf allerhöchsten Befehl Rothschilds das gesetzwidrig vorenthaltene Geld mit Zins und Zinseszinsen aus, wobei er sich mit der Unkenntnis der Gesetze rechtfertigte, die er nach seiner gesellschaftlichen Stellung in der Tat nicht kennen konnte.

Seit der Zeit waren meine Beziehungen zu Rothschild die allerbesten; er liebte in mir das Schlachtfeld, auf dem er Nikolai geschlagen hatte, ich war für ihn so etwas wie Marengo oder Austerlitz, und er hat einige Male in meiner Gegenwart die Einzelheiten dieser Angelegenheit erzählt, mit einem leichten Lächeln, aber den besiegten Gegner großmütig schonend.

Während der Dauer meines Prozesses wohnte ich im Hôtel Mirabeau, Rue de la Paix. Die Scherereien in dieser Sache nahmen ungefähr ein halbes Jahr in Anspruch. Eines Morgens, im April, sagte man mir, daß ein Herr im Saal auf mich warte und mich unbedingt sprechen wolle. Ich ging hinaus; im Saal stand eine verschmitzte alte Beamtenfigur.

»Polizeikommissar so und so vom Tuilerien-Revier.«

»Sehr erfreut.«

»Gestatten Sie mir, Ihnen das Dekret des Ministers für innere Angelegenheiten vorzulesen, das mir der Polizeipräfekt übergeben hat und das Sie betrifft.«

»Haben Sie die Güte, hier ist ein Stuhl.«

»Wir, der Präfekt der Polizei*:

Gestützt auf Punkt 7 des Gesetzes vom 13. und 21. November und vom 3. Dezember des Jahres 1849, der dem Minister für innere Angelegenheiten das Recht gibt, aus Frankreich jeden Ausländer auszuweisen (expulser), dessen Anwesenheit in Frankreich die Ordnung stören und die öffentliche Ruhe gefährden kann, und auf Grund des ministeriellen Zirkulars vom 3. Januar des Jahres 1850, entscheiden wie folgt:

Der genannte (le N-é, das heißt nommé, aber das bedeutet nicht ›der Obengenannte‹, weil vorher von mir noch nicht die Rede gewesen ist; das ist nur ein unqualifizierter Versuch, mit möglichst groben Ausdrücken einen Menschen zu bezeichnen) Herzen, Alexander, 40 Jahre alt (zwei Jahre haben sie hinzugefügt), russischer Untertan, wohnhaft da und da, ist verpflichtet, Paris unverzüglich zu verlassen und sich binnen kürzester Frist nach vorliegender Bekanntgabe außerhalb der Grenzen Frankreichs zu begeben.

* Ich übersetze wortwörtlich.

Ihm ist die Rückkehr künftighin untersagt unter Androhung der in Punkt 8 desselben Gesetzes festgelegten Strafen (Gefängnis von einem bis zu sechs Monaten und Geldstrafe).

Zur Vergewisserung über die Durchführung dieser Verordnungen werden alle Maßnahmen ergriffen werden.

Gegeben (Fait) in Paris am 16. April 1850.

Polizeipräfekt P. Carlier.

Beglaubigt vom Sekretär der Präfektur Clement Raire.

Am Rande: Gelesen und gebilligt 19. April 1850.

Minister für innere Angelegenheiten J. Baroche.

Im Jahre eintausendachthundertfünfzig, den vierundzwanzigsten April.

Wir, Emile Boulay, Polizeikommissar der Stadt Paris und im besonderen des Tuilerien-Reviers, haben in Erfüllung der Befehle des Herrn Polizeipräfekten vom 23. April:

Dem Herrn (sieur) Alexander Herzen dies mündlich bekanntgegeben, wie es im Original geschrieben steht.«

Hier folgt der ganze Text noch einmal. Etwa in der Art wie die Kinder das Märchen vom weißen Ochsen hersagen, indem sie jedesmal am Schluß einen Satz hinzufügen und wiederholen: »Soll ich euch das Märchen vom weißen Ochsen erzählen?«

Weiter: »Wir haben den vorgenannten (le dit) Herzen aufgefordert, sich im Laufe von vierundzwanzig Stunden in der Präfektur einzufinden, zur Entgegennahme des Passes und zur Festsetzung der Grenze, über die er aus Frankreich auszureisen gedenkt.

Damit jedoch der besagte Herr Herzen sich nicht in Unkenntnis herausreden kann (n'en prétende cause d'ignorance – was für eine Sprache!), haben wir ihm diese Kopie des am Kopf unseres vorliegenden Protokolls erwähnten Beschlusses hinterlassen. – Nous lui avons laissé cette copie tant du dit arrêté en tête de cette présente de notre procèsverbal de notification.«

Wo seid ihr, meine Wjatkaer Kollegen aus der Kanzlei Tjufjajews, wo ist Ardaschow, der auf einen Sitz zehn Bogen vollschreiben konnte, wo sind Weprjow, Schtin und mein angeheiterter Bürovorsteher? Wie muß es ihre Herzen erfreuen, daß man in Paris, nach Voltaire, nach Beaumarchais, nach G. Sand und Hugo, solche Schriftstücke abfaßt! Ja, und nicht allein Weprjow und Schtin müssen sich freuen, sondern auch der Dorfschreiber meines Vaters, Wassilij Jepifanow, der sich einer vollendeten Höflichkeit befleißigte und seinem Gutsherrn folgendermaßen schrieb: »Ihren Befehl habe ich laut der vorliegenden vergangenen Post erhalten und habe die Ehre, bezüglich selbiger zu vermelden...«

Kann man etwa nach solchen Erfahrungen von diesem dummen und törichten Gebäude der us et coutumes[8], das nur für ein blindes und senilgewordenes altes Weib wie die Themis taugt, auch nur einen Stein auf dem anderen lassen?

Die Vorlesung hatte nicht die erwartete Wirkung. Der Pariser glaubt, daß die Ausweisung aus Paris der Austreibung Adams aus dem Paradies gleichkommt, und dies auch noch ohne Eva; mir dagegen war das ganz gleichgültig, das Leben in Paris begann mich bereits zu langweilen.

»Wann soll ich zur Präfektur kommen?« fragte ich und gab mir ein liebenswürdiges Aussehen, trotz der Wut, die mich überkam.

»Ich möchte raten, morgen um zehn Uhr früh.«

»Mit Vergnügen.«

»Wie früh in diesem Jahr der Frühling anfängt«, bemerkte der Kommissar der Stadt Paris und des Tuilerien-Reviers im besonderen.

»Außerordentlich früh.«

»Dies ist ein altes Hotel, hier pflegte Mirabeau zu Mittag zu speisen, darum heißt es auch so; Sie waren hier sicher sehr zufrieden?«

»Sehr. Stellen Sie sich bloß vor, wie hart das ist, sich so von ihm trennen zu müssen!«

»Das ist wirklich unangenehm... die Wirtin ist eine kluge und vortreffliche Frau – Mlle. Cousin –, sie war eine gute Freundin der berühmten Lenormand.«

»Tatsächlich? Wie ärgerlich, daß ich das nicht früher gewußt habe! Vielleicht hat sie von ihr die Kunst des Wahrsagens geerbt und hätte mir das billet doux[9] von Carlier voraussagen können.«

»Haha... Sie kennen ja meine Pflicht; gestatten Sie, Ihnen eine gute Reise zu wünschen.«

»Ich bitte Sie, so was kann doch vorkommen; ich habe die Ehre.«

Am andern Tag meldete ich mich in der berühmten – berühmter noch als die Lenormand – Straße Jérusalem. Zuerst empfing mich ein spionierender Jüngling, mit einem Bärtchen und einem kleinen Schnurrbart sowie allen Kennzeichen eines unausgetragenen Feuilletonisten und mißglückten Demokraten; sein Gesicht, sein Blick trugen den Stempel jener verfeinerten Zersetzung der Seele, jenes

8 (franz.) Herkommen und Bräuchen.

9 (franz.) Liebesbrief.

neidischen Hungers nach Genüssen, nach Macht, nach Besitz, den ich so gut in den westlichen Gesichtern zu lesen gelernt hatte und der bei den Engländern überhaupt nicht vorhanden ist. Wahrscheinlich hat er seinen Posten erst vor kurzem angetreten: er fand noch Vergnügen daran und sprach daher ein wenig von oben herab. Er erklärte mir, daß ich in drei Tagen abreisen müßte und daß ohne besonders wichtige Gründe die Frist nicht verlängert werden könne. Sein freches Gesicht, seine Aussprache und seine Mimik waren derart, daß ich mich, ohne in weitere Verhandlungen mit ihm einzutreten, verbeugte und dann fragte, nachdem ich zuerst den Hut aufgesetzt hatte, wann der Präfekt zu sprechen sei.

»Der Präfekt empfängt nur diejenigen, die schriftlich um eine Audienz nachgesucht haben.«

»Gestatten Sie mir, sogleich zu schreiben.«

Er klingelte, und ein alter huissier[10] trat ein, mit einer Kette auf der Brust; nachdem er mit wichtigtuerischer Miene gesagt hatte: »Papier und Feder für diesen Herrn«, nickte mir der Jüngling zu.

Der huissier führte mich in ein anderes Zimmer. Dort schrieb ich an Carlier, daß ich ihn zu sprechen wünsche, um ihm zu erklären, warum es notwendig sei, meine Abreise zu verschieben.

Am gleichen Tage erhielt ich abends aus der Präfektur die lakonische Antwort: »Der Präfekt ist bereit, Herrn Soundso morgen, um zwei Uhr, zu empfangen.«

Ich wurde auch am folgenden Tage von demselben widerwärtigen Jüngling empfangen; er hatte ein eigenes Zimmer, woraus ich auch schloß, daß er so etwas wie ein Abteilungschef war. Wenn er so früh und mit solchem Erfolg seine Karriere angefangen hat, wird er es weit bringen, sofern Gott ihn lange am Leben erhält.

Diesmal führte er mich in ein großes Arbeitszimmer; dort, hinter einem riesigen Tisch, in einem großen, bequemen Sessel, saß ein dicker, großer und rotwangiger Herr, einer von jenen Menschen, denen ständig heiß ist, mit weißer Haut und einem wohlgenährten, aber schwammigen Körper, mit dicken, jedoch sorgfältig gepflegten Händen, einer auf ein Minimum beschränkten Halsbinde und farblosen Augen mit einem jovialen Ausdruck, wie er gewöhnlich Leuten eigen ist, die völlig untergegangen sind in der Liebe zu ihrem Wohlergehen und die kaltlächelnd und ohne große Anstrengungen die gräßlichsten Scheußlichkeiten begehen können.

»Sie wünschten, den Präfekten zu sprechen«, sagte er zu mir,

10 (franz.) Gerichtsdiener.

»aber er läßt sich bei Ihnen entschuldigen: eine dringende Angelegenheit hat ihn gezwungen, auszufahren; wenn ich in irgendeiner Hinsicht etwas für Sie tun kann, so wäre mir das höchst angenehm. Hier ist ein Sessel, wollen Sie nicht Platz nehmen?«

Dies alles sagte er in fließender Rede, sehr höflich, ein wenig die Augen zusammenkneifend und mit den Fleischpölsterchen lächelnd, die seine Backenknochen zierten, ›Na, der ist schon lange im Dienst‹, dachte ich bei mir.

»Sie wissen sicher, weshalb ich gekommen bin.«

Er machte mit dem Kopf jene leise Bewegung, die jeder macht, wenn er anfangen will zu schwimmen, und antwortete nichts.

»Mir ist der Befehl erteilt worden, innerhalb von drei Tagen abzureisen. Da ich weiß, daß bei Ihnen ein Minister das Recht zur Ausweisung hat, ohne die Gründe anzugeben und ohne eine Untersuchung anzuberaumen, will ich auch nicht fragen, warum ich ausgewiesen werde, noch mich verteidigen; aber ich habe, außer einem eigenen Hause...«

»Wo liegt Ihr Haus?«

»Rue Amsterdam, Nummer 14... sehr wichtige Geschäfte in Paris zu erledigen, die ich schwerlich plötzlich im Stich lassen kann.«

»Gestatten Sie zu erfahren, was das für Geschäfte sind: des Hauses wegen oder...?«

»Es sind Geschäfte bei Rothschild, ich habe noch an die vierhunderttausend Francs zu bekommen.«

»Wie bitte?«

»Annähernd hunderttausend roubles argent.«[11]

»Das ist eine bedeutende Summe.«

»C'est une somme ronde.«[12]

»Wieviel Zeit benötigen Sie zur Erledigung Ihrer Angelegenheit?« fragte er und betrachtete mich noch sanfter, so etwa wie man auf die im Schaufenster ausgestellten getrüffelten Fasane blickt.

»Einen Monat bis sechs Wochen.«

»Das ist schrecklich lange.«

»Mein Prozeß läuft in Rußland. Das ist wohl auch dem Umstand zu verdanken, daß ich Frankreich verlassen muß.«

»Wieso?«

»Etwa vor einer Woche sagte mir Rothschild, daß Kisseljow sich abfällig über mich geäußert habe. Wahrscheinlich möchte die Pe-

11 (franz.) Silberrubel.

12 (franz.) Das ist eine runde Summe.

tersburger Regierung die Sache gern vertuschen, damit nicht darüber geredet wird; der Gesandte wird wohl darum gebeten haben, mich aus Freundschaft auszuweisen.«

»D'abord«[13], bemerkte der beleidigte Patriot der Präfektur und setzte eine würdevolle und von starker Überzeugung durchdrungene Miene auf, »Frankreich gestattet keiner Regierung, sich in seine inneren Angelegenheiten einzumischen. Ich wundere mich, wie Ihnen ein derartiger Gedanke in den Kopf kommen konnte. Sodann, was kann natürlicher sein als das Recht, das sich eine Regierung nimmt, die mit allen Kräften bestrebt ist, dem leidenden Volk die Ordnung wiederzugeben, als dieses, aus einem Lande, in dem sich soviel Zündstoff angesammelt hat, Ausländer auszuweisen, die die Gastfreundschaft, welche es ihm gewährt, mißbrauchen?«

Ich beschloß, ihn mit dem Geld mürbe zu machen. Das war eine ebenso sichere Methode wie im Streit mit einem Katholiken Bibeltexte anzuführen, und deshalb entgegnete ich ihm mit einem Lächeln: »Für die Gastfreundschaft von Paris habe ich hunderttausend Francs bezahlt, und war daher der Meinung, beinahe quitt zu sein.«

Dieser Zug gelang noch besser, als der mit meiner »somme ronde«. Er wurde verlegen und sagte nach einer kleinen Pause: »Was können wir tun? Wir sind in einer Zwangslage«, wobei er mein Dossier vom Tisch nahm. Das war der zweite Band des Romans, dessen ersten Teil ich einstmals in den Händen von Dubelt gesehen hatte. Und während er die Blätter wie gute Rosse, mit seiner rundlichen Hand streichelte, sagte er: »Sehen Sie, Ihre Verbindungen, Ihre Mitarbeit an unzuverlässigen Zeitungen (beinahe Wort für Wort dasselbe, was mir Sagtynskij 1840 gesagt hatte), schließlich die bedeutenden subventions[14], die Sie den allerschädlichsten Unternehmungen zukommen ließen, haben uns gezwungen, unsere Zuflucht zu einer sehr unangenehmen, jedoch notwendigen Maßnahme zu nehmen. Diese Maßnahme kann Sie nicht in Erstaunen setzen. Sie haben sich doch sogar in Ihrem Vaterlande politische Verfolgungen zugezogen. Gleiche Ursachen führen zu gleichen Folgen.«

»Ich bin überzeugt«, sagte ich, »daß selbst Kaiser Nikolai keine Ahnung hat von dieser Solidarität; Sie können doch seine Regierungsmethode unmöglich billigen.«

13 (franz.) Erst einmal.
14 (franz.) Unterstützungen.

»Un bon citoyen[15] achtet die Gesetze des Landes, wie sie auch sein mögen...«*

»Wahrscheinlich geschieht dies nach der berühmten Regel, daß es immerhin besser sei, schlechtes Wetter zu haben, als überhaupt keines.«

»Um Ihnen aber zu beweisen, daß die russische Regierung außerhalb des Spieles steht, verspreche ich Ihnen, eine Verlängerung der Frist um einen Monat beim Präfekten zu erwirken. Sie werden es sicher nicht merkwürdig finden, wenn wir uns bei Rothschild erkundigen wegen Ihrer Angelegenheiten; nicht daß wir etwa zweifelten...«

»Ich bitte Sie darum, weshalb sollten Sie sich nicht erkundigen; wir befinden uns im Kriege, und wenn eine Kriegslist mir nützen könnte, um hierzubleiben, glauben Sie wirklich, daß ich sie nicht anwenden würde?«

Aber das weltmännische und liebenswürdige alter ego des Präfekten blieb mir nichts schuldig: »Leute, die so sprechen, sagen niemals die Unwahrheit.«

Einen Monat später war die Angelegenheit noch nicht erledigt. Uns besuchte immer der alte Doktor Palmier, der jede Woche das Vergnügen hatte, in der Präfektur die Musterung einer interessanten Klasse der Pariserinnen abzuhalten. Ich dachte nun, daß er, der dem schönen Geschlecht eine solche Menge von Gesundheitsattesten ausstellte, sich wohl nicht weigern würde, mir eine Krankheitsbescheinigung zu schreiben. Palmier war selbstverständlich mit allen Leuten in der Präfektur bekannt; er versprach, meine Krankheitsgeschichte x. persönlich zu übergeben. Zu unserer größten Verwunderung kehrte Palmier ohne eine befriedigende Antwort zurück. Dieses Verhalten ist so bemerkenswert, weil es eine brüderliche Ähnlichkeit zwischen der russischen und französischen Bürokratie offenbart. x. gab keine Antwort und suchte nach Ausflüchten; es hätte ihn gekränkt, daß ich nicht persönlich gekommen war, um ihn davon zu benachrichtigen, daß ich krank sei, im Bett läge und nicht aufstehen könne. Es war nichts zu machen, strotzend vor Gesundheit begab ich mich am nächsten Tag in die Präfektur.

x. fragte mich mit großer Teilnahme nach meinem Leiden aus. Da

* Später hat Professor Tschitscherin etwas Ähnliches an der Moskauer Universität gepredigt.

15 (franz.) Ein guter Bürger.

ich nicht so neugierig gewesen war zu lesen, was der Doktor geschrieben hatte, war ich gezwungen, mir eine Krankheit auszudenken. Zum Glück erinnerte ich mich an Sasonow, der bei beachtlicher Korpulenz und unersättlichem Appetit über Aneurysma klagte; ich sagte also x., daß ich ein Herzleiden hätte und daß die Reise für mich sehr schädlich sein könnte.

x. bedauerte mich, riet mir Schonung an, dann begab er sich in das Nebenzimmer und kehrte eine Minute später mit den Worten zurück: »Sie können noch einen Monat bleiben. Der Präfekt hat mir gleichzeitig aufgetragen, Ihnen auszurichten, er hoffe und wünsche, daß Ihre Gesundheit sich im Laufe dieser Zeit bessere; es wäre ihm sehr unangenehm, wenn dies nicht der Fall sein sollte, weil er die Frist zum drittenmal nicht verlängern kann.«

Ich begriff dies und machte mich bereit, Paris am 20. Juni zu verlassen.

Der Name von x. begegnete mir noch einmal ein Jahr später. Dieser Patriot und bon citoyen hatte sich aus Frankreich in aller Stille entfernt und dabei vergessen, Tausenden von armen und ärmsten Menschen, die Besitzer von Losen einer kalifornischen Lotterie unter dem Protektorat der Präfektur waren, Rechenschaft über den Verbleib ihres Geldes abzulegen! Als der gute Bürger merkte, daß er bei aller Achtung vor den Gesetzen seiner Heimat wegen faux[16] auf die Galeere geraten konnte, zog er dieser ein Dampfschiff vor und reiste nach Genua ab. Das war eine Natur aus einem Guß, die bei Mißerfolgen nicht die Fassung verliert. Er nutzte die Berühmtheit aus, die er durch die Affäre mit der kalifornischen Lotterie errungen hatte, und bot seine Dienste unverzüglich einer Aktiengesellschaft an, die sich um diese Zeit in Turin zum Bau von Eisenbahnen gebildet hatte; beim Anblick eines so zuverlässigen Mannes beeilte sich die Gesellschaft, ihn in ihre Dienste zu nehmen.

Die letzten zwei in Paris verbrachten Monate waren unerträglich. Ich befand mich buchstäblich gardé à vue[17], Briefe kamen einen Tag später an und waren frech erbrochen und wieder zugesiegelt. Wohin ich auch gehen mochte – mir folgte von fern irgendeine widerliche Figur, die mich an der Straßenecke durch ein Zeichen mit den Augen einer anderen weitergab.

Es darf nicht vergessen werden, daß dies die Zeit war, in der die

16 (franz.) Unterschlagung

17 (franz.) unter offener Aufsicht.

Polizei am allerärgsten wütete. Stumpfe Konservative und Revolutionäre von der algerisch-lamartinischen Sorte halfen den abgefeimten Gaunern und Spitzbuben, die Napoleon umgaben, sowie diesem persönlich bei der Herstellung von Spionage- und Überwachungsnetzen, die sie über ganz Frankreich spannten, um im gegebenen Augenblick über den Telegraf vom Ministerium für innere Angelegenheiten und dem Élysée aus alle aktiven Kräfte des Landes erwischen und ersticken zu können. Napoleon hatte sich geschickt dieser ihm eingehändigten Waffe auch gegen sie selbst zu bedienen gewußt. Der 2. Dezember ist die Erhebung der Polizei in den Rang einer Staatsmacht.

Nie und nirgends hat es eine derartige politische Polizei gegeben, weder in Österreich, noch in Rußland, wie in Frankreich seit den Zeiten des Konvents. Dafür gibt es, außer einem nationalen Hang zur Polizei, viele Gründe. Mit Ausnahme von England, wo die Polizei mit der kontinentalen Spionage nichts gemein hat, ist die Polizei überall von feindlichen Elementen umgeben und folglich auf ihre eigenen Kräfte angewiesen. In Frankreich ist dagegen die Polizei die allervolkstümlichste Einrichtung; was für eine Regierung es auch sein mag, die die Macht ergreift, sie findet eine fertige Polizei vor, ein Teil der Bevölkerung wird ihr mit einem Fanatismus und eine Begeisterung, die man nur zu mäßigen, aber nicht anzuspornen braucht, behilflich sein, und zwar mit all den furchtbaren Mitteln, die wohl Privatpersonen zu Gebote stehen, die die Polizei aber nicht anwenden kann. Wo soll man sich vor dem Krämer, dem Hausknecht, dem Schneider, der Wäscherin, dem Metzger verstecken, wo vor dem Manne der Schwester, der Frau des Bruders, besonders in Paris, wo man nicht in Einzelhäusern wohnt wie in London, sondern in irgendwelchen Polypenriffen oder Bienenstöcken, mit einer gemeinsamen Treppe, mit gemeinsamem Hof und Hausknecht?

Da entschlüpft etwa Condorcet der Jakobinischen Polizei und schlägt sich glücklich bis zu einem Dorf in der Nähe der Grenze durch; müde und entkräftet betritt er ein Wirtshaus, setzt sich ans Feuer, wärmt seine Hände und bittet um ein Stück Huhn. Die Gastwirtin, eine gutmütige alte Frau und große Patriotin, überlegt folgendermaßen: ›Er ist mit Staub bedeckt, also kommt er von weit her; er hat sich Huhn bestellt, also hat er Geld; seine Hände sind weiß, also ist er ein Aristokrat.‹ Sie stellt das Huhn in den Ofen und geht in eine andere Gastwirtschaft; dort sind Patrioten versammelt: irgendein Bürger Mucius Scävola, ein Bürger Brutus – seines Zeichens Likörhändler, sowie Bürger Timoleon – Schneider von Beruf. Denen kommt so etwas wie gerufen, und zehn Minuten später befindet sich einer der klügsten Männer der französischen Revolution im Gefängnis und ist der Polizei der Freiheit, Gleichheit und Brüderlichkeit ausgeliefert!

Napoleon, der ein im höchsten Grade ausgebildetes Polizeitalent besaß, machte aus seinen Generalen Kundschafter und Denunzianten; der Henker von Lyon, Fouché, begründete eine ganze Theorie, ein System, eine Wissenschaft des Spitzeltums; durch die Präfekten und ohne Wissen der Präfekten, mit Hilfe von liederlichen Frauenzimmern und sittenreinen Krämerinnen, durch Dienstboten und Kutscher, durch Ärzte und Friseure. Napoleon stürzte, aber die Waffe ist geblieben, und nicht nur die Waffe, sondern auch der Waffenträger: Fouché ist zu den Bourbonen übergegangen; das Spitzeltum hat nichts von seiner Macht verloren, im Gegenteil, dank der Mönche und Pfaffen ist es noch gewachsen. Unter Louis-Philippe, als Bestechlichkeit und Gewinnsucht zu den sittlichen Triebfedern der Regierung gehörten, wurde die Hälfte des Bürgertums zu seinen Spitzeln, zu einem Polizeichor, wozu ihr Dienst in der Nationalgarde, der ja an und für sich nur ein Polizeidienst war, noch besonders beitrug.

Zur Zeit der Februarrepublik entstanden drei oder vier echte geheime Polizeiämter und einige andere Institutionen, die offenbar die gleiche Funktion hatten. Es gab die Polizei von Ledru-Rollin und die Polizei von Caussidière, die Polizei von Marrast und die Polizei der Provisorischen Regierung, es gab die Polizei der Ordnung und die Polizei der Unordnung, die Polizei Bonapartes und die Orléanistische Polizei. Alle belauerten, bespitzelten und denunzierten sich gegenseitig; mag sein, daß die Denunziation aus Überzeugung geschah, in der allerbesten Absicht und nicht für Geld – aber es waren und blieben doch Denunziationen ... Diese verderbliche Gewohnheit, in Verbindung mit traurigen Mißerfolgen einerseits und einer krankhaften, zügellosen Gier nach Geld und Genüssen andererseits, hat eine ganze Generation demoralisiert.

Es darf auch jene moralische Gleichgültigkeit nicht vergessen werden, jenes Schwanken der Ansichten, die als Niederschlag nach den sich abwechselnden Revolutionen und Restaurationen zurückgeblieben waren. Die Menschen hatten sich daran gewöhnt, heute das für Heldentum und Tugend anzusehen, wofür man morgen zur Zwangsarbeit verschickt wird; der Lorbeerkranz und das Brandmal des Henkers lösten sich einige Male auf ein und demselben Kopfe ab. Als man sich daran gewöhnt hatte, war die Nation der Spione fertig.

Alle Entdeckungen von geheimen Gesellschaften und Verschwörungen in jüngster Zeit, alle Denunziationen von Emigranten gingen von falschen Mitgliedern aus, von bestochenen Freunden, von Leuten, die mit anderen Menschen in Verbindung traten, um sie zu verraten.

Überall hat es Beispiele dafür gegeben, daß Feiglinge aus Angst vor Gefängnis und Verbannung Freunde zugrunde richten und Geheimnisse verraten; so war es auch ein kleinmütiger Genosse, der Konarski ins Verderben stürzte. Doch weder bei uns noch in Österreich gibt es diese Legion von jungen Leuten, die gebildet sind und unsere Sprache sprechen, die begeisterte Reden in den Klubs halten, revolutionäre Artikelchen schreiben und Spitzeldienste leisten...

Zudem ist die Regierung Bonapartes so ausgezeichnet organisiert, daß sie von den Denunzianten sämtlicher Parteien Gebrauch machen kann. Sie repräsentiert sowohl die Revolution wie die Reaktion, den Krieg und den Frieden, das Jahr 89 und den Katholizismus, den Sturz der Bourbonen und den Zinsfuß von 4½ Prozent. Ihr dienen der Jesuit Falloux und der Sozialist Billaut wie der Legitimist La Rochejaquelin und eine Unmenge Leute, die die Wohltaten Louis-Philippes genossen haben. Der Abschaum aller Parteien und Schattierungen strömt natürlich im Tuilerienpalast zusammen und geht dort aus und ein.

Siebentes Kapitel: Proudhon

Unmittelbar nach den Junibarrikaden fielen auch die Druckereien. Die erschreckten Journalisten verstummten für einige Zeit. Einzig der greise Lamennais erhob sich als düsterer Richterschatten, verfluchte den Herzog Alba der Junitage – Cavaignac – mitsamt seinen Genossen und rief dem Volke finster zu: »Du aber schweige, du bist allzu arm, um ein Recht zur Rede zu haben!«

Als die erste Angst des Belagerungszustandes vorüber war und die Zeitungen von neuem zum Leben erwachten, stießen sie an Stelle der Gewalt auf ein fertiges Arsenal juristischer Klauseln und richterlicher Fallstricke. Es begann die alte Hetzjagd, par force[1], auf die Redakteure, eine Hetzjagd, bei der sich die Minister Louis-Philippes besonders auszeichneten. Der Trick bestand in der Erschöpfung der Kautionsfonds durch eine Reihe von Prozessen, die jedesmal mit dem Gefängnis und einer Geldstrafe endeten. Die Geldstrafe wurde der Kautionssumme entnommen; solange diese nicht aufgefüllt war, durfte man keine Zeitung herausgeben; kaum war sie aufgefüllt, gab es einen neuen Prozeß. Dieses Spiel ist immer erfolgreich, weil die Justiz bei allen politischen Verfolgungen im Einvernehmen mit der Regierung handelt.

Ledru-Rollin und nachher der Oberst Frappoli als Vertreter der Mazzini-Partei haben große Summen bezahlt, konnten aber die »Réforme« nicht retten. Alle standhaften Organe des Sozialismus wurden auf diese Art und Weise mundtot gemacht. Darunter, und zwar gleich zu Anfang, Proudhons »Le Représentant du Peuple«, danach sein »Le Peuple«. Bevor ein Prozeß zu Ende geführt war, begann schon ein neuer.

Einer von den Redakteuren – soviel ich mich erinnern kann, war es Duchêne – wurde dreimal aus dem Gefängnis wegen neuer Beschuldigungen dem Schwurgericht vorgeführt, und jedesmal aufs neue zu Gefängnis und einer Geldstrafe verurteilt. Als ihm beim letztenmal, vor dem Untergang der Zeitung, das Urteil verkündet wurde, sagte er zum Staatsanwalt gewandt: »L'addition, s'il vous

1 (franz.) mit Gewalt.

plait!«[2] – es hatten sich tatsächlich für ihn etwa zehn Jahre Gefängnis und fünfzigtausend Francs angehäuft.

Proudhon saß gerade im Gefängnis, als seine Zeitung nach dem 13. Juni aufhören mußte zu erscheinen. Die Nationalgarde brach an diesem Tage in seine Druckerei ein, zerschlug die Druckerpressen, warf die Lettern umher, gerade als wollte sie im Namen der bewaffneten Spießer bestätigen, daß in Frankreich eine Periode schlimmster Gewaltanwendung und polizeilicher Willkür anbreche.

Der unbändige Gladiator, der halsstarrige Bauer aus Besançon wollte die Waffen nicht strecken und schritt unverzüglich zur Herausgabe einer neuen Zeitung: »La voix du Peuple«. Es mußten vierundzwanzigtausend Francs für die Kaution beschafft werden. E. Girardin war nicht abgeneigt, sie zu geben, aber Proudhon wollte nicht von ihm abhängig sein, und Sasonow schlug mir vor, die Kaution zu hinterlegen.

Ich hatte Proudhon viel zu verdanken, sein Einfluß auf meine Entwicklung war groß gewesen, und nach einiger Überlegung war ich einverstanden, obwohl ich wußte, daß die Kaution nicht lange reichen würde.

Die Lektüre von Proudhon verleiht uns, ebenso wie die von Hegel, eine besondere Methode, sie schleift die Waffe, sie gibt uns keine Resultate, sondern Werkzeuge in die Hand. Proudhon ist hauptsächlich Dialektiker, ein Glaubensstreiter in sozialen Fragen. Die Franzosen suchen in ihm einen Experimentator und legen das Buch achselzuckend beiseite, weil sie bei ihm weder den Kostenanschlag für eine Phalanstère noch für eine ikarische Polizeiverwaltung finden.

Proudhon ist daran natürlich selbst schuld, da er als Motto für seine »Widersprüche« die Worte gewählt hatte: »destruo et aedificabo«[3]; seine Stärke liegt jedoch nicht im Aufbau, sondern in der Kritik des Bestehenden. Aber diesen Fehler haben seit urdenklichen Zeiten alle begangen, die das Alte niedergerissen haben: die Zerstörung allein ist dem Menschen zuwider; wenn er daran geht, etwas niederzureißen, dann schwebt ihm unwillkürlich irgendein Ideal des zukünftigen Aufbaus vor Augen, wenngleich es manchmal das Lied eines Maurers ist, der eine Wand abträgt.

Bei der Mehrzahl aller sozialistischen Werke sind nicht die Ideale

2 (franz.) Die Rechnung, wenn ich bitten darf!

3 (lat.) Ich zerstöre und baue auf.

wichtig, die beinahe stets entweder für die Gegenwart unerreichbar sind oder auf eine einseitige Lösung hinauslaufen, sondern das, was auf dem Wege zu ihnen zum Problem wird. Der Sozialismus rührt nicht nur an das, was von der früheren empirisch-religiösen Lebensordnung erarbeitet und festgelegt worden ist, sondern auch an das, was durch das Bewußtsein einer einseitigen Wissenschaft gegangen ist; nicht nur an die juristischen Schlußfolgerungen, die auf der traditionellen Gesetzgebung beruhen, sondern auch an die Schlußfolgerungen der politischen Ökonomie. Er stößt mit dem rationellen Sein der Epoche der Garantien und der bürgerlichen Wirtschaftsordnung wie mit seiner eigenen Unmittelbarkeit zusammen, ebenso wie die politische Ökonomie mit dem theokratisch-feudalen Staat zusammenstieß.

In dieser Ablehnung, in dieser Verflüchtigung der alten Gesellschaftsordnung liegt die furchtbare Stärke Proudhons; er ist ebensolch ein Poet der Dialektik wie Hegel, mit dem Unterschied, daß der eine sich auf den ruhigen Höhen der wissenschaftlichen Entwicklung hält, der andere aber in den Trubel von Volksaufständen, in das Handgemenge der Parteien hineingestoßen ist.

Mit Proudhon beginnt eine neue Reihe französischer Denker. Seine Werke bedeuten eine Umwälzung nicht nur in der Geschichte des Sozialismus, sondern auch in der Geschichte der französischen Logik. In seiner dialektischen Kraft ist er viel machtvoller und freier als die allerbegabtesten Franzosen. Solche reinen und klugen Leute wie Pierre Leroux und Considérant begreifen weder seinen Ausgangspunkt noch seine Methode. Sie sind es gewohnt, mit im voraus zurechtgelegten Ideen zu spielen, in einem bestimmten Aufputz einherzugehen, auf ausgetretenen Pfaden bekannten Zielen zuzustreben; Proudhon stürmt häufig querfeldein vorwärts, er scheut sich nicht, unterwegs irgendwo anzuecken, es macht ihm auch nichts aus, etwas, das ihm vor die Füße kommt, zu zertreten, noch bedauert er es je, zu weit gegangen zu sein. Ihm ist weder die Empfindsamkeit noch jene rhetorische Enthaltsamkeit der Revolutionäre eigen, die bei den Franzosen den protestantischen Pietismus ersetzt... Daher bleibt er auch ein Einsamer in seinem eigenen Kreis, wo er durch seine Kraft eher erschreckt als überzeugt.

Man sagt, daß Proudhon einen deutschen Verstand habe. Das ist nicht wahr, im Gegenteil, sein Verstand ist vollkommen französisch; in ihm lebt jener urwüchsige gallisch-französische schöpferische Geist, der in Rabelais, in Montaigne, in Voltaire und Diderot... sogar in Pascal zum Ausdruck kommt. Er hat sich nur die dialektische Methode Hegels angeeignet, wie er sich auch alle Kunstgriffe des katholischen Streitgesprächs zu eigen gemacht hat; aber weder die Hegelsche Philosophie noch die katholische Theologie haben seinem Werk den Inhalt oder den Charakter gegeben – für ihn sind sie das Werkzeug gewesen, mit dem er seinen Gegenstand prüfte, und er hat sich diese Werkzeuge so zurechtgeschnitzt und seinen Bedürfnissen angepaßt, wie er die französische Sprache seinem starken und energischen Denken angepaßt hat. Solche Menschen stehen allzu fest auf ihren Füßen, als daß sie sich jemandem unterordneten, als daß sie sich an die Kette legen ließen.

»Mir gefällt Ihr System sehr«, sagte ein englischer Tourist zu Proudhon.

»Aber ich habe ja gar kein System«, erwiderte ihm Proudhon ungehalten, und er hatte recht.

Eben dies ist es, was seine Landsleute irremacht, die an Moralpredigten am Schluß der Fabel gewöhnt sind, an systematische Formeln, an Überschriften und an abstrakte verpflichtende Rezepte.

Proudhon sitzt am Bette eines Kranken und sagt, daß es ihm aus dem und dem Grunde sehr schlecht gehe. Einem Sterbenden kann man nicht helfen, indem man eine ideale Theorie darüber aufstellt, wie gesund er sein könnte, wenn er nicht krank wäre, oder wenn man ihm Arzeneien vorschlägt, die an und für sich ausgezeichnet sind, die er aber nicht einnehmen kann oder die überhaupt nicht zu haben sind.

Äußere Anzeichen und Erscheinungen in der Finanzwelt dienen ihm – wie die Zähne von Tieren für Cuvier – als Leiter, auf der er bis in die tiefsten Tiefen des gesellschaftlichen Lebens hinabsteigen kann; dort studiert er die Kräfte, die zur Auflösung des kranken Körpers führen. Wenn er nach jeder Beobachtung einen neuen Sieg des Todes verkündigt – ist das etwa seine Schuld? Hier gibt es keine Angehörigen, die man fürchten muß zu erschrecken: wir selber sterben diesen Tod. Die Menge schreit voller Entrüstung: »Medikamente her! Medikamente! Oder schweige von der Krankheit!« Aber warum denn schweigen? Nur in Ländern mit einer unumschränkt herrschenden Regierung ist es verboten, von Mißernten zu sprechen, von Seuchen, und die Zahl der im Kriege Getöteten zu nennen. Ein Medikament ist offenbar nicht leicht zu finden; was sind nicht alles für Versuche gemacht worden in Frankreich seit den übermäßigen Aderlässen von 1793: das Volk wurde kuriert mit Siegen und verstärkter Motion, indem man es zwang, nach Ägypten, nach Rußland zu ziehen, es wurde mit dem Parlamentarismus und dem Börsenspiel kuriert, mit der kleinen Republik und dem kleinen Napoleon – ist ihm etwa nun leichter geworden? Proudhon hat selber mit seiner Pathologie einen Versuch gemacht und sich mit der Volksbank verrechnet, obwohl seine Idee an und für sich richtig war. Zum Unglück glaubt er nicht an das Besprechen, sonst würde auch er bei allem, was er tut, lamentieren. »Bund der Völker! Bund der Völker! Universelle Republik! Weltverbrüderung! Grande armée de la démocratie!«[4] Er gebraucht diese Phrasen nicht, er schont die revolutionären Altgläubigen nicht; dafür halten ihn die Franzosen für einen Egoisten, einen Individualisten, beinahe für einen Renegaten und Verräter.

Ich kenne Proudhons Werke, angefangen von seinem Traktat »Was ist Eigentum« bis zu dem »Handbuch des Börsenspekulanten«; vieles hat sich in seinen Ideen gewandelt – das wäre ja auch verwunderlich: eine solche Epoche durchleben wie die unsere, und dasselbe Duett in a-Moll pfeifen wie Platon Michailowitsch in »Geist bringt Kummer«. Gerade in diesen Wandlungen fällt die innere Einheit auf, die sie miteinander verbindet, von der Dissertation, die er über eine Preisaufgabe der Akademie in Besançon geschrieben hat, bis zu dem kürzlich erschienenen carmen horrendum[5] der Börsenexzesse; dieselbe Ordnung der Gedanken – sich entwickelnd, sich wandelnd, die Ereignisse widerspiegelnd – können wir sowohl in den »Widersprüchen« der politischen Ökonomie und in seinen »Bekenntnissen« wie auch in seiner Zeitung verfolgen.

Eine Stagnation des Denkens gehört zur Religion und zum Doktrinarismus; sie setzen hartnäckige Beschränktheit voraus, vollkommene Abgeschlossenheit, die nur für sich allein lebt oder im engen eigenen Kreise, der alles ablehnt, was das Leben Neues bringt... oder sich zumindest nicht darum kümmert. Die reale Wahrheit muß sich unter dem Einfluß des Geschehens befinden, sie muß dieses widerspiegeln, aber sich selber treu bleiben, andernfalls wäre sie keine lebendige Wahrheit, sondern eine ewige Wahr-

4 (franz.) Große Armee der Demokratie!
5 (lat.) fürchterlichen Lied.

heit, die sich in der Totenstarre eines heiligen Stillstandes ausruht von den Stürmen dieser Welt.*

Wo und in welchem Falle, hatte ich oft Gelegenheit zu fragen, ist Proudhon den organischen Grundlagen seiner Anschauungen untreu geworden? Mir wurden als Antwort jedesmal seine politischen Fehler, seine Fehlschläge auf dem Gebiet der revolutionären Diplomatie entgegengehalten. Für seine politischen Fehler muß er natürlich als Journalist geradestehen, aber auch hier ist er nicht vor sich selbst schuldig; im Gegenteil, ein Teil seiner Fehler rührt davon her, daß er seinen eigenen Prinzipien mehr vertraute als der Partei, der er gezwungenermaßen angehörte und mit der er eigentlich nichts gemein hatte, außer dem Haß gegen den gemeinsamen Feind.

Die politische Tätigkeit war weder seine Stärke, noch war sie die Grundlage jenes Gedankens, den er mit dem ganzen Rüstzeug seiner Dialektik ausstattete. Ganz im Gegenteil, überall ist deutlich zu sehen, daß die Politik, im Sinne des alten Liberalismus und der konstitutionellen Republik, bei ihm auf dem zweiten Platz steht, wie etwas, was halb zur Vergangenheit gehört, was verschwindet. In politischen Fragen ist er gleichgültig, bereit Zugeständnisse zu machen, weil er den Formen, die nach seiner Meinung nicht wesentlich sind, keine besondere Bedeutung beimißt. In einer ähnlichen Beziehung stehen alle diejenigen zur religiösen Frage, die den Standpunkt des Christentums verlassen haben. Ich kann anerkennen, daß die konstitutionelle Religion des Protestantismus ein wenig freier ist als der katholische Absolutismus, aber die Frage bezüglich der Konfession und der Kirche kann mich nicht ernsthaft berühren; demzufolge begehe ich wahrscheinlich Fehler und mache Zugeständnisse, die jeder, auch der allerfadeste Bakkalaureus der Theologie oder Gemeindepfarrer, vermeidet.

Ohne Zweifel gehörte Proudhon nicht in die Nationalversammlung, so, wie sie zusammengesetzt war, und seine Persönlichkeit verlor sich in diesem kleinbürgerlichen Pfuhl. Proudhon sagt in seinen »Bekenntnissen eines Revolutionärs«, er habe sich in der Nationalversammlung nicht zurechtfinden können. Ja, was hatte dort auch ein Mensch zu schaffen, der zu der Marrastschen Konstitution, dieser sauren Frucht einer Siebenmonatsarbeit von sieben-

* In seinem neuen Buch »On Liberty« gibt Stuart Mill eine ausgezeichnete Formulierung dieser ein für allemal entschiedenen Wahrheiten: »the deap slumber of decided opinion« (»der tiefe Schlaf einer feststehenden Ansicht«).

hundert Köpfen, erklärt hat: »Ich gebe meine Stimme gegen Ihre Konstitution nicht nur deshalb ab, weil sie schlecht ist, sondern auch deshalb, weil sie eine Konstitution ist.«

Der parlamentarische Pöbel antwortete auf eine seiner Reden: »Die Rede – in den ›Moniteur‹, den Redner – ins Irrenhaus!« Ich glaube nicht, daß die Menschen sich vieler derartiger parlamentarischer Witze erinnern können, von der Zeit, als der Bischof von Alexandrien zu den ökumenischen Kirchenversammlungen im Namen der Muttergottes mit Knüppeln bewaffnete Klosterbrüder mitbrachte, bis zu den Washingtoner Senatoren, die einander mit Stockhieben den Nutzen der Sklaverei zu beweisen suchen.

Aber auch da gelang es Proudhon, sich in seiner ganzen Größe aufzurichten und mitten in den Zänkereien eine leuchtende Spur zu hinterlassen.

Als Thiers das Finanzprojekt Proudhons ablehnte, machte er irgendeine Andeutung über die sittliche Verkommenheit von Leuten, die solche Lehren verbreiteten. Da stieg Proudhon auf die Tribüne, wo er mit strenger Miene und in seiner leicht gebückten Haltung eines kernigen Landmanns zu dem lächelnden alten Graukopf sagte: »Reden Sie von den Finanzen, aber reden Sie nicht von der Sittlichkeit; ich könnte das für eine persönliche Anspielung halten, das habe ich Ihnen bereits im Komitee gesagt. Wenn Sie jedoch so weitermachen, so werde ich – ich Sie nicht zum Duell herausfordern. (Thiers lächelte.) Nein, Ihr Tod wäre mir zuwenig, damit kann man nichts beweisen. Ich schlage Ihnen einen anderen Zweikampf vor. Hier, auf dieser Tribüne, werde ich mein ganzes Leben erzählen, Tatsache um Tatsache; jeder kann meinem Gedächtnis nachhelfen, falls ich etwas vergesse oder auslasse. Und dann mag auch mein Gegner sein Leben erzählen!«

Aller Augen wandten sich Thiers zu: er saß mit finsterer Miene da, das Lächeln war von seinem Gesicht völlig verschwunden, aber auch die Antwort blieb er schuldig.

Das feindliche Parlament war verstummt, und Proudhon stieg mit einem verächtlichen Blick auf die Verteidiger von Religion und Familie von der Tribüne herunter. Und darin liegt seine Stärke: in diesen Worten klingt deutlich vernehmlich die Sprache einer neuen Welt, die mit ihrem Gericht und mit ihren Strafen herannaht.

Seit der Februarrevolution hat Proudhon vorausgesagt, wohin es mit Frankreich kommen werde; in tausend Abwandlungen hat er wiederholt: nehmt euch in acht, da ist nicht zu spaßen, »nicht Catilina steht vor euren Toren, sondern der Tod«. Die Franzosen zuckten mit den Achseln. Vom Kostüm des Todes, den entblößten Kinnladen, der Sense, der Sanduhr war nichts zu sehen; wo sollte da der Tod sein? Dies war bloß »eine momentane Verfinsterung, der Nachmittagsschlaf eines großen Volkes«! Endlich erkannten viele, daß die Dinge schlecht standen. Proudhon verzagte weniger als die anderen, er hatte weniger Furcht, weil er alles vorausgesehen hatte; da bezichtigte man ihn nicht nur der Gefühllosigkeit, sondern warf ihm auch vor, daß er das Unheil herbeigerufen habe. Man sagt, daß der chinesische Kaiser alljährlich den Hofastronomen am Schopfe zerre, wenn jener ihm meldet, daß die Tage beginnen abzunehmen.

Proudhons Genie ist den französischen Rhetoren in der Tat unsympathisch, seine Sprache beleidigt sie. Die Revolution hat ihren eigenen Puritanismus hervorgebracht, der engherzig ist und jeglicher Duldsamkeit entbehrt, ihre eigenen obligatorischen Redewendungen, und die Patrioten lehnen genau wie die russischen Richter alles ab, was nicht in der vorgeschriebenen Form abgefaßt ist. Bei ihren symbolischen Büchern, wie dem »Contrat social« und der »Erklärung der Menschenrechte«, hört ihre Kritik auf. Als Menschen des Glaubens hassen sie Analyse und Zweifel; als Menschen der Verschwörungen tun sie alles gemeinsam, und aus allem machen sie ein Parteiinteresse. Ein unabhängiger Geist ist ihnen verhaßt, sie sehen in ihm einen Rebellen; ja sie mögen selbständiges Denken nicht einmal in der Vergangenheit; Louis Blanc ärgert sich beinahe über das exzentrische Genie von Montaigne*. Auf diesem gallischen Gefühl, das bestrebt ist, die Persönlichkeit in der Herde aufgehen zu lassen, beruht ihr leidenschaftlicher Hang zur Gleichmacherei, zur militärischen Einheitlichkeit, zur Zentralisation, das heißt zum Despotismus.

Glaubenslästerliche Äußerungen des Franzosen und die Schärfe seines Urteils sind mehr Mutwille, Unart, Freude an Neckereien, als das Bedürfnis zu analysieren, als ein die Seele bedrückender Skeptizismus. Er hat eine Unmenge kleiner Vorurteile, winziger Religionen, und zu denen steht er mit der Heftigkeit eines Don Quichote, mit dem Eigensinn eines Ketzers. Daher kommt es auch, daß sie weder Montaigne noch Proudhon ihre Freidenkerei und ihre Respektlosigkeit gegenüber den allgemein anerkannten Götzen verzeihen. Sie gestatten, wie die Petersburger Zensur, über

* »Histoire de la Révolution française.«

einen Titularrat zu spotten, aber ein Geheimrat ist unantastbar. Im Jahre 1850 veröffentlichte E. Girardin in der »Presse« den kühnen und neuen Gedanken, daß die Grundlagen des Rechtes nicht ewig seien, sondern sich zugleich mit der historischen Entwicklung veränderten. Was für einen Lärm hat dieser Aufsatz erregt! Das Schimpfen und Geschrei sowie die Beschuldigungen der Amoralität wollten, nachdem die »Gazette de France« einmal den Anfang gemacht hatte, monatelang nicht aufhören.

Die Beteiligung am Wiedererstehen eines solchen Organs wie des »Peuple« war einiger Opfer wert, und ich schrieb an Sasonow und Chojecki, daß ich bereit sei, die Kaution zu zahlen.

Bis zu der Zeit waren meine Beziehungen zu Proudhon ganz oberflächlich gewesen; ein paarmal hatte ich ihn bei Bakunin, mit dem er sehr befreundet war, getroffen. Bakunin lebte damals zusammen mit A. Reichel in einer sehr bescheidenen Wohnung jenseits der Seine, in der Rue de Bourgogne. Proudhon kam häufig dorthin, um den Reichelschen Beethoven und den Bakuninschen Hegel zu hören: die philosophischen Diskussionen dauerten länger als die Symphonien. Sie erinnerten an die berühmten Vigilien von Bakunin und Chomjakow bei Tschaadajew und bei der Jelagina, wo ebenfalls über Hegel debattiert wurde. Karl Vogt, der 1847 ebenfalls in der Rue de Bourgogne wohnte und Reichel und Bakunin auch sehr häufig besuchte, war es eines Abends zu langweilig geworden, das endlose Gerede über die Phänomenologie anzuhören, und so ging er schlafen. Am nächsten Morgen kam er wieder, um Reichel abzuholen: sie wollten beide in den Jardin des Plantes[6] gehen; er war erstaunt, trotz der frühen Stunde in Bakunins Arbeitszimmer sprechen zu hören; er öffnete ein wenig die Tür – Proudhon und Bakunin saßen noch auf denselben Plätzen, vor dem erloschenen Kamin, und beendeten gerade in kurzen Worten den am Vortage begonnenen Streit. Da ich anfangs die bescheidene Rolle, die unsere Landsleute spielten, ebenso scheute wie die Begönnerung seitens der großen Herren, hatte ich mich nicht um Bekanntschaften bemüht, nicht einmal um die mit Proudhon, und wie mir scheint, hatte ich nicht ganz unrecht getan. Proudhons Brief an mich, in Erwiderung des meinen, war zuvorkommend, aber kühl und atmete eine gewisse Zurückhaltung.

Ich hatte ihm gleich zu Beginn zeigen wollen, daß er es weder mit einem verrückten prince russe zu tun habe, der aus revolutionärem

6 (franz.) Botanischer Garten.

Dilettantismus und noch mehr aus Prahlerei das Geld gibt, noch mit einem orthodoxen Verehrer der französischen Publizisten, der außerordentlich dankbar dafür ist, daß man vierundzwanzigtausend Francs von ihm annimmt, noch schließlich mit irgendeinem stumpfsinnigen bailleur de fonds[7], der da glaubt, daß die Stellung der Kaution für eine Zeitung, wie die »Voix du Peuple«, eine gute Geldanlage ist. Mir lag daran, ihm zu zeigen, daß ich sehr gut wisse, was ich tue, daß ich meinen bestimmten Zweck verfolge und darum einen gewissen Einfluß auf die Zeitung haben wolle; nachdem ich bedingungslos alles angenommen hatte, was er bezüglich des Geldes schrieb, verlangte ich erstens, eigene und fremde Artikel unterbringen zu können, zweitens das Recht, den ganzen Auslandsteil zu leiten, Redakteure, Korrespondenten dafür vorzuschlagen und dergleichen mehr sowie Honorare für die von den letzteren abgedruckten Aufsätze zu fordern. Dies mag merkwürdig erscheinen, aber ich kann versichern, daß die »Le National« und die »Réforme« große Augen gemacht hätten, wenn irgendein Ausländer es gewagt hätte, für einen Aufsatz Geld zu verlangen. Sie hätten dies für eine Frechheit oder Wahnsinn gehalten, gerade als wäre es für einen Ausländer

Lohn, der reichlich lohnet,

sich in einer Pariser Zeitschrift abgedruckt zu sehen.

Proudhon erklärte sich mit meinen Forderungen einverstanden, aber sie hatten ihn doch ein wenig unangenehm berührt. Am 29. August 1849 schrieb er mir folgendermaßen nach Genf: »Somit ist die Sache entschieden: Sie beteiligen sich unter meiner allgemeinen Leitung an der Herausgabe der Zeitung; Ihre Aufsätze müssen ohne jegliche Kontrolle angenommen werden, abgesehen von jener, zu der die Redaktion aus Achtung vor ihren eigenen Anschauungen und in Rücksicht auf eine etwaige gerichtliche Verantwortlichkeit verpflichtet ist. Einig in unseren Ideen, können wir nur in unseren Schlußfolgerungen auseinandergehen; was jedoch die Beurteilung der Geschehnisse im Ausland anbelangt, so überlassen wir dies völlig Ihnen. Sie und wir sind Missionare ein und desselben Gedankens. Sie werden unseren Weg an der gemeinsamen Polemik erkennen, und Sie werden sich danach richten müssen; ich bin überzeugt, daß ich niemals gezwungen sein werde, Ihre An-

7 (franz.) stiller Teilhaber.

sichten zu korrigieren; ich würde dies als das größte Unglück ansehen; offen gesagt – der ganze Erfolg der Zeitung hängt von unserer Einigkeit ab. Die demokratische und soziale Frage muß auf die Höhe der Unternehmung einer europäischen Liga gebracht werden. Mutmaßen, daß wir miteinander nicht einig sein werden, hieße annehmen, daß uns die notwendigen Voraussetzungen für die Herausgabe einer Zeitung fehlen und daß es für uns besser wäre, zu schweigen.«

Auf diesen sehr bestimmten Eilbrief antwortete ich mit der Absendung von vierundzwanzigtausend Francs und einem langen, gehaltenen Brief, vollkommen freundschaftlich, aber fest; ich legte dar, inwieweit ich mit ihm theoretisch einverstanden sei, und fügte hinzu, daß ich als echter Skythe mit Freude sähe, wie die alte Welt einstürze, und dächte, daß wir berufen seien, dieser ihr nahes Ende zu verkünden. »Ihre Landsleute sind weit davon entfernt, diese Ideen zu teilen. Ich kenne nur einen freien Franzosen: das sind Sie. Ihre Revolutionäre sind konservativ. Sie sind Christen, ohne es zu wissen, und Monarchisten, während sie für die Republik kämpfen. Sie allein haben die Frage der Verneinung und einer Umwälzung auf die Höhe einer Wissenschaft erhoben, und Sie haben als erster Frankreich gesagt, daß es im Innern eines einstürzenden Gebäudes keine Rettung geben kann, daß es aus ihm auch nichts zu retten gibt, daß alle seine Begriffe von Freiheit und Revolution vom Konservatismus und der Reaktion durchtränkt sind. Die wirklich politischen Republikaner repräsentieren nichts anderes als eine der vielen Variationen auf dasselbe Konstitutionsthema, das auch Guizot, Odilon Barrot und andere auf ihre Weise variieren. Das ist der Gedanke, dem man bei der Analyse der letzten europäischen Ereignisse nachgehen sollte: man müßte der Reaktion, dem Katholizismus, dem Monarchismus nicht in den Reihen unserer Feinde nachspüren – dies ist außerordentlich leicht –, sondern in unserem eigenen Lager. Die Solidarität zwischen den Demokraten und den Machthabern muß aufgedeckt werden. Wenn wir uns nicht fürchten, die Sieger anzugreifen, dann wollen wir uns auch nicht aus falscher Sentimentalität fürchten, die Besiegten anzutasten.

Ich bin fest überzeugt, daß unsere Zeitung, sofern die Inquisition der Republik sie nicht umbringt, die beste Zeitung in Europa sein wird.«

Ich bin auch jetzt noch davon überzeugt. Aber wie konnten Proudhon und ich nur annehmen, daß die keinesfalls rücksichtsvolle Regierung Bonapartes eine solche Zeitung zulassen würde? Das ist schwer zu erklären.

Proudhon war zufrieden mit meinem Brief und schrieb mir am 15. September aus der Conciergerie:

»Es freut mich sehr, daß wir einander bei derselben oder einer ähnlichen Arbeit begegnet sind; ich habe auch so etwas wie eine Philosophie der Revolution* geschrieben unter dem Titel ›Bekenntnisse eines Revolutionärs‹. Sie werden darin vielleicht Ihren barbarischen Schwung (verve barbare) vermissen, an den Sie durch die deutsche Philosophie gewöhnt sind. Vergessen Sie aber nicht, daß ich für Franzosen schreibe, die – man muß es zugeben – bei all ihrer revolutionären Glut weit hinter ihrer Rolle zurückbleiben. So beschränkt meine Ansicht auch sein mag, sie überragt doch die höchsten Spitzen unserer journalistischen, akademischen und literarischen Welt um hunderttausend Klafter; bei mir reicht es noch für zehn Jahre, um unter ihnen als Riese zu erscheinen.

Ich teile vollkommen Ihre Meinung bezüglich der sogenannten Republikaner; selbstverständlich ist das nur eine Spielart der allgemeinen Gattung von Doktrinären. Was diese Fragen anbelangt, brauchen wir uns gegenseitig nicht zu überzeugen. In mir und meinen Mitarbeitern werden Sie Menschen finden, die mit Ihnen Hand in Hand gehen.

Ich glaube gleichfalls, daß ein methodisches, friedliches Vorwärtsgehen in unmerklichen Übergängen, wie dies die ökonomischen Wissenschaften und die Geschichtsphilosophie möchten, für die Revolution nicht mehr möglich ist; wir werden fürchterliche Sprünge machen müssen. Aber in unserer Eigenschaft als Publizisten dürfen wir, indem wir die kommende Katastrophe voraussagen, sie doch nicht als notwendig und gerecht darstellen, weil man uns sonst hassen und verfolgen wird, wir aber leben müssen.«

Die Zeitung ging ausgezeichnet. Proudhon dirigierte sein Orchester meisterhaft aus seiner Gefängniszelle. Seine Artikel waren voller Originalität, Feuer und jener Erregung, die durch das Gefängnis noch gesteigert wird.

»Wer sind Sie eigentlich, Herr Präsident?« schreibt er in einem Artikel, in dem von Napoleon die Rede ist, »sind Sie ein Mann, eine Frau, ein Hermaphrodit, ein Tier oder ein Fisch?« Und wir glaubten immer noch, daß eine solche Zeitung sich halten könnte!«

Wir hatten nicht viele Abonnenten, aber der Straßenverkauf war

* Ich veröffentlichte damals »Vom anderen Ufer«.

riesig: an einem Tage wurden fünfunddreißigtausend bis vierzigtausend Exemplare abgesetzt. Der Absatz von besonders bemerkenswerten Nummern, zum Beispiel derjenigen, in denen Artikel von Proudhon abgedruckt waren, war noch größer; die Redaktion ließ davon fünfzigtausend bis sechzigtausend drucken, und oft wurden am nächsten Tage die Exemplare für einen Franc statt für einen Sous verkauft.*

Doch bei alledem war am 1. März, das heißt ein halbes Jahr später, nicht nur nichts mehr in der Kasse, sondern ein Teil der Kaution war bereits auf die Bezahlung von Strafgeldern draufgegangen. Der Untergang war unvermeidlich. Proudhon beschleunigte ihn noch erheblich. Das kam so. Einmal traf ich bei ihm in Sainte-Pélagie d'Althon-Shée und zwei von den Redakteuren. D'Althon-Shée ist jener Pair von Frankreich, der Pasquier skandalisiert und sämtliche Pairs erschreckt hatte, als er von der Tribüne auf die Frage: »Ja sind Sie denn nicht Katholik?« geantwortet hatte: »Nein, aber mehr noch: ich bin überhaupt nicht Christ, und ich weiß nicht einmal, ob ich Deist bin.«

Er sagte Proudhon, daß die letzten Nummern der »Voix du Peuple« schwach seien; Proudhon sah sie durch und wurde immer finsterer, schließlich wandte er sich höchst erzürnt an die Redakteure.

»Was soll denn das heißen? Ihr macht euch den Umstand zunutze, daß ich im Gefängnis bin, und schlaft dort in der Redaktion. Nein, meine Herren, wenn das so ist, werde ich jegliche Mitarbeit ablehnen und öffentlich meinen Rücktritt erklären; ich will nicht, daß mein Name in den Schmutz getreten wird; euch muß man ständig über die Schulter sehen und jede Zeile kontrollieren. Das Publikum hält das für meine Zeitung. Nein, dem muß ein Ende gemacht werden. Morgen schicke ich einen Artikel, um die schlechte Wirkung eurer Schmiererei zu verwischen, und dann werde ich euch zeigen, wie ich den Geist verstehe, in dem unser Organ geführt werden soll.«

Angesichts seines Ärgers war zu erwarten, daß der Artikel nicht allzu gemäßigt ausfallen würde, aber er übertraf noch unsere Erwartungen: sein »Vive l'Empereur!« war ein Dithyrambus der Ironie, einer giftigen und furchtbaren Ironie.

* Meine Antwort auf die Rede von Donoso Cortès, die in etwa fünfzigtausend Exemplaren gedruckt worden war, war ausverkauft, und als ich mir nach zwei, drei Tagen einige Exemplare für mich selbst ausbat, war die Redaktion gezwungen, sie in verschiedenen Buchhandlungen aufzukaufen.

Abgesehen von einem neuen Prozeß rächte sich die Regierung auf ihre Art an Proudhon. Er wurde in ein schlechtes Zimmer überführt, das heißt, man gab ihm eines, das noch weit garstiger war als sein voriges; die Fenster wurden zur Hälfte mit Brettern vernagelt, damit man außer dem Himmel nichts sehen konnte, es wurde verboten, jemanden zu ihm zu lassen, und vor die Tür wurde ein besonderer Wachposten gestellt. Und derartige Mittel, zu denen man nicht einmal greifen sollte, wenn es gilt, einen sechzehnjährigen Taugenichts zur Vernunft zu bringen, wandte man vor sieben Jahren gegen einen der größten Denker unsercs Zeitalters an! Die Menschen sind seit den Zeiten des Sokrates nicht klüger geworden, sie sind auch nicht klüger geworden seit der Zeit von Galilei, nur kleinlicher sind sie geworden. Dieser Mangel an Achtung vor dem Genie ist übrigens eine neue Erscheinung, die im letzten Jahrzehnt wieder aufgelebt ist. Seit der Renaissance war das Talent bis zu einem gewissen Grade ein Schutz geworden: weder Spinoza noch Lessing hat man in ein dunkles Zimmer gesperrt, man hat sie nicht in die Ecke gestellt; solche Menschen wurden manchmal verfolgt und getötet, aber man erniedrigte sie nicht durch Kleinigkeiten; man schickte sie auf das Schafott, aber nicht ins Zuchthaus.

Das bürgerlich-kaiserliche Frankreich liebt die Gleichheit.

Der verfolgte Proudhon riß noch einmal an seinen Ketten, er machte im Jahre 1850 noch einmal eine Anstrengung, die »Voix du Peuple« herauszugeben; aber dieser Versuch wurde sofort erstickt. Meine Kaution wurde bis zur letzten Kopeke eingezogen. Der einzige Mensch, der in Frankreich noch etwas zu sagen hatte, mußte verstummen.

Das letztemal sah ich Proudhon in Sainte-Pélagie; ich wurde aus Frankreich ausgewiesen, ihm waren noch zwei Jahre Gefängnishaft verblieben. Traurig nahmen wir Abschied voneinander, es gab für die nächste Zeit auch nicht den Schatten einer Hoffnung. Proudhon schwieg gedankenvoll, in mir kochte der Zorn; uns beiden ging vieles durch den Kopf, aber keiner hatte Lust zu sprechen.

Ich habe viel von seiner Härte, seiner rudesse[8] und Unduldsamkeit gehört; ich persönlich habe nie etwas Derartiges erlebt. Das, was weiche Menschen seine Härte nennen, waren die federnden Muskeln des Kämpfers; die gerunzelte Stirn zeigte nur die angespannte Arbeit der Gedanken an; im Zorn erinnerte er an den zür-

8 (franz.) Heftigkeit, Härte, Strenge.

nenden Luther oder an Cromwell, wenn er sich über das Croupion lustig machte. Er wußte, daß ich ihn verstand, wußte auch, wie wenige ihn verstanden, und schätzte das. Er wußte, daß er für einen wenig mitteilsamen Menschen gehalten wurde, und als er durch Michelet von dem Unglück hörte, das meine Mutter und Kolja betroffen hatte, schrieb er mir unter anderem aus Sainte-Pélagie: »Muß uns denn das Schicksal auch noch von dieser Seite einen tödlichen Schlag versetzen? Ich bin noch ganz außer mir über diese entsetzliche Begebenheit. Ich liebe Sie und trage Sie tief hier in dieser Brust, die so viele für steinern halten.«

Seitdem habe ich ihn nicht mehr gesehen*; im Jahre 1851, als ich durch die Gnade von Léon Faucher für einige Tage nach Paris kam, war er in irgendein zentrales Gefängnis verlegt worden. Ein Jahr später war ich auf der Durchreise heimlich in Paris; damals weilte Proudhon zur Kur in Besançon.

Proudhon hat einen wunden Punkt, und da ist er unverbesserlich, da ist die Grenze seiner Persönlichkeit und, wie das immer zu sein pflegt, jenseits dieser Grenze ist er konservativ und ein Mann der Überlieferung. Ich spreche von seinen Anschauungen, die das Familienleben und die Bedeutung der Frau im allgemeinen betreffen.

»Wie glücklich ist unser N.«, sagte Proudhon manchmal scherzend, »seine Frau ist nicht so dumm, daß sie nicht einen guten pot-au-feu[9] kochen könnte, und nicht so klug, um über seine Aufsätze diskutieren zu können. Das ist alles, was man zum häuslichen Glück braucht.«

Mit dieser spaßigen Bemerkung hat Proudhon in scherzhafter Form die wahre Grundlage seiner Meinung über die Frau zum Ausdruck gebracht. Seine Begriffe vom Familienleben sind roh und reaktionär, aber auch darin kommt nicht das bürgerliche Element des Städters zum Ausdruck, sondern eher das beharrliche Gefühl des ländlichen pater familias[10], der stolz in der Frau die botmäßige Arbeiterin sieht, sich selbst aber für das selbstherrliche Haupt des Hauses hält.

Etwa anderthalb Jahre, nachdem ich dies geschrieben hatte, gab Proudhon sein großes Werk »Die Gerechtigkeit in der Kirche und in der Revolution« heraus.

* Nachdem ich dieses geschrieben hatte, bin ich mit ihm noch einmal in Brüssel zusammengetroffen.

9 (franz.) Rindfleischsuppe.

10 (lat.) Familienvater.

Dieses Buch, für welches das wild gewordene Frankreich ihn aufs neue zu drei Jahren Gefängnis verurteilt hat, habe ich aufmerksam gelesen, und als ich den dritten Band zuschlug, war ich erdrückt von düsteren Gedanken.

Eine schwere, schwere Zeit!... Ihre zersetzende Luft betäubt auch die stärksten Geister...

Auch dieser »unerschrockene Streiter« hat nicht durchgehalten und ist zusammengebrochen; in seinem letzten Werk erkenne ich noch die machtvolle Dialektik, den Schwung von einst; aber diese Dialektik führt ihn bereits zu im voraus festgelegten Resultaten, sie ist bereits nicht mehr frei in ihren Schlußfolgerungen. Gegen Ende des Buches beobachtete ich Proudhon, so wie Kent den König Lear beobachtet hat, und wartete, daß er zur Vernunft kommen würde, doch er redete nur immer mehr Unsinn: dieselben Anfälle von Unduldsamkeit, von ungezügelter Sprache wie bei Lear, auch hier verrät »every inch«[11] das Talent, aber... es ist ein Talent, das »einen Stich« bekommen hat. Auch er flieht mit einem Leichnam, nur ist es nicht der Leichnam der Tochter, sondern der Mutter, die er für lebend hält!*

Das romantische Denken, religiös selbst in der Verneinung, abergläubisch im Zweifel, das die einen Autoritäten im Namen von anderen verwirft, hat sich selten tiefer in medias res[12] der Wirklichkeit versenkt, selten so dialektisch kühn und richtig alle Fesseln abgestreift, wie in diesem Buch. Es hat sich darin nicht nur von dem groben Dualismus der Religion losgesagt, sondern auch von dem raffinierten Dualismus der Philosophie; es befreite sich nicht nur von den himmlischen Gespenstern, sondern auch von den irdischen; es schritt hinweg über die sentimentale Apotheose der Menschheit, über den Fatalismus des Fortschritts; in diesem Denken findet man nichts von jenen ewig gleichen Ergüssen über Brüderlichkeit, Demokratie und Fortschritt, die uns so kläglich erscheinen und inmitten von Zwietracht und Gewalt nur ermüden. Proudhon hat dem Verständnis der Revolution ihre Götzen und ihre Sprache geopfert und die Sittlichkeit auf den einzig realen Grund und Boden übertragen – die menschliche Brust, die allein die Vernunft anerkennt – und keinerlei Abgötter »außer ihr«.

* Ich habe meine Meinung über dieses Werk von Proudhon zum Teil geändert (1866).

11 (engl.) jeder Zoll.

12 (lat.) mitten in die Sache.

Und nach all dem ist dieser große Bilderstürmer erschrocken vor der befreiten Persönlichkeit des Menschen, denn er fiel, nachdem er sie in abstrakter Form befreit hatte, aufs neue in die Metaphysik zurück, verlieh der Persönlichkeit eine Entfaltungsmöglichkeit, die sie niemals besessen hat und nie besitzen wird, und führte sie, als er mit ihr nicht fertig wurde, einem unmenschlichen Gotte zur Hinschlachtung zu, dem kalten Gott der Gerechtigkeit, dem Gotte des Gleichgewichts, der Stille, der Ruhe, dem Gotte der Brahmanen, deren Streben auf den Verlust alles Persönlichen gerichtet ist, auf die Auflösung, die Ruhe in der unendlichen Welt des Nirwana.

Auf den leeren Altar ist die Waage gestellt worden. Dies wird das neue kaudinische Joch für die Menschheit werden.

»Die Gerechtigkeit«, auf die sich sein Streben richtet, entspricht nicht einmal der künstlerischen Harmonie der Republik Platos, auch nicht dem Streben, Leidenschaften und Opfer in ein schönes Gleichgewicht zu bringen. Der gallische Tribun übernimmt nichts von dem »anarchischen und leichtsinnigen Griechenland«, stoisch tritt er die persönlichen Gefühle mit Füßen und versucht nicht, sie mit den Bedürfnissen der Familie und der Gemeinschaft in Einklang zu bringen. Die »freie« Persönlichkeit ist bei ihm ein Wachposten und ein Arbeiter, der keinen Feierabend kennt, sie hat ihren Dienst zu tun und muß bis zur Ablösung durch den Tod auf ihrem Posten stehen, sie muß alles Persönlich-Impulsive in sich abtöten, alles was außerhalb der Pflicht liegt, weil sie – nicht sie ist; ihr Sinn, ihr Wesen ist außerhalb ihrer selbst; sie ist ein Organ der Gerechtigkeit, sie ist – wie die Jungfrau Maria – dazu ausersehen, unter Schmerzen die Idee auszutragen und sie zur Rettung des Staates in die Welt zu setzen.

Die Familie, die erste Zelle der Gesellschaft, die erste Wiege der Gerechtigkeit, ist zu ewiger, auswegloser Fron verurteilt; sie soll als Opferstätte der Reinigung von allem Persönlichen dienen, in ihr sollen alle Leidenschaften ausgemerzt werden. Proudhons Ideal ist die strenge römische Familie in einer modernen Werkstatt. Das Christentum hat das Familienleben allzusehr verweichlicht, es hat Maria der Martha vorgezogen, die Träumerin der Hausfrau, es hat der Sünderin verziehen und die Hand der Bereuenden hingestreckt, weil sie viel geliebt hat, und in der Familie Proudhons soll eben wenig geliebt werden. Und das ist noch nicht alles: das Christentum stellt die Persönlichkeit weit höher als ihre Familienbeziehungen. Es sagte zu dem Sohne: »Verlasse Vater und Mutter und folge mir nach« – diesem Sohne, dem im Namen der Inkarnation der Gerechtigkeit von neuem die Handschellen der bedingungslosen väterlichen Gewalt angelegt werden sollen; dem Sohne, der zu Lebzeiten des Vaters keinen eigenen Willen haben darf, am allerwenigsten bei der Wahl seiner Gattin. Er soll gestählt werden in der Sklaverei, um seinerseits zu einem Tyrannen der Kinder zu werden, die ohne Liebe, aus Pflicht geboren sind, um die Familie fortzupflanzen. In dieser Familie ist die Ehe unauflöslich, dafür kalt wie Eis; die Ehe ist dort eigentlich der Sieg über die Liebe: je weniger Liebe zwischen der Frau und Köchin und dem Manne und Arbeiter, desto besser. Und die so alten verschlissenen Vogelscheuchen aus dem Arsenal des Rechtshegelianismus habe ich nun noch einmal bei Proudhon wiedersehen müssen!

Das Gefühl ist verpönt, alles ist erstorben, die Farben sind verblichen, geblieben ist die ermüdende, stumpfe, ausweglose Arbeit des Proletariers von heute, die Arbeit, von der wenigstens die aristokratische Familie des alten Roms, die auf der Sklaverei beruhte, befreit war; es gibt keine kirchliche Poesie mehr, keinen Glaubenswahn, kein festes Vertrauen auf das Paradies, sogar Verse »wird man in jenen Zeiten nicht mehr schreiben«, wie Proudhon versichert, dafür wird die Arbeit »sich vermehren«. Für die Freiheit der Persönlichkeit, für die Selbständigkeit des Handelns, für die Unabhängigkeit kann man wohl die religiöse Einlullung zum Opfer bringen, aber alles opfern für die Inkarnation der Idee der Gerechtigkeit – was für ein Unsinn!

Der Mensch ist verurteilt zur Arbeit, er soll so lange arbeiten, bis ihm die Hände sinken; der Sohn wird aus den kalten Fingern des Vaters den Hobel oder den Hammer lösen und die ewige Arbeit fortsetzen. Wie aber, wenn sich in der Reihe der Söhne einer findet, der ein bißchen gescheiter ist, der den Meißel hinlegt und fragt:

»Ja, wozu rackern wir uns denn so ab?«

»Für den Triumph der Gerechtigkeit«, wird ihm Proudhon sagen.

Und der neue Kain wird ihm antworten: »Ja, wer hat mir denn den Triumph der Gerechtigkeit aufgetragen?«

»Wer? Ja, ist denn deine Berufung, dein ganzes Leben nicht die Inkarnation der Gerechtigkeit?«

»Wer hat mir denn dieses Ziel gesetzt?« wird Kain darauf sagen. »Das ist mir zu alt; es gibt keinen Gott, seine Gebote aber sind geblieben. Gerechtigkeit ist nicht meine Berufung, zu arbeiten ist keine Pflicht, sondern eine Notwendigkeit, die Familie ist für mich keine lebenslängliche Fessel, sondern das Milieu für mein Leben, für meine Entwicklung. Sie wollen mich in der Sklaverei erhalten, ich aber rebelliere gegen Sie, gegen Ihre Schnellwaage, so, wie Sie Ihr Leben lang gegen das Kapital, die Bajonette, die Kirche rebelliert haben, so, wie alle französischen Revolutionäre gegen die feudalen und katholischen Traditionen rebelliert haben. Oder glauben Sie, daß nach der Erstürmung der Bastille, nach dem Terror, nach Krieg und Hunger, nach dem Bürgerkönig und nach der bürgerlichen Republik ich euch noch glauben werde, Romeo habe nicht das Recht gehabt, Julia zu lieben, nur weil die alten Dummköpfe Montecchi und Capuletti ihren uralten Hader in die Länge zogen, und daß ich weder mit dreißig noch mit vierzig Jahren mir ohne die Erlaubnis des Vaters eine Gefährtin wählen darf, daß eine untreu gewordene Frau bestraft und der Schande preisgegeben werden muß? Ja, für wen haltet ihr mich eigentlich? Ihr und eure Justiz?«

Und wir würden von unserer dialektischen Warte aus Kain zu Hilfe kommen und hinzufügen, daß Proudhons ganzer Begriff vom Zweck vollkommen inkonsequent ist. Die Teleologie ist auch eine Theologie, sie ist die Februarrepublik, das heißt die alte Julimonarchie, nur ohne Louis-Philippe. Was für einen Unterschied gibt es denn zwischen der vorherbestimmten Zweckmäßigkeit und der Vorsehung?*

Proudhon, der in der Befreiung der Persönlichkeit zu weit gegangen war, erschrak, als er seine Zeitgenossen anschaute, und damit diese Zuchthäusler, ticket of leave[13], kein Unheil anrichteten, lockte er sie in die Falle der römischen Familie.

Durch die geöffnete Tür des restaurierten Atriums, ohne Laren und Penaten, erblickt man jetzt keine Anarchie mehr, nicht die Vernichtung der Obrigkeit, des Staates, sondern eine strenge Ordnung, mit Zentralisation, Einmischung in die Familienangelegenheiten, mit Erbrecht und Enterbung als Strafmaßnahme; zugleich schauen sämtliche alten römischen Sünden mit ihren toten Statuenaugen aus den Ritzen hervor.

Die antike Familie führt in ihrem Gefolge naturgemäß das antike

* Proudhon selbst hat gesagt: »Rien ne ressemble plus à la préméditation, que la logique des faits« – [(franz.) Nichts ist der Vorsätzlichkeit so ähnlich, wie die Logik der Tatsachen.].

13 (engl.) Entlassungsschein; hier: vor der Zeit freigelassene Strafgefangene.

Vaterland mit seinem eifersüchtigen Patriotismus, dieser grimmigen Tugend, die zehnmal mehr Blut vergossen hat, als alle Laster zusammengenommen.

Der an die Familie gefesselte Mensch wird aufs neue zu einem Hörigen des Landes, des Bodens. Seine Bewegungen sind umgrenzt, er ist in seinem Felde verwurzelt, einzig auf ihm ist er das, was er ist; »ein Franzose, der in Rußland lebt«, sagt Proudhon, »ist ein Russe, und kein Franzose«. Es gibt keine Kolonien mehr, keine Faktoreien im Ausland, lebe jeder bei sich zu Hause...

»Holland wird nicht untergehen«, sagte Wilhelm von Oranien in schwerer Zeit, »es wird die Schiffe besteigen und irgendwohin nach Asien fahren, hier aber werden wir die Schleusen öffnen.« So sehen freie Völker aus.

So sind auch die Engländer: sobald man anfängt, sie zu unterdrücken, fahren sie über den Ozean und gründen dort ein junges und freieres England. Und natürlich kann man von den Engländern nicht sagen, daß sie ihr Vaterland nicht liebten oder daß sie nicht national gesinnt wären. Das sich nach allen Seiten ausbreitende England hat die halbe Welt besiedelt, während das saft- und kraftlose Frankreich die einen Kolonien verloren hat und mit den anderen nichts anzufangen weiß. Es braucht sie auch gar nicht: Frankreich ist zufrieden mit sich selber und schmiegt sich immer inniger an seinen Mittelpunkt an, der Mittelpunkt aber an seinen Herrn. Was für eine Unabhängigkeit kann es denn in einem solchen Lande geben?

Andererseits: wie könnte man Frankreich verlassen, la belle France?[14] »Ist es heute nicht das allerfreieste Land in der Welt, ist seine Sprache nicht die schönste Sprache, seine Literatur nicht die beste Literatur, klingen seine syllabisch gesprochenen Verse nicht volltönender als der griechische Hexameter?« Hinzu kommt noch, daß sein weltumfassendes Genie sich sowohl die Gedanken wie die Schöpfungen aller Zeiten und Länder aneignet: »Shakespeare und Kant, Goethe und Hegel, sind sie nicht heimisch geworden in Frankreich?« Und noch mehr: Proudhon hat vergessen zu sagen, daß es sie verbessert, daß es sie neu eingekleidet hat, wie es die Gutsbesitzer tun, wenn sie ihre Bauern zu sich auf den Hof holen.

Proudhon schließt sein Buch mit einem katholischen Gebet ab, das er auf den Sozialismus übertragen hat; er brauchte nur einige kirchliche Phrasen zu verweltlichen und ihnen, statt der Mönchs-

14 (franz.) das schöne Frankreich.

kappe, eine phrygische Mütze aufzusetzen, damit das Gebet der »byzantinischen« Bischöfe genau dem Bischof des Sozialismus entsprach!

Was für ein Chaos! Proudhon, der sich von allem befreit, außer von der Vernunft, wollte nicht nur ein Ehemann bleiben, wie etwa der Ritter Blaubart, sondern auch ein französischer Nationalist mit literarischem Chauvinismus und unbegrenzter elterlicher Gewalt, und deshalb ist gleich nach den herzhaften und kraftvollen Gedanken eines freien Menschen die Stimme eines gestrengen alten Mannes zu hören, der sein Testament diktiert und seinen Kindern auf einmal jenen baufälligen Tempel erhalten möchte, den er sein ganzes Leben lang untergraben hat.

Die romanische Welt liebt nicht die Freiheit, sie liebt es nur, danach zu trachten; sie findet manchmal die Kraft zur Befreiung, niemals aber zur Freiheit. Ist es nicht traurig, solche Leute zu sehen wie Auguste Comte, wie Proudhon, die als letztes Wort nichts anderes zu hinterlassen wissen als: der eine – irgendeine Mandarinen-Hierarchie, der andere – seine Zuchthäuslerfamilie und die Apotheose des unmenschlichen »Pereat mundus – fiat justitia!«[15]

15 (lat.) Mag die Welt untergehen, wenn nur die Gerechtigkeit triumphiert!

Gedanken über angeschnittene Fragen

I

Auf der einen Seite die widerspruchslos zusammengeschweißte, fest verbundene Familie Proudhons, die unauflösbare Ehe, die Unteilbarkeit der väterlichen Gewalt – eine Familie, in der alle Personen, außer einer, um des gesellschaftlichen Zweckes willen zugrunde gehen, eine grausame Ehe, in der die Unveränderlichkeit der Gefühle gilt, die sklavische Treue gegenüber dem Gelübde; auf der anderen Seite – die Entstehung von Lehren, in denen die Bande der Ehe und Familie gelockert sind, in denen die unwiderstehliche Macht der Leidenschaften anerkannt wird, die Unverbindlichkeit des Vergangenen und die Unabhängigkeit der Personen.

Auf der einen Seite die Frau, die wegen einer Untreue beinahe gesteinigt wird, auf der anderen – die Eifersucht, die hors la loi[1] gestellt ist, als ein krankhaftes, verzerrtes Gefühl des Egoismus, des Proprietarismus, das gesunde und natürliche Begriffe in romantischer Weise negiert.

Wo ist die Wahrheit... wo ist die Diagonale? Vor dreiundzwanzig Jahren habe ich bereits einen Ausweg aus diesem Wald von Widersprüchen gesucht.

Wir sind kühn, wenn es gilt, etwas abzulehnen, und stets bereit, jeglichen Perun ins Wasser zu werfen, aber die Perune des häuslichen Lebens und der Familie sind irgendwie waterproof[2], sie kommen immer wieder nach oben. Es mag sehr wohl sein, daß sie ihren Sinn verloren haben, aber das Leben ist geblieben; offenbar sind die Waffen, die gegen sie angewandt worden sind, nur über ihren schuppigen Schlangenleib hinweggeglitten; sie haben sie niedergeworfen, betäubt... aber nicht getötet.

Eifersucht... Treue... Untreue... Reinheit... Dunkle Mächte, schreckliche Worte, dank denen Ströme von Tränen, Ströme von Blut geflossen sind; Worte, die uns erschauern lassen wie eine Erinnerung an die Inquisition, an Folter und Pest... und dabei Wor-

1 (franz.) außerhalb des Gesetzes.
2 (engl.) wasserdicht.

te, unter denen die Familie, wie unter einem Damoklesschwert, gelebt hat und noch lebt.

Man kann diese Worte nicht zum Tor hinausjagen, weder durch Schelten, noch indem man sie verneint. Sie bleiben hinter der nächsten Ecke stehen, sie schlummern nur, bereit, beim geringsten Anlaß alles zu verderben, Vertrautes und Fernstehendes, ja uns selber.

Offensichtlich müssen wir die treffliche Absicht, solche schwelenden Brände bis auf den Grund zu löschen, aufgeben und uns bescheiden darauf beschränken, das zerstörende Feuer in humaner Weise zu lenken und zu bändigen. Die Logik der Leidenschaften kann man nicht im Zaum halten, ebenso wie das Gericht sie nicht rechtfertigen kann. Leidenschaften sind Tatsachen und keine Dogmen.

Darüber hinaus wurden der Eifersucht besondere Rechte zugebilligt. An und für sich eine starke und vollkommen natürliche Leidenschaft, ist sie bis zum heutigen Tage nur angespornt worden, statt sie zu dämpfen und zu bändigen. Die christliche Lehre, die aus Haß gegen den Körper allem Sinnlichen eine außerordentliche Beachtung geschenkt hat, sowie die aristokratische Anbetung des eigenen Blutes und der Reinheit der Rasse, haben die Vorstellung von einem unabwaschbaren Flecken, einer tödlichen Beleidigung bis zur Unsinnigkeit entwickelt. Der Eifersucht wurde das jus gladii[3] zugestanden, das Recht auf Gericht und Rache. Sie ist zur Ehrenpflicht geworden, beinahe zu einer Tugend. Dies alles hält nicht der geringsten Kritik stand, aber gleichwohl verbleibt auf dem Grunde der Seele ein sehr reales und unüberwindliches Gefühl des Schmerzes, des Unglücks, das Eifersucht heißt – ein elementares Gefühl, genau wie das Gefühl der Liebe, das jeglicher Verneinung widersteht –, ein »irreduktibles«[4] Gefühl.

Da sind sie wieder, jene ewigen Marksteine, jene Kaudinischen Engpässe, durch die uns die Geschichte treibt. Auf beiden Seiten ist die Wahrheit, auf beiden – die Lüge. Mit einem raschen *entweder – oder* ist auch da nichts zu erreichen. Kaum hat man einen der beiden Termini vollständig negiert, taucht er bereits wieder auf, so wie nach Verschwinden des letzten Mondviertels auf der anderen Seite das erste auftaucht.

Hegel hat diese Grenzpfähle der menschlichen Vernunft entfernt, indem er sich zur Höhe des absoluten Geistes erhob; ihm sind sie

3 (lat.) Recht des Schwertes.
4 (franz.) irréductible = unauflösbar.

nicht verschwunden, aber ihr Wesen hat sich gewandelt, sie wurden aufgehoben, wie die deutsche theologische Wissenschaft sich ausdrückt; das ist Mystizismus, eine philosophische Theodizee, eine Allegorie, absichtlich vermischt mit der Sache selbst. Jeder Akt der Versöhnung von Unversöhnbarem wird zu einem Akt der Erlösung gemacht, das heißt zu einer heiligen Wandlung, zu einem heiligen Betrug, zu einer Lösung, die nichts löst, sondern auf Treu und Glauben angenommen wird. Was kann gegensätzlicher sein als das individuelle Wollen und die äußere Notwendigkeit, doch durch den Glauben werden selbst sie leicht versöhnt. Ohne zu murren nimmt der Mensch die Strafe für eine Handlung als gerecht an, obwohl diese Handlung doch vorbestimmt war.

Proudhon selbst handelte bei einem anderen Fragenkomplex viel menschlicher als die deutsche Wissenschaft. Er entgeht den ökonomischen Widersprüchen dadurch, daß er die Zügelung beider Seiten durch ein höchstes Prinzip anerkennt. Eigentum als Recht und Eigentum als Diebstahl stehen nebeneinander – in ewigem Schwanken, in ewiger Ergänzung, unter der ständig wachsenden Weltherrschaft der Gerechtigkeit. Es ist klar, daß hier die Widersprüche und der Streit in eine andere Sphäre übertragen werden und daß der Begriff der Gerechtigkeit in größerem Maße in Anschlag gebracht werden muß, als das Recht auf Eigentum.

Je einfacher das höchste Prinzip ist, je weniger mystisch und je weniger einseitig, je realer und anwendbarer es ist, desto vollständiger führt es die sich widersprechenden Termini auf ihren kleinsten Nenner zurück.

Der absolute, »transzendente« Geist Hegels ist bei Proudhon durch die gebieterische Idee der Gerechtigkeit ersetzt worden.

Aber auch durch sie werden die Probleme der Leidenschaften kaum gelöst werden können. Die Leidenschaft ist an und für sich ungerecht. Die Gerechtigkeit distanziert sich von den Persönlichkeiten, sie ist unpersönlich; die Leidenschaft ist nur individuell.

Hier liegt der Ausweg nicht im Gericht, sondern in einer menschlichen Entwicklung der einzelnen Persönlichkeit, indem man sie hinausführt aus der lyrischen Abgeschlossenheit in die weite Welt, indem man sie an der Entwicklung der gemeinsamen Interessen teilhaben läßt.

Die Eifersucht radikal aus der Welt schaffen, bedeutet die Liebe zur Person vernichten, heißt sie durch die Liebe zum Weibe oder zum Mann, überhaupt durch die Liebe zum anderen Geschlecht, ersetzen. Aber gerade das Persönliche, das Individuelle ist es, das gefällt, dies ist es, was unserem ganzen Leben das Kolorit, den tonus, die Leidenschaftlichkeit gibt. Unser Lyrismus ist ein persönlicher, unser Glück und unser Unglück ist ein persönliches Glück und Unglück. Der Doktrinarismus mit all seiner Logik tröstet uns ebensowenig in unserem persönlichen Kummer wie die römischen consolatio[5] mit ihrer Rhetorik. Man darf weder die Tränen über einen Verlust noch die Tränen der Eifersucht wegwischen und soll es auch nicht, aber man kann und muß erreichen, daß sie menschlich fließen... und daß sie weder mönchisches Gift enthalten noch ein Ausdruck tierischer Rohheit sind oder aber den Aufschrei eines verletzten Eigentümers begleiten.*

II

Die Beziehungen zwischen Mann und Frau auf das Niveau eines zufälligen sexuellen Zusammentreffens herabzuziehen, ist ebenso unmöglich, wie sie emporzuheben und die Partner in einer unauflöslichen Ehe bis zum Grabe zusammenzuschmieden. Das eine wie

* Als ich mit dem Lesen der Korrekturbogen beschäftigt war, fiel mir eine französische Zeitung in die Hände, in der ein überaus charakteristischer Fall berichtet wird. In der Nähe von Paris hatte irgendein Student ein Verhältnis mit einem jungen Mädchen angeknüpft, die Verbindung wurde entdeckt. Der Vater des Mädchens begab sich zu dem Studenten und flehte ihn unter Tränen und auf den Knien an, die Ehre der Tochter wiederherzustellen und sie zu heiraten; der Student lehnte dies frech ab. Der kniende Vater gab ihm eine Ohrfeige, der Student forderte ihn, und sie schossen aufeinander. Während des Duells bekam der Vater einen Schlaganfall, der ihn völlig entstellte. Der Student geriet in Verwirrung und »beschloß, das Mädchen zu ehelichen«; die Braut nahm sich die Sache zu Herzen und beschloß ihrerseits, den Studenten zu heiraten. Die Zeitung fügt hinzu, daß eine so glückliche Lösung sicher viel zur Genesung des alten Mannes beitragen werde. Ist das etwa nicht wie im Irrenhaus? Läßt sich etwa in China und Indien, über deren närrische Gewohnheiten und Ungeheuerlichkeiten wir uns so lustig machen, etwas Abscheulicheres und Dümmeres finden als diese Geschichte? Ich will nicht einmal sagen – etwas Unsittlicheres. Die Pariser Liebesaffäre ist hundertmal verbrecherischer als alle gerösteten Witwen und lebendig begrabenen Vestalinnen. Dort ist es der Glaube, der jegliche Verantwortung aufhebt, hier sind es einzig die konventionellen und illusorischen Begriffe von einer äußerlichen Ehre, einer äußerlichen Reputation... Geht aus der Angelegenheit nicht deutlich hervor, was für ein Mensch der Student ist? Wozu hat man denn das Schicksal des jungen Mädchens à perpétuité [(franz.) für alle Ewigkeit] mit ihm zusammengeschmiedet? Wozu hat man ihr Leben verdorben? Um der Rettung eines Namens willen! Oh, Bedlam! (1866.)

5 (lat.) Trostreden.

das andere kann in den Randsphären der geschlechtlichen und ehelichen Beziehungen als ein Sonderfall, als eine Ausnahme vorkommen, aber nicht als eine allgemeine Regel. Eine sexuelle Beziehung wird abreißen, oder sie wird ständig nach einer engeren und dauerhafteren Verbindung streben, so wie die unauflösliche Ehe zur Befreiung von der äußeren Kette hinstrebt.

Die Menschen haben sich ständig gegen beide Extreme aufgelehnt. Die unlösbare Ehe wurde von ihnen entweder heuchlerisch oder unbedachterweise in der ersten Aufwallung akzeptiert. Einer zufälligen intimen Beziehung ist niemals die volle Investitur erteilt worden, sie ist immer ebenso verheimlicht worden, wie man sich der Ehe gerühmt hat. Alle Versuche, die öffentlichen Häuser einer offiziellen behördlichen Leitung und Aufsicht zu unterstellen, beleidigen die allgemeine Auffassung von Moral, obwohl sie doch eine Einschränkung dieser Erscheinung bezwecken. Diese Moralauffassung erblickt in der Einrichtung bereits eine Anerkennung. Ein zur Zeit des Direktoriums von einem Herrn in Paris vorgelegtes Projekt, privilegierte öffentliche Häuser mit eigener Hierarchie und so weiter einzuführen, wurde sogar in jenen Zeiten mit Pfeifen aufgenommen und fiel einem donnernden Gelächter und der Verachtung anheim.

Das gesunde Leben des Menschen flieht gleichermaßen das Kloster wie den Viehstall, die Geschlechtslosigkeit des Mönchs, die von der Kirche über die Ehe gestellt wird, wie die kinderlose Befriedigung der Leidenschaften...

Die Ehe ist für das Christentum ein Zugeständnis, eine Inkonsequenz, eine Schwäche. Das Christentum sieht die Ehe unter dem gleichen Gesichtswinkel, unter dem die Gesellschaft das Konkubinat sieht.

Der Mönch und der katholische Pfaffe sind zur ewigen Ehelosigkeit verdammt, zur Belohnung für ihren dummen Sieg über die menschliche Natur.

Die christliche Ehe ist überhaupt düster und ungerecht, sie stellt die Ungleichheit, gegen die das Evangelium gepredigt hat, wieder her und überantwortet die Frau dem Manne als Sklavin. Die Gattin wird geopfert, die Liebe (der Kirche verhaßt) wird geopfert; sobald die junge Frau vom Traualtar kommend aus der Kirche tritt, ist die Liebe überflüssig und wird ersetzt durch Pflicht und Schuldigkeit. Aus dem allerlichtesten und freudigsten Gefühl hat die Kirche Schmerz, Erschöpfung und Sünde gemacht. Das Menschengeschlecht müßte entweder aussterben oder inkonsequent sein. Das beleidigte Leben hat dagegen protestiert.

Protestiert hat es nicht allein durch Tatsachen, die von Reue und Gewissensbissen begleitet waren, sondern auch durch Mitleid und durch Rehabilitation. Begonnen hat der Protest, als der Katholizismus und das Rittertum in höchster Blüte standen.

Ein gestrenger Ehemann: Raoul, der Ritter Blaubart, im Harnisch, mit dem Schwert, eigenmächtig, eifersüchtig und schonungslos; ein barfüßiger Mönch: ein mürrischer, wahnsinniger Fanatiker, bereit, sich für seine Entbehrungen, für seinen unnötigen Kampf zu rächen; Gefängniswächter, Henker, Spione... und irgendwo in einem Turm, in einem Keller eine weinende Frau, ein junger Page in Ketten, für die niemand eintreten wird. Das Ganze: düster, roh, überall Blut, Beschränktheit, Gewalt und näselnd hergesagte lateinische Gebete.

Aber hinter dem Rücken des Mönchs, des Beichtigers und Gefängniswächters, die zusammen mit dem gestrengen Gatten, dem Vater und dem Bruder zum Schutze der Ehe auf Wache stehen, entsteht in der Stille eine Volkslegende, ertönt ein Lied; es geht von Ort zu Ort, von einer Burg zur anderen, mit dem Troubadour und dem Minnesänger, und es singt für die unglückliche Frau. Das Gericht trifft die Schuldigen – das Lied vergibt die Sünde. Die Kirche belegt die Liebe außerhalb der Ehe mit ihrem Bann – das Lied verflucht die Ehe ohne Liebe. Es nimmt den verliebten Pagen in Schutz, die gefallene Gattin, die unterdrückte Tochter – nicht mit Hilfe von wohlüberlegten Einwänden, sondern durch Mitgefühl, Mitleid und Tränen. Für das Volk ist das Lied das weltliche Gebet, sein anderer Ausweg aus dem hungrigen, kalten Leben, aus dumpfem Gram und aus der schweren Arbeit.

An festlichen Tagen wurden die der Muttergottes geltenden Litaneien von den traurigen Klängen der complaintes[6] abgelöst, die die unglückliche Frau nicht der Schmach preisgaben, sondern sie beklagten und allen anderen voranstellten als die leidtragende Jungfrau, deren Fürbitte und Vergebung man erbat.

Aus Liedern und Legenden entwickelte sich der Protest zum Roman und zum Drama. Im Drama wird er zu einer Macht. Die gekränkte Liebe, die düsteren Geheimnisse der Ungerechtigkeit des Familienlebens erhielten ihre Tribüne, ihr öffentliches Gericht. Ihr Prozeß erschütterte Tausende von Herzen, entriß ihnen Tränen

6 (franz.) das Wehklagen.

und Rufe der Empörung gegen die Leibeigenschaft der Ehe und die durch Gewalt zusammengeschmiedete Familie. Die Geschworenen des Parketts und der Logen gaben ständig ihrer Rechtfertigung der Personen und ihrer Verurteilung der Institutionen Ausdruck.

Unterdessen begann in der Epoche der politischen Veränderungen und einer weltlichen Geistesrichtung eine der beiden starken Stützen der Ehe einzuknicken. Da diese immer mehr aufhörte, ein Sakrament zu sein, das heißt, da sie ihre letzte Grundlage verlor, stützte sie sich um so stärker auf die Polizei. Einzig durch die mystische Einschaltung einer höchsten Macht kann die christliche Ehe überhaupt gerechtfertigt werden. Hierdurch bekommt sie ihre eigene Logik, die zwar wahnsinnig, aber doch eine Logik ist. Der Revierwachtmeister dagegen, der die dreifarbige Schärpe umlegt und mit dem bürgerlichen Gesetzbuch in der Hand die Trauung vollzieht, ist etwas viel Unsinnigeres als der von Weihrauch, Heiligenbildern und Wundern umgebene Priester im Ornat. Selbst der erste Konsul Napoleon, in Angelegenheiten der Liebe und der Familie ein höchst bürgerlich-prosaischer Mensch, kam auf den Gedanken, daß eine Eheschließung im Polizeirevier durchaus nicht das Richtige sei, und bewog Cambacérès, irgendeinen verpflichtenden Satz, eine moralische Phrase hinzuzufügen, in der es besonders darum ging, die Neuvermählte darüber zu belehren, daß sie verpflichtet sei, ihrem Manne treu zu sein (von ihm kein Wort) und ihm zu gehorchen.

Sobald die Ehe aus der Sphäre des Mystizismus heraustritt, wird sie zu einem expédient[7], zu einer äußerlichen Maßnahme. Diese wurde eingeführt von den erschrockenen »Blaubärten«, die sich jetzt rasiert haben und zu »blauen Kinnbacken« geworden sind, zu Raouls in Richterperücken, akademischen Fräcken, Volksvertretern und Liberalen, zu den Pfaffen des Gesetzbuches. Die Zivilehe entspringt der Staatsräson, sie befreit den Staat von der Aufzucht der Kinder und bindet die Menschen stärker an den Besitz. Die Ehe ohne die Einschaltung der Kirche ist zu einem Hörigkeitsvertrag auf lebenslängliche gegenseitige Hingabe des Körpers geworden. Glaube und mystische Faseleien kümmern den Gesetzgeber nicht, wenn nur der Vertrag erfüllt wird; und wird er nicht eingehalten, so findet er Mittel zur Bestrafung und zum Zwang. Und warum sollte er auch nicht bestrafen? Wird doch in England, dem klassischen Lande der Rechtsentwicklung, ein sechzehnjähriger Knabe,

7 (franz.) Mittel zum Zweck.

den ein alter Kasernenkuppler mit Bändern auf dem Hut mit ale[8] und Gin betrunken gemacht und fürs Regiment angeworben hat, den fürchterlichsten Mißhandlungen unterworfen. Warum soll man da ein Mädchen, das, ohne sich Rechenschaft darüber zu geben, was es tut, einen Kontrakt auf lebenslängliche Liebe abgeschlossen und ein extra[9] zugelassen hat, weil es vergaß, daß ein season ticket[10] unübertragbar ist, nicht mit Schande und Elend bestrafen und es für schuldig erklären?

Doch auch für die »blauen Kinnbacken« fanden sich Troubadours und Romanschreiber. Gegen die kontraktliche Ehe erhoben sich das psychiatrische und das physiologische Dogma, das Dogma von der absoluten Unabänderlichkeit von Leidenschaften und der vollkommenen Unfähigkeit des Menschen, sie zu bekämpfen.

Die gestrigen Sklaven der Ehe begeben sich in die Sklaverei der Liebe. Die Liebe fragt nicht nach Recht und Gesetz, gegen sie ist kein Kraut gewachsen.

Und nun wird jegliche Kontrolle durch die Vernunft, jegliche Verantwortung, jegliche Selbstbezähmung beseitigt. Die Unterwerfung des Menschen durch unabwendbare und ihm nicht subordinierte Kräfte ist das ganze Gegenteil einer Befreiung in Vernunft und durch die Vernunft, einer Charakterbildung des freien Menschen, zu der, auf verschiedenen Wegen, alle sozialen Lehren hinstreben.

Die vermeintlichen Mächte, sofern die Menschen sie als wirklich ansehen, sind ebenso mächtig wie die realen, und zwar weil das Material, das ja der Mensch stellt, dasselbe ist – um welche Art von Macht es sich auch handeln mag. Ein Mensch, der Angst vor Geistern hat, und ein anderer, der sich vor tollen Hunden fürchtet, empfinden in gleicher Weise Angst, und beide können vor Angst sterben. Der Unterschied besteht nur darin, daß in dem einen Falle dem Menschen bewiesen werden kann, daß seine Furcht unsinnig ist, in dem andern Falle aber nicht.

Ich bestreite der Liebe den königlichen Platz, den man ihr im Leben einräumt, ich verneine ihre selbstherrliche Macht und protestiere gegen ihre kleinmütige Rechtfertigung durch die Leidenschaft.

Haben wir uns denn von allem auf der Welt – von Gott und vom

8 (engl.) Bier.
9 (lat.) hier: zu viel.
10 (engl.) Saisonkarte.

Teufel, vom römischen Recht und vom Strafrecht – nur dazu befreit und die Vernunft zum einzigen Wegweiser und Regulator ausgerufen, um uns bescheiden, wie Herkules, zu Füßen der Omphale niederzulassen oder auf dem Schoße Dalilas einzuschlafen? Hat die Frau ihre Befreiung vom Joch der Familie, von der ewigen Bevormundung, von der Tyrannei des Gatten, Vaters und Bruders nur dazu erstrebt und ihr Recht auf eine ihr gemäße Arbeit, auf die Wissenschaft und die Anerkennung als Bürgerin beansprucht, um aufs neue das ganze Leben hindurch wie eine Taube zu gurren und vor Gram zu vergehen, nur jetzt wegen eines ganzen Dutzends Leone-Leonis anstatt eines einzigen?

Ja, die Frau tut mir bei dieser Frage am meisten leid: sie wird eben unwiderruflich von dem allesverzehrenden Moloch Liebe gepeinigt und zugrunde gerichtet. Sie glaubt mehr an ihn, sie leidet mehr. Sie ist stärker auf bloße geschlechtliche Beziehungen konzentriert, mehr hineingetrieben in die Liebe... Sie hat mehr an Verstand eingebüßt und weniger an Verstand gewonnen als wir.

Sie tut mir leid.

III

Hat sich etwa jemand ernsthaft und ehrlich bemüht, die Vorurteile in der weiblichen Erziehung zu zerschlagen? Die Erfahrung zerschlägt sie, und darum bricht nicht das Vorurteil zusammen, sondern das Leben.

Die Menschen umgehen Probleme, die uns beschäftigen, wie alte Frauen und Kinder den Friedhof umgehen oder die Orte, an denen eine Missetat verübt worden ist. Die einen fürchten die unreinen Geister, andere die reine Wahrheit und verharren in ihrem phantastischen Durcheinander und ihrer unerforschten Finsternis. Eine wirkliche Einheitlichkeit in der Auffassung von den sexuellen Beziehungen gibt es ebensowenig wie in allen praktischen Sphären. Man träumt immer noch von der Möglichkeit, die christliche Sittlichkeit, die von dem Sieg über das Fleisch bis ins Jenseits hinein ausgeht, mit der irdischen, realen Sittlichkeit der diesseitigen Welt in Einklang zu bringen. Vor Ärger, daß dies nicht gelingen will, und um sich nicht lange mit der Lösung dieser Probleme zu quälen, behalten die Menschen je nach Wahl und Geschmack das, was ihnen an der kirchlichen Lehre gefällt, und geben auf, was ihnen nicht gefällt, aus denselben Gründen, aus denen sie, ohne die Fasten zu halten, eifrig Bliny essen und aus denen sie sich von den langweiligen religiösen Bräuchen fernhalten, die vergnüglichen aber nicht aufgeben. Mir scheint jedoch, daß es längst Zeit wäre, eine größere Reife und Tapferkeit in unserer Haltung an den Tag zu legen. Mag derjenige, der das Gesetz achtet, sich weiterhin nach ihm richten und es nicht verletzen, wer es aber nicht anerkennt, sollte sich offen und bewußt davon frei halten.

Eine nüchterne Auffassung von den menschlichen Beziehungen ist für eine Frau viel schwerer als für uns, daran besteht kein Zweifel; sie sind durch die Erziehung mehr betrogen worden, sie kennen das Leben weniger und daher straucheln sie häufiger, sie machen sich viel mehr Gedanken und lassen es eher dazu kommen, daß ihnen das Herz bricht, als daß sie sich befreien, sie rebellieren ständig und verbleiben doch in der Sklaverei, sie erstreben eine Umwälzung und halten doch am allermeisten an dem Bestehenden fest.

Von Kindheit an ist das junge Mädchen mit der Geschlechtsbeziehung in Angst versetzt worden als einem furchtbaren Geheimnis, als etwas Unreinem, vor dem es gewarnt und abgeschreckt wurde, als wohnte dieser Sünde eine bannende Kraft inne. Und später wird ihr dasselbe Ungeheuer, dasselbe magnum ignotum[11], das mit einem unauslöschlichen Makel befleckt ist, auf das hinzuweisen als kränkende Ungebührlichkeit gilt und das bereits in Gestalt einer bloßen Anspielung erröten macht, als das Ziel und der Zweck ihres Lebens hingestellt. Dem Knaben wird kaum, daß er gehen kann, ein Säbel aus Blech gegeben, damit er sich an das Morden gewöhnt, man prophezeit ihm eine Husarenuniform und Epauletten; das Mädchen wird eingelullt mit der Hoffnung auf einen reichen und schönen Freier, auch sie träumt von Epauletten, doch nicht auf den eigenen Schultern, sondern auf denen des ihr vom Schicksal bestimmten Bräutigams.

> Dors, dors mon enfant,
> Yusqu'a l'âge de quinze ans,
> A quinze ans faut te reveiller,
> A quinze ans faut te marier.[12]

11 (lat.) große Unbekannte.
12 (franz.) Schlaf, schlaf, mein Kind bis zum fünfzehnten Jahr, mit fünfzehn müssen wir dich wecken, mit fünfzehn müssen wir dich verheiraten.

Man kann nur staunen über die gute Verfassung der menschlichen Natur, die sich von einer solchen Erziehung nicht beeinflussen läßt; man sollte eigentlich erwarten, daß sämtliche auf diese Weise eingelullten Mädchen sich mit fünfzehn Jahren beeilen, als Ersatz einzutreten für jene, die von den Knaben, die von Kindheit an an todbringende Waffen gewöhnt waren, getötet worden sind.

Die christliche Lehre flößt Entsetzen ein vor dem »Fleisch«, noch ehe der Organismus sich seines Geschlechts bewußt wird; sie weckt im Kinde die gefährliche Frage und trägt während der Reifezeit Unruhe in die Seele; wenn dann aber die Zeit zur Antwort gekommen ist, erhebt eine andere Lehre, wie wir bereits gesagt haben, die geschlechtliche Bestimmung zum erstrebten Ideal für das junge Mädchen; die Schülerin wird zur Braut, und dasselbe Geheimnis, dieselbe Sünde, in gereinigter Form allerdings, erscheint als die Krone der Erziehung, gewünscht von sämtlichen Verwandten, als das Ziel der Anstrengungen aller, beinahe als gesellschaftliche Pflicht. Künste und Wissenschaften, Bildung, Verstand, Schönheit, Reichtum, Grazie – alles ist auf dieses Ziel gerichtet, das alles sind die Rosen, mit denen der Weg zum offiziellen Fall bestreut wird ... zu derselben Sünde, an die zu denken schon für ein Verbrechen galt, das aber in seinem Wesen durch dasselbe Wunder geändert worden ist, durch welches der Papst, wenn ihn unterwegs der Hunger überfiel, mit seinem Segen ein Fleischgericht in eine Fastenspeise verwandelte.

Kurz und gut, im negativen wie im positiven Sinne bleibt die ganze Erziehung der Frau eine Erziehung im Hinblick auf die Geschlechtsbeziehungen, um die sich ihr ganzes darauffolgendes Leben dreht ... sie flieht vor ihnen, sie flieht zu ihnen, durch sie ist sie der Schande preisgegeben, auf sie ist sie stolz ... Heute bewahrt sie die negative Heiligkeit der Unbeflecktheit, heute spricht sie errötend, flüsternd mit der ihr am nächsten stehenden Freundin von der Liebe; morgen wirft sie sich beim festlichen Glanz, angesichts der Menge, unter brennenden Kronleuchtern und beim Tosen der Musik, in die Arme eines Mannes.

Als Braut, als Gattin, als Mutter kommt die Frau kaum zu sich selbst, erst als Großmutter, vom Geschlechtsleben befreit, wird sie zu einem selbständigen Wesen, besonders wenn der Großvater gestorben ist. Eine Frau, die von der Liebe gezeichnet ist, entschlüpft dieser nicht so bald ... da kommt die Schwangerschaft, das Nähren und die Erziehung der Kinder – immer wieder von neuem entwikkelt sich das Geheimnis, immer wieder von neuem der Akt der Liebe; in der Frau lebt er nicht nur im Gedächtnis fort, sondern im Blut und im Körper, er wirkt in ihr als ein Reifungsprozeß weiter, und selbst wenn die reife Frucht birst, bedeutet das nicht sein Ende.

Diese physiologisch starke und tiefe Beziehung überhauchte das Christentum mit seinem fiebrigen, mönchischen Asketismus, mit seinen romantischen Phantasien und blies sie auf zu einer wahnwitzigen und zerstörenden Flamme – der Eifersucht, der Rache, der Strafe und der Kränkung.

Sich aus diesem Chaos zu befreien, ist für eine Frau eine Heldentat, nur seltene Ausnahmenaturen vollbringen sie; die übrigen Frauen quälen sich ab, und wenn sie nicht wahnsinnig werden, dann nur dank dem Leichtsinn, mit dem wir alle unser Leben verbringen, ohne uns viel den Kopf zu zerbrechen, unbekümmert in den Tag hinein lebend, von einer Zufälligkeit zur anderen und von Widerspruch zu Widerspruch gleitend, bis es eines Tages zu furchtbaren Zusammenstößen kommt und das Schicksal uns harte Schläge versetzt.

Wie muß eine Frau sich entfaltet, was für eine mächtige und herrliche Entwicklung muß sie als Mensch genommen haben, um über alle Verschanzungen, alle Staketenzäune hinwegzuschreiten, zwischen denen sie gefangen ist!

Achtes Kapitel: Londoner Nebel

Als ich in der Frühe des 25. August 1852 über den nassen Laufsteg ging und englischen Boden betrat, da war ich beim Anblick der schmutzigweißen Küstenvorsprünge sehr weit von dem Gedanken entfernt, daß Jahre vergehen sollten, ehe ich Englands Kreidefelsen wieder verlassen würde.

Völlig unter dem Einfluß der Gedanken, mit denen ich aus Italien fortgegangen war, durch eine Reihe von Schicksalsschlägen, die so rasch und so brutal einander gefolgt waren, schmerzlich betäubt und aus dem Gleichgewicht geworfen, konnte ich auf das, was ich tat, nicht mit klaren Augen blicken. Es schien, als müßte ich immer wieder mit meinen eigenen Händen an die bekannten Wahrheiten rühren, nur um aufs neue an das zu glauben, was ich längst wußte oder wissen mußte.

Ich war meiner Logik untreu geworden und hatte vergessen, wie sehr Meinungen und Taten bei dem Menschen von heute auseinandergehen, wie großartig seine Pläne in ihrer Anlage und wie bescheiden sie in der Ausführung sind, wie gut sein Wollen ist und wie schwach seine Muskeln.

Etwa zwei Monate vergingen mit zwecklosen Begegnungen, fruchtlosem Suchen, mit bedrückenden und völlig nutzlosen Gesprächen, und ich wartete . . . wartete immerfort auf etwas. Doch meine realistische Natur konnte in dieser gespenstischen Welt nicht lange verbleiben, allmählich begann ich zu erkennen, daß das Gebäude, das ich im Begriff war zu errichten, keinen festen Boden hatte, daß es unbedingt einstürzen würde.

Ich fühlte mich erniedrigt, in meiner Eigenliebe gekränkt, ich zürnte mir selbst. Das Gewissen nagte an mir wegen der frevelhaften Schändung meines Grames, wegen der Vergeudung eines Jahres, und ich hatte ein Gefühl von entsetzlicher, unaussprechlicher Müdigkeit . . . Wie sehr brauchte ich damals einen Freund, der ohne zu richten und zu verurteilen meine Beichte angehört, den mein Unglück selbst unglücklich gemacht hätte; aber ringsum breitete sich mehr und mehr eine Wüste aus, keiner war da, der mir nahestand . . . kein einziger Mensch.

Doch vielleicht war das so am besten für mich.

Ich hatte nicht beabsichtigt, länger als einen Monat in London zu bleiben, aber allmählich begann ich einzusehen, daß es absolut zwecklos war, woanders hinzufahren – und wohin hätte ich auch reisen sollen? Ein solches Einsiedlerleben wie in London hätte ich nirgends sonst führen können.

Nachdem ich einmal entschlossen war zu bleiben, fing ich damit an, mir ein Haus zu suchen, und fand es in einem der allerentlegensten Stadtteile, hinter dem Regent's Park, in der Nähe von Primrose Hill.

Die Kinder blieben weiter in Paris, nur Sascha war bei mir. Das Haus war nach hiesigem Brauch in drei Stockwerke geteilt. Die ganze mittlere Etage bestand aus einem riesigen, unbequemen, kalten drawing-room[1]. Ich verwandelte ihn in ein Arbeitszimmer. Der Besitzer des Hauses war Bildhauer und hatte den ganzen Raum mit allerhand Statuetten und Modellen vollgepfropft . . . Vor mir stand die Büste der Lola Montez, neben der der Königin Viktoria.

Am zweiten oder dritten Tag nach unserer Umsiedlung, als bereits alles ausgepackt und eingerichtet war, betrat ich am Morgen dieses Zimmer, setzte mich in einen großen Sessel und blieb so etwa zwei Stunden in der vollkommensten Stille sitzen, ohne von jemandem gestört zu werden; zum erstenmal nach einer langen, langen Zeit fühlte ich mich irgendwie frei. Es war keine Erleichterung, die mir diese Freiheit brachte, trotzdem grüßte ich durch das Fenster die düsteren Parkbäume, die in dem rauchigen Nebel sich kaum abzeichneten, und dankte ihnen für die Ruhe.

Oft saß ich jetzt morgens mutterseelenallein da, häufig ohne etwas zu tun, ja selbst ohne etwas zu lesen; manchmal kam Sascha angelaufen, aber er störte meine Einsamkeit nicht. Haug, der bei mir wohnte, trat ohne besondere Notwendigkeit niemals vor dem Diner bei mir ein; wir speisten zwischen sechs und sieben Uhr abends. In diesen Mußestunden analysierte ich Punkt für Punkt alles, was gewesen war: Worte und Briefe, die Menschen und mich selbst. Irrtümer rechts, Irrtümer links. Schwäche, Wankelmut, Bedenken, die das Handeln behinderten, Begeisterung für fremde Menschen. Und im Laufe dieser Analyse vollzog sich allmählich im Innern ein Umschwung . . . es gab schwere Augenblicke, und mehr als einmal lief eine Träne über die Wange; aber es gab auch

1 (engl.) Salon.

andere, keine freudigen zwar, aber mannhafte; ich fühlte meine Kraft, ich setzte keine Hoffnungen mehr auf andere Menschen, aber das Vertrauen in mich selbst wurde stärker, ich wurde unabhängiger von allen anderen.

Die Leere um mich her hat mich gestärkt, hat mir Zeit gegeben, mich zu sammeln; ich entwöhnte mich der Menschen, das heißt, ich suchte keine wirkliche Freundschaft bei ihnen, keine Vertrautheit; ich ging zwar niemandem aus dem Wege, aber die Personen wurden mir gleichgültig. Ich sah, daß ich keine ernsthaft-tiefen Verbindungen besaß. Ich war ein Fremder unter Fremden, sympathisierte mehr mit den einen als mit den anderen, war aber mit niemandem eng verbunden. Das ist auch früher so gewesen, aber ich hatte es nicht gemerkt, weil ich ständig ganz mit meinen eigenen Gedanken beschäftigt gewesen war; jetzt hatte das Maskenfest ein Ende gefunden, die Dominos waren abgelegt, die Kränze von den Köpfen gefallen, die Masken von den Gesichtern – und ich erblickte andere Züge, nicht jene, die ich vermutet hatte. Was sollte ich jetzt tun? Ich konnte doch nicht zeigen, daß ich viele jetzt weniger liebte, das heißt, daß ich sie besser kannte; aber ich konnte mich dieses Gefühls auch unmöglich erwehren, und wie ich schon sagte, haben diese Entdeckungen mich nicht entmutigt, sondern eher meinen Mut gestärkt.

Für eine solche Wandlung war das Londoner Leben ungemein segensreich. Es gibt keine Stadt auf der Welt, die jemanden der Menschen mehr entwöhnt und mehr zur Einsamkeit erzieht als London. Ihre Lebensweise, ihre Entfernungen, das Klima, die Menschenmassen selber, in denen die Persönlichkeit untergeht – dies alles – in Verbindung mit dem Umstand, daß kontinentale Zerstreuungen fehlen –, begünstigt eine solche Entwicklung. Wer es versteht, allein zu leben, der braucht die Londoner Langeweile nicht zu fürchten. Das hiesige Leben ist ebenso wie die hiesige Luft schädlich für den Schwachen, den Kränklichen, der einen Halt außerhalb seiner selbst sucht, der Freundlichkeit, Teilnahme, Aufmerksamkeit sucht; die geistigen Leistungen müssen hier ebenso kräftig sein wie jene, denen es obliegt, dem verräucherten Nebel den Sauerstoff zu entnehmen. Die Masse rettet sich durch den Kampf um das tägliche Brot, die Kaufleute durch die Unrast des Erwerbs, sie alle – durch das Hasten und Jagen im Berufsleben; nervöse und romantische Naturen jedoch, die gern unter Menschen leben, die geistige Bestrebungen und heiteren Müßiggang lieben, die kommen hier um vor Langeweile, die geraten in Verzweiflung.

Einsam durch London wandernd, durch seine steinernen Straßenschluchten, seine dunstigen Korridore, in denen ich bei dem dichten opalisierenden Nebel so manches Mal keinen Schritt weit vor mich sehen konnte und mit dahineilenden Schatten zusammenstieß, habe ich viel erlebt.

Abends gewöhnlich, wenn mein Sohn zu Bett ging, machte ich mich auf den Weg; ich besuchte fast nie jemanden, las Zeitungen, beobachtete in den Tavernen das unbekannte Volk, blieb auf den Brücken, die über die Themse führen, stehen.

Auf der einen Seite zeichnen sich die Stalaktiten des Parlaments ab, bereit, gleich wieder zu verschwinden, auf der anderen – die umgestülpte Schüssel von St. Paul . . . und Laternen, Laternen ohne Ende zu beiden Seiten. Die eine Stadt, die satte, ist eingeschlafen; die andere, die hungrige, ist noch nicht erwacht – es ist menschenleer, nur der gemessene Tritt des policeman mit seinem Laternchen ist zu hören. Manchmal sitze ich irgendwo, schaue, und im Herzen wird es stiller und friedlicher. Und all das war es, weswegen ich diesen fürchterlichen Ameisenhaufen liebgewann, in dem jede Nacht hunderttausend Menschen nicht wissen, wo sie ihr Haupt niederlegen sollen und wo die Polizei nicht selten Kinder und Frauen findet, die vor Hunger gestorben sind, dicht neben Hotels, in denen man kein Mittagessen verzehren kann, ohne zwei Pfund auszugeben.

Doch derartige Wandlungen, so rasch sie auch eintreten mögen, vollziehen sich nicht plötzlich, vor allem nicht mit vierzig Jahren. Viel Zeit verging, ehe ich mit den neuen Gedanken zurechtkam. Obgleich zu einer Tätigkeit entschlossen, tat ich lange gar nichts oder doch nicht das, was ich wollte.

Der Gedanke, mit dem ich nach London gekommen war – mein Recht bei den Meinigen zu suchen –, war richtig und gerechtfertigt. Ich wiederhole dies auch jetzt, in vollem Bewußtsein und wohlüberlegt. In der Tat, an wen sollen wir uns denn wenden, daß er uns richtete, daß er die Wahrheit wiederherstelle, daß er die Lüge entlarve?

Wir können doch nicht unseren Streit vor dem Gericht unserer Feinde austragen, die nach anderen Prinzipien Recht sprechen, nach Gesetzen, die wir nicht anerkennen.

Man kann sich selbst helfen, zweifellos. Willkür entreißt mit Gewalt, was durch Gewalt genommen wurde, und führt dadurch zur Wiederherstellung des Gleichgewichts; Rache ist ebensolch ein einfaches und natürliches menschliches Gefühl wie Dankbarkeit; aber weder die Rache noch die Willkür vermögen eine Sache zu klären. Es kann doch geschehen, daß es einem Menschen in der Hauptsache um eine Aufklärung geht, vielleicht ist ihm die Wiederherstellung der Wahrheit wertvoller als die Rache.

Der Irrtum lag nicht in der Ausgangsthese selbst, er lag im Adjektivum, im Epitheton: wenn das Gericht aus Freunden bestehen sollte, mußte es diese Freunde überhaupt geben. Wo aber waren sie in meinem Falle?

In Rußland hatte ich sie einstmal besessen. Doch ich war so völlig abgeschnitten in der Fremde ... Es war notwendig, um jeden Preis aufs neue mit ihnen ins Gespräch zu kommen, ich hatte den Wunsch, ihnen das zu erzählen, was mir so schwer auf dem Herzen lag. Briefe wurden nicht durchgelassen – Bücher finden von selbst ihren Weg; schreiben durfte ich nicht, also würde ich drucken; und so machte ich mich allmählich daran, das Erlebte und Durchdachte niederzuschreiben und die Einrichtung der russischen Druckerei in Angriff zu nehmen.

Neuntes Kapitel: Das europäische Zentralkomitee

In London hatte ich mich nicht nur aus dem Grunde beeilt, Mazzini zu besuchen, weil er den wärmsten und tätigsten Anteil an den Unglücksfällen genommen hatte, die über meine Familie hereingebrochen waren, sondern auch deshalb, weil ich einen besonderen Auftrag an ihn von seinen Freunden hatte. Medici, Pisacane, Mezzocapo, Cosenz, Bertani und andere waren unzufrieden mit den Richtlinien, die aus London kamen; sie sagten, daß Mazzini über die neue Sachlage schlecht informiert sei, klagten über die revolutionären »Höflinge«, die aus Liebedienerei in ihm den Gedanken nährten, alles sei fertig zum Aufstand und warte nur auf das Signal. Sie wollten innere Reformen, es erschien ihnen notwendig, das militärische Element zu verstärken und an Stelle von Advokaten und Journalisten Strategen an die Spitze zu stellen. Zu diesem Zweck wünschten sie, daß Mazzini mit so talentierten Generalen wie Ulloa in Verbindung trete, der sich zusammen mit dem alten Pepe unzufrieden abseits hielt.

All das Mazzini mitzuteilen, hatten sie mir aufgetragen, zum Teil deshalb, weil sie wußten, daß er Vertrauen zu mir hatte, zum Teil auch, weil meine von den italienischen Parteien unabhängige Position mir nicht die Hände band.

Mazzini empfing mich wie einen alten Freund. Schließlich kam das Gespräch auf den mir von seinen Freunden erteilten Auftrag. Er hörte mir anfangs sehr aufmerksam zu, obgleich er nicht verhehlte, daß die Opposition ihm nicht recht gefiel; als ich jedoch vom Allgemeinen zu Einzelheiten und den personellen Fragen überging, unterbrach er plötzlich meine Rede: »Das stimmt ja alles nicht, auch nicht ein Wort davon hat Sinn und Verstand!«

»Es ist aber noch keine anderthalb Monate her«, bemerkte ich, »daß ich Genua verlassen habe; zudem bin ich zwei Jahre lang ununterbrochen in Italien gewesen und kann vieles von dem bestätigen, was ich Ihnen im Auftrage der Freunde berichtet habe.«

»Eben weil Sie in Genua waren, sprechen Sie so. Was ist Genua? Was konnten Sie dort hören? Die Meinung eines Teiles der Emigration. Ich weiß, daß sie so denkt, ich weiß aber auch, daß sie sich irrt. Genua ist ein sehr wichtiges Zentrum, aber es ist nur ein Punkt, ich aber kenne ganz Italien; ich kenne die Bedürfnisse jedes kleinen Fleckens von den Abruzzen bis Vorarlberg. Unsere Freunde in Genua sind von der ganzen Halbinsel isoliert, sie können ihre Bedürfnisse und die Stimmung der Öffentlichkeit nicht beurteilen.«

Ich machte noch zwei, drei Versuche, aber er war bereits en garde[1], begann zornig zu werden und antwortete ungeduldig . . . Ich schwieg und war betrübt; eine derartige Unduldsamkeit hatte ich früher bei ihm nicht bemerkt.

»Ich bin Ihnen sehr dankbar«, sagte er nach einigem Nachdenken. »Ich muß die Meinung unserer Freunde kennen; ich bin bereit, alles abzuwägen, alles zu überlegen, ob ich jedoch einverstanden bin oder nicht – das ist eine andere Sache; auf mir liegt eine große Verantwortung, nicht nur vor meinem Gewissen und vor Gott, sondern vor dem italienischen Volk.«

Meine Sendung war mißlungen.

Mazzini dachte damals schon an seinen 3. Februar 1853; die Angelegenheit war für ihn entschieden, seine Freunde aber waren mit ihm nicht einverstanden.

»Sind Sie mit Ledru-Rollin und mit Kossuth bekannt?«

»Nein.«

»Wollen Sie sie kennenlernen?«

»Sehr gern.«

»Sie müssen miteinander sprechen, ich werde Ihnen für beide einige Zeilen schreiben. Erzählen Sie ihnen, was Sie gesehen, wie Sie die Unseren verlassen haben. Ledru-Rollin«, fuhr er fort, indem er eine Feder griff und zu schreiben begann, »ist der reizendste Mensch von der Welt, aber ein Franzose jusqu'au bout des ongles[2]: er glaubt steif und fest, daß Europa ohne die Revolution in Frankreich nicht vom Fleck kommt – le peuple initiateur![3] . . . Und wo bleibt jetzt die französische Initiative? Auch früher schon kamen die Ideen, die Frankreich vorwärtsbrachten, aus Italien oder aus England. Sie werden sehen, daß es Italien ist, das eine neue Ära der Revolution beginnt! Was meinen Sie?«

1 (franz.) auf der Hut.
2 (franz.) bis in die Fingerspitzen.
3 (franz.) das Volk, das die erste Anregung gibt.
4 (franz.) hier: Einfluß.

»Ich bekenne Ihnen, daß ich anderer Meinung bin.«

»Meinen Sie etwa«, sagte er lächelnd, »die slawische Welt?«

»Das habe ich nicht gesagt; ich weiß nicht, worauf Ledru-Rollins Glaube basiert, es ist jedoch sehr wahrscheinlich, daß in Europa keine einzige Revolution gelingen wird, solange sich Frankreich in diesem Zustande der Kraftlosigkeit befindet, in dem wir es sehen.«

»So befinden auch Sie sich unter dem prestige[4] Frankreichs?«

»Unter dem Prestige seiner geographischen Lage, seines furchterregenden Heeres und seiner natürlichen Stützen in Gestalt von Rußland, Österreich und Preußen.«*

»Frankreich schläft. Wir werden es wecken.«

Mir blieb nur übrig zu sagen: »Gott gebe es, wie schön wär's, wenn Sie recht hätten!«

Wer von uns beiden in diesem Augenblick recht hatte, bewies Garibaldi. An anderer Stelle habe ich von meiner Begegnung mit ihm in den westindischen Docks gesprochen, auf seinem amerikanischen Schiff »Common Wealth«.

Dort hat er sich bei einem Frühstück, das er uns gab, in Gegenwart von Orsini, Haug und mir sehr freundschaftlich über Mazzini geäußert und offen seine Meinung über den 3. Februar 1853 ausgesprochen (das war im Frühjahr 1854), gleichzeitig sprach er von der Notwendigkeit des Zusammenschlusses sämtlicher Parteien zu einer einzigen militärischen Organisation.

Am selben Tage waren wir abends in einem Hause zusammengetroffen; Garibaldi war nicht froh gestimmt, Mazzini holte eine Nummer der »Italia del Popolo« aus der Tasche und zeigte ihm einen Artikel. Garibaldi las ihn und sagte: »Ja, geschrieben ist er gewandt, aber der Artikel ist überaus schädlich; ich sage es offen: für einen derartigen Artikel sollte man den Journalisten oder Schriftsteller gehörig strafen. Aus allen Kräften den Zwist anzufachen zwischen uns und Piemont, zu einer Zeit, wo wir nur ein einziges Heer haben – das Heer des Königs von Sardinien! Das ist unüberlegt und eine unnötige Herausforderung, die an Verbrechen grenzt.«

Mazzini verteidigte die Zeitschrift; Garibaldi wurde noch einsilbiger.

Als er im Begriff gewesen war, das Schiff zu verlassen, hatte er gesagt, daß er erst spät in der Nacht ins Dock zurückkehren könne

* Dieses Gespräch fand im Herbst 1852 statt.

und daher im Hotel schlafen werde; ich schlug ihm vor, statt im Hotel bei mir zu übernachten. Garibaldi war einverstanden.

Nach diesem Gespräch mit Mazzini bemühte sich der von einer unerschrockenen Legion Damen umringte Garibaldi in geschickten Märschen und Contremärschen dem Reigen zu entkommen; auf mich zutretend flüsterte er mir ins Ohr: »Wie lange werden Sie noch hierbleiben?«

»Meinetwegen können wir sofort wegfahren.«

»Tun Sie mir den Gefallen.«

Wir gingen fort; unterwegs sagte er zu mir: »Wie leid tut es mir, wie unendlich leid, daß Peppo[5] sich so hinreißen läßt und in der edelsten, in der reinsten Absicht Fehler macht. Ich konnte mich vorhin nicht beherrschen: es macht ihm Vergnügen, daß er seinen Schülern beigebracht hat, Piemont zu reizen. Was aber soll geschehen, wenn der König sich ganz und gar der Reaktion in die Arme wirft, das freie italienische Wort in Italien verstummt und die letzte Stütze verlorengeht? Die Republik, die Republik! Ich bin immer ein Republikaner gewesen, mein ganzes Leben lang, aber es geht jetzt nicht um die Republik. Die italienischen Massen kenne ich besser als Mazzini, ich habe mit ihnen zusammen ihr Leben gelebt. Mazzini kennt das gebildete Italien und beherrscht seine Geister; aber ein Heer, um damit die Österreicher und den Papst davonzujagen, kann man aus ihnen nicht bilden; für die Masse, für das italienische Volk gibt es nur ein Banner – Einheit und Vertreibung der Fremdlinge! Doch wie soll man das erreichen, wenn man das einzige starke Königreich in Italien gegen sich aufbringt, das sich, ganz gleich aus welchen Gründen, für Italien einsetzen will und sich doch davor fürchtet? Statt es zu sich zu rufen, wird es zurückgestoßen und gekränkt. An dem Tage, an dem der junge Mann glaubt, daß er den Erzherzögen näher steht als uns, geraten die Geschicke Italiens für eine oder zwei Generationen ins Stocken.«

Der nächste Tag war ein Sonntag, er ging mit meinem Sohn spazieren, ließ bei Caldesi sein Daguerrotyp machen und brachte es mir als Geschenk mit, danach blieb er zum Mittagessen bei uns.

Als wir gerade beim Essen saßen, ließ mich ein Italiener herausrufen, der von Mazzini geschickt war – er hatte Garibaldi seit dem frühen Morgen gesucht; ich bat ihn, mit uns am Tisch Platz zu nehmen.

Der Italiener schien mit ihm unter vier Augen sprechen zu wollen; ich schlug ihnen vor, in mein Arbeitszimmer zu gehen.

»Ich habe keinerlei Geheimnisse, und es sind auch keine Fremden hier, sprechen Sie«, bemerkte Garibaldi.

Im Laufe des Gesprächs widerholte Garibaldi nochmals, und zwar mehr als einmal, dasselbe, was er zu mir gesagt hatte, als wir nach Hause fuhren.

Innerlich war er mit Mazzini völlig einverstanden, in der Ausführung und in den Mitteln ging er jedoch mit ihm auseinander. Daß Garibaldi die Massen besser kannte, davon war ich vollkommen überzeugt. Mazzini besaß, wie ein mittelalterlicher Mönch, eine profunde Kenntnis der einen Seite des Lebens, die anderen Seiten aber schuf er selbst; er hat lange von Ideen und von der Leidenschaft gelebt, doch nicht am Tageslicht; von seinen jungen Jahren an bis in sein spätes Alter lebte er in den Junten der Karbonari, im Kreise verfolgter Republikaner und liberaler Schriftsteller; er stand in Beziehungen zu der griechischen Hetairia und den spanischen exaltados[6], er konspirierte mit dem echten Cavaignac und dem falschen Romarino, mit dem Schweizer James Fazy, mit der polnischen Demokratie und den Moldau-Walachen ... Aus seinem Kabinett kam – von ihm gesegnet – der begeisterte Konarski, als er nach Rußland ging und dort umkam. Das ist alles schön und gut, doch mit dem Volk, diesem solo interprete della legge divina[7], mit jener kompakten Schicht, die bis ganz nach unten reicht, das heißt bis zu den Äckern und zum Pflug, bis zu den wilden kalabrischen Hirten, bis zu den Lastträgern und Bootsleuten, hat er niemals in Beziehungen gestanden; Garibaldi aber hat nicht nur in Italien, sondern überall mit ihnen gelebt, er kannte ihre Stärke und ihre Schwäche, ihren Kummer und ihre Freuden; er kannte sie auf dem Schlachtfeld und mitten auf dem stürmischen Ozean und hat es, wie Bem, verstanden, zur Legende zu werden; an ihn glaubte man mehr, als an seinen Patron, den heiligen Guiseppe.

Einzig Mazzini glaubte nicht an ihn.

Und Garibaldi sagte bei seiner Abreise: »Ich fahre schweren Herzens: ich habe auf ihn keinen Einfluß, und er wird wieder vor der Zeit etwas unternehmen!«

Garibaldi hatte es erraten: es war noch kein Jahr vergangen, und wieder gab es zwei, drei erfolglose Aufstände; auf piemontesischem Boden wurde Orsini von piemontesischen Gendarmen er-

5 (ital.) Abkürzung von Giuseppe.
6 (span.) Radikalen.
7 (ital.) einzigen Interpreten des göttlichen Gesetzes.

griffen, um ein Haar mit der Waffe in der Hand; in Rom wurde eines der Zentren der Bewegung entdeckt, und jene erstaunliche Organisation, von der ich gesprochen habe, brach zusammen. Die erschrockenen Regierungen verstärkten die Polizei; der grausame Feigling, der König von Neapel, griff unverzüglich wieder zur Folter.

Da hielt Garibaldi nicht mehr an sich und druckte seinen bekannten Brief, in dem es hieß: »An diesen unglückseligen Aufständen können sich nur Wahnsinnige oder Feinde der italienischen Sache beteiligen.«

Vielleicht hätte dieser Brief nicht abgedruckt werden sollen. Mazzini war tief verletzt und unglücklich, Garibaldi hatte ihm einen Schlag versetzt . . . Daß sein Brief aber in völligem Einklang stand mit dem, was er zu mir und in meiner Gegenwart gesagt hatte, daran besteht kein Zweifel.

Am nächsten Tage begab ich mich zu Ledru-Rollin. Er empfing mich sehr freundlich. Seine kolossale, imposante Gestalt, die man en détail nicht zu analysieren braucht, stimmte einen durch den allgemeinen Eindruck, den sie hervorrief, zu seinen Gunsten. Wahrscheinlich war er sowohl ein bon enfant[8] wie ein bon vivant[9]. Die Falten auf seiner Stirn sowie das angegraute Haar zeigten, daß Sorgen auch ihm nicht ganz erspart geblieben waren. Er hat für die Revolution sein Leben und sein Vermögen verschwendet – die öffentliche Meinung aber ist ihm untreu geworden. Sein merkwürdige, wenig aufrichtige Rolle im April und Mai, seine Schwäche in den Junitagen hat einen Teil der Roten von ihm entfernt, ohne ihn den Blauen nahe zu bringen. Sein Name, der einmal als Symbol gedient hatte und von den Bauern manchmal falsch ausgesprochen, aber immerhin genannt wurde, war jetzt seltener zu hören. Selbst seine Partei in London schmolz mehr und mehr zusammen, besonders als auch Felix Pyat seinen Laden in London eröffnet hatte.

Nachdem er sich bequem auf dem Sofa niedergelassen hatte, begann Ledru-Rollin mich zu harangieren.[10]

»Die Revolution«, sagte er, »kann nur von Frankreich ausstrahlen (rayonner). Es ist klar, daß – zu welchem Lande Sie auch gehören mögen – Sie vor allen Dingen uns helfen müssen, im Interesse Ihrer eigenen Sache. Die Revolution kann nur von Paris ihren Aus-

8 (franz.) guter Kerl.
9 (franz.) Lebemann.
10 von haranguer (franz.) feierlich anreden.

gang nehmen. Ich weiß sehr wohl, daß unser Freund Mazzini nicht der gleichen Meinung ist, er läßt sich von seinem Patriotismus beeinflussen. Was kann Italien tun, mit Österreich auf dem Halse und den Soldaten Napoleons in Rom? Wir brauchen Paris; Paris – das ist Rom, Warschau, Ungarn, Sizilien, und zum Glück ist Paris vollkommen bereit, täuschen Sie sich nicht, es ist vollkommen bereit! Die Revolution ist so gut wie vollzogen – la révolution est faite: c'est claire comme bonjour[11]. Daran denke ich überhaupt nicht, ich denke an die Konsequenzen, daran, wie man die früheren Fehler vermeiden kann. . .«

In dieser Weise fuhr er etwa eine halbe Stunde fort, und plötzlich, als ihm zu Bewußtsein kam, daß er weder allein war noch vor einem Auditorium, sagte er zu mir auf die allergutmütigste Art: »Sie sehen, wir beide sind völlig gleicher Meinung.«

Ich hatte den Mund überhaupt nicht aufgemacht. Ledru-Rollin fuhr fort: »Was die materielle Seite der Revolution anbelangt, so ist hier durch unseren Mangel an Geld eine Stockung eingetreten. Unsere Mittel haben sich erschöpft in diesem Kampf, der sich Jahre und Jahre hinzieht. Hätte ich jetzt gleich hunderttausend Francs zu meiner Verfügung – ja, lächerliche hunderttausend – und übermorgen, in drei Tagen, wäre Revolution in Paris.«

»Ja, wie denn«, bemerkte ich schließlich, »eine so reiche Nation, die völlig bereit ist zum Aufstand, die sollte nicht hunderttausend oder eine halbe Million Francs finden?«

Ledru-Rollin wurde ein bißchen rot, antwortete jedoch ohne zu stocken: »Pardon, pardon. Sie sprechen von theoretischen Voraussetzungen, während ich zu Ihnen von Tatsachen rede, von nackten Tatsachen.«

Das begriff ich nicht.

Als ich fortging, geleitete mich Ledru-Rollin nach englischem Brauch bis zur Treppe, und indem er mir nochmals seine riesige Reckenhand reichte, sagte er: »Ich hoffe, dies ist nicht das letztemal, ich werde mich immer freuen . . . Und somit, au revoir.«[12]

»In Paris«, erwiderte ich.

»Wieso in Paris?«

»Sie haben mich derart überzeugt, daß wir die Revolution im Nacken haben, daß ich wirklich nicht weiß, ob ich noch dazu komme, Sie hier zu besuchen.«

11 (franz.) die Revolution ist gemacht: das ist klar wie der Tag.

12 (franz.) auf Wiedersehen.

Er blickte mich verständnislos an, und daher beeilte ich mich hinzuzufügen: »Zum mindesten ist dies mein aufrichtiger Wunsch; daran, hoffe ich, zweifeln Sie nicht.«

»Sonst wären Sie nicht hier«, bemerkte der Hausherr, und wir trennten uns.

Kossuth sah ich bei unserer ersten Begegnung eigentlich bereits zum zweitenmal. Das kam so. Als ich ihn aufsuchte, empfing mich im parlour ein Herr in einer Uniform, die an die ungarische Armee erinnerte, mit der Mitteilung, daß der Herr Gouverneur nicht empfange.

»Hier ist ein Brief von Mazzini.«

»Ich werde ihn gleich weitergeben. Seien Sie so freundlich.« Er wies auf eine Pfeife und dann auf einen Stuhl. Nach zwei, drei Minuten kehrte er zurück.

»Der Herr Gouverneur bedauert außerordentlich, daß er Sie nicht gleich empfangen kann: er hat die Bearbeitung der amerikanischen Post noch nicht beendet; übrigens, wenn es Ihnen gefällig ist zu warten, wird er sich freuen, Sie zu sehen.«

»Wird er denn bald fertig sein mit der Post?«

»Bis fünf Uhr unbedingt.«

Ich blickte auf die Uhr – halb zwei.

»Na, drei und eine halbe Stunde werde ich nicht warten.«

»Ja, können Sie nicht später kommen?«

»Ich wohne nicht weniger als drei Meilen entfernt von Notting-Hill. Übrigens«, fügte ich hinzu, »habe ich kein eiliges Anliegen an den Herrn Gouverneur.«

»Aber der Herr Gouverneur wird sehr bedauern.«

»Dann haben Sie hier meine Adresse.«

Es verging etwa eine Woche. Eines Abends erscheint ein hochaufgeschossener Herr mit einem langen Schnurrbart – der ungarische Oberst, mit dem ich im Sommer in Lugano zusammengetroffen war.

»Ich komme zu Ihnen im Auftrage des Herrn Gouverneurs, er ist sehr beunruhigt, daß Sie nicht bei ihm waren.«

»Ach, wie ärgerlich. Übrigens habe ich ihm doch meine Adresse dagelassen. Wenn ich den richtigen Zeitpunkt gekannt hätte, wäre ich unbedingt heute zu Kossuth gefahren – oder ...«, fügte ich fragend hinzu, »wie muß man sagen: zum Herrn Gouverneur?«

»Zu dem Olten, zu dem Olten«, bemerkte der Honved lächelnd. »Wir nennen ihn unter uns stets den Olten. Da werden Sie einen

Menschen sehen . . . einen solchen Kopf gibt es auf der ganzen Welt nicht mehr, hat es nie gegeben und . . .«, der Oberst betete innerlich und leise zu Kossuth.

»Gut, ich komme morgen um zwei Uhr.«

»Das ist unmöglich. Morgen ist Mittwoch, morgen vormittag empfängt der Alte nur die Unseren, nur Ungarn.«

Ich konnte nicht an mich halten und begann zu lachen, und der Oberst lachte auch.

»Wann trinkt denn Ihr Alter Tee?«

»Um acht Uhr abends.«

»Sagen Sie ihm, daß ich morgen um acht Uhr komme, sollte es aber nicht angehen, dann schreiben Sie mir.«

»Er wird sich sehr freuen. Ich erwarte Sie im Empfangsraum.«

Diesmal empfing mich der lange Oberst, kaum daß ich geläutet hatte, und der kurze Oberst führte mich sofort in Kossuths Arbeitszimmer.

Kossuth saß an einem großen Tisch, als ich eintrat, und arbeitete; er trug einen ungarischen Rock aus schwarzem Samt und ein schwarzes Mützchen. Kossuth sieht viel besser aus, als alle seine Porträts und Büsten; in seiner frühen Jugend ist er wahrscheinlich ein schöner Mann gewesen, und der besondere schwärmerisch-nachdenkliche Charakter seines Gesichts muß einen ungeheuren Einfluß auf Frauen gehabt haben. Seine Züge besitzen nicht die antike Strenge wie bei Mazzini, Saffi, Orsini, aber (und vielleicht gerade deshalb stand er uns Bewohnern des Nordens näher) in seinem traurig-sanften Blick offenbarte sich nicht nur ein starker Verstand, sondern auch ein tieffühlendes Herz; das gedankenvolle Lächeln und die ein wenig schwärmerische Sprache nahmen endgültig für ihn ein. Er spricht außerordentlich gut, wenn auch mit einem starken Akzent, der unverkennbar bleibt, ob er nun französisch, deutsch oder englisch spricht. Er redet sich nicht mit Phrasen heraus und stützt sich nicht auf abgedroschene Gemeinplätze; er denkt mit einem mit, hört einen bis zu Ende an und entwickelt seinen Gedanken fast immer originell, weil er von der Doktrin und vom Parteigeist freier ist als die anderen. Vielleicht ist in seiner Art der Argumentation und der Widerlegung der Advokat zu erkennen, aber das, was er sagt, ist ernst und überlegt.

Bis zum Jahre 1848 hat Kossuth sich viel mit den praktischen Angelegenheiten seines Landes beschäftigt; dies hat in gewisser Weise seinen Blick geschärft. Er weiß sehr gut, daß man in der Welt der

Geschehnisse und Anwendungen nicht immer geradeaus fliegen kann wie ein Rabe; daß die Fakta sich selten in einfacher logischer Linie entwickeln, sondern sich mühsam lavierend in Epizykeln bewegen und auf der Tangente entgleisen. Und das ist unter anderem die Ursache, weshalb Kossuth hinter Mazzini an hitziger Aktivität zurückbleibt und weshalb, auf der anderen Seite, Mazzini unaufhörlich Experimente macht, Versuche erzwingt, während Kossuth überhaupt keine unternimmt.

Mazzini betrachtet die italienische Revolution mit den Augen eines Fanatikers; er glaubt an die Vorstellung, die er von ihr hat; er unterwirft sie keiner Kritik und strebt ora et sempre[13] vorwärts wie ein vom Bogen geschossener Pfeil. Je weniger er in Betracht zieht, um so dauerhafter und einfacher ist seine Wirkung, um so reiner ist seine Idee.

Der revolutionäre Idealismus Ledru-Rollins ist ebenfalls unkompliziert, er kann voll und ganz aus den Reden des Konvents und an den Maßnahmen des Komitees der öffentlichen Wohlfahrt abgelesen werden. Kossuth hat aus Ungarn nicht das allgemeine Erbe einer revolutionären Tradition mitgebracht, keine apokalyptischen Formen eines sozialen Doktrinarismus, sondern den Protest seines Landes, das er gründlich studiert hat, eines Landes, das neu und unbekannt ist, sowohl bezüglich seiner Bedürfnisse, wie bezüglich seiner urwüchsig-freiheitlichen Institutionen und seiner mittelalterlichen Formen. Im Vergleich zu seinen Genossen war Kossuth ein Spezialist.

Die französischen réfugiés[14] mit ihrer unglücklichen Gewohnheit, kein Blatt vor den Mund zu nehmen und alles mit eigenem Maß zu messen, haben Kossuth heftige Vorwürfe gemacht, weil er in Marseille seine Sympathie für die sozialen Ideen zum Ausdruck gebracht, in der Rede jedoch, die er in London vom Balkon des Mansion House gehalten und mit großer Achtung vom Parlamentarismus gesprochen hat.

Kossuth war völlig im Recht. Das war zu der Zeit, als er Konstantinopel verließ, das heißt gerade während der feierlich-epischen Episode der dunklen Jahre, die dem Jahre 1848 folgten. Das nordamerikanische Schiff, welches ihn den ausgestreckten Krallen Österreichs und Rußlands entrissen hatte, lief stolz mit dem Vertriebenen an Bord eine Republik an und warf dann Anker an der

13 (ital.) jetzt und immer.
14 (franz.) Emigranten.

Küste einer anderen. In dieser Republik wartete bereits der Befehl des Polizeidiktators von Frankreich, daß Kossuth die Erde des künftigen Imperiums nicht betreten dürfe. Heute wäre das so durchgegangen, aber damals waren noch nicht alle endgültig gebrochen; Scharen von Arbeitern eilten in Booten zum Schiff, um Kossuth zu begrüßen, und Kossuth sprach mit ihnen, was sehr natürlich ist, über den Sozialismus. Die Kulisse wechselte. Als er unterwegs war, richtete ein freies Land an ein anderes die Bitte, den Vertriebenen zu Gaste laden zu dürfen. Kossuth, als er vor allem Volk den Engländern für ihren Empfang dankte, hat seine Achtung vor einem Staatswesen, das diesen möglich gemacht hat, nicht verhehlt. Er war in beiden Fällen vollkommen aufrichtig gewesen; er vertrat überhaupt keine bestimmte Partei; er konnte sehr wohl mit dem französischen Arbeiter und gleichzeitig mit der englischen Konstitution sympathisieren, ohne ein Orleanist zu werden und ohne die Republik zu verraten. Kossuth wußte dies und begriff gewissermaßen negativ seine Position in England hinsichtlich der revolutionären Parteien ausgezeichnet; er wurde weder ein Glukkist noch ein Piccinist, er hielt sich gleich weit entfernt von Ledru-Rollin und von Louis Blanc. Mit Mazzini und Worcell verband ihn ein gemeinsames terrain, eine Grenze, an der sie sich berührten, ein gleiches Kampffeld und beinahe ein und derselbe Kampf; sie waren auch die ersten, denen er nähertrat.

Aber Mazzini und Worcell waren längst, nach dem spanischen Ausdruck, afrancesados[15]. Kossuth, der sich dagegen sträubte, gab ihnen nur langsam nach, und es ist sehr bemerkenswert, daß er ihnen in dem Maße nachgab, in dem die Hoffnungen auf einen Aufstand in Ungarn immer mehr verblaßten.

Aus meinem Gespräch mit Mazzini und Ledru-Rollin ist zu ersehen, daß Mazzini den revolutionären Vorstoß aus Italien erwartete und überhaupt mit Frankreich sehr unzufrieden war; aber daraus folgt nicht, daß ich unrecht hatte, auch ihn als afrancesado zu bezeichnen. Aus ihm sprach dabei einerseits der Patriotismus, der mit der Idee der Völkerverbrüderung und der allgemeinen Republik nicht ganz einverstanden war, andererseits die persönliche Entrüstung über Frankreich deswegen, weil es im Jahre 1848 für Italien nichts getan hatte, im Jahre 1849 aber alles, um es zugrunde zu richten. Eine Gereiztheit gegenüber dem heutigen Frankreich bedeutet jedoch nicht, sich außerhalb seines Geistes zu befin-

15 (span.) französiert.

den; der französische Revolutionarismus hat seine gemeinsame Uniform, sein Ritual, sein Glaubenssymbol; innerhalb ihrer Grenzen kann man speziell ein politisch Liberaler oder ein glühender Demokrat sein; man kann, ohne Frankreich zu lieben, seine Heimat auf eine französische Art lieben; das alles sind Variationen, Einzelfälle, die algebraische Gleichung jedoch bleibt dieselbe.

Kossuths Gespräch mit mir nahm sogleich eine ernste Wendung; in seinem Blick und in seinen Worten lag viel mehr Traurigkeit als Hoffnungsfreude; es war sicher, daß er die Revolution nicht schon für den nächsten Tag erwartete. Seine Kenntnisse über den Südosten Europas waren ungeheuer groß, er setzte mich in Erstaunen, als er einzelne Punkte aus dem Staatsvertrag Katharinas II. mit der Pforte zitierte.

»Was für einen furchtbaren Schaden haben Sie uns während unseres Aufstandes zugefügt«, sagte er, »und was für einen furchtbaren Schaden damit sich selbst. Welch engherzige und antislawische Politik – Österreich zu unterstützen! Selbstverständlich wird Österreich nicht einmal Dank sagen für die Rettung; glauben Sie etwa, es begreift nicht, daß Nikolai nicht ihm geholfen hat, sondern der despotischen Herrschaft überhaupt?«

Der soziale Zustand Rußlands war ihm viel weniger bekannt als der politische und militärische. Das ist auch nicht erstaunlich: wie viele Staatsmänner gibt es schon bei uns, die etwas davon wissen, außer Gemeinplätzen und einzelnen, zufälligen und zusammenhanglosen Sentenzen! Er war der Meinung, daß die Kronsbauern durch den Frondienst ihre Steuern begleichen, fragte mich nach der Dorfgemeinschaft aus, nach der Macht der Gutsbesitzer; ich erzählte ihm, was ich wußte.

Als ich von Kossuth wegging, fragte ich mich: Was verbindet ihn eigentlich mit seinen Genossen außer der Liebe zur Unabhängigkeit seines Volkes? Mazzini träumte davon, durch Italien die Menschheit zu befreien, Ledru-Rollin wollte sie in Paris befreien und danach der ganzen Welt auf das strengste die Freiheit vorschreiben. Kossuth kümmerte sich wohl kaum um die ganze Menschheit, und es ließ ihn scheinbar ziemlich gleichgültig, ob in Lissabon die Republik bald ausgerufen würde oder ob der Bei von Tripolis als einfacher Bürger der einen und unteilbaren tripolitanischen Brüderschaft bezeichnet werden wird.

Dieser Unterschied, der mir beim ersten Blick auffiel, wurde später durch eine Reihe von Taten bestätigt. Mazzini und Ledru-Rollin, als Menschen, die unabhängig waren von praktischen Lebensbedingungen, waren bemüht, alle zwei, drei Monate revolutionäre Experimente zu unternehmen: Mazzini in Gestalt von Aufständen, Ledru-Rollin durch Entsendung von Agenten. Die Freunde Mazzinis kamen in den österreichischen und päpstlichen Gefängnissen um, die Abgesandten Ledru-Rollins – in Lambessa oder Cayenne, aber mit dem Fanatismus blindgläubiger Menschen fuhren sie fort, ihre Isaaks zu opfern. Kossuth machte keine Experimente; Libényi, der mit einem Messer nach dem österreichischen Kaiser stach, hatte keinerlei Verbindung zu ihm.

Kossuth ist zweifellos mit sanguinischeren Hoffnungen nach London gekommen, und man muß gestehen, daß es genug Gründe gab, ihm den Kopf schwindeln zu machen. Man erinnere sich dieser ständigen Ovationen, dieser königlichen Prozession über Meere und Ozeane; die Städte Amerikas stritten sich um die Ehre, ihn als erste zu empfangen und in ihre Mauern zu geleiten. Das stolze London mit seinen zwei Millionen Menschen erwartete ihn stehend am Bahnhof, die Equipage des Lord-Mayor stand für ihn bereit; die Aldermen, die Sheriffs, die Mitglieder des Parlaments geleiteten ihn durch ein Meer wogenden Volkes, das ihn mit Zurufen und dem Hochwerfen der Hüte begrüßte. Und als er zusammen mit dem Lord-Mayor auf den Balkon des Mansion-House trat, tönte ihm ein donnerndes »Hurra!« entgegen, wie es Nikolai in London weder durch die Begönnerung Wellingtons noch die der Statue Nelsons, noch durch die Bewunderung irgendwelcher Pferde beim Rennen erlangen konnte.

Die hochmütige englische Aristokratie, die auf ihre Landsitze fuhr, als Bonaparte mit der Königin in Windsor dinierte und mit den Bürgern in der City zechte, drängte sich, ihre Würde vergessend, in Equipagen und Wagen, um den berühmten Agitator zu sehen; die höchsten Würdenträger stellten sich ihm, dem Vertriebenen, vor. Die »Times« runzelte zwar erst die Brauen, erschrak aber dermaßen vor dem Schrei der öffentlichen Meinung, daß sie auf Napoleon zu schimpfen begann, um ihren Fehler wiedergutzumachen.

Ist es verwunderlich, daß Kossuth aus Amerika voller Zuversicht zurückkehrte? Doch als er ein und das andere Jahr in London verlebt hatte und sah, welche Wendung die Geschichte auf dem Kontinent nahm und wie in England selbst der Enthusiasmus sich abkühlte, da begriff Kossuth, daß ein Aufstand unmöglich und England ein schlechter Verbündeter der Revolution sei.

Einmal, noch ein einziges Mal, erwachten seine Hoffnungen, und er wurde aufs neue Anwalt seiner alten Sache vor dem englischen Volk; das war zu Beginn des Krimkrieges.

Er trat hervor aus seiner Zurückgezogenheit und erschien Hand in Hand mit Worcell, das heißt mit dem demokratischen Polen, das bei den Verbündeten nur um einen einzigen Aufruf, ein einziges Zeichen des Einverständnisses bat, um einen Aufstand zu riskieren. Das war ohne Zweifel ein großer Moment für Polen – oggi o mai[16]. Wenn die Restauration Polens anerkannt worden wäre, worauf hätte dann Ungarn warten sollen? Deshalb erschien Kossuth auf dem Polnischen Meeting am 29. November 1854 und meldete sich zu Wort. Deshalb begab er sich gleich danach zusammen mit Worcell in die wichtigsten Städte Englands und trat für eine Agitation zugunsten Polens ein. Die Reden, die Kossuth damals gehalten hat, sind außerordentlich bemerkenswert, inhaltlich sowohl wie in der Form. Aber diesmal hat er England nicht begeistern können; das Volk strömte zwar in Mengen zu den Versammlungen, es applaudierte dem großen Redetalent und war bereit, Kollekten zu veranstalten; aber weiter gedieh die Sache nicht, und die Reden riefen in anderen Kreisen, bei den Massen, nicht jenes Echo hervor, das einen Einfluß auf das Parlament hätte ausüben oder die Regierung veranlassen können, ihre Linie zu ändern. Das Jahr 1854 verging, es kam das Jahr 1855, Nikolai starb, Polen rührte sich nicht von der Stelle, der Krieg blieb auf die Küste der Krim beschränkt; an die Wiederherstellung eines polnischen Nationalstaates war gar nicht zu denken; Österreich stak den Verbündeten wie ein Knochen im Halse; zudem wollten alle den Frieden; die Hauptsache war erreicht: der Zivilist Napoleon hatte sich mit militärischem Ruhm bedeckt.

Kossuth trat wieder von der Bühne ab. Seine Artikel im »Atlas« und seine Vorlesungen über das Konkordat, die er in Edinburg und Manchester hielt, müssen eher als eine private Angelegenheit bezeichnet werden. Kossuth hatte weder sein eigenes Vermögen gerettet noch das seiner Frau. Gewöhnt an das großzügige Wohlleben der ungarischen Magnaten, war er in der Fremde genötigt, sich die Mittel zum Leben zu verdienen; er tat es ganz unverhohlen.

Die ganze Familie hat etwas Vornehm-Gedankenvolles; man

16 (ital.) jetzt oder nie.

sieht, daß hier große Ereignisse vorübergegangen sind und daß sie den geistigen Tonus aller Familienmitglieder gehoben haben. Kossuth ist bis heute noch umgeben von einigen getreuen Kampfgenossen; anfangs bildeten sie seinen Hof, jetzt sind sie einfach seine Freunde.

Die Ereignisse sind nicht spurlos an ihm vorübergegangen; er ist sehr alt geworden in letzter Zeit, und seine Ruhe macht einem das Herz schwer.

In den ersten zwei Jahren haben wir uns selten gesehen; dann hat der Zufall uns an einem der schönsten Punkte nicht nur Englands, sondern auch Europas zusammengeführt – auf der Isle of Wight.[17]. Beide wohnten wir zur gleichen Zeit einen Monat lang in Ventnor; das war im Jahre 1855.

Vor seiner Abreise waren wir auf einem Kinderfest. Die beiden Söhne Kossuths, schöne und liebenswürdige Jünglinge, tanzten mit meinen Kindern . . . Kossuth stand an der Tür und betrachtete sie irgendwie traurig, dann, mit einem Lächeln auf meinen Sohn zeigend, sagte er zu mir: »Die junge Generation ist schon bereit, uns abzulösen.«

»Ob sie es erleben?«

»Das ist es ja, woran ich dachte. Aber vorläufig sollen sie noch tanzen«, fügte er hinzu und sah noch betrübter vor sich hin.

Mir scheint, daß wir auch diesmal ein und dasselbe dachten.

Und werden es die Väter erleben? Und was werden sie erleben? Gehört jene revolutionäre Ära, der wir entgegenstrebten, beleuchtet von dem verlöschenden Feuerschein der neunziger Jahre, der das liberale Frankreich, das junge Italien, Mazzini, Ledru-Rollin entgegenstrebten, nicht schon der Vergangenheit an? Werden diese Menschen nicht zu traurigen Repräsentanten von etwas Vergangenem, um die herum bereits andere Probleme auftauchen und neues Leben sich zeigt? Ihre Religion, ihre Sprache, ihre Marschrichtung, ihr Ziel – das alles steht uns nahe und ist zugleich etwas Fremdes . . . Die Töne einer Kirchenglocke in der Morgenstille eines Festtages, der liturgische Gesang erschüttern auch heute noch die Seele, und dennoch fehlt ihr der Glaube!

Es gibt traurige Wahrheiten: in vielen Fällen ist es nicht leicht, den Tatsachen ins Auge zu schauen, es wirkt niederdrückend; schwer ist es auch, geradeheraus zu sagen, was man sieht. Aber ist das überhaupt notwendig? Das ist doch auch eine Art von Leiden-

17 (engl.) Insel Wight.

schaft oder Krankheit. »Die Wahrheit, die nackte Wahrheit, nichts als die Wahrheit!« Das ist alles schön und gut, aber verträgt sich denn ihre Einführung mit unserem Leben? Zerätzt sie es nicht, wie eine allzu starke Säure die Wände eines Gefäßes zerätzt? Ist die Leidenschaft für die Wahrheit nicht ein furchtbares Leiden, das denjenigen, der sie in seinem Busen nährt, bitter straft?

Einmal, vor einem Jahr, an einem für mich denkwürdigen Tage, hat dieser Gedanke mich besonders frappiert.

Am Todestage Worcells erwartete ich den Bildhauer in dem ärmlichen kleinen Zimmer, wo die Qualen des Dulders ihr Ende gefunden hatten. Die alte Dienerin hielt einen tropfenden gelben Kerzenstumpf in der Hand und beleuchtete damit den nur mit einem Laken bedeckten ausgemergelten Leichnam. Er war, ein Unglücklicher wie Hiob, mit einem Lächeln auf den Lippen entschlafen, der Glaube war erstarrt in seinen erlöschenden Augen, die ihm ein ebensolcher Fanatiker wie er – Mazzini – zugedrückt hatte.

Ich hatte diesen alten Mann voller Betrübnis geliebt und ihm kein einziges Mal die ganze Wahrheit gesagt, die ich zu wissen glaubte. Ich hatte seinen erlöschenden Geist nicht beunruhigen wollen: er hat auch ohnedies genug gelitten. Er brauchte Sterbegebete, aber keine Wahrheit. Und eben deshalb war er so froh, als Mazzini seinem sterbenden Ohr Versprechnungen und Worte des Glaubens zuflüsterte!

Zehntes Kapitel: Die Emigration in London

An den Wassern zu Babel saßen wir, und weineten... *Psalm 137*

Wenn es einem Außenstehenden einfallen sollte, die innere Geschichte der politischen Auswanderer und Vertriebenen des Jahres 1848 in London zu schreiben, was für eine traurige Seite würde er den Aussagen über den heutigen Menschen hinzufügen! Wieviel Leid, wieviel Entbehrungen und Tränen . . . und wieviel Leere, wieviel Engherzigkeit, welche Armut an geistigen Kräften und Reserven, an Verständnis, welche Hartnäckigkeit im Streit und wieviel kleinlicher Ehrgeiz . . .

Einerseits stellen die schlichten Menschen, die mit ihrem Instinkt und Herzen die Sache der Revolution verstanden und ihr das größte Opfer gebracht haben, das ein Mensch bringen kann – freiwillige Armut –, ein kleines Häuflein von Gerechten dar. Andererseits – dieser schlecht verdeckte und verheimlichte Ehrgeiz der vielen, für die die Revolution eine Laufbahn, eine position sociale[1] war und die sich in die Emigration gestürzt haben, weil sie daheim diese Stellung nicht erlangt hatten; dann allerhand Fanatiker, Monomanen sämtlicher Monomanien, Verrückte sämtlicher Spielarten der Verrücktheit; infolge dieses nervösen, gespannten und gereizten Zustandes forderte das Tischrücken unter den Emigranten ungeheuer viele Opfer. Wer hat nicht alles Tische gerückt, angefangen bei Victor Hugo und Ledru-Rollin bis zu Quirico Filopanti, der noch weiterging . . . und alles erforschte, was ein Mensch vor nahezu tausend Jahren tat!

Dabei kamen sie keinen Schritt voran. Wie die Uhr im Schloß zu Versailles zeigen auch sie nur eine Stunde an: die Stunde, in der der König starb . . . und auch sie hat man seit der Todesstunde von Louis xv. zu stellen vergessen wie die Versailler Uhr. Sie zeigen nur ein Ereignis an, nur das Ende eines bestimmten Geschehens. Von ihm sprechen sie, daran denken sie, zu ihm kehren sie ständig zurück. Wenn man denselben Leuten, denselben Gruppen nach fünf

1 (franz.) gesellschaftliche Stellung.

oder sechs Monaten, nach zwei, drei Jahren wieder begegnet, erschrickt man: noch immer die gleichen Streitgespräche, dieselben Persönlichkeiten und dieselben Vorwürfe, nur die Runzeln, die von Armut und Entbehrungen eingegraben wurden, haben sich vermehrt; die Röcke und Mäntel sind abgeschabt, es gibt mehr graues Haar, und alle sind sie älter, knochiger, trübseliger . . . Ihre Reden aber sind immer noch dieselben!

Die Revolution bleibt für sie, wie in den neunziger Jahren, die Metaphysik des Gesellschaftslebens, aber die damalige naive Leidenschaft für den Kampf, die auch den allerarmseligsten Sozialvorstellungen ein scharfes Kolorit und den blassen Linien ihres politischen Gebälks Fleisch und Blut gegeben hat, ist dahin; sie können sie auch gar nicht mehr besitzen; Sozialvorstellungen und abstrakte Begriffe waren damals eine neue frohe Botschaft, eine Offenbarung. Am Ende des 18. Jahrhunderts begannen die Menschen zum erstenmal nicht im Buch, sondern in der Tat sich von der wie ein Verhängnis auf ihnen lastenden geheimnisvollen Welt der theologischen Geschichte zu befreien und versuchten, die ganze bürgerliche Lebensform, die sich außerhalb des Bewußtseins und des Willens herausgebildet hatte, auf die Grundlage eines bewußten Verstehens zu stellen. In dem Versuch, einen vernünftigen Staat zu gründen, wie in dem Versuch einer Religion der Vernunft lag 1793 eine gewaltige, titanische Poesie, die das Ihre getan hat, jedoch im Laufe der letzten sechzig Jahre verwittert und verkümmert ist. Unsere Nachfahren der Titanen bemerken das nicht. Sie sind den Mönchen vom Berge Athos gleich, die ihrer alten Beschäftigung nachgehen, dieselben Gespräche führen, die sie zur Zeit Slatousts geführt haben, und ein Leben fortsetzen, das längst überholt ist durch die türkische Herrschaft, die auch schon wieder ihrem Ende entgegengeht . . . sie versammeln sich an bestimmten Tagen, um bestimmter Ereignisse zu gedenken, in derselben Ordnung, mit denselben Gebeten, wie seit eh und je.

Ein anderer Hemmschuh, der die Entwicklung der Emigranten bremst, besteht darin, daß sie sich gegeneinander behaupten wollen; dies tötet jede innere Arbeit und jegliche gewissenhafte Aktivität. Ein objektives Ziel haben sie nicht, alle Parteien bleiben eigensinnig konservativ, eine Vorwärtsbewegung erscheint als Schwäche, beinahe als Flucht; hast du dich unter ein Banner gestellt, dann bleibe darunter stehen, auch wenn du mit der Zeit erkannt hast, daß es ganz andere Farben sind, als du gedacht hast!

So vergehen die Jahre – nach und nach verändert sich alles um sie her. Dort, wo Schnee in Haufen lag, wächst Gras, statt des Gebüschs ist ein Wald da, statt eines Waldes – nichts als Baumstümpfe . . . sie merken nichts davon. Einige Ausgänge sind völlig zerfallen und verschüttet, aber gerade dort klopfen sie an; neue Ritzen haben sich geöffnet, das Licht dringt in breiten Streifen durch sie hindurch, sie aber schauen nach der anderen Seite.

Die Beziehungen, die sich zwischen verschiedenen Emigrantengruppen und den Engländern herausgebildet haben, könnten an und für sich erstaunliche Tatsachen vermitteln über die chemische Verwandtschaft verschiedener Nationalitäten.

Die Deutschen blendet das englische Leben anfangs, es erdrückt sie, später saugt sie es auf oder, besser gesagt, wandelt sie zu schlechten Engländern. Wenn der Deutsche irgend etwas unternimmt, rasiert er sich gewöhnlich zunächst, legt einen Kragen um, der bis zu den Ohren reicht, sagt »yes« anstatt »ja«, und »well«, wo man überhaupt nichts zu sagen brauchte. Nach etwa zwei Jahren schreibt er Briefe und kurze Mitteilungen auf englisch und lebt völlig in einem englischen Kreis. Mit Engländern gehen die Deutschen niemals wie mit ihresgleichen um, sondern so wie unsere Kleinbürger mit Beamten, und unsere Beamten mit Angehörigen des Uradels.

Wenn Deutsche im englischen Leben aufgehen, dann werden sie nicht etwa zu wirklichen Engländern, sondern sie stellen sich nur so und hören auf, Deutsche zu sein, wenigstens zum Teil. Die Engländer sind in ihren Beziehungen zu Ausländern ebenso launenhaft wie in allen anderen Dingen; sie stürzen sich auf den Ankömmling wie auf einen Komödianten oder Akrobaten, sie geben ihm keine Ruhe, verhehlen aber kaum das Gefühl ihrer Überlegenheit und sogar das einer gewissen Abneigung gegen ihn. Wenn der Ankömmling seinen Anzug, seine Frisur, seinen Hut beibehält, spottet der gekränkte Engländer über ihn, aber allmählich gewöhnt er sich daran, in ihm eine Persönlichkeit zu sehen. Sobald jedoch der erschrockene Ausländer anfängt, sich der englischen Art anzupassen, hat der Engländer keine Achtung vor ihm und behandelt ihn von der Höhe seines britischen Hochmuts aus mit Herablassung. Da ist es denn, selbst wenn man über viel Takt verfügt, so manches Mal schwierig, das rechte Maß zu finden, um nicht nach der Plus- oder Minusseite hin zu sündigen; und man kann sich vorstellen, was die Deutschen tun, denen es an jeglichem Takt mangelt, die familiär und liebedienerisch sind, allzu manieriert und allzu derb, ohne Grund sentimental und grob, ohne herausgefordert zu sein.

Wenn aber die Deutschen auf die Engländer wie auf einen höheren Stamm derselben Rasse blicken und das Gefühl haben, unter ihnen zu stehen, so folgt daraus durchaus nicht, daß das Verhalten der Franzosen, und insbesondere der französischen Emigranten, klüger wäre. So wie der Deutsche wahllos allem in England seinen Respekt bezeigt, so protestiert der Franzose gegen alles und haßt alles Englische. Das führt, wie sich von selbst versteht, zu den allerkomischsten Auswüchsen. Erstens kann der Franzose den Engländern nicht verzeihen, daß sie nicht französisch sprechen, zweitens, daß sie nicht verstehen, wenn er Charing Cross mit Charen'cro oder Leicester-Square mit Lesester-squoire bezeichnet. Dann kann sein Magen es nicht vertragen, daß in England das Mittagessen aus zwei riesigen Stücken Fleisch und Fisch besteht und nicht aus fünf kleinen Portionen von allerhand Ragouts, Fritüren, Salmi und anderem. Desgleichen kann er sich nicht mit der »Sklaverei« abfinden, nach der an den Sonntagen die Wirtshäuser geschlossen sind und das ganze Volk sich zum Ruhme Gottes langweilt, obgleich ganz Frankreich sieben Tage in der Woche mit Napoleon das gleiche tut. Ferner ist der ganze habitus, alles Gute und alles Schlechte am Engländer dem Franzosen verhaßt. Der Engländer zahlt ihm zwar mit gleicher Münze heim, blickt aber voll Neid auf den Schnitt seiner Kleidung und bemüht sich in einer Weise, ihn nachzuahmen, die an die Karikatur grenzt.

Das alles ist sehr bemerkenswert für das Studium der vergleichenden Physiologie, und ich erzähle es durchaus nicht zum Spaß. Der Deutsche fühlt sich, wie wir gesehen haben, zum mindesten in staatsbürgerlicher Beziehung, als eine niedere Gattung derselben Rasse, zu der auch der Engländer gehört, und er unterwirft sich ihm. Der Franzose, der einer anderen Rasse angehört, die aber nicht so verschieden von der seinen ist, um ihn so gleichgültig zu lassen, wie der Türke den Chinesen, haßt den Engländer besonders deshalb, weil beide Völker von sich selbst die blinde Überzeugung haben, daß sie das bedeutendste Volk der Erde darstellen. Auch der Deutsche ist innerlich davon überzeugt, besonders *auf dem theoretischen Gebiete,* geniert sich aber, es zu bekennen.

Der Franzose ist in der Tat in allem das Gegenteil des Engländers;

der Engländer ist ein Höhlenwesen, das gern für sich allein lebt, eigensinnig und widerspenstig, der Franzose – ein Herdentier, das frech ist und nicht leicht zu weiden. Daher zwei völlig parallel verlaufende Entwicklungen, zwischen denen der Ärmelkanal liegt. Der Franzose kommt ständig allem zuvor, er mischt sich in alles ein, erzieht alle, belehrt über alles; der Engländer wartet ab, mischt sich überhaupt nicht in fremde Angelegenheiten und wäre eher bereit, etwas dazuzulernen als andere zu belehren, hat aber keine Zeit dazu – er muß in seinen Laden.

Die beiden Ecksteine der ganzen englischen Lebensweise – persönliche Unabhängigkeit und Familientradition – existieren beinahe gar nicht für den Franzosen. Die Derbheit der englischen Sitten – und diese ist in der Tat widerwärtig und vergiftet das Londoner Leben – bringt den Franzosen außer sich, aber er sieht dahinter nicht die rauhe Macht, mit der dieses Volk seine Rechte zu verteidigen gewußt hat, jene Hartnäckigkeit, infolge derer man aus dem Engländer alles machen kann, sofern man seinen Passionen schmeichelt, nur nicht einen Sklaven, der sich über die Goldborten seiner Livree freut und begeistert ist von seinen lorbeerumwundenen Ketten.

Dem Franzosen ist die Welt der Selbstverwaltung, der Dezentralisation, die eigenartig und launisch gewachsen ist, so fremd und unverständlich, daß er, und mag er noch so lange in England gelebt haben, das politische Leben und die Rolle des Staatsbürgers sowie des Landes Rechte und Gerichtsbarkeit nicht kennt. Er findet sich in dem Gewirr der auf verschiedenen Grundlagen basierenden englischen Gesetze nicht zurecht, wie in einem dunklen Wald, und merkt gar nicht, aus was für riesigen und majestätischen Eichen er besteht und welcher Reiz und wieviel Poesie und Sinn in eben dieser Mannigfaltigkeit stecken. Wie anders läßt sich da der kleine Kodex an, mit gestreuten Wegen, gestutzten Bäumchen und polizeilichen Gärtnern in jeder Allee!

Wiederum – Shakespeare und Racine.

Sieht etwa ein Franzose Betrunkene, die sich vor der Schenke prügeln, und einen Polizisten, der mit der Ruhe eines Außenstehenden und der Neugierde eines Mannes, der einem Hahnenkampf folgt, zuschaut, dann gerät er in Raserei: warum bleibt der Polizist ruhig, warum führt er nicht einen von ihnen au violon[2]? Es kommt ihm gar nicht in den Sinn, daß die persönliche Freiheit nur dann

2 (franz.) ins Kittchen.

möglich ist, wenn der Polizist nicht die Machtvollkommenheit von Vater und Mutter hat und wenn seine Einmischung sich so lange auf passive Bereitschaft beschränkt, bis man ihn herbeiruft. Die Sicherheit, die jeder Bettler empfindet, wenn er hinter sich die Tür seiner dunklen, kalten und feuchten Behausung zumacht, verändert die Anschauung eines Menschen. Natürlich, hinter diesen streng gewahrten und eifersüchtig behaupteten Rechten versteckt sich manchmal ein Verbrecher – soll er doch! Es ist viel besser, daß ein geschickter Dieb unbestraft bleibt, als daß jeder anständige Mensch wie ein Dieb in seinem Zimmer zittert. Bis zu meiner Ankunft in England hatte jegliches Auftauchen eines Polzisten in dem Hause, in welchem ich wohnte, ein unbezwingbar widerwärtiges Gefühl bei mir hervorgerufen, und ich war geistig sofort en garde vor dem Feind. Wenn in England ein Polizist vor der Tür oder in der Tür erscheint, erhöht sich nur ein gewisses Gefühl der Sicherheit.

Die französischen Emigranten haben, wie alle anderen auch, sämtliche Zwistigkeiten, sämtliche Parteien mitgenommen in die Verbannung und bewahren sie eifersüchtig. Das düstere Milieu des fremden und feindseligen Landes, das nicht verhehlte, daß es sein Asylrecht nicht um der Personen willen beibehielt, die um Asyl nachsuchten, sondern aus Selbstachtung, wirkte auf die Nerven.

Dazu kam das Losgerissensein von Menschen und Gewohnheiten, die Unmöglichkeit, freizügig den Wohnort zu wechseln, die Trennung von den Angehörigen und Freunden und die Armut; all das trug Trübsal, Unduldsamkeit und Verbitterung in alle Beziehungen hinein. Die Zusammenstöße wurden erbitterter, die Vorwürfe wegen der Fehler der Vergangenheit schonungsloser. Die Parteien rückten selbst in Kleinigkeiten dermaßen auseinander, daß alte Bekannte alle Beziehungen abbrachen, daß sie einander nicht grüßten . . .

Es gab tatsächliche, theoretische und allerhand andere Zwistigkeiten . . . aber neben den Ideen standen Personen, neben dem Banner der eigene Name, neben dem Fanatismus – der Neid, und offenherziger Enthusiasmus barg naiven Ehrgeiz.

Der Antagonismus, der einstmals in Martin Luther, der das Mögliche erstrebte, und in dem konsequenten Thomas Münzer zum Ausdruck kam, liegt, wie die Keimlappen, in jedem Samenkorn; die logische Entwicklung, die Spaltung einer jeden Partei führt unweigerlich zu seiner Aufdeckung. Wir finden ihn sowohl bei den drei auf das Unmögliche gerichteten Gracchen – drei sind es, wenn wir Gracchus Babeuf dazurechnen –, wie auch bei den allzusehr im Möglichen verharrenden Sullas und Soulouques aller Farben und Schattierungen. Möglich ist einzig die Diagonale, möglich ist der Kompromiß, das Abgegriffene, das Mittelmäßige und daher allem Mittelmäßigen Entsprechende: dem Stand, dem Reichtum, dem Verständnis. Aus der Liga und den Hugenotten ward Henri IV., aus den Stuarts und Cromwell – Wilhelm von Oranien, aus der Revolution und dem Legitimismus – Louis-Philippe. Nach ihm trat der Antagonismus zwischen der möglichen und der konsequenten Republik hervor; die mögliche nannte man die demokratische, die konsequente – die soziale; aus ihrem Zusammenstoß trat das Kaiserreich hervor, aber die Parteien blieben.

Die starrköpfigen Extreme fanden sich nach Cayenne, Lambessa, auf die Belle-Île und teilweise über die französische Grenze, vorzugsweise nach England versetzt.

Kaum waren sie in London zu Atem gekommen und ihre Augen hatten sich daran gewöhnt, die Gegenstände im Nebel zu unterscheiden, da brach der alte Streit von neuem los, mit der besonderen Unduldsamkeit des Emigrantentums und mit dem düsteren Charakter des Londoner Klimas.

De jure war der Vorsitzende der Luxembourg-Kommission die Hauptperson unter den Sozialisten der Londoner Emigration. Als Vertreter der Organisation der Arbeit und der égalitairen Arbeitergesellschaften war er bei den Arbeitern beliebt; streng in seinem persönlichen Leben, von untadeliger Sauberkeit der Ansichten, selber ewig bei der Arbeit, sobre[2a], ein guter Redner, populär ohne Vertraulichkeit aufkommen zu lassen, kühn und zugleich vorsichtig, war er im Besitz aller Mittel, um auf die Masse einzuwirken.

Auf der anderen Seite repräsentierte Ledru-Rollin die religiöse Tradition des Jahres 93; für ihn umfaßten die Worte Republik und Demokratie alles: Sättigung der Hungrigen, das Recht auf Arbeit, die Befreiung Polens, die Zerschmetterung Nikolais, Verbrüderung der Völker, den Sturz des Papstes. Arbeiter befanden sich weniger in seiner Umgebung, sein Chor bestand aus capacités[3], das heißt aus Advokaten, Journalisten, Lehrern, Mitgliedern von Klubs und dergleichen.

Die Uneinigkeit dieser Parteien lag offen zutage, und gerade

2a (franz.) nüchtern.

3 (franz.) hier: Vertreter der freien Berufe.

darum habe ich niemals begreifen können, wie Mazzini und Louis Blanc ihr endgültiges Zerwürfnis durch persönliche Zusammenstöße erklärten; der Bruch hatte seinen tiefsten Grund in ihren Anschauungen, in ihrer Aufgabe. Ein Zusammengehen war für sie nicht möglich, aber vielleicht hätten sie ihren Streit nicht gerade vor aller Öffentlichkeit austragen sollen.

Die Sache des Sozialismus und die italienische Sache unterschieden sich sozusagen durch die Reihenfolge oder die Entwicklungsstufe. Die staatliche Unabhängigkeit hatte den Vorrang, sie mußte dem ökonomischen Umbau in Italien vorausgehen. Dasselbe haben wir in Polen im Jahre 1831 gesehen und in Ungarn 1848. Doch hier ist nicht der Platz für eine Polemik, das ist eher eine Frage der chronologischen Arbeitsteilung als der gegenseitigen Vernichtung. Die sozialen Theorien behinderten die geradlinige, konzentrierte Tätigkeit Mazzinis, sie störten die militärische Organisation, die für Italien eine Notwendigkeit war; darüber ärgerte er sich, ohne zu überlegen, daß eine solche Organisation den Franzosen nur schaden konnte. Fortgerissen von seiner Unduldsamkeit und dem italienischen Blut, fiel er über die Sozialisten und im besonderen über Louis Blanc in einer kleinen Broschüre her, die beleidigend und unnötig war. Nebenbei bekamen auch die anderen ihr Fett; so nannte er zum Beispiel Proudhon einen »Dämon« . . . Proudhon wollte ihm antworten, beschränkte sich aber darauf, in seiner nächsten Broschüre Mazzini einen »Erzengel« zu nennen. Ich sagte ein paarmal scherzend zu Mazzini: »Ne réveillez pas le chat qui dort[4], sonst ist es bei solchen Kämpfern schwer, ohne große Narben davonzukommen.«

Die Londoner Sozialisten gaben ihm ebenfalls gallige Antworten, mit unnötigen persönlichen Angriffen und in frechen Ausdrükken.

Eine andere Art von Feindschaft, und diese Feindschaft war eher begründet, bestand zwischen den Franzosen der beiden revolutionären Richtungen. Alle Versuche, den formalen Republikanismus mit dem Sozialismus in Einklang zu bringen, schlugen fehl und machten die Unaufrichtigkeit der Zugeständnisse und den unversöhnbaren Zwist nur noch offensichtlicher; ein geschickter Akrobat hat über den Graben, der sie trennte, sein Brett geworfen und sich darauf zum Kaiser ausgerufen.

4 (franz.) Wecken Sie keine schlafende Katze, hier: Spielen Sie nicht mit dem Feuer!

Die Proklamation des Kaiserreichs war ein galvanischer Schlag; die Herzen der Emigranten zuckten krampfhaft zusammen und wurden schwach.

Das war der traurige, wehmütige Blick eines Kranken, der sich davon überzeugt hat, daß er ohne Krücken nicht mehr aufstehen wird. Der einen wie der anderen begann sich Müdigkeit und eine heimliche Hoffnungslosigkeit zu bemächtigen. Die ernsthafte Polemik fing an zu verblassen, sie lief hinaus auf persönliche Angriffe, Vorwürfe und Beschuldigungen.

Noch ein, zwei Jahre hielten sich die beiden französischen Lager in aggressiver Bereitschaft: das eine feierte den 24. Februar, das andere – die Julitage. Aber beim Beginn des Krimkrieges und bei der feierlichen Spazierfahrt Napoleons mit der Königin Viktoria durch London trat die Machtlosigkeit der Emigranten klar zutage. Selbst der Chef der Londoner Metropolitan Police[5], Robert Mayne, bezeugte dies. Als die Konservativen ihm nach dem Besuch Napoleons für die geschickten Maßnahmen dankten, mit denen er jegliche Demonstration seitens der Emigranten verhindert habe, erwiderte er: »Diese Dankbarkeit habe ich keineswegs verdient, bedanken Sie sich bei Ledru-Rollin und Louis Blanc.«

Ein Anzeichen, das noch mehr auf das nahe Ende hindeutete, trat etwa um dieselbe Zeit zutage. Es lag darin, daß sich die Parteien ohne ernsten Grund im Interesse einzelner Leute oder Persönlichkeiten aufspalteten.

Diese Parteien entstanden so, wie bei uns Ministerien oder Hauptverwaltungen entstehen, die man sich zur Unterbringung irgendeines überzähligen Würdenträgers ausdenkt, oder so, wie Komponisten in ihre Opern manchmal Partien für die Grisi und für Lablache einlegen, nicht etwa, weil diese Partien notwendig wären, sondern weil man die Grisi oder Lablache verwenden muß . . .

Wie gesagt, es gab nur zwei wirksame Parteien, das heißt die Partei der formalen Republik von Ledru-Rollin und die des gewaltsamen Sozialismus von Louis Blanc. Von diesem habe ich noch nicht gesprochen, dabei kannte ich ihn beinahe besser als alle anderen französischen Verbannten.

Man kann nicht sagen, daß die Anschauungen von Louis Blanc unbestimmt gewesen wären – sie waren von allen Seiten wie mit

5 (engl.) Residenzpolizei.

dem Messer beschnitten. Louis Blanc hat in der Verbannung viel faktische Kenntnisse erworben (auf seinem Gebiet, das heißt auf dem Gebiet des Studiums der ersten französischen Revolution), es hat sich bei ihm manches geklärt und beruhigt, aber im wesentlichen seiner Anschauungen ist er keinen Schritt weitergekommen seit der Zeit, in der er »Die Geschichte der zehn Jahre« und »Die Organisation der Arbeit« geschrieben hatte. Was sich gesetzt und geklärt hat, war eben das, was seit seiner Jugendzeit in ihm gärte.

In Louis Blancs kleinem Körperchen lebt ein rühriger und streng geformter Geist, très éveillé[6], mit einem starken Charakter, mit deutlich herausgearbeiteter Besonderheit, die aber völlig französisch ist. Die flinken Augen, die raschen Bewegungen verleihen ihm ein zugleich bewegliches und markantes Aussehen, das der Grazie nicht entbehrt. Er ähnelt einem konzentrierten Menschen, der auf die allerkleinste Größe reduziert ist, während der kolossale Umfang seines Gegners Ledru-Rollin dem eines aufgeschwemmten Kindes gleicht, einem Zwerg von riesigen Ausmaßen oder unter dem Vergrößerungsglas. Sie könnten beide wunderbar eine Rolle in Gullivers Reisen spielen.

Louis Blanc – und das zeugt von großer Stärke und ist eine sehr seltene Eigenschaft – beherrscht sich meisterhaft, er besitzt viel Disziplin, und selbst in der allerhitzigsten Debatte, nicht nur öffentlich, sondern auch im freundschaftlichen Gespräch, vergißt er niemals die allerkompliziertesten Beziehungen, er gerät im Streit nie außer sich, hört nie auf, freundlich zu lächeln . . . und ist niemals mit dem Gegner einverstanden. Er ist ein meisterhafter Erzähler, und obgleich er als Franzose viel spricht, wird er – wie ein Korse – nie ein Wort zuviel sagen.

Er beschäftigt sich nur mit Frankreich, kennt nur Frankreich und weiß nichts, »es sei denn dieses«. Weltpolitische Ereignisse, Entdeckungen der Wissenschaft, Erdbeben und Überschwemmungen interessieren ihn nur insoweit, als sie Frankreich angehen. Im Gespräch mit ihm, wenn man seinen feinen Bemerkungen, seinen unterhaltsamen Erzählungen lauscht, läßt sich der Charakter des französischen Geistes leicht studieren, und dies um so besser, als seine sanften, kultivierten Formen nichts an sich haben, das eine gereizte Stichelei oder ein ironisches Schweigen hervorrufen könnte, wie jene selbstgefällige, manchmal gutmütige Frechheit, die den Umgang mit den Franzosen von heute so unerträglich macht.

6 (franz.) sehr aufgeweckt.

Als ich mit Louis Blanc näher bekannt wurde, überwältigte mich seine innere unerschütterliche Ruhe. In seinem Verstand war alles in Ordnung und entschieden; dort entstanden keine Probleme, außer nebensächlichen, die Verwirklichung in der Praxis betreffenden. Seine Rechnung hatte er abgeschlossen: *er war im klaren mit sich;* er fühlte sich geistig frei, wie ein Mensch, der weiß, daß er recht hat. Eigene Fehler wie die Fehlschläge von Freunden gab er gutmütig zu; theoretische Gewissensbisse hatte er nicht. Er war zufrieden mit sich selbst nach der Zerschmetterung der Republik von 1848 wie der Gott Mosis nach der Erschaffung der Welt. Sein in Einzelheiten und den alltäglichen Angelegenheiten beweglicher Geist war in allem, was das Allgemeine anging, japanisch unbeweglich. Diese unerschütterliche Zuversicht in die einmal angenommenen Grundthesen, leicht durchlüftet von einem kalten rationalen Windhauch, ruhte fest und dauerhaft auf geistigen Stützpfeilerchen, deren Stärke er niemals auf die Probe gestellt hat, weil er an sie glaubte. Ein geradezu religiöser Verstandeskult und das Fehlen eines skeptischen Druckes in der Herzgrube umgaben ihn mit einer chinesischen Mauer, über die hinweg man keinen einzigen neuen Gedanken, keinen einzigen Zweifel werfen konnte.*

Manchmal unterbrach ich ihn im Scherz bei Gemeinplätzen, die er wahrscheinlich seit Jahren wiederholte, ohne auf den Gedanken zu kommen, daß man gegen derartige ehrwürdige Wahrheiten opponieren könnte, und er selber opponierte auch nicht.

* Das alles, mit Ausnahme einiger Ergänzungen und Verbesserungen, ist vor zehn Jahren geschrieben worden. Ich muß bekennen, daß die letzten Ereignisse mich veranlaßt haben, meine Meinung von Louis Blanc teilweise zu ändern. Er hat tatsächlich einen Schritt vorwärts getan – und wie zu erwarten war, ließen ihm das die altgläubigen Jakobiner nicht so durchgehen.

»Was ist zu machen«, sagte er zu mir, als der mexikanische Krieg seinen Höhepunkt erreicht hatte, »die Ehre unserer Fahne ist kompromittiert.«

Eine echt französische Ansicht und eine vollkommen antimenschliche. Offenbar quälte sie Louis Blanc sehr. Ein Jahr später, bei einem Essen, das man in Brüssel für V. Hugo nach dem Erscheinen von »Les Misérables« gab, sagte Louis Blanc in seiner Rede: »Wehe dem Volk, wenn sein Begriff von Ehre überhaupt sich mit dem Begriff militärischer Ehre nicht deckt.« Das war ein völliger Umschwung. Und der enthüllte sich denn auch zu Beginn des letzten Krieges. Die energischen Artikel voller Schlagkraft und Wahrheit von Louis Blanc, die im »Le Temps« abgedruckt wurden, riefen bei »Siècle« und »Opinion National« ein wahres Gewitter hervor; sie hätten Louis Blanc beinahe für einen österreichischen Agenten ausgegeben – und sie hätten das bestimmt auch getan, wenn er sich nicht des ehrlich verdienten Rufes der Sauberkeit erfreut hätte.

Der Fortschritt wird den Franzosen nicht leicht gemacht.

»Das Leben des Menschen ist eine erhabene soziale Pflicht, der Mensch muß sich ständig der Gesellschaft zum Opfer bringen . . .«

»Warum denn?« fragte ich plötzlich.

»Wieso warum? Ich bitte Sie: das ganze Ziel, die ganze Bestimmung einer Person ist – der Wohlstand der Gesellschaft«

»Der wird nie erreicht werden, wenn alle nur opfern und niemand genießen wird.«

»Das ist ein Wortspiel.«

»Eine barbarische Verworrenheit der Begriffe«, sagte ich lachend.

»Ich kann mich absolut nicht mit dem materialistischen Begriff vom Geist abfinden«, sagte er einmal, »immerhin sind Geist und Materie etwas Verschiedenes; sie sind eng verbunden, so eng, daß sie getrennt nicht in Erscheinung treten, aber trotzdem sind sie nicht ein und dasselbe . . .« Und als er sah, daß die Beweisführung ihm einige Schwierigkeiten bereitete, fügte er plötzlich hinzu: »Nun also, ich schließe jetzt die Augen und stelle mir meinen Bruder vor, ich sehe seine Züge, höre seine Stimme – wo ist denn die materielle Existenz dieser Gestalt?«

Ich dachte zuerst, er scherze, doch als ich sah, daß er völlig im Ernst sprach, sagte ich zu ihm, daß die Gestalt seines Bruders sich in diesem Augenblick in der photographischen Anstalt, die man Gehirn nennt, befinde, und daß wohl kaum ein Porträt von Charles Blanc außerhalb der photographischen Kamera vorhanden sei . . .

»Das ist etwas ganz anderes, ein Bildnis meines Bruders ist in meinem Gehirn materiell nicht vorhanden.«

»Woher wissen Sie das?«

»Und woher wissen Sie es?«

»Durch Induktion.«

»Bei der Gelegenheit kommt mir eine höchst amüsante Anekdote in Erinnerung . . .«

Und nun folgte, wie stets, eine Geschichte über Diderot oder Mme. Tencin, sehr nett, aber ohne den geringsten Zusammenhang mit der Sache.

In seiner Eigenschaft als Nachfolger von Maximilian Robespierre war Louis Blanc ein Verehrer von Rousseau und stand in kühlen Beziehungen zu Voltaire. In seiner »Geschichte« hat er in biblischer Weise alle hervorragenden Leute in zwei Lager aufgeteilt.

Zur Rechten – die Lämmer der Brüderschaft; zur Linken – die Böcke des Einzelgängertums und des Egoismus. Für Egoisten von der Art Montaignes gab es keine Schonung, und dieser bekam gehörig sein Fett. Louis Blanc machte bei dieser Sortierung vor nichts halt, und als er mit dem Finanzier Law zusammentraf, zählte er ihn kühn der Brüderschaft zu, was der wackere Schotte natürlich nie erwartet hatte.

Im Jahre 1856 kam Barbès aus dem Haag nach London. Louis Blanc führte ihn zu mir. Gerührt blickte ich auf den Dulder, der beinahe sein ganzes Leben im Gefängnis verbracht hatte. Ich hatte ihn früher schon einmal gesehen – und wo? Im Fenster des Hôtel de Ville, am 15. Mai 1848, einige Minuten bevor die eingedrungene Nationalgarde ihn ergriff.*

Ich lud sie für den nächsten Tag zum Mittagessen ein; sie kamen, und wir saßen bis spät in die Nacht hinein zusammen.

Eigentlich waren sie es, die bis spät in die Nacht hinein zusammensaßen und des Jahres 1848 gedachten; als ich sie auf die Straße geleitet hatte und allein in mein Zimmer zurückkehrte, übermannte mich eine grenzenlose Traurigkeit; ich setzte mich an meinen Schreibtisch und war nahe daran zu weinen . . .

Ich fühlte das, was ein Sohn empfinden muß, der nach einer langen Trennung ins Elternhaus zurückkehrt. Er sieht, daß alles darin nachgedunkelt, schief geworden ist, daß der Vater, ohne es zu merken, gealtert ist; der Sohn merkt das sehr deutlich und ihm wird es zu eng in der Stube, er spürt die Nähe des Grabes und verheimlicht es, aber das Wiedersehen belebt ihn nicht, es freut ihn nicht, sondern ermüdet ihn.

Barbès, Louis Blanc! Das sind doch alte Freunde, verehrte Gefährten der schäumenden Jugendzeit. »Histoire de Dix ans«, der Prozeß von Barbès vor der Kammer der Pairs – das alles hatte in unseren Köpfen und Herzen seit langem schon seinen Platz, mit alledem waren wir so innig vertraut – und nun standen sie selber vor mir.

Die schlimmsten Feinde hätten es niemals gewagt, die unbestechliche Redlichkeit von Louis Blanc zu verdächtigen oder einen

* Wie weit die Wut der Ordnungshüter an diesem Tage gegangen ist, kann man daran ermessen, daß die Nationalgarde auf dem Boulevard Louis Blanc festnahm, der gar nicht verhaftet werden sollte und den die Polizei unverzüglich freizulassen befahl. Als der Nationalgardist, der ihn festhielt, dies vernahm, packte er ihn am Finger, grub seine Nägel hinein und drehte ihm das letzte Glied um.

Schatten auf die ritterliche Heldenhaftigkeit von Barbès zu werfen. Alle hatten die beiden gesehen und kannten sie in allen Situationen, sie hatten kein Privatleben, es gab bei ihnen keine verschlossenen Türen. Den einen haben wir als Mitglied der Regierung gesehen, den anderen eine halbe Stunde vor der Guillotine. In der Nacht vor der Hinrichtung schlief Barbès nicht, er bat um Papier und begann zu schreiben; diese Zeilen sind erhalten geblieben, ich habe sie gelesen. Sie enthalten französischen Idealismus, religiöse Schwärmereien, aber keine Spur von Schwäche; sein Geist war ungetrübt, er verzagte nicht; mit klarem Bewußtsein bereitete er sich vor, auf dem Richtplatz zu sterben, und schrieb ruhig, als die Hand des Gefängniswärters heftig an die Tür klopfte. »Das war im Morgengrauen, ich« (und das hat er mir selbst erzählt) »erwartete die Vollstrecker«, doch statt der Henker trat seine Schwester ein und warf sich an seine Brust. Sie hatte, ohne sein Wissen, bei Louis-Philippe die Abänderung der Strafe erwirkt und war die ganze Nacht hindurch in höchster Eile mit Postpferden gefahren, um noch zurechtzukommen.

Der Gefangene von Louis-Philippe erscheint einige Jahre später auf der Höhe bürgerlichen Erfolges: das frohlockende Volk hat ihm die Ketten abgenommen, man führte ihn im Triumph durch Paris. Doch Barbès mit seinem redlichen Herzen brachte das nicht in Verwirrung; er trat als erster Ankläger gegen die Provisorische Regierung auf wegen der Morde in Rouen. Die Reaktion um ihn her wuchs, die Republik konnte nur durch kühne Entschlossenheit gerettet werden, und am 15. Mai tat Barbès, was weder Ledru-Rollin vermochte noch Louis Blanc und wovor Caussidière zurückschreckte!

Der coup d'Etat mißlang, und Barbès, Gefangener der Republik, stand aufs neue vor Gericht. Und nun sagt er in Bourge zu den Rechtsgelehrten der spießbürgerlichen Welt dasselbe, was er in der Kammer der Pairs zu dem alten Sünder Pasquier gesagt hat: »Ich erkenne Sie nicht als Richter an, Sie sind meine Feinde, ich bin Ihr Kriegsgefangener, machen Sie mit mir, was Sie wollen, aber als Richter erkenne ich Sie nicht an.« Und wiederum schloß sich hinter ihm auf Lebenszeit die schwere Tür des Gefängnisses.

Einem Zufall zufolge, gegen seinen Willen, verließ er das Gefängnis; Napoleon hat ihn – beinahe zum Hohn – hinausgestoßen, nachdem der zur Zeit des Krimkrieges den Brief von Barbès gelesen hatte, in welchem dieser, in einem Anfall von gallischem Chauvinismus, vom militärischen Ruhm Frankreichs spricht. Barbès zog sich zuerst nach Spanien zurück; die verängstigte und stumpfe Regierung wies ihn jedoch aus. Er reiste nach Holland, und dort fand er eine ruhige, einsame Zuflucht.

Und nun gedachte dieser Held und Märtyrer zusammen mit einem der führenden Organisatoren der Februarrevolution, mit dem ersten Staatsmann des Sozialismus der vergangenen Tage des Ruhmes und der Unbill und tauschte seine Gedanken darüber mit ihm aus!

Auf mir aber lastete eine dumpfe Trauer; mit unglückseliger Klarheit sah ich, daß auch sie schon der Geschichte eines anderen Jahrzehnts angehörten, deren Annalen bereits bis zum letzten Blatt, ja bis zum Einband abgeschlossen waren!

Abgeschlossen nicht für sie persönlich, aber für die ganze Emigration und für alle jetzigen politischen Parteien. Lebendig und brausend noch vor zehn, sogar noch vor fünf Jahren, haben sie inzwischen das Flußbett verlassen und verlieren sich nun im Sande, in dem Glauben, immer noch in Richtung des Ozeans zu fließen. Ihnen stehen nicht mehr jene Worte zu Gebote, die wie das Wort »Republik« ganze Völker aufweckten, noch jene Lieder wie die »Marseillaise«, die jedes Herz erbeben ließen. Sie haben es auch nicht mehr mit Feinden von derselben Größe und von derselben Art wie einst zu tun; es gibt weder ehrwürdig-feudale Privilegien der Krone, die schwer zu bekämpfen wären, noch einen Königskopf, der, als er vom Schafott rollte, eine ganze staatliche Organisation mit sich fortriß. Enthauptet Napoleon – daraus wird kein 21. Januar mehr entstehen, tragt das ganze Gefängnis von Mazas Stein für Stein ab – daraus wird keine Erstürmung der Bastille! Damals, unter jenem Donner und jenen Blitzen, enthüllte sich eine neue Offenbarung – die Offenbarung eines Staates, dessen Grundlage die Vernunft ist, eine neue Erlösung, die – aus der mittelalterlichen finsteren Sklaverei. Seitdem hat sich die Erlösung durch die Revolution als insolvent erwiesen, auf der Vernunft hat sich der Staat nicht aufbauen lassen. Die politische Reformation ist, wie die religiöse, zu einem leeren rhetorischen Redeschwall entartet, der durch die Schwäche der einen und die Heuchelei der anderen geschützt wird. Die »Marseillaise« ist ein heiliger Hymnus geblieben, aber ein Hymnus der Vergangenheit, wie *»Gottes feste Burg«*, die Töne dieses wie des anderen Liedes beschwören auch jetzt noch eine Reihe majestätischer Gestalten herauf, aber sie erinnern an die

Prozession der Schatten in der Tragödie »Macbeth« – lauter Könige, aber alle sind tot.

Vom letzten sieht man gerade noch den Rücken, von einem neuen aber gehen nur Gerüchte um. Wir befinden uns in einem Interregnum; einstweilen, bis der Thronfolger da ist, hat die Polizei im Namen der äußeren Ordnung alles in ihre Hände genommen. Da kann auch nicht die Rede sein von Rechten; was wir heute haben, sind die Notwendigkeiten einer Übergangszeit, ein Lynch law[7] in der Geschichte, die Exekution, die Absperrung, die Quarantänemaßnahme. Die neue Ordnung, die den ganzen Druck der Monarchie und die ganze Grausamkeit des Jakobinertums in sich begreift, wird nicht von Ideen, nicht von Vorurteilen, sondern von Ängsten und der Ungewißheit verteidigt. Während die einen sie fürchteten, pflanzten die anderen die Bajonette auf und nahmen die Plätze ein. Der erste, der ihre Kette durchbricht, wird vielleicht auch die oberste Stelle, die von der Polizei besetzt ist, einnehmen, nur – wird er auch selber gleich wieder zum Revierwachtmeister werden.

Dies erinnert uns daran, wie Caussidière am Abend des 24. Februar mit dem Gewehr im Arm in die Präfektur kam, sich auf den Sessel des soeben geflüchteten Delessert setzte, den Sekretär herbeirief, ihm mitteilte, daß er zum Präfekten ernannt sei, und befahl, die Papiere vorzulegen. Der Sekretär lächelte ebenso ehrerbietig wie Delessert, verbeugte sich ebenso ehrerbietig und ging die Akten holen, und alles ging seinen Gang, nichts hatte sich geändert, nur daß Caussidière das für Delessert bestimmt gewesene Abendessen verzehrte.

Viele haben die Parole der Präfektur erfahren, aber die Losung der Geschichte kennen sie nicht. Sie haben, als die Zeit gekommen war, so gehandelt, wie Alexander I.: sie wollten, daß der alten Ordnung ein Schlag versetzt wurde, aber kein tödlicher; einen Bennigsen oder Subow hatten sie jedoch nicht.

Und das ist der Grund, warum sie aufs neue in die Arena treten, entsetzt sind über die Undankbarkeit der Menschen; aber mögen sie dabei bleiben, mögen sie glauben, daß es nur Undankbarkeit ist! Dieser Gedanke ist düster, aber er ist leichter zu tragen als viele andere.

Noch besser wäre es freilich, wenn sie gar nicht erst hingingen; sollen sie lieber uns und unseren Kindern von ihren großen Taten

7 (engl.) Lynchjustiz.

erzählen. Man braucht mir nicht zu zürnen wegen dieses Rates: das Lebendige wandelt sich, das Unveränderliche wird zum Denkmal. Sie haben ihre Bahn genauso verlassen, wie die nach ihnen Kommenden sie verlassen werden, und auch diese werden wiederum von einer neuen Welle überholt, und danach wird alles – die Bahnen . . . das Lebendige und die Denkmäler – überdeckt werden von der allgemeinen Amnestie des ewigen Vergessens!

Viele zürnen mir, weil ich diese Dinge ausspreche. »Aus Ihren Worten hört man doch immer den unbeteiligten Zuschauer heraus«, sagte ein sehr achtbarer Mann zu mir.

Aber ich bin ja nicht als Unbeteiligter nach Europa gekommen. Dazu bin ich erst geworden. Ich kann sehr viel ertragen, aber schließlich bin ich doch ermattet.

Fünf Jahre lang habe ich kein freundliches Gesicht gesehen und keinen verständnisvollen Blick, habe ich kein natürliches Lachen gehört. Mich umgaben immer nur Feldschere und Prosektoren. Die Feldschere versuchten stets zu heilen, die Prosektoren zeigten ihnen an der Leiche, daß sie sich geirrt hatten, so habe denn auch ich zum Skalpell gegriffen; vielleicht ist der Schnitt, aus Mangel an Gewohnheit, zu tief geraten.

Ich habe nicht wie ein Unbeteiligter gesprochen, nicht vorwurfsvoll; ich habe deshalb gesprochen, weil mein Herz voll war, weil die allgemeine Verständnislosigkeit meine Geduld erschöpft hat. Daß ich früher nüchtern geworden bin – das hat mir nichts leichter gemacht. Es sind auch nur die allerschlechtesten Feldschere, die selbstzufrieden lächeln angesichts eines Sterbenden. »Hab ich nicht gesagt, daß er zum Abend das Zeitliche segnet? Und er hat es getan.«

Warum hab ich es also ertragen?

Im Jahre 1856 ist der beste aller deutschen Emigranten, *Karl Schulz* aus Visconsin nach Europa gekommen. Als er aus Deutschland zurückkehrte, sagte er zu mir, daß ihn die sittliche Verwilderung des Kontinents in Erstaunen versetzt habe. Ich las ihm meine »Westlichen Arabesken« vor und übersetzte sie ihm dabei, er wehrte mit Schlußfolgerungen ab wie ein Gespenst, an das ein Mensch nicht glauben will, das er aber fürchtet.

»Ein Mensch«, sagte er zu mir, »der eine solche Auffassung von dem heutigen Europa hat wie Sie, muß es verlassen.«

»Sie haben das ja getan«, bemerkte ich.

»Warum tun Sie es nicht?«

»Sehr einfach: ich kann es so ähnlich ausdrücken, wie es vor mir ein redlicher Deutscher in einer stolzen Anwandlung nationalen Selbstgefühls getan hat – ›ich habe meinen König in Schwaben‹ –, ich habe in Rußland mein Volk!«

Wenn wir von den Gipfeln in die mittleren Schichten des Emigrantentums hinabsteigen, werden wir sehen, daß der größte Teil sich von edlen Absichten und Rhetorik hat verleiten lassen, in die Verbannung zu gehen. Diese Menschen haben sich Worten zum Opfer gebracht, daß heißt ihrer Musik, und sich niemals über ihren Sinn klare Rechenschaft gegeben. Sie liebten sie glühend und glaubten an sie, wie Katholiken die lateinischen Gebete geliebt und an sie geglaubt haben, ohne Lateinisch zu können. »La fraternité universelle comme base de la république universelle«[8] – das ist beschlossen und angenommen! »Point de salaries, et la solidarité des peuples!«[9] – und das ist, erröten Sie, für manchen genug, um auf die Barrikade zu gehen, und wenn ein Franzose erst einmal dort ist, dann weicht er nicht mehr von seinem Posten.

»Pour moi, voyez-vous, la république n'est pas une forme gouvernementale, c'est une religion, et elle ne sera vraie que lorsqu'elle le sera«[10], sagte zu mir ein Teilnehmer sämtlicher Aufstände seit der Zeit der Beerdigung von Lamarque. »Et lorsque la religion sera une république«[11], fügte ich hinzu. – »Précisement!«[12] erwiderte er, sehr zufrieden damit, daß ich seinen Satz umgedreht hatte.

Die Massen der Emigranten stellen eine Art von ewig sichtbaren Gewissensbissen vor den Augen der Führer dar. Deren eigene Mängel treten bei den Emigranten in jener übertriebenen und komischen Form in Erscheinung, in der die Pariser Moden irgendwo in einer russischen Provinzstadt auftauchen.

Und in alledem liegt ein Abgrund von Naivität. Hinter der Deklamation im Vordergrund – la mise en scène[13].

Die antiken Draperien und die feierliche Inszenierung des Konvents haben den französischen Intellekt so beeindruckt mit ihrer furchteinflößenden Poesie, daß zum Beispiel die Enthusiasten der

8 (franz.) Weltverbrüderung als Basis der Weltrepublik.

9 (franz.) Weg mit der Lohnarbeit, es lebe die Solidarität der Völker!

10 (franz.) Für mich, sehen Sie, ist die Republik keine Regierungsform, es ist eine Religion, und sie wird erst dann wahre Republik sein, wenn sie Religion ist.

11 (franz.) Und wenn die Religion zur Republik geworden ist.

12 (franz.) So ist es!

13 (franz.) Das In-Szene-Setzen.

Republik sich unter ihrem Namen nicht eine innere Veränderung vorstellen, sondern ein Fest der Föderalisten, Trommelschlag und die wehmütigen Töne der Sturmglocke. Man erklärt, das Vaterland sei in Gefahr, die Masse des Volkes erhebt sich zu seiner Verteidigung, während zur gleichen Zeit unter den Freiheitsbäumen der Triumph des Bürgersinns gefeiert wird; Mädchen in weißen Kleidern tanzen beim Gesang patriotischer Hymnen, und Frankreich, in der phrygischen Mütze, schickt ungeheure Armeen aus zur Befreiung der Völker und zum Sturz der Könige!

Den Hauptballast des gesamten Emigrantentums, besonders des französischen, bildet die Bourgeoisie; damit ist sein Charakter bereits gekennzeichnet. Die Marke oder der Stempel der Spießbürgerlichkeit ist ebenso schwer zu verwischen wie der Stempel der Gabe des Heiligen Geistes, den unsere geistlichen Seminare ihren Schülern aufdrücken. Eigentliche Kaufleute, Krämer, Landwirte gibt es in der Emigration wenig, und wenn, so sind sie irgendwie aus Versehen da hineingeraten; größtenteils wurden sie nach dem 2. Dezember aus Frankreich vertrieben, weil es ihnen nicht rechtzeitig zum Bewußtsein gekommen war, daß ihnen die heilige Pflicht oblag, die Konstitution zu ändern. Sie sind um so mehr zu bedauern, als ihre Situation eine wirklich komische ist: sie sind verloren in der roten Umgebung, die sie zu Hause nicht gekannt, sondern nur gefürchtet hatten; zufolge einer nationalen Schwäche möchten sie sich als viel größere Radikalisten ausgeben, als sie in Wirklichkeit sind; des revolutionären Jargons ungewohnt, verfallen sie zum Entsetzen der neuen Genossen unaufhörlich in Orleanismus. Selbstverständlich wären sie alle gern zurückgekehrt, wenn nicht der point d'honneur, die einzige starke sittliche Triebfeder des heutigen Franzosen, ihnen verboten hätte, um die Erlaubnis dazu zu bitten.

Aus der über ihnen stehenden Schicht: den Advokaten, Journalisten, Literaten und einigen Militärs setzt sich die Leibkompagnie der Emigration zusammen.

Der größte Teil von ihnen hatte in der Revolution eine öffentliche Stellung gesucht, aber bei der rasch eingetretenen Ebbe fanden sie sich auf die englische Sandbank geworfen. Die anderen gaben sich in selbstloser Begeisterung dem Klubleben und der Agitation hin; die Rhetorik hatte sie bis nach London geführt, zum Teil freiwillig, aber mehr noch unfreiwillig. Unter ihnen gibt es viele reine und edle Menschen, jedoch wenige fähige; sie gerieten in die Revolution durch ihr Temperament, das der Kühnheit eines Menschen gleicht, der, wenn er schreien hört, in den Fluß springt und dabei weder an dessen Tiefe denkt noch daran, daß er nicht schwimmen kann.

Hinter diesen Kindern, bei denen zum Unglück die schmalen Bärtchen ergraut sind und das Haar auf dem spitz zulaufenden gallischen Schädel sich schon ein wenig gelichtet hat, standen verschiedene Grüppchen von Arbeitern, sehr viel ernstere Menschen, die nicht so sehr durch das Äußere zu einer Einheit verbunden waren als durch den Geist und das gemeinsame Interesse.

Sie waren vom Schicksal selbst zu Revolutionären gemacht worden; die Not und die allgemeine Entwicklung haben sie zu praktischen Sozialisten werden lassen; deshalb ist auch ihr Denken realer, ihre Entschlossenheit fester. Diese Menschen haben viele Entbehrungen und viele Erniedrigungen ertragen, und noch dazu schweigend – das gibt eine große Festigkeit; sie haben den Ärmelkanal nicht mit Phrasen beladen überquert, sondern nur ihre Leidenschaft und ihren Haß mitgebracht. Ihre beengten Verhältnisse haben sie vor der bürgerlichen suffisance[14] gerettet; sie wissen, daß sie keine Zeit gehabt haben, sich eine Bildung anzueignen; sie wollen lernen, während der Bürger nicht mehr als sie gelernt hat, aber vollkommen zufrieden ist mit seinem Wissen.

Von Kindheit an beleidigt, hassen sie die gesellschaftliche Lüge, die so auf ihnen gelastet hat. Der zersetzende Einfluß des Stadtlebens und die allgemeine Sucht nach Erwerb haben bei vielen diesen Haß in Neid verwandelt; ohne sich darüber Rechenschaft abzulegen, richtet sich ihr Streben auf die Lebensform der Bourgeoisie, die sie doch nicht ausstehen können, so wie wir einen glücklichen Rivalen nicht ausstehen können, seinen Platz aber leidenschaftlich gern einnehmen würden oder uns an ihm für die von ihm genossenen Freuden rächen möchten.

Doch ob es sich nun um Haß oder Neid handelt, bei den einen um den Wunsch nach Wohlstand, bei den anderen um den nach Rache – die einen wie die anderen werden eine furchtbare Rolle in der künftigen westlichen Bewegung spielen. Sie werden in der ersten Reihe stehen. Was werden die Konservativen und Rhetoren tun angesichts ihrer Arbeitermuskeln, ihres düsteren Wagemuts und des angesammelten Wunsches nach Rache? Ja und was werden die übrigen Städter tun, wenn sich auf den Ruf der Arbeiter der Heu-

14 (franz.) Dünkel, Selbstgefälligkeit.

schreckenschwarm der Felder und Dörfer erhebt? Die Bauernkriege sind vergessen; die letzten Emigranten aus den Reihen der Ackerbauern gehören in die Zeiten der Widerrufung des Edikts von Nantes; die Vendée ist hinter Pulverdampf verschwunden. Aber dem 2. Dezember verdanken wir es, daß wir aufs neue mit eigenen Augen Emigranten in Holzschuhen gesehen haben.

Die Landbevölkerung in Südfrankreich, von den Pyrenäen bis zu den Alpen, hat nach dem coup d'Etat den Kopf gehoben, als wollte sie fragen: »Ist etwa unsere Stunde gekommen?« Der Aufstand wurde gleich beim Beginn von den Soldatenmassen niedergeschlagen; nach diesen stellen sich die Kriegsgerichtskommissionen ein; wie ein Rudel von Jagd- und Spürhunden verstreuten sich Gendarmen und Polizisten über die Feldwege und Dörfchen. Der Herd des Bauern, seine Familie, die seine Heiligtümer waren, wurden von der Polizei entehrt; sie forderte Aussagen der Frau gegen den Mann, des Sohnes gegen den Vater und das zweideutige Wort eines Verwandten, die bloße Denunziation durch den garde champêtre[15] genügte, um Familienväter, Greise mit schneeweißem Haar, Jünglinge, Frauen ins Gefängnis abzuführen; Gericht über sie wurde nur obenhin gehalten, in Bausch und Bogen, danach wurden willkürlich einige freigelassen, andere nach Lambessa, nach Cayenne geschickt, manche flohen ihrerseits nach Spanien, nach Savoyen, über die Var-Brücke.*

Die Bauern kenne ich wenig. In London habe ich einige gesehen, die sich auf einem Boot aus Cayenne gerettet hatten; allein dieser Wagemut, der Wahnsinn dieses Unternehmens charakterisiert sie besser als ein ganzer gedruckter Band. Sie stammten fast alle aus den Pyrenäen. Es war eine ganz andere Rasse, breitschultrig, von hohem Wuchs, mit grobgeschnittenen Gesichtszügen, die keineswegs zerknittert waren wie bei den schmächtigen französischen Städtern mit ihrem dünnen Blut und dem spärlichen Bart. Die Zer-

* Zur Zeit des Aufstandes im Departement Var und in Draguignan befand ich mich in Nizza. Zwei Bauern, die daran teilgenommen hatten, waren bis zum Fluß Var, der die Grenze bildete, vorgedrungen. Dort holte sie ein Gendarm ein. Der Gendarm schoß auf den einen und verwundete ihn am Bein, so daß er niederfiel; währenddem versuchte der andere zu flüchten. Der Gendarm wollte den Verwundeten ans Pferd binden, da er aber befürchtete, der andere könnte ihm entgehen, schoß er auf den Verwundeten à bout portant [(franz.) aus nächster Nähe]; überzeugt, daß er ihn getötet habe, galoppierte er dem anderen nach. Der verstümmelte Bauer ist am Leben geblieben.

15 (franz.) Dorfpolizist.

störung ihrer Häuser und Cayenne waren ihnen eine Lehre gewesen.

»Einmal werden wir zurückkehren«, sagte ein vierzigjähriger Herkules zu mir, der gewöhnlich schwieg (sie waren alle nicht sehr gesprächig), »und dann werden wir abrechnen!«

Auf die anderen Emigranten, auf ihre Versammlungen und Reden blickten sie ein bißchen wie Außenseiter . . . und etwa nach drei Wochen kamen sie zu mir, um Abschied zu nehmen. »Wir wollen nicht umsonst hier leben, und es ist auch langweilig; wir fahren nach Spanien, nach Santander, dort will man uns als Holzfäller unterbringen.« Ich warf noch einmal einen Blick auf das rauhe, mannhafte Äußere und die muskulösen Arme der künftigen Holzfäller und dachte: ›Gut, wenn ihre Axt nur Kastanienbäume und Eichen umhauen wird.‹

Die wilde, zerätzende Kraft, die sich in der Brust des städtischen Arbeiters angesammelt hat, habe ich näher kennengelernt.

Bevor wir zu dieser wilden, elementaren Kraft übergehen, die finster erbebt, gefesselt durch menschliche Gewalt und die eigene Unwissenheit, die gelegentlich durch Ritzen und Spalten gleich einem zerstörenden Feuer durchbricht, das Entsetzen und Verwirrung hervorruft, bleiben wir noch einmal stehen bei den letzten Tempelherren und Klassikern der französischen Revolution – bei der gelehrten, gebildeten, vertriebenen, republikanischen, demokratischen Bourgeoisie, ihren Vertretern in der Journalistik, der Advokatenschaft, der Medizin, an der Sorbonne, die an die zehn Jahre am Kampf gegen Louis-Philippe beteiligt waren, die sich für die Ereignisse des Jahres 1848 begeistert haben und ihnen daheim wie in der Verbannung treu geblieben sind.

In ihren Reihen gibt es kluge, scharfsinnige Leute, sehr gute Menschen von glühender Religiosität und der Bereitschaft, ihrer Religion alles zu opfern; aber Menschen mit Verständnis, Menschen, die ihre Lage und ihre Probleme so erforscht hätten, wie ein Naturforscher eine bestimmte Erscheinung untersucht oder ein Pathologe die Krankheit, gibt es fast überhaupt nicht . . . Eher völlige Verzweiflung, Verachtung der Personen und der Sache, eher müßige Vorwürfe und Anklagen, Stoizismus, Heroismus und Entbehrungen aller Art – als eine solche Erforschung der Lage . . . Oder aber ein ebenso uneingeschränkter Glaube an den Erfolg, ohne Abwägung der Möglichkeiten und Mittel, ohne Klärung des praktischen Zieles. Statt dessen begnügte man sich mit einer Fahne, einem Briefkopf, einem Gemeinplatz . . . Recht auf Arbeit . . . Aufhebung des Proletariats . . . Republik und Ordnung! . . . Brüderlichkeit und Solidarität aller Völker . . . Und wie soll man das alles organisieren, verwirklichen? Das – kommt alles später. Wenn man erst einmal an der Macht ist, wird das übrige durch Dekrete, durch Plebiszite erledigt. Und wird der Gehorsam verweigert – »Grenadiers, en avant, aux armes! Pas de charge... baïonettes!«[16] Und die Religion des Terrors, des coup d'Etat, der Zentralisation, der militärischen Einmischung schimmert durch die Löcher der Carmagnole und der Arbeitsbluse. Ungeachtet des doktrinären Protestes einiger attischer Geister der Orléans-Partei, die auf Büchsenschußweite nach England riechen.

Der Terror war majestätisch in seiner furchtbaren Plötzlichkeit, in seiner unvorbereiteten, kolossalen Rache; aber liebevoll bei ihm haltmachen, ihn ohne Notwendigkeit herbeirufen – das ist ein merkwürdiger Fehler, den wir der Reaktion zu verdanken haben. Auf mich macht der Wohlfahrtsausschuß stets denselben Eindruck wie das Magazin von Charrière, rue de l'Ecole de Médecine: Von allen Seiten blitzen in unheilverkündendem Glanz krumme und gerade Stahlmesser, Scheren, Sägen . . . die Waffen einer wahrscheinlichen Rettung, aber eines sicheren Schmerzes. Eine Operation wird durch den Erfolg gerechtfertigt. Der Terror kann sich auch dessen nicht rühmen. Er hat mit all seiner Chirurgie die Republik nicht gerettet. Wozu hat man die Dantonomie, wozu die Hébertomie angewandt? Sie haben das Fieber des Thermidor beschleunigt, und in diesem Fieber siechte denn auch die Republik dahin; die Menschen phantasierten noch ebenso und sogar noch mehr von spartanischen Tugenden, begeisterten sich für lateinische Sentenzen und römische Senatorengewänder à la David, und das so lange, bis das »Salus populi«[17] eines schönen Tages in das »Salvum fac imperatorem«[18] umgewandelt war und »einträchtig« im vollen bischöflichen Ornat in der Notre-Dame-Kathedrale gesungen wurde.

Die Terroristen waren außergewöhnliche Leute. Ihre strengen, scharf geschnittenen Gesichter haben sich dem fünften Akt des 18. Jahrhunderts tief eingeprägt und werden so lange zum Bild der Ge-

16 (franz.) Grenadiere, vorwärts, zu den Waffen! Im Sturmschritt . . . Bajonettangriff!
17 (lat.) Wohl des Volkes.
18 (lat.) Heil dem Kaiser!

schichte gehören, bis dem menschlichen Geschlecht das Gedächtnis schwindet; aber die heutigen französischen Republikaner betrachten sie mit anderen Augen: sie sehen in ihnen Vorbilder und sind bemüht, blutdürstig in der Theorie wie in der Hoffnung auf ihre Anwendung zu sein.

Sie wiederholen à la Saint-Just die steifleinenen Sentenzen aus der Chrestomathie und aus der Lateinschule und begeistern sich für das kalte, rhetorische Talent von Robespierre; sie lassen nicht zu, daß ihre Helden wie andere Sterbliche beurteilt werden. Wer etwa von ihnen sprechen wollte ohne Beibehaltung der ihnen gebührenden Titel, die den bei uns üblichen Floskeln wie »der in Gott ruhenden« und dergleichen sehr wohl die Waage halten, würde des Renegatentums, des Verrats, der Spionage beschuldigt werden.

Elftes Kapitel: Die Deutschen in der Emigration

Die deutsche Emigration unterschied sich von den anderen durch ihren schwerfälligen, langweiligen und zänkischen Charakter. Es gab bei ihr keine Enthusiasten wie bei den Italienern, es gab weder Hitzköpfe noch rasche Zungen wie bei den Franzosen.

Die anderen Emigrationsgruppen zeigten wenig Neigung, mit ihnen in nähere Beziehungen zu treten; der Unterschied in den Manieren, im habitus, veranlaßte sie, eine gewisse Distanz zu wahren; die französische Frechheit hat nichts gemein mit der deutschen Grobheit. Der Mangel an allgemein üblicher weltmännischer Haltung, der schwerfällige schulmäßige Doktrinarismus, die übermäßige Vertraulichkeit, die überflüssige Offenherzigkeit bei den Deutschen erschwerten für Leute, die daran nicht gewöhnt waren, den Umgang mit ihnen. Aber auch die Deutschen selbst waren nicht sonderlich um Kontakt bemüht, da sie sich einerseits in ihrer wissenschaftlichen Entwicklung für weit höher stehend als andere betrachteten, andererseits in Gegenwart der übrigen das peinliche Gefühl nicht los wurden, das Provinzler in einem großstädtischen Salon und Beamte in einem aristokratischen Kreise befällt.

Innerhalb der deutschen Emigration herrschte dieselbe Zerfallenheit wie in ihrer Heimat. Einen gemeinsamen Plan hatten die Deutschen nicht, ihre Einheit wurde aufrechterhalten durch gegenseitigen Haß und boshafte gegenseitige Verfolgungen. Die Besten unter den deutschen Verbannten fühlten dies. Tatkräftige Menschen, reine Menschen, kluge Menschen wie K. Schurz, wie A. Willich, wie Reichenbach gingen fort nach Amerika. Sanft geartete Menschen schützten ihre Geschäfte vor, entschuldigten sich mit den Londoner Entfernungen, wie es Freiligrath tat. Die übrigen, mit Ausnahme von zwei, drei Führern, rissen einander in unermüdlichem Ingrimm in Stücke und schonten weder Familiengeheimnisse, noch verschmähten sie die ärgsten kriminellen Anschuldigungen.

Bald nach meiner Ankunft in London fuhr ich nach Brighton zu Arnold Ruge. Ruge war dem Moskauer Universitätskreis der vierziger Jahre wohlbekannt: er gab die berühmten »Hallischen

Jahrbücher« heraus, wir schöpften aus ihnen den philosphischen Radikalismus. Ich war ihm 1849 in Paris begegnet, auf noch nicht erkaltetem vulkanischem Boden. In jenen Zeiten war niemand zum Studium von Individuen aufgelegt. Er war als einer der Bevollmächtigten der Insurrektions-Regierung gekommen, um Mierosławski, der kein Deutsch verstand, zu bitten, die Armee der Freischärler zu befehligen und um Verhandlungen mit der französischen Regierung zu führen, die das revolutionäre Baden einfach nicht anerkennen wollte. In seiner Begleitung befand sich K. Blind. Nach dem 13. Juni waren er und ich gezwungen, aus Frankreich zu fliehen. K. Blind verspätete sich um einige Stunden und wurde in der Conciergerie festgesetzt. Seitdem, bis zum Herbst 1852, hatte ich Ruge nicht gesehen.

In Brighton fand ich ihn als einen griesgrämigen, verbitterten und lästersüchtigen alten Mann vor. Verlassen von den ehemaligen Freunden, vergessen in Deutschland, ohne Einfluß auf den Gang der Ereignisse und verzankt mit der Emigration, war Ruge völlig absorbiert von Klatsch und Tratsch. Zwei, drei der unfähigsten Zeitungskorrespondenten, Groschenfeuilletonisten, diese kleinen Marodeure der Öffentlichkeit, die man niemals während der Schlacht sieht, aber stets hinterher, Maikäfer der politischen und literarischen Welt, die jeden Abend mit Genuß und Eifer in den weggeworfenen Überresten des Tages herumwühlen, standen mit ihm in ständiger Verbindung. Zusammen mit ihnen stellte Ruge Artikelchen zusammen, putschte sie auf, gab ihnen Material und zog über einige Zeitungen in Deutschland und Amerika her.

Ich speiste mit ihm zu Mittag und verbrachte den ganzen Abend dort. Während dieser ganzen Zeit beklagte er sich über die Emigranten und klatschte über sie.

»Haben Sie etwas darüber gehört«, sagte er, »wie die Aktien unseres vierzigjährigen Werther und der Baronin stehen? Es wird erzählt, daß er sie, als er ihr eine Liebeserklärung machte, mit der chemischen Perspektive auf ein geniales Kind verführen wollte, das aus der Verbindung einer Aristokratin mit einem Kommunisten hervorgehen müsse. Der Baron, heißt es, der kein Liebhaber von physiologischen Experimenten ist, soll ihm gezeigt haben, wo der Zimmermann das Loch gelassen hat. Stimmt das?«

»Wie können Sie solchen Ungereimtheiten Glauben schenken?«

»Ich glaube ja auch nicht so recht daran. Ich lebe hier in einem

Krähwinkel und höre, was in London passiert, nur von den Deutschen; sie lügen alle, und besonders die Emigranten, weiß Gott was zusammen; alle leben sie miteinander im Streit, verleumden sich gegenseitig. Ich denke, daß Kinkel so ein Gerücht verbreitet hat, aus Dankbarkeit dafür, daß die Baronin ihn aus dem Gefängnis losgekauft hat. Er würde ihr selber auch ganz gern den Hof machen, aber dazu fehlt es ihm an Freiheit; seine Frau gestattet ihm keine losen Streiche. ›Du hast mich meinem ersten Mann abspenstig gemacht‹, sagt sie, ›das reicht jetzt . . .‹«

Dies ist ein kleines Muster der philosophischen Gespräche Arnold Ruges.

Einmal wurde er seiner ewigen Leier untreu und fing an, mit freundschaftlicher Teilnahme von Bakunin zu sprechen, besann sich jedoch auf halbem Wege und fügte hinzu: »In der letzten Zeit ist er übrigens ein bißchen heruntergekommen, er phantasierte von einem revolutionären Zarismus, vom Panslawismus.«

Ich verließ ihn mit schwerem Herzen und mit der festen Absicht, niemals wiederzukommen.

Ein Jahr später hielt er in London einige Vorlesungen über die philosophische Bewegung in Deutschland. Die Vorlesungen waren schlecht, der berlinisch-englische Akzent tat dem Ohr unangenehm weh; zudem sprach er alle griechischen und römischen Namen auf deutsche Art aus, so daß die Engländer nicht erraten konnten, wer diese Iovis und Juno waren. Zur zweiten Vorlesung kamen zehn Personen; zur dritten etwa fünf – und ich mit Worcell. Als Ruge durch den leeren Saal ging und bei uns vorbeikam, drückte er mir kräftig die Hand sagte: »Polen und Rußland sind gekommen, aber Italien fehlt; das werde ich Mazzini und Saffi bei einem neuen Aufstand der Völker nicht vergessen.«

Als er, zornig und grollend, weggegangen war, warf ich einen Blick auf das sardonische Lächeln Worcells und sagte zu ihm: »Rußland ladet Polen zum Mittagessen ein.«

»C'en est fait de l'Italie«[1], bemerkte Worcell kopfschüttelnd, und wir gingen.

Kinkel war einer der bemerkenswertesten deutschen Emigranten in London. Ein Mann von untadeligem Verhalten, der im Schweiße seines Angesichts arbeitete, was – so seltsam das erscheinen mag – bei den Emigranten so gut wie gar nicht vorkam. Kinkel war ein geschworener Feind Ruges. Warum? Das ist ebenso

1 (franz.) Jetzt ist es aus mit Italien.

schwer zu erklären wie die Tatsache, daß der Verkündiger des Atheismus Ruge ein Freund des Neokatholiken Ronge war. Gottfried Kinkel war eines der Häupter der vierzig mal vierzig deutschen Sekten in London. –

Bei seinem Anblick wunderte ich mich stets, wie dieser majestätische Zeuskopf auf die Schultern eines deutschen Professors geraten war und wie der deutsche Professor zuerst auf das Schlachtfeld geriet und sodann als Verwundeter in ein preußisches Gefängnis; verwunderlicher aber als all dies war vielleicht der Umstand, daß das alles plus London ihn keineswegs verändert hatte und daß er ein deutscher Professor geblieben war. Hoch von Wuchs, mit grauem Haar und einem grau gesprenkelten Bart, hatte er an und für sich ein majestätisches und achtunggebietendes Aussehen; aber er fügte alledem noch eine gewisse offizielle Salbung hinzu, etwas Richterliches und Bischöfliches, Feierliches, Gezwungenes und Bescheiden-Selbstzufriedenes. Diese Nuance findet man in verschiedenen Variationen bei Pastoren, die in Mode sind, bei Frauenärzten, besonders bei den Magnetiseuren, bei Advokaten, die speziell die Moral verteidigen, bei Oberkellnern der aristokratischen Hotels in England. Kinkel hatte sich in seiner Jugend eingehend mit der Theologie befaßt; und auch als er sich dann von ihr befreit hatte, war er priesterlich in seiner Haltung geblieben. Das ist nicht verwunderlich: Lamennais, der die Wurzeln des Katholizismus so tief untergraben hatte, bewahrte sich bis ins Alter das Aussehen eines Abbés. Die wohlüberlegte und fließende Redeweise Kinkels, fehlerlos und Extreme vermeidend, erinnerte an ein Lehrgespräch; mit einstudierter Nachsicht hörte er dem anderen bis zu Ende zu und mit aufrichtigem Vergnügen sich selbst.

Er war Professor im Somerset House und in einigen Hochschulen und hielt öffentliche Vorlesungen über Ästethik in London und Manchester – das konnten ihm die hungrig und müßig in London umherschweifenden Befreier der vierunddreißig deutschen Vaterländer nicht verzeihen. Kinkel wurde ständig beschimpft: in den amerikanischen Zeitungen, die sich zum Abflußrohr der deutschen Klatschereien gemacht hatten, und auf den mageren Meetings, die alljährlich zum Gedächtnis von Robert Blum, der ersten badischen *Schilderhebung*, der ersten österreichischen *Schwertfahrt* und dergleichen abgehalten wurden. Es schimpften auf ihn alle seine Landsleute, die nie Gelegenheit hatten, Stunden zu geben, die sich immer Geld ausliehen, das Geliehene niemals zurückgaben und stets bereit waren, denjenigen, der es ablehnte, ihnen etwas zu borgen, für einen Spion und Dieb auszugeben. Kinkel antwortete nicht ... Die Schreiberlinge bellten eine Weile und begannen dann, wie in Krylows Fabeln, zurückzubleiben; nur hin und wieder kommt so ein ungekämmter und rauhbeiniger Köter aus dem untersten Stockwerk der deutschen Demokratie herausgelaufen, rennt in das Feuilleton einer von niemandem gelesenen Zeitschrift und erhebt ein bösartiges Gebell, das so ungemein an die glücklichen Zeiten der brüderlichen Erhebung in den verschiedensten Tübingen, Darmstädten und Braunschweig-Wolfenbütteln erinnert.

Im Hause Kinkels, in seinen Vorlesungen, in seinem Gespräch ging alles schön und gescheit zu, aber es fehlte irgendein Öl in den Rädern, und daher drehte sich alles langsam, ohne Knarren zwar, aber schwerfällig. Er sagte stets interessante Dinge; seine Frau, eine bekannte Pianistin, spielte wunderschöne Sachen, dennoch herrschte bei ihnen eine tödliche Langeweile. Allein die Kinder, die umhersprangen, trugen ein lichteres Element in die Familie hinein; ihre hellen Äuglein und schallenden Stimmen verhießen weniger Würde, aber ... mehr Öl in den Rädern.

»Ich bin ein Mensch der Möglichkeit«, sagte Kinkel mehr als einmal zu mir, um seine Stellung zwischen den extremen Parteien zu charakterisieren; er glaubt, daß er als künftiger Minister in einem künftigen Deutschland möglich sei; ich glaube das nicht, dafür besteht für Johanna, seine Gattin, darüber keine Zweifel.

Bei dieser Gelegenheit ein Wort über ihre Beziehungen zueinander. Kinkel wahrte stets die Würde, sie bewunderte ihn ständig. Von den alleralltäglichsten Dingen sprechen sie miteinander im Stil wohlanständiger Komödien (mondäner haute comédie[2] in Deutschland!) und im Stil von Sittenromanen.

»Beste Johanna«, sagt er mit tönender Stimme und ohne sich zu beeilen, *»du bist, mein Engel, so gut, schenke mir noch eine Tasse von dem vortrefflichen Tee, den du so gut machst, ein!«*

»Es ist zu himmlisch, liebster Gottfried, daß er dir geschmeckt hat. Tue, mein Bester, für mich einige Tropfen Schmand hinein!«

Und er läßt die Sahne tröpfeln, wobei er sie gerührt anblickt, während sie ihn voller Dankbarkeit ansieht.

Johanna verfolgte ihren Mann verbissen mit einer unaufhörlichen Fürsorge: sie gab ihm bei Nebel in einem besonders gearbeiteten

2 (franz.) höheres Lustspiel.

Gürtel einen Revolver mit, flehte ihn an, sich vor dem Wind in acht zu nehmen, vor bösen Menschen, vor schädlichen Speisen und in petto vor Frauenaugen, die schädlicher seien als alle Winde und pâté de foie gras[3]... Kurz und gut, sie vergiftete sein Leben mit heftiger Eifersucht und einer unerbittlichen, ewig aufgeregten Liebe. Zur Entschädigung bestärkte sie ihn in dem Gedanken, daß er ein Genie sei, zum mindesten kein geringeres als Lessing, und daß für Deutschland sich in seiner Person ein künftiger von und zum Stein vorbereite; Kinkel war überzeugt, daß sie recht hatte, und unterbrach Johanna sanft in Gegenwart von Fremden, wenn die Lobreden allzusehr das Maß überstiegen.

»Johanna, haben Sie von Heine gehört?« fragte Charlotte sie einmal, indem sie verstört ins Zimmer stürzte.

»Nein«, antwortete Johanna.

»Er ist gestorben . . . gestern nacht . . .«

»In der Tat?«

»Zu wahr!«

»Ach wie ich mich freue: ich hatte immer Angst, gehabt, daß er irgendein bissiges Epigramm auf Gottfried schreiben könnte, er hatte so eine giftige Zunge. Sie haben mich so überrascht«, setzte sie, sich besinnend, hinzu, »was für ein Verlust für Deutschland!«*

Der Urgrund solcher Haßgefühle liegt teilweise im Bewußtsein der politischen Zweitrangigkeit des deutschen Vaterlandes und in dem Anspruch, die erste Rolle spielen zu wollen. Lächerlich ist auch die nationale Großtuerei bei den Franzosen, aber sie können immerhin sagen, daß sie »in gewisser Weise ihr Blut für die Menschheit vergossen haben« . . . während die gelehrten Germanen einzig Tinte vergossen haben. Der Anspruch auf irgendeine überragende nationale Bedeutung, der Hand in Hand geht mit einem doktrinären Kosmopolitismus, ist um so lächerlicher, als er kein anderes Recht vorzuweisen hat, als die – ungewisse – Achtung seitens der anderen und den Wunsch, *sich geltend machen.*

»Warum lieben uns die Polen nicht?« fragte ein Deutscher einmal

* Ich meinerseits bedauere, daß ich diese Zeilen geschrieben habe. Bald danach hat sich die arme Frau aus einem Fenster des vierten Stockwerks auf das Steinpflaster des Hofes gestürzt; die Eifersucht und ein Herzleiden haben sie zu diesem furchtbaren Tod geführt.

3 (franz.) Gänseleberpastete.

allen Ernstes in einer Gesellschaft von Gelehrten. – Zufällig war ein Journalist anwesend, ein kluger Mann, der schon lange in England lebte.

»Na, das ist doch gar nicht so schwer zu begreifen«, erwiderte er. »Sagen Sie mir lieber, wer uns überhaupt liebt oder warum uns alle hassen.«

»Wie, alle hassen uns?« fragte der erstaunte Professor.

»Zum mindesten alle angrenzenden Völker: die Italiener, Dänen, Schweden, Russen, Slawen.«

»Erlauben Sie, Herr Doktor, es gibt doch Ausnahmen«, entgegnete der beunruhigte und ein wenig verlegene Gelehrte.

»Ohne den geringsten Zweifel, und was für eine Ausnahme: Frankreich und England.«

Der Gelehrte begann aufzublühen.

»Und wissen Sie, warum? Frankreich fürchtet uns nicht, und England hält nichts von uns.«

Die Situation des Deutschen ist wirklich eine traurige, aber sein Kummer ist nicht interessant. Alle wissen, daß sie mit dem inneren und äußeren Feind durchaus fertig werden könnten, daß sie aber einfach nicht dazu imstande sind. Warum sind, zum Beispiel, die ihnen stammverwandten Völker – England, Holland, Schweden – frei, die Deutschen aber nicht? Unfähigkeit verpflichtet auch, wie Adel, zu etwas, und am allermeisten zu Bescheidenheit. Die Deutschen fühlen dies und nehmen ihre Zuflucht zu verwegenen Mitteln, um die Oberhand zu bekommen: sie geben England und die Nordamerikanischen Staaten für Repräsentanten des Germanentums in der Sphäre der staatlichen Praxis aus. Ruge, der einen Zorn auf Bruno Bauer wegen dessen nichtssagender Broschüre, ich glaube unter dem Titel *»Kirche und Staat«*, über Rußland hatte und vermutete, daß ich B. Bauer in Versuchung geführt habe, schrieb mir (und später veröffentlichte er dasselbe im »Almanach von Jersey«), daß Rußland – nur ein grobes Material darstelle, roh und unorganisiert, dessen Stärke, Schönheit und Ruhm einzig und allein daher rühre, daß der germanische Genius es nach seinem Ebenbild geformt habe.

Jeder Russe, der auf der Bildfläche erscheint, stößt auf jenes erboste Staunen der Deutschen, dem vor noch nicht zu langer Zeit unsere Gelehrten begegneten, die den Wunsch hatten, Professoren an russischen Universitäten und an der russischen Akademie zu werden. Den aus Deutschland verschriebenen »Kollegen« erschien das als eine Frechheit, als Undankbarkeit und Okkupation eines fremden Platzes.

Marx hat Bakunin, den er sehr gut kannte und der um ein Haar für die Deutschen seinen Kopf unter das Beil eines sächsischen Henkers gelegt hätte, für einen russischen Spion ausgegeben. Er hat in seiner Zeitung eine ganze Geschichte erzählt, wie George Sand von Ledru-Rollin gehört habe, daß dieser während seiner Amtszeit als Minister des Innern einen Bakunin kompromittierenden Briefwechsel gesehen habe. Bakunin saß damals in Erwartung des Urteils im Gefängnis und ahnte nichts. Verleumdung hatte ihn aufs Schafott gestoßen und das letzte Band der Liebe zwischen dem Märtyrer und der insgeheim mit ihm sympathisierenden Masse zerrissen. Der Freund Bakunins, A. Reichel, schrieb nach Nohant an G. Sand und fragte sie, worum es gehe. Sie antwortete Reichel sofort und sandte an die Redaktion von Marxens Zeitung einen Brief, in dem sie sich mit der größten Freundschaftlichkeit über Bakunin äußerte; sie fügte hinzu, daß sie überhaupt nie mit Ledru-Rollin über Bakunin gesprochen habe und infolgedessen auch nichts von dem, was die Zeitung behauptet hatte, weitergegeben haben konnte. Marx wußte sich geschickt zu helfen und druckte den Brief von G. Sand mit der Bemerkung ab, daß der kurze Artikel über Bakunin »zur Zeit seiner Abwesenheit« veröffentlicht worden sei.

Das Finale ist vollkommen deutsch; es wäre nicht nur in Frankreich unmöglich gewesen, wo es mit dem point d'honneur so streng genommen wird und wo der Herausgeber den ganzen Unrat der Sache unter einem Haufen Phrasen, Worte, Weitschweifigkeiten, moralischer Sentenzen begraben hätte, wo er das alles zugedeckt hätte mit seiner Verzweiflung darüber, qu'on avait surpris sa religion[4]; sogar ein englischer Herausgeber, der unvergleichlich weniger Umstände macht, hätte es nicht gewagt, das Geschehene auf die Mitarbeiter abzuwälzen.*

4 (franz.) daß man sein Vertrauen mißbraucht habe.

* Obwohl sie sich schrecklich viel erlauben. Zu ihrer Charakteristik möchte ich ein Erlebnis erzählen, das Louis Blanc gehabt hat. Die »Times« hatte behauptet, daß Louis Blanc, während er Mitglied der provisorischen Regierung war, »anderthalb Millionen Francs Staatsgelder« ausgegeben habe, um sich eine Partei unter den Arbeitern zu schaffen. Louis Blanc antwortete der Redaktion, daß sie falsche Informationen über ihn habe und daß er beim besten Willen keine anderthalb Millionen Francs weder stehlen noch hätte ausgeben können, weil er während der ganzen Zeit, in der er die Luxembourg-Kommission leitete, nie mehr als dreißigtausend Francs zur Verfügung

Ein Jahr nach meiner Ankunft in London kam die Partei von Marx noch einmal auf die gemeine Verleumdung gegen Bakunin zurück, der damals gerade im Alexej-Ravelin eingekerkert war.

England ist seit eh und je das Vaterland von Geistesgestörten, und unter diesen Leuten nimmt David Urquhart einen der alleroriginellsten Plätze ein; dieser Mann mit Talent und Energie, ein exzentrischer Radikaler des Konservatismus, hatte zwei fixe Ideen: erstens, daß die Türkei ein ausgezeichnetes Land sei, das eine große Zukunft habe, weshalb er in seinem Hause die türkische Küche einführte, ein türkisches Bad braute, türkische Diwane aufstellte . . . zweitens, daß die russische Diplomatie die allerlistigste und geschickteste in ganz Europa sei, daß sie alle Staatsmänner in allen Staaten der Welt besteche und betrüge, und vorzugsweise in England. Urquhart arbeite jahrelang, um Beweise dafür herauszufinden, daß Palmerston vom Petersburger Kabinett Bestechungsgelder erhalte. Er druckte darüber Aufsätze und Broschüren, machte Eingaben im Parlament, hielt Reden darüber auf Versammlungen. Anfangs ärgerte man sich über ihn, antwortete ihm, schalt ihn, dann gewöhnte man sich daran. Die Angeschuldigten und die, die ihm zuhörten, begannen zu lächeln und schenkten ihm keine Beachtung . . . schließlich brachen sie gemeinsam in Gelächter aus.

gehabt habe. Die »Times« brachte seine Antwort nicht. Louis Blanc begab sich persönlich in die Redaktion und verlangte, den Chefredakteur zu sprechen. Ihm wurde geantwortet, daß es einen Chefredakteur überhaupt nicht gebe, daß die »Times« von einem Team herausgegeben werde. Louis Blanc verlangte den Verantwortlichen des Teams zu sprechen, man gab ihm zur Antwort, daß niemand persönlich für etwas verantwortlich sei.

»An wen muß ich mich also wenden, bei wem kann ich Rechenschaft darüber verlangen, daß mein Brief in einer Sache, die meinen guten Namen angeht, nicht abgedruckt worden ist?«

»Hier«, sagte ihm einer der Angestellten der »Times«, »ist es nicht so wie in Frankreich; bei uns gibt es weder einen gérant responsable[5] noch eine gesetzliche Verpflichtung, Antworten abzudrucken.«

»Gibt es wirklich keinen verantwortlichen Redakteur?« fragte Louis Blanc.

»Nein, es gibt keinen.«

»Sehr, sehr schade«, bemerkte Louis Blanc mit einem boshaften Lächeln, »daß es keinen Chefredakteur gibt, sonst hätte ich ihm unbedingt Ohrfeigen verabreicht. Leben Sie wohl, meine Herren.«

»Good day, Sir, good day. God bless you!«[6] wiederholte der Angestellte der »Times«, indem er ihm höflich und ruhig die Tür öffnete.

5 (franz.) verantwortlichen Herausgeber.

6 (engl.) Guten Tag, mein Herr, guten Tag! Der Herr segne Sie!

Auf einem Meeting in einem der großen Zentren hatte Urquhart sich so weit von seiner idée fixe hinreißen lassen, daß er Kossuth als einen unzuverlässigen Mann hinstellte und hinzufügte, wenn Kossuth von Rußland auch nicht bestochen werde, so stehe er doch unter dem Einfluß eines Menschen, der offensichtlich zugunsten Rußlands arbeite . . . und dieser Mensch sei – Mazzini! Urquhart fuhr an diesem Tage, wie Francesca bei Dante, in seinem Vortrag nicht mehr fort. Bei dem Namen Mazzini erhob sich ein so homerisches Gelächter, daß selbst unser David merkte, daß er den italienischen Goliath mit seiner Schleuder nicht getroffen, wohl aber sich selbst den Arm verrenkt hatte.

Ein Mann, der glaubte und offen aussprach, daß, angefangen bei Guizot und Derby bis zu Espartero, Cobden und Mazzini, alle russischen Agenten seien, war ein Schatz für die Bande nicht anerkannter deutscher Staatsmänner, die das verkannte Genie erster Größe – Marx – umgaben. Sie machten aus ihrem erfolglosen Patriotismus und ihren ungeheuerlichen Prätensionen eine *Hochschule* der Verleumdung und Verdächtigung all der Leute, die mit größerem Erfolg als sie selbst auf dem Schauplatz erschienen. Ihnen fehlte ein ehrlicher Name. Urquhart lieferte ihn.

D. Urquhart besaß damals einen großen Einfluß auf den »Morning Advertiser« – eine der Zeitungen, die eine ganz merkwürdige Stellung einnahmen. Diese Zeitung gibt es weder in den Klubs noch bei den großen stationers[7], noch auf dem Tisch anständiger Leute, dabei wird sie mehr gelesen als die »Daily News«, und nur in der letzten Zeit haben billige Blätter von der Art des »Daily Telegraph«, des »Morning and Evening Star« den »Morning Advertiser« in den Hintergrund gedrängt. Eine typisch englische Erscheinung: der »M. Advertiser« ist die Zeitung der Schenken, und es gibt keine Kneipe, in der sie nicht zu finden gewesen wäre.

Zusammen mit Urquhart und dem Publikum der Kneipen gelangten die Marxiden und ihre Freunde in den »Morning Advertiser«. Wo es Bier gibt, da gibt es auch Deutsche.«

Eines schönen Morgens warf der »Morning Advertiser« plötzlich die Frage auf: »War Bakunin ein russischer Agent oder nicht?« Es versteht sich von selbst, daß die Antwort darauf positiv lautete. Diese Handlungsweise war dermaßen gemein, daß sie selbst Leute empörte, die an Bakunin keinen besonderen Anteil nahmen.

Man konnte diese Sache unmöglich durchgehen lassen. Wie är-

7 (engl.) Papierwaren- und Zeitungsläden.

gerlich es auch sein mochte, eine gemeinsame Protesterklärung in einer Reihe mit Golowin (von diesem Subjekt wird in einem besonderen Kapitel die Rede sein) unterschreiben zu müssen, aber uns blieb keine Wahl. Ich forderte Worcell und Mazzini auf, sich unserem Protest anzuschließen – sie waren sofort einverstanden. Man sollte meinen, daß nach dem Zeugnis des Vorsitzenden der polnischen demokratischen Zentralisation und eines solchen Menschen wie Mazzini alles vorbei gewesen wäre. Aber die Deutschen blieben dabei nicht stehen. Sie eröffneten eine überaus langweilige Polemik mit Golowin, der seinerseits das Seine dazu beitrug, damit das Publikum der Londoner Kneipen sich mit ihm beschäftigte.

Mein Protest und der Umstand, daß ich an Mazzini und Worcell schrieb, mußte Marxens Zorn auf mich lenken. Das war überhaupt zu der Zeit, als den Deutschen plötzlich eingefallen war, mich mit einer Feindseligkeit zu umgeben, die genauso grob war wie ihre frühere Schmeichelei. Sie schrieben mir bereits keine Panegyriken mehr wie zu der Zeit, als »Vom anderen Ufer« und die »Briefe aus Italien« herauskamen, sondern sprachen von mir als einem »frechen Barbaren, der es wage, Deutschland von oben herab zu behandeln«. Einer der Marxschen Gesellen hat ein ganzes Buch gegen mich geschrieben und es Hoffmann und Campe geschickt, die es ablehnten, es zu drucken. Daraufhin veröffentlichte er (und das habe ich erst viel später erfahren) jenen Artikel im »Leader«, von dem die Rede war. An seinen Namen erinnere ich mich nicht mehr.

Zu den Marxiden gesellte sich bald darauf ein Ritter mit herabgelassenem Visier, Karl Blind, damals Marxens famulus, jetzt sein Feind. In seiner Korrespondenz für die New Yorker Zeitung steht anläßlich des Banketts, das uns der amerikanische Konsul in London gegeben hatte, geschrieben: »Bei diesem Essen war ein Russe anwesend, nämlich A. H., der sich für einen Sozialisten und Republikaner ausgibt. H. unterhält nahe Beziehungen zu Mazzini, Kossuth und Saffi . . . Seitens der Leute, die an der Spitze der Bewegung stehen, ist es außerordentlich unvorsichtig, einen Russen in ihre Nähe zu lassen. Wir wünschen nur, daß sie dies nicht einmal zu bereuen haben werden, wenn es bereits zu spät ist.«

Ob Blind das selbst geschrieben hat oder einer seiner Gehilfen, weiß ich nicht; den Text habe ich nicht vor Augen, aber für den Sinn stehe ich ein.

Hierbei muß bemerkt werden, daß dieser ganze Haß, sowohl von K. Blinds Seite wie auch der von Marx, den ich persönlich gar nicht kannte, ein rein platonischer, sozusagen unpersönlicher war; ich wurde dem Vaterland aus Patriotismus zum Opfer gebracht. Bei jenem amerikanischen Essen ärgerte sie unter anderem das Fehlen eines Deutschen – dafür straften sie einen Russen.

Dieses Essen, das diesseits und jenseits des Atlantik viel Staub aufgewirbelt hat, ist folgendermaßen zustande gekommen. Präsident Pierce schmollte mit den alten europäischen Regierungen und verübte allerhand Schuljungenstreiche. Zum Teil, um sich zu Hause eine größere Popularität zu erwerben, zum Teil, um die Augen sämtlicher radikalen Parteien in Europa von dem wichtigsten Edelstein abzulenken, der die Richtung seiner ganzen Politik bestimmte: von der unmerklichen Festigung und Verbreitung der Sklaverei.

Das war zu der Zeit, als Soulé in Spanien und der Sohn von R. Owen in Neapel Gesandte waren, bald nach dem Duell Soulés mit Turgot und seiner dringlichen Forderung, entgegen dem Befehl Napoleons, durch Frankreich nach Brüssel reisen zu dürfen, eine Forderung, zu deren Ablehnung der Kaiser der Franzosen sich denn doch nicht entschließen konnte. »Wir schicken Gesandte«, sagten die Amerikaner, »nicht an die Könige, sondern an die Völker.« Daher die Idee, den Feinden aller bestehenden Regierungen ein diplomatisches Bankett zu geben.

Ich hatte keine Ahnung davon, daß ein solches Essen geplant war. Plötzlich bekomme ich eine Einladung von Saunders, dem amerikanischen Konsul; in der Einladung lag ein kurzes Briefchen von Mazzini: Er bat mich, nicht abzusagen, denn das Essen werde zu dem Zweck veranstaltet, jemanden ein wenig zu necken und jemand anderem Sympathie zu bezeigen.

Auf dem Bankett waren anwesend: Mazzini, Kossuth, Ledru-Rollin, Garibaldi, Orsini, Worcell, Pulsky und ich, von den Engländern ein radikales Parlamentsmitglied, Joshua Wolmsley, dann der Botschafter Buchanan und alle Beamten der Gesandtschaft.

Es muß bemerkt werden, daß ein Ziel des roten Banketts, veranstaltet von einem Verteidiger der schwarzen Sklaverei, darin bestand, eine Annäherung zwischen Kossuth und Ledru-Rollin zustande zu bringen. Es handelte sich nicht darum, sie zu versöhnen – sie hatten sich niemals gezankt –, sondern sie offiziell miteinander bekannt zu machen. Daß sie einander nicht kennengelernt hatten, hatte folgenden Grund. Ledru-Rollin befand sich bereits in London, als Kossuth aus der Türkei kam. Es erhob sich die Frage, wer als erster eine Visite zu machen hätte: Ledru-Rollin bei Kossuth oder Kossuth bei Ledru-Rollin? Diese Frage beschäftigte ihre Freunde sehr, ebenso wie ihre Kampfgenossen, ihren Hof, ihre Garde und den Plebs. Es gab sehr gewichtige Gründe pro und kontra. Der eine war der Diktator Ungarns; der andere war zwar kein Diktator, aber dafür Franzose. Der eine war ein Ehrengast Englands, eine Löwe erster Größe, dessen Ruhm gerade seinen Höhepunkt erreicht und überschritten hatte; der andere war in England wie zu Hause, und den Antrittsbesuch hat der Neuankömmling zu machen ... Kurz und gut, beide Höfe fanden diese Frage, wie die Quadratur des Kreises, wie das perpetuum mobile, unlösbar ... und daher beschlossen sie, damit weder der eine noch der andere eine Antrittsvisite machen mußte, die Frage einer ersten Begegnung dem Willen Gottes und dem Zufall zu überlassen ... Drei oder vier Jahre mußten Ledru-Rollin und Kossuth, die in einer Stadt lebten, gemeinsame Freunde besaßen, gemeinsame Interessen und eine gemeinsame Sache, einander ignorieren, und ein Zufall ergab sich nicht. Mazzini beschloß, dem Schicksal nachzuhelfen.

Vor dem Essen, nachdem Buchanan uns allen die Hände gedrückt und jedem seine große Freude darüber zum Ausdruck gebracht hatte, daß er ihn persönlich kennengelernt habe, faßte Mazzini Ledru-Rollin unter, während gleichzeitig Buchanan dasselbe Manöver mit Kossuth vollführte, und mit sanftem Druck führten sie die beiden Opfer aufeinander zu, so nahe, daß es beinahe zu einem Zusammenprall gekommen wäre; dann stellte man sie einander vor. Die neuen Bekannten blieben nichts schuldig und überschütteten sich gegenseitig mit Komplimenten: mit einer östlichen, blumenreichen Nuance von seiten des großen Magyaren und einem starken Kolorit der Konventreden seitens des großen Galliers ...

Ich stand während dieser ganzen Szene mit Orsini am Fenster; als ich einen Blick auf ihn warf, war ich höchst erfreut, mehr in seinen Augen als auf den Lippen, ein leichtes Lächeln zu sehen.

»Hören Sie«, sagte ich zu ihm, »was für ein Unsinn mir in den Sinn gekommen ist: im Jahre 1847 habe ich in Paris, im Historischen Theater, ein überaus dummes Militärstück gesehen, in dem Qualm und Schießerei die Hauptrolle spielten, die zweite – Pferde, Kanonen und Trommeln. In einem Akt treten die Befehlshaber beider Armeen von den entgegengesetzten Seiten der Bühne auf, um Verhandlungen zu führen; tapfer gehen sie aufeinander zu, und als sie sich gegenüberstehen, nimmt der eine den Hut ab und sagt: ›Souvaroff – Masséna!‹ Worauf der andere ihm antwortet, ebenfalls mit entblößtem Haupt: ›Masséna – Souvaroff!‹«

»Ich habe selber kaum das Lachen verbeißen können«, sagte Orsini mit völlig ernstem Gesicht.

Der listige alte Buchanan, der trotz seiner siebzig Jahre schon damals von der Präsidentschaft träumte und deshalb ständig vom Glück der Ruhe, von einem idyllischen Leben und von seiner Gebrechlichkeit redete, spielte bei uns geradeso den Liebenswürdigen, wie er ihn seinerzeit im Winterpalais, als er unter Nikolai Botschafter war, Orlow und Benckendorff gegenüber gespielt hatte. Kossuth und Mazzini kannte er schon von früher her; den anderen sagte er kunstvoll gedrechselte Komplimente, die eher an einen gerissenen Diplomaten gemahnten als an einen rauhen Bürger einer demokratischen Republik. Zu mir sagte er nichts, außer daß er lange in Rußland gewesen sei und die Überzeugung mitgenommen habe, daß es eine große Zukunft habe. Ich habe darauf selbstverständlich nichts gesagt und bemerkte nur, daß ich mich seiner noch von der Krönung Nikolais her erinnere. »Ich war noch ein Knabe, aber Sie boten ein so markantes Bild in Ihrem einfachen schwarzen Frack und in dem runden Hut inmitten der goldgestickten, livrierten vornehmen Menge.«

Ich sprach damals noch kein Wort Englisch. Buchanan verstand Französisch nur schlecht. Worcell übersetzte ihm meine Worte.

Zu Garibaldi sagte er: »Sie genießen in Amerika ebensolchen Ruhm wie in Europa, nur daß in Amerika noch ein neuer Titel hinzugekommen ist: dort kennt man Sie – als einen ausgezeichneten Seemann.«

Nach dem Dessert, als Mme. Saunders schon hinausgegangen war und man Zigarren reichte und mit noch größerer Freigebigkeit Wein servierte, sagte Buchanan zu Ledru-Rollin, der ihm gegenübersaß, daß er »in New York einen Bekannten hätte, der erklärt habe, er sei bereit, von Amerika nach Frankreich zu reisen, nur um ihn kennenzulernen.«

Zum Unglück zischelte Buchanan ein bißchen, Ledru-Rollin aber verstand Englisch nur schlecht. Dadurch entstand ein sehr amüsantes qui pro quo[8]: Ledru-Rollin meinte, daß Buchanan dies von sich selbst sage, und dankte ihm mit französischer effusion de reconnaissance[9], wobei er ihm über den Tisch seine riesige Hand

8 (lat.) Mißverstehen.

entgegenstreckte. Buchanan nahm die Danksagung sowie die Hand entgegen, und mit jener unerschütterlichen Ruhe in schwierigen Situationen, mit denen Engländer und Amerikaner samt ihrem Schiff untergehen oder das halbe Vermögen verlieren, bemerkte er:

»I think – it is a mistake[10], das ist nicht meine Meinung, sondern die eines meiner guten Freunde in New York.«

Das Fest endete damit, daß spätabends, als Buchanan weggefahren war und auch Kossuth es danach nicht für möglich hielt, länger zu bleiben, und sich mit seinem Minister ohne Portefeuille auf den Heimweg begeben hatte, der Konsul uns inständig bat, wieder ins Speisezimmer hinunterzugehen, wo er persönlich einen amerikanischen Punsch aus einem alten Kentucky-Whisky zubereiten wollte. Zudem hätte sich Saunders dort gern für das Fehlen kräftiger Toaste auf die künftige universelle (weiße) Republik und so weiter entschädigt, die der vorsichtige Buchanan wahrscheinlich nicht gestattet hatte. Beim Essen war auf das Wohl von zwei, drei Gästen und auf das seine getrunken worden; Reden wurden dabei nicht gehalten.

Während er eine bestimmte Menge Alkohol abbrannte und ihn mit allerlei Dingen würzte, machte er den Vorschlag, im Chor feierlich die Marseillaise abzusingen. Es stellte sich heraus, daß nur Worcell ihre Melodie wirklich kannte – dafür litt er aber unter einer extinction[11] der Stimme –, während außer ihm nur noch Mazzini eine ungefähre Vorstellung davon besaß; man war also gezwungen, die Amerikanerin Saunders zu bitten, die die Marseillaise auf der Gitarre spielte.

Inzwischen hatte ihr Gemahl sein Gebräu fertiggestellt und es probiert; er war zufrieden damit und goß es in große Teetassen. Nichts Schlimmes befürchtend, nahm ich einen kräftigen Schluck, und es verschlug mir für einen Augenblick den Atem. Als ich zu mir gekommen war und sah, daß Ledru-Rollin ebenfalls die Absicht hatte, dem Trank eifrig zuzusprechen, hielt ich ihn mit den Worten zurück: »Wenn Ihnen das Leben lieb ist, dann gehen Sie mit der Erfrischung aus Kentucky vorsichtig um; ich bin Russe und habe mir doch den Gaumen, die Kehle und die ganze Speiseröhre verbrannt – wie wird es da erst Ihnen ergehen? Offenbar

9 (franz.) überströmender Dankbarkeit.
10 (engl.) Ich glaube, das ist ein Mißverständnis . . .
11 (engl.) hier: Versagen.

macht man dort in Kentucky den Punsch aus rotem spanischen Pfeffer, der mit Vitriolöl angesetzt ist.«

Der Amerikaner freute sich ironisch lächelnd über die Schwäche der Europäer. Als Nachahmer des Mithridates seit meiner Jugend war ich der einzige, der ihm die leere Tasse reichte und um mehr bat. Diese chemische Verwandtschaft mit dem Alkohol hob mich unerhört in den Augen des Konsuls.

»Ja, ja«, sagte er, »nur in Amerika und in Rußland verstehen die Leute zu trinken.«

›Und es gibt noch eine schmeichelhaftere Ähnlichkeit‹, dachte ich bei mir, ›nur in Amerika und in Rußland versteht man es, die Leibeigenen zu Tode zu prügeln.‹

Mit dem siebzigprozentigen Punsch endete dieses Essen, das unter den deutschen Zeitungsschmierern mehr böses Blut gemacht hat als den Gästen einen verdorbenen Magen.

Dem transatlantischen Mittagessen folgte ein Versuch des internationalen Komitees – als letzte Anstrengung der Chartisten und der Exilierten –, mit vereinten Kräften ihr Dasein und ihr Bündnis zu dokumentieren. Die Idee dieses Komitees ging von Ernest Jones aus. Er wollte den vorzeitig gealterten Chartismus beleben, indem er zwischen den englischen Arbeitern und den französischen Sozialisten eine engere Verbindung herstellte. Zur öffentlichen Kundgebung dieser entente cordiale war ein Meeting zum Gedenken des 24. Februar 1848 anberaumt worden.

Das internationale Komitee hatte unter einem Dutzend anderer auch mich zu ihrem Mitglied gewählt, mit der Bitte, eine Rede über Rußland zu halten; ich dankte mit einem Brief; eine Rede wollte ich nicht halten. Damit wäre die Angelegenheit für mich abgeschlossen gewesen, wenn Marx und Golowin mich nicht gezwungen hätten, ihnen zum Trotz auf der Tribüne von St.-Martin's Hall zu erscheinen.

Erst bekam Jones einen Brief von irgendeinem Deutschen, der gegen meine Wahl protestierte. Er schrieb, daß ich ein bekannter Panslawist sei, daß ich über die Notwendigkeit der Eroberung Wiens, das von mir als slawische Hauptstadt bezeichnet worden sei, geschrieben hätte, und daß ich die russische Leibeigenschaft als das Ideal für die ackerbautreibende Bevölkerung propagiere. Bei alledem berief er sich auf meine Briefe an Linton (»La Russie et le vieux monde«). Jones warf die patriotische Verleumdung ohne sie zu beachten weg.

Doch dieser Brief war nur eine Rekognoszierungsaktion der Avantgarde. Auf der darauffolgenden Sitzung des Komitees erklärte Marx, daß er meine Wahl für unvereinbar mit den Zielen des Komitees halte, und machte den Vorschlag, meine Wahl zu annulieren. Jones bemerkte, daß dies nicht so leicht sei, wie er sich das denke; daß das Komitee, nachdem es einmal eine Person gewählt habe, die keineswegs den Wunsch ausgesprochen habe, Mitglied zu werden, und ihr die Wahl offiziell mitgeteilt habe, den Beschluß auf Wunsch eines einzigen Mitglieds nicht abändern könne; Marx möge seine Beschuldigungen formulieren, und er (Jones) werde sie unverzüglich dem Komitee zur Beratung unterbreiten.

Darauf erklärte Marx, daß er mich nicht persönlich kenne und mir keinen besonderen Vorwurf mache, ihm genüge es, daß ich Russe sei, zudem ein Russe, der in allem, was er geschrieben habe, auf seiten Rußlands stehe; daß schließlich, wenn das Komitee mich nicht ausschließe, er, Marx gezwungen sein würde, mit all seinen Freunden auszutreten.

Ernest Jones, die Franzosen, Polen und Italiener, an die zwanzig Deutsche und Engländer votierten für mich. Marx blieb in einer außerordentlichen Minderheit. Er erhob sich, verließ mit seinen Getreuen das Komitee und kehrte niemals wieder zurück.

Zwölftes Kapitel: Das Londoner Freikorps der fünfziger Jahre

Von der Schwefelbande, wie die Deutschen selber die Marxiden nennen, ist der Weg natürlich nicht weit bis zum letzten Bodensatz, bis zu dem trüben Brei, der sich infolge der kontinentalen Stöße und Erschütterungen der britischen Küste und am allermeisten in London ablagert.

Man kann sich leicht vorstellen, wieviel gegensätzliche Essenzen Flut und Ebbe der Revolutionen und Reaktionen, die wie ein Wechselfieber den europäischen Organismus erschöpfen, vom Kontinent herübertragen und in England zurücklassen und was für seltsame Menschenschichten von diesen Wellen ins Land geschleudert werden und auf dem feuchten, sumpfigen Londoner Boden umherirren. Was für ein Chaos der Begriffe und Anschauungen muß bei diesen Mustern aller geistigen Formationen und Reformationen, aller Arten von Protest, aller Utopien, aller Formen von Verzweiflung, aller Hoffnungen herrschen, die in den Winkeln, Kneipen und Wirtshäusern des Leicester Square und seiner Seitengassen zusammenkommen. »Dort, wo – wie die ›Times‹ sich ausdrückt – die armselige fremdländische Bevölkerung haust, die Hüte trägt, wie niemand sie trägt, und Haare dort, wo sie nicht nötig sind, eine unglückliche, jammervolle, in die Enge getriebene Bevölkerung, vor der alle mächtigen Monarchen Europas zittern, außer der englischen Königin.« Ja, dort in den public-houses und in den Wirtshäusern sitzen sie in der Tat, diese Fremden, die Gäste, bei Gin mit heißem Wasser, mit kaltem Wasser und ganz ohne Wasser, mit dem bitteren Porter im Krug und noch weit bittereren Worten auf den Lippen, in Erwartung der Revolution, zu der sie nicht mehr fähig sind, in Erwartung des Geldes von den Verwandten, das sie niemals bekommen werden.

Was für Originale, was für Sonderlinge habe ich doch unter ihnen gefunden! Hier sitzt neben dem Kommunisten der alten Richtung, der jeden Eigentümer im Namen der allgemeinen Brüderlichkeit haßt, ein alter Carlist, der auf seine eigenen Brüder im Namen der Liebe zum Vaterland geschossen hat, aus Ergebenheit zu Montemolino oder Don Juan, von denen er nichts gewußt hat und nichts weiß. Dort sieht man neben einem Ungarn, der erzählt, wie er zusammen mit fünf Honveds eine Eskadron österreichischer Kavallerie in die Flucht schlug, und seinen Schnürrock bis zum Halse zugeknöpft hat, um sich ein noch militärischeres Aussehen zu geben, eine Ungarin, deren Proportionen anzeigen, daß ihre Jugend einem anderen gehört hat; einen Deutschen sieht man, der Unterricht in Musik, Latein und allen Literaturen und Künsten erteilt um des täglichen Bieres willen, ein Atheist, ein Kosmopolit, der alle Nationen verachtet mit Ausnahme von Kur-Hessen oder Hessen-Kassel, je nachdem in welchem Hessen er geboren wurde; einen Polen vom alten Schlag, der – streng katholisch – die Unabhängigkeit liebt, und einen Italiener, der die Unabhängigkeit im Haß gegen den Katholizismus zu sehen vermeint.

Neben den revolutionären Emigranten gibt es die konservativen Emigranten. Irgendein Geschäftsmann oder Notar, der sich sans adieu aus der Heimat, von seinen Kreditoren und Klienten entfernt hat und sich gleichfalls für »ungerecht verfolgt« hält; ein »ehrlicher« Bankrotteur, der überzeugt ist, daß er sich bald rehabilitiert haben und Kredit und Kapital bekommen wird, genauso wie sein Nachbar zur Rechten zuverlässig weiß, daß in diesen Tagen von »Marianne« persönlich la rouge[1] ausgerufen werden wird, der Nachbar zur Linken aber – daß die Familie Orléans in Claremont beim Einpacken ist und die Prinzessinnen für den feierlichen Einzug in Paris prachtvolle Kleider nähen lassen.

Zu der konservativen Schicht der »Schuldigen, aber wegen Abwesenheit der Angeklagten nicht endgültig Verurteilten« gehören auch Personen, die etwas radikaler sind, als die Bankrotteure und Notare mit ihrer hitzigen Phantasie; das sind Menschen, die in der Heimat großes Unglück hatten und die aus allen Kräften ihr einfaches privates Unglück als politisches Unglück auszugeben wünschen. Diese besondere Nomenklatur erfordert eine Erklärung.

Einer von unseren Freunden begab sich aus Spaß in ein Büro für Heiratsvermittlungen. Man nahm ihm zehn Francs ab und begann ihn auszufragen, was für eine Braut er haben wolle, mit wieviel Mitgift, ob blond oder braun und so weiter. Danach fragte der gewandte alte Herr, der die Wünsche niederschrieb, unter Vorbehalten und Entschuldigungen nach seinem Herkommen, freute sich sehr, als er hörte, daß er von Adel sei, und fragte sodann, seine Ent-

1 (franz.) die Rote

schuldigungen verdoppelnd und zu verstehen gebend, daß Grabesschweigen ihr Gesetz und ihre Stärke sei: »Haben Sie irgendein Unglück gehabt?«

»Ich bin Pole und Verbannter, das heißt ohne Heimat, ohne Rechte und ohne Vermögen.«

»Das letztere ist schlimm, doch gestatten Sie, aus welchem Anlaß haben Sie Ihre belle patrie[2] verlassen?«

»Aus Anlaß des letzten Aufstandes« (dies begab sich im Jahre 1848).

»Das hat nichts zu bedeuten, Unglück in der Politik rechnen wir nicht mit; es ist eher von Vorteil, c'est une attraction[3]. Aber erlauben Sie, Sie versichern mir, daß Ihnen kein anderes Unglück zugestoßen ist?«

»Was soll schon passiert sein? . . . Nun, Vater und Mutter sind gestorben.«

»Oh, nein, nein . . .«

»Was verstehen Sie denn eigentlich unter einem anderen Unglück?«

»Sehen Sie, wenn Sie Ihr schönes Vaterland aus privaten, keinen politischen Gründen verlassen hätten. Manchmal kann in der Jugend eine Unvorsichtigkeit vorkommen, schlechte Beispiele, die Versuchung der großen Städte, wissen Sie, so ein . . . unüberlegt ausgestellter Wechsel, das nicht ganz korrekte Verfügen über Geld, das einem nicht gehört, eine Unterschrift . . .«

»Ich verstehe, ich verstehe«, sagte Chojecki in Gelächter ausbrechend, »nein, ich gebe Ihnen die Versicherung, daß ich weder wegen Diebstahls noch wegen Betruges vor Gericht gestanden habe.«

Im Jahre 1855 ging ein Franzose, exilé de sa patrie[4], von einem Leidensgefährten zum anderen und machte ihnen den Vorschlag, ihm bei der Herausgabe seines Poems zu helfen; es handelte sich um ein Werk etwa wie Balzacs »Comédie du diable«, in Versen und in Prosa geschrieben, in einer neuen Orthographie und einer neu erfundenen Syntax. Die handelnden Personen darin waren: Louis-Philippe, Jesus Christus, Robespierre, Marschall Bugeaud und Gott selbst.

2 (franz.) schönes Vaterland.
3 (franz.) hier: das wirkt anziehend.
4 (franz.) ein aus seinem Vaterland Verbannter.

Unter anderen erschien er mit dieser Bitte bei Schoelcher, dem redlichsten und korrektesten aller Sterblichen.

»Sind Sie schon lange im Exil?« fragte ihn der Beschützer der Schwarzen.

»Seit dem Jahre 1847.«

»Seit 1847? Und Sie sind gleich hierhergekommen?«

»Ja, aus Brest, von der Zwangsarbeit.«

»Was war denn das für ein Prozeß? Ich erinnere mich gar nicht.«

»Oh – aber das war damals ein sehr bekannter Prozeß. Natürlich, das ist eine mehr private Angelegenheit.«

»Doch wohl nicht ...?« fragte der ein wenig beunruhigte Schoelcher.

»Ah bas, si vous y tenez, ich habe auf meine Weise gegen die Rechte des Eigentums protestiert, j'ai protesté à ma manière.«[5]

»Und Sie ... Sie waren in Brest?«

»Parbleu oui![6] sieben Jahre Zwangsarbeit für Diebstahl mit Einbruch (vol avec effraction).«

Daraufhin bat Schoelcher den originellen Protestanten im Ton der keuschen Susanne, die die indiskreten Greise davonjagte, sich zu entfernen.

Die Leute aber, deren Unglück zum Glück ein gemeinsames und deren Proteste kollektive waren, die wir in den verräucherten public houses, den dunklen Tavernen, an den ungestrichenen Tischen bei Gin-water[7] und Porter verlassen haben, sie haben genug gelitten und – was noch mehr weh tut – ohne zu wissen wofür.

Die Zeit verging entsetzlich langsam, aber sie verging; nirgends war eine Revolution in Aussicht, außer in ihrer Einbildung, aber die wirkliche, die erbarmungslose Not kam immer näher und näher und mähte ihnen das Grasfutter vor den Füßen weg, und diese ganze Masse Menschen, zum größten Teil gute Leute, verfiel mehr und mehr dem Hunger. Sie waren an Arbeit nicht genügend gewöhnt; der auf eine politische Arena gerichtete Geist konnte sich nicht auf eine Tätigkeit konzentrieren. Sie griffen nach allem, jedoch mit Ingrimm, ärgerlich, voller Ungeduld, ohne die nötige Ausdauer, und so fiel ihnen alles wieder aus den Händen. Diejeni-

5 (franz.) Ach was, wenn Sie darauf bestehen ... ich habe auf meine Weise protestiert.

6 (franz.) Bei Gott, ja!

7 (engl.) Wacholderbranntwein.

gen, die den Mut und die Kraft zur Arbeit hatten, sonderten sich unmerklich ab und tauchten hoch aus dem Schlamm – aber die anderen?

Und was für eine Unmenge gab es von diesen anderen! Seitdem hat die französische Amnestie und die Amnestie des Todes viele von ihnen weggeschwemmt, aber am Anfang der fünfziger Jahre habe ich noch the great tide[8] angetroffen.

Die deutschen Vertriebenen, besonders die Nichtarbeitenden, litten große Not, nicht weniger als die Franzosen. Ihnen war wenig Erfolg beschieden. Doktoren der Medizin mit solidem Studium, die jedenfalls ihre Sache besser verstanden als die englischen Bader, die surgeon[9] genannt wurden, konnten es kaum bis zur armseligsten Praxis bringen. Maler, Bildhauer, mit reinen und platonischen Träumen von der Kunst und dem priesterlichen Dienst an ihr, aber ohne produktives Talent und sicheren Instinkt, nicht fähig zu verbissener und beharrlicher Arbeit, gingen in der Menge der mit ihnen im Wettbewerb stehenden Rivalen unter. Bei der einfachen Lebensweise ihres kleinen Städtchens und der billigen deutschen Ernährung hätten sie ein friedliches und langes Dasein führen und dabei ihre jungfräuliche Verehrung der Ideale und den Glauben an ihre priesterliche Berufung bewahren können. Dort hätten sie im Rufe gestanden, ein Talent zu sein, und wären auch so gestorben. Durch den französischen Sturm herausgerissen aus ihren heimatlichen Vorgärten, verloren sie sich im Urwalddickicht des Londoner Lebens.

Um nicht beiseite gedrängt und erdrückt zu werden, muß man in London arbeiten, viel, hart, und man muß sofort nehmen, was man bekommt, was verlangt wird. Man muß die Aufmerksamkeit der nachlässigen Menge, die sich an allem satt gesehen hat, zu fesseln wissen – mit Gewalt, durch Frechheit, durch die Quantität, durch allerhand Kram. Ornamente, Stickmuster, Arabesken, Modelle, Konterfeie, Klebearbeiten, Porträts, Rahmen, Aquarelle, Konsolen, Blumen – nur möglichst schnell, nur möglichst zur rechten Zeit und in großen Mengen. Julien, le grand Julien, hat binnen vierundzwanzig Stunden nach Eintreffen der Nachricht von dem indischen Sieg Havelocks ein Konzert geschrieben, mit Geschrei afrikanischer Vögel und Elefantengestampf, mit indischen Gesängen und Kanonenschüssen, so daß London die Mittei-

8 (engl.) die große Flutzeit.

9 (engl.) Wundarzt, Chirurg.

lung gleichzeitig in den Zeitungen lesen und im Konzert hören konnte. Dieses Konzert, das er einen Monat lang widerholte, brachte ihm eine ungeheure Summe ein. Und bei diesem unmenschlichen Rennen nach Geld und Erfolg blieben die rheinischen Träumer mitten auf der Strecke liegen; entkräftet, voll Verzweiflung legten sie die Hände in den Schoß oder, was schlimmer war, legten sie Hand an sich, um dem ungleichen und beleidigenden Kampf ein Ende zu machen.

Für einen Nichtarbeiter ist es nicht so leicht, eine Arbeit anzufangen, wie das scheint; viele meinen: ist erst einmal Not am Mann, dann ist auch Arbeit da, und: Werkzeug in die Hand – fertig ist der Arbeiter. Die Arbeit erfordert nicht nur eine gewisse Erziehung, eine Gewöhnung, sondern auch Selbstverleugnung. Die Verbannten sind meistenteils Leute aus dem mittleren literarischen und juristischen Milieu, Tagelöhner der Journalistik, Anwälte, die soeben mit der Praxis begonnen haben; von ihrer Berufsarbeit können sie in England nicht leben, eine andere liegt ihnen nicht, und es lohnt sich auch nicht, eine andere anzufangen; sie lauschten immer, ob nicht die Alarmglocke ertöne. Zehn Jahre vergingen, fünfzehn Jahre vergingen – kein Alarm.

In ihrer Verzweiflung, in ihrem Ärger, ohne Kleidung, ohne Sicherheit für den nächsten Tag, umgeben von immer mehr anwachsenden Familien, stürzen sie sich mit geschlossenen Augen auf geschäftliche Unternehmungen zweifelhafter Art und ersinnen irgendwelche Spekulationen. Die Geschäfte mißlingen, die Spekulationen platzen, einmal deshalb, weil ihr Projekt sinnlos ist, zum anderen aber, weil sie statt des Kapitals eine hilflose Ungeschicklichkeit in die Unternehmung investieren, außerordentliche Reizbarkeit, die Unfähigkeit, sich in der allergewöhnlichsten Situation zurechtzufinden und obendrein ihre mangelnde Eignung zu disziplinierter Arbeit; zudem sind sie außerstande, mit einem dornenvollen Anfang fertig zu werden. Beim Mißerfolg trösten sie sich mit dem Mangel an Geld. »Hätte ich ein-, zweihundert Pfund, würde alles wie geschmiert gehen!« Der Mangel an Kapital ist in der Tat ein Hindernis, aber das ist das allgemeine Los von Arbeitern. Und was wird nicht alles ausgedacht, von einer Aktiengesellschaft für den Import von Hühnereiern aus Le Havre bis zur Erfindung einer besonderen Tinte für Fabrikmarken und von Essenzen, mit denen man die schlechtesten Sorten Branntwein in die vorzüglichsten Liköre verwandeln kann. Aber bis die Handelsgesellschaften und die Kapitalien für alle diese Wunderdinge zusammengebracht waren, mußte man essen und sich ein wenig vor dem Nordostwind schützen – und vor den verlegenen Blicken der Töchter Albions.

Zu diesem Zweck wandte man zwei Palliativmittel an: das eine war sehr langweilig und sehr unvorteilhaft, das andere war gleichfalls unvorteilhaft, aber mit viel Abwechslung verbunden. Friedliche Menschen mit *Sitzfleisch* begannen Stunden zu geben, trotzdem sie früher keine Stunden gegeben hatten und es auch zweifelhaft war, ob sie jemals welche genommen haben. Durch die Konkurrenz wurden die Preise furchtbar gedrückt.

Hier ein Beispiel für die Annoncen eines Siebzigjährigen, der, wie mir scheint, eher zu den originellen Protestanten gehörte als zu den kollektiven:

MONSIEUR N. N.

Teaches the french language

on a new and easy system of rapid proficiency,
has attented Members of the British Parliament and many other
persons of respectability, as vouchers certify,
translates and interprets that universal continental
language, and english,
IN A MASTERLY MANNER

TERMS MODERATE:
Namely, Three Lessons per Week for Six Shillings[10]

Bei Engländern Stunden zu geben, bereitet kein besonderes Vergnügen; mit Leuten, die der Engländer bezahlt, macht er keine Umstände.

Einer meiner alten Freunde erhielt einen Brief von einem Engländer, der ihm anbot, seiner Tochter französische Sprachstunden zu geben. Er begab sich zu der für die Unterredung anberaumten Zeit zu ihm. Der Vater schlief nach dem Mittagessen, ihn empfing seine Tochter, und zwar ziemlich höflich, danach erschien der Alte, be-

10 (engl, verstümmelt) Herr N. N. lehrt die französische Sprache nach einer neuen und leicht erlernbaren Methode, hat Mitgliedern des Britischen Parlaments und anderen angesehenen Persönlichkeiten Unterricht erteilt, wie Zertifikate bestätigen, übersetzt und erklärt diese Weltsprache, sowie Englisch, in meisterhafter Weise. Mäßige Preise: Nämlich, drei Stunden wöchentlich für Sechs Shilling.

trachtete Bocquet vom Kopf bis zu den Füßen und fragte: »Vous être le french teacher?«[11] Bocquet bejahte das. »Vous pas convenir à moa.«[12] Dabei zeigte der britische Esel auf Bart und Schnurrbart.

»Na, und haben Sie ihm keinen Faustschlag versetzt?« fragte ich Bocquet.

»Ich habe in der Tat daran gedacht, aber als der Ochse sich umdrehte, bat die Tochter mit Tränen in den Augen schweigend um Vergebung.«

Das zweite Mittel ist einfacher und nicht so langweilig: Es besteht in dem krampfhaften Bemühen, in geradezu künstlerischer Weise bestimmte Kommissionsgeschäfte zu tätigen, allerhand Dinge ohne Rücksicht auf die Nachfrage anzubieten. Die Franzosen arbeiten meistenteils in Weinen und Schnäpsen. Ein légiste[13] bot seinen Bekannten und Gesinnungsgenossen Kognak an, den er auf eine ungewöhnliche Weise erhalten hatte, nämlich durch Verbindungen, von denen er angesichts der Lage Frankreichs nicht sprechen konnte und durfte, noch dazu durch einen Schiffskapitän, den zu kompromittieren eine calamité publique[14] gewesen wäre. Der Kognak war mäßig und kostete sechs Pence mehr als im Laden. Der légiste, der gewöhnt war, mit Deklamationen zu »plädieren«, fügte der Vergewaltigung die Beleidigung hinzu: Er nahm ein Weinglas mit zwei Fingern beim Füßchen, beschrieb damit langsame Kreise, ließ ein paar Tropfen überschwappen, beschnupperte sie in der Luft und war jedesmal erstaunt über den bemerkenswert vortrefflichen Geruch des Kognaks.

Ein anderer Verbannungsgenosse, ehemals Literaturprofessor in der Provinz, machte sich mit Wein beliebt. Den Wein bekam er direkt von der Côte d'Or, aus der Bourgogne, von früheren Schülern und in ungewöhnlicher Auslese.

»Bürger« – schrieb er mich an –, »fragen Sie Ihr brüderliches Herz (votre cœur fraternel), und es wird Ihnen sagen, daß Sie mir den angenehmen Vorzug geben müssen, Sie mit französischem Wein zu versorgen. Dabei wird Ihr Herz sich in Einklang befinden mit Geschmack und Ökonomie: indem Sie einen vorzüglichen Wein zum allerniedrigsten Preis trinken, werden Sie Genuß empfinden

11 (franz., engl. verstümmelt) Sind Sie der französische Lehrer?
12 (franz., engl. verstümmelt) Sie sagen mir nicht zu.
13 (franz.) Rechtskundiger.
14 (franz.) nationales Unglück.

bei dem Gedanken, daß Sie durch seinen Einkauf das Schicksal eines Mannes erleichtern, der der Sache der Heimat und der Freiheit alles geopfert hat.

Salut et fraternité![15]

PS Ich habe mir erlaubt Ihnen gleichzeitig einige Proben zu übersenden.«

Diese Pröbchen wurden in halbem Flaschen geliefert, auf die er eigenhändig nicht nur den Namen des Weines, sondern auch verschiedene Umstände aus seiner Biographie geschrieben hatte: »Chambertin (Gr. vin et très rare![16]). Côte rôtie (Comète). Pommard (1823!). Nuits (provision Aguado!) . . .«

Zwei, drei Wochen danach schickte der Literaturprofessor wieder Musterpröbchen. Ein oder zwei Tage nach der Sendung erschien er gewöhnlich selber und blieb ein, zwei, drei Stunden sitzen, so lange, bis ich fast sämtliche Proben behalten und bezahlt hatte. Da er unerbittlich war und dieser Vorgang sich mehrmals wiederholte, lobte ich in der Folge, kaum daß er die Tür öffnete, einen Teil der Proben, gab ihm das Geld und dazu den übrigen Wein.

»Ich möchte Ihnen nicht Ihre kostbare Zeit stehlen, Bürger«, sagte er und befreite mich für vierzehn Tage von dem sauren unter dem Kometen geborenen Wein der Bourgogne und dem scharfen Côte-rôtie aus der Kellerei Aguado.

Noch eine Stufe abwärts . . .

Vielleicht werden viele zweifelnd fragen, ob es denn überhaupt noch eine Stufe darunter geben könne? . . . Doch es gibt eine, und die Stufe ist zudem ziemlich groß – nur ist es hier bereits dunkel, gehen Sie also vorsichtig. Ich besitze nicht die Pruderie von Schoelcher, und der Autor des Poems, in dem Christus sich mit dem Marschall Bugeaud unterhält, kam mir nur noch spaßhafter vor nach jenem heroischen »pour un vol avec effraction«.[17] Wenn er auch etwas gestohlen hat, das unter Verschluß gewesen war, so hat er sich doch Gott weiß welcher Gefahr ausgesetzt und später einige Jahre lang vielleicht mit einer Kugel am Bein gearbeitet. Er hatte

15 (franz.) Mit brüderlichem Gruß!
16 (franz.) Chambertin (einer der besten Weine und sehr selten!)
17 (franz.) Diebstahl mit Einbruch.

gegen sich nicht nur denjenigen gehabt, den er bestohlen hat, sondern den ganzen Staat und die ganze Gesellschaft, die Kirche, das Heer, die Polizei, das Gericht, alle ehrlichen Menschen, die nicht zu stehlen brauchten, sowie alle unehrlichen, aber vom Gericht nicht ertappten. Es gibt Diebe von einer anderen Art: sie werden von der Regierung belohnt, von den Vorgesetzten umhegt, von der Kirche gesegnet, verteidigt vom Heer und nicht verfolgt von der Polizei, weil sie selbst zu ihr gehören. Das sind Leute, die keine Taschentücher stehlen, sondern Gespräche, Briefe, Blicke. Emigrationsspione – sind Spione im Quadrat . . . Mit ihnen erreichen Laster und Ausschweifung ihren Tiefpunkt; über Luzifer hinaus gibt es bei Dante nichts mehr – da geht es schon wieder aufwärts.

Die Franzosen sind große Künstler in diesem Beruf. Sie verstehen es geschickt, gewandte Formen, hochtrabende Phrasen, den aplomb eines Menschen, dessen Gewissen rein und dessen point d'honneur empfindlich ist, mit dem Amt eines Spions zu vereinigen. Verdächtigen Sie ihn, wird er Sie zum Duell herausfordern, er wird sich schlagen, und tapfer schlagen.

Die »Aufzeichnungen« von Delahodde, Chenu, Schnepf sind eine Fundgrube für das Studium des Schmutzes, in den die Zivilisation ihre verirrten Kinder hineingeführt hat. Delahodde teilt in aller Naivität mit, daß er, wenn er seine Freunde verriet, ebensolche Listen gebrauche wie der »Jäger, wenn er dem Wild nachstellt«.

Delahodde – das ist der Alkibiades der Spionage.

Als junger Mensch mit literarischer Bildung und einer radikalen Gesinnung erschien er, aus der Provinz kommend, in Paris, arm wie Iros, und bat um Arbeit in der Redaktion der »Réforme«. Man gab ihm eine Arbeit, er machte sie gut; allmählich lernte man ihn näher kennen. Er trat in politische Zirkel ein, wußte viel von dem, was in der Republikanischen Partei vorging, und setzte seine Arbeit mehrere Jahre fort, wobei er in den allerfreundlichsten Beziehungen zu den Mitarbeitern stand.

Nach der Februarrevolution, als Caussidière die Papiere in der Präfektur durchsah, fand er, daß Delahodde die ganze Zeit hindurch der Polizei überaus regelmäßig alles gemeldet hatte, was sich in der Redaktion »Réforme« ereignete. Caussidière zitierte Delahodde zu Albert – dort warteten die Zeugen. Delahodde erschien nichtsahnend und versuchte zu leugnen; als er dann aber sah, daß es unmöglich war, bekannte er, die Briefe an die Präfektur geschrieben zu haben. Es erhob sich die Frage: Was tun mit ihm? Die einen meinten, und sie waren völlig im Recht, daß man ihn an Ort und Stelle wie einen Hund erschießen müßte. Dem widersetzte sich vor allem Albert, der nicht wollte, daß in seiner Wohnung ein Mensch getötet würde. Caussidière bot ihm eine geladene Pistole an, damit er sich erschieße. Delahodde lehnte dies ab. Jemand fragte ihn, ob er vielleicht lieber Gift wolle. Er lehnte auch das Gift ab und verlangte, als er sich ins Gefängnis begab, als vernünftiger Mensch – einen Krug Bier; das ist eine Tatsache, die mir der ihn begleitende Gehilfe des Bürgermeisters vom XII. Bezirk mitgeteilt hat.

Als die Reaktion allmählich die Oberhand gewann, wurde Delahodde aus dem Gefängnis entlassen; er reiste nach England; aber als die Reaktion endgültig triumphierte, kehrte er nach Paris zurück und drängte sich in den Theatern und öffentlichen Versammlungen wie ein Löwe von besonderer Rasse in den Vordergrund. Danach gab er seine »Aufzeichnungen« heraus.

In allen Emigrationskreisen treiben sich ständig Spione herum; sie werden erkannt, entdeckt, verprügelt, aber sie verrichten ihre Sache mit vollstem Erfolg. In Paris kennt die Polizei alle Londoner Geheimnisse. Der Tag der heimlichen Ankunft von Delescluze, dann von Boichot war in Frankreich so gut bekannt, daß sie in Calais verhaftet wurden, kaum daß sie das Schiff verlassen hatten. Bei dem Kommunistenprozeß in Köln wurden Dokumente und Briefe vorgelesen, die, wie der preußische Polizeikommissar vor Gericht naiv bekannte, »in London gekauft worden waren«.

Im Jahre 1849 lernte ich den verbannten österreichischen Journalisten Engländer kennen. Er war sehr klug, sehr bissig und veröffentlichte später in den Jahrbüchern von Kolatschek eine Reihe lebendig geschriebener Aufsätze über die historische Entwicklung des Sozialismus. Dieser Engländer geriet im Zusammenhang mit dem sogenannten »Korrespondenten-Prozeß« in Paris ins Gefängnis. Über Engländer waren verschiedene Gerüchte im Umlauf; schließlich erschien er selbst in London. Hier erzählte ein anderer österreichischer Verbannter, Doktor Heffner, der von seinen Freunden sehr geachtet wurde, daß Engländer in Paris im Sold des Präfekten gestanden habe und daß man ihn ins Gefängnis gesetzt hätte, weil er der französischen Polizei die eheliche Treue nicht gehalten habe; diese sei eifersüchtig auf die österreichische Gesandtschaft gewesen, weil er von dieser ebenfalls ein Gehalt bezogen habe. Engländer führte ein lockeres Leben, dazu braucht man viel Geld; offenbar hatte der Präfekt allein nicht genügt.

Die deutsche Emigration redete lange hin und her und lud Engländer vor, damit er sich verantworte. Engländer wollte sich mit Späßen herauswinden, aber Heffner war unerbittlich. Da sprang der Ehemann zweier Polizeiorgane plötzlich auf und sagte mit gerötetem Gesicht und Tränen in den Augen: »Nun ja, ich bin in vielem schuldig, aber nicht er sollte mich anklagen«; damit warf er einen Brief des Präfekten auf den Tisch, aus dem klar hervorging, daß auch Heffner Geld von diesem bezogen hatte.

Dreizehntes Kapitel: Die freie russische Druckerei und »Die Glocke«

I

Gegen zehn Uhr morgens höre ich unten eine tiefe und unzufriedene Stimme:

»Me dit komsa – kolonel rüß we wuar.«

»Monsieur ne reçoit jamais le matin et . . .«

»Sche par demen.«

»Et votre nom, monsieur . . .«

»Me vu dire kolonel rüß«[1] – und der Oberst hob die Stimme.

Jules war in großer Verlegenheit. Ich begab mich zur Treppe und fragte von oben herunter:

»Qu'est-ce qu'il y a?«

»Se wu?« fragte der Oberst.

»Oui, c'est moi.«[2]

»Väterchen, geben Sie Befehl, mich zu Ihnen zu lassen. Ihr Diener läßt mich nicht hinein.«

»Haben Sie die Güte, treten Sie ein.«

Der ein bißchen erzürnte Ausdruck des Obersten hellte sich auf, und als er zusammen mit mir ins Arbeitszimmer trat, nahm er plötzlich Haltung an und sagte: »Oberst Sowieso; auf der Durchreise in London, habe ich es mir zur Pflicht gemacht, mich zu melden.«

Ich fühlte mich sofort als General und sagte, auf einen Stuhl weisend: »Setzen Sie sich.«

Der Oberst setzte sich.

»Wollen Sie lange hierbleiben?«

»Bis morgen.«

»Und sind Sie schon lange hier?«

»Seit drei Tagen.«

1 (franz.) Sagen Sie einfach: ein russischer Oberst wünscht ihn zu sehen. – Der Herr empfängt niemals am Morgen und . . . – Ich reise morgen ab. – Ihr Name, mein Herr? – Ja, sagen Sie ein russischer Oberst.

2 (franz.) Um was handelt es sich? – Sind Sie es? – Ja, ich bin's.

»Warum bleiben Sie nur so kurze Zeit?«

»Sehen Sie, ohne die Landessprache zu beherrschen, ist es hier schwierig, gerade wie im Wald. Ich hatte den Herzenswunsch, Sie persönlich zu sehen, Ihnen meinen Dank zu sagen und den vieler Kameraden zu übermitteln. Ihre Publikationen sind sehr wertvoll: es ist viel Wahres darin, und manchmal kann man sich totlachen.«

»Ich bin Ihnen außerordentlich dankbar, das ist der einzige Lohn in der Fremde. Und bekommen bei Ihnen viele unsere Veröffentlichungen?«

»Viele ... Und viele lesen sogar jedes Blatt: es wird gelesen und wieder gelesen, bis es nur noch aus Löchern und Fetzen besteht; es gibt Liebhaber, die schreiben sie sogar ab. Manchmal kommen wir zum Lesen zusammen, na und da kritisieren wir ... Ich hoffe, Sie erlauben mir das zu sagen, mit der Offenheit eines Militärs und eines Sie aufrichtig verehrenden Menschen?«

»Aber ich bitte Sie, wir wären wohl die letzten, die gegen die Freiheit der Rede protestieren.«

»Wir sprechen oft miteinander so; Ihre Enthüllungen sind von großem Nutzen; Sie wissen selbst, was man bei uns, zum Beispiel, über Suchosanet laut werden lassen kann – da heißt es, die Zunge im Zaum halten; oder über Adlerberg. Aber, sehen Sie, es ist schon lange her, daß Sie Rußland verlassen haben. Sie haben es allzusehr vergessen, und uns scheint, daß Sie ein bißchen viel Gewicht auf die Bauernfrage legen ... die ist noch nicht herangereift ...«

»Meinen Sie wirklich?«

»Ganz sicher ... Ich bin vollkommen mit Ihnen einverstanden; ich bitte Sie, dieselbe Seele und Gestalt, das Ebenbild Gottes ... und das alles, glauben Sie mir, sehen jetzt viele, aber beeilen darf man sich damit nicht, es ist noch zu früh.«

»Meinen Sie?«

»Ja, wirklich ... Unser Bauer ist doch ein fürchterlicher Faulpelz ... Er ist ja wohl ein guter Kerl, aber ein Säufer und Faulpelz. Geben Sie ihm auf einmal die Freiheit, hört er auf zu arbeiten und wird den Acker nicht bestellen, er wird einfach vor Hunger sterben.«

»Aber was sorgen Sie sich denn darum? Ihnen, Oberst, hat ja niemand die Versorgung des russischen Volkes mit Lebensmitteln aufgetragen ...«

Von allen möglichen und unmöglichen Entgegnungen hatte der Oberst am allerwenigsten diese von mir erwartet.

»Na ja, das stimmt, natürlich, auf der einen Seite . . .«

»Fürchten Sie sich doch nicht vor der anderen; sollte er denn wirklich deshalb vor Hunger sterben, weil er nicht mehr für den Herrn, sondern für sich selbst Korn aussät?«

»Entschuldigen Sie, ich hielt es für meine Pflicht, es zu sagen . . . Mir scheint übrigens, daß ich Ihre kostbare Zeit allzulange in Anspruch nehme . . . Gestatten Sie, mich zu verabschieden.«

»Ich danke ergebenst für Ihren Besuch.«

»Ich bitte Sie, bemühen Sie sich nicht. U e mon kab?[3] Sie wohnen recht weit draußen.«

»Ja allerdings.«

Ich wollte mit dieser herrlichen Szene die Epoche unseres Blühens und Gedeihens beginnen. Solche und ähnliche Szenen ereigneten sich immer wieder; weder die enorme Entfernung von West End bis zu meiner Wohnung – in Putney, in Fulham . . . noch die am Morgen stets verschlossene Tür – nichts half. Wir waren in Mode.

Wen haben wir damals nicht alles bei uns gesehen! . . . So mancher würde jetzt viel darum geben, wenn er seinen Besuch – wenn nicht aus dem eigenen, so aus dem Gedächtnis der Leute streichen könnte . . . Aber damals, ich wiederhole es, waren wir in Mode, und in irgendeinem Touristenführer war ich unter den Sehenswürdigkeiten von Putney angegeben.

So war es von 1857 bis 1863, vorher jedoch war es ganz anders gewesen. In dem Maße, wie nach 1848 in Europa die Reaktion wuchs und sich festigte, Nikolai aber nicht von Tag zu Tag, sondern von Stunde zu Stunde schlimmer wütete, begannen die Russen mich zu meiden und ein bißchen zu fürchten . . . Zudem wurde 1851 bekannt, daß ich es offiziell abgelehnt hatte, nach Rußland zu fahren. Reisende gab es damals sehr wenige. Hin und wieder tauchte einer von den alten Bekannten auf, erzählte schreckliche, unfaßbare Dinge, sprach voller Entsetzen von der Rückkehr und verschwand, wobei er um sich blickte, ob nicht einer von den Landsleuten in der Nähe wäre. Als in Nizza A. I. Saburow in einer Equipage mit einem Lohndiener mir einen Besuch abstattete, betrachtete ich das selber als eine Heldentat. Während der heimlichen Fahrt durch Frankreich im Jahre 1852 traf ich in Paris einige Rus-

3 (franz.) Wo ist meine Droschke?

sen – dies waren die letzten. In London befand sich niemand. Wochen vergingen, Monate . . .

»Kein Russisch rings, kein russisch Antlitz weit und breit.«*

Briefe schrieb niemand an mich. M. S. Schtschepkin war der erste mir einigermaßen nahestehende Mensch von zu Hause, den ich in London wiedersah. Von unserem Wiedersehen habe ich an anderer Stelle erzählt. Seine Ankunft war für mich so etwas wie ein Eltern-Sonnabend; wir beide hielten Gedächtnisfeiern ab für alle in Moskau, und auch unsere Stimmung war wie bei einem Begräbnis. Eine richtige Taube aus der Arche, mit dem Ölzweig im Schnabel, war aber nicht er, sondern Doktor Wenskij. Er war der erste Russe, der nach dem Tode Nikolais zu uns nach Cholmeley Lodge in Richmond gekommen war und sich ständig darüber wunderte, daß der Ort so hieß, aber Cholmondeley Lodge geschrieben wurde. Der liebe Wenskij geriet in die erstaunlichsten Klemmen mit der englischen Sprache. – »Nach der Karte zu urteilen«, sagte er zu meinem Sohn, »ist es von hier aus nicht weit nach Keff.« – »Ich habe von solch einem Ort nie etwas gehört.« – »Ich bitte Sie, dort ist ein riesiger Botanischer Garten und die erste Orangerie in Europa.« – »Wir wollen den Gärtner fragen.« – Sie fragten ihn, und der wußte auch nichts. Wenskij breitete die Karte aus. »Da ist es ja, dicht bei Richmond!« – Das war Kew.

Die von Schtschepkin mitgebrachten Nachrichten waren düster; er selbst war trauriger Stimmung. Wenskij lachte von morgens bis abends und zeigte seine blendendweißen Zähne; seine Nachrichten waren voll von jener Hoffnung, jener »sanguinity«, wie die Engländer sagen, die sich Rußlands nach dem Tode Nikolais bemächtigt und die auf dem strengen Hintergrund der Petersburger Kaiserregierung einen hellen Schein hatte aufleuchten lassen. Zwar hatte er schlechte Nachrichten über die Gesundheit von Granowskij und Ogarjow mitgebracht, aber auch diese Meldungen verloren sich in dem leuchtenden Bild einer erwachenden Gesellschaft, von der er selbst ein Musterbeispiel darstellte.

Mit welcher Gier lauschte ich seinen Erzählungen, fragte immer wieder, suchte Einzelheiten zu erfahren . . . Ich weiß nicht, ob er damals gewußt oder später ermessen hat, wie unendlich wohl er mir damit getan hat.

* Ich spreche selbstverständlich nicht von den zwei, drei Emigranten in London.

Drei Jahre des Londoner Lebens hatten mich ermüdet. Ohne Hoffnung auf eine baldige Frucht zu arbeiten, ist schwer; zudem stand ich allzusehr isoliert von jeglichem heimatlichem Milieu da. Während ich zusammen mit Czerniecki Bogen um Bogen druckte und Haufen von fertigen Broschüren und Büchern in die Keller von Trübner schüttete, hatte ich fast keine Möglichkeit, irgend etwas über die russische Grenze zu schicken. Aufhören konnte ich nicht: Die russische Druckerpresse war für mich eine Lebensnotwendigkeit, wie das Brett aus dem Vaterhaus, das die alten Germanen mit sich trugen; sie schuf mir eine russische Atmosphäre, sie war mir Rüstzeug und Waffe. Doch trotz alledem wirkte es ermüdend, die Arbeit ins Leere stoßen und fruchtlos bleiben zu sehen, und die Hände wollten mir sinken. Der Glaube erschlaffte zeitweilig und suchte nach Wunderzeichen, aber nicht nur diese blieben aus, sondern es war auch kein einziges Wort des Mitfühlens von daheim zu hören.

Mit dem Krimkrieg, mit dem Tode Nikolais kam eine andere Zeit heran; aus der dichten Finsternis traten neue Massen, neue Horizonte hervor, eine Bewegung war zu spüren; aus der Ferne war das alles schwer zu erkennen – ein Augenzeuge war notwendig. Und dieser erschien in der Person von Wenskij, der bestätigte, daß diese Horizonte kein Trugbild waren, sondern Wirklichkeit, daß die Barke vom Ufer abgestoßen hatte, daß sie in Fahrt war. Man brauchte ihm nur in sein helles Gesicht zu blicken . . . um ihm zu glauben. – Solche Gesichter hatte es in der letzten Zeit in Rußland überhaupt nicht gegeben.

Überwältigt von einem für einen Russen ungewohnten Gefühl, dachte ich an Kant, der bei der Nachricht von der Ausrufung der Republik im Jahre 1792 sein Samtkäppchen abgenommen und das Wort Simeons des Heilandträgers »Herr, nun lässest du . . .« gesprochen hatte. Ja, es ist gut, im Morgenrot einzuschlafen . . . nach einer langen regnerischen Nacht, im vollen Glauben, daß ein herrlicher Tag anbricht!

So ist Granowskij gestorben . . .

In der Tat, es war der Morgen jenes Tages angebrochen, dem ich seit meinem dreizehnten Lebensjahr entgegenstrebte – als Knabe in einer Kamelottjacke, der mit einem ebensolchen »Bösewicht« (der nur um ein Jahr jünger war) in dem kleinen Zimmer des »alten Hauses« saß, dann im Hörsaal der Universität, umgeben von einer leidenschaftlichen Schar Gleichgesinnter; im Gefängnis und in der

Verbannung; in der Fremde, als ich die Zerschmetterung von Revolutionen und Reaktionen erlebte; auf dem Gipfel des Familienglücks und zerschlagen und verloren an der englischen Küste mit einem gedruckten Monolog in der Hand. Die Sonne, die, Moskau beleuchtend, unterhalb der Sperlingsberge versunken war und unseren Jünglingsschwur mit sich genommen hatte . . . sie trat nach zwanzigjähriger Nacht wieder hervor.

Konnte man da an Ruhe und Schlaf denken? . . . An die Arbeit! Und mit verdoppelten Kräften machte ich mich ans Werk. Die Arbeit verlor sich nicht mehr, sie verschwand nicht mehr im dunklen Raum: lautes Beifallsklatschen und warme Sympathieäußerungen tönten aus Rußland herüber. Der »Polarstern« wurde eifrig gelesen. Das russische Ohr paßte sich der ihm ungewohnten freien Rede an, gierig suchte es ihre mannhafte Festigkeit, ihre furchtlose Offenheit.

Im Frühjahr 1856 kam Ogarjow, ein Jahr später (am 1. Juli 1857) erschien der erste Bogen der »Glocke«. Ohne eine ziemlich enge Periodizität gibt es keine richtige Verbindung zwischen einem Organ und der Leserschaft. Das Buch bleibt, eine Zeitschrift verschwindet; doch ein Buch verbleibt in der Bibliothek, eine Zeitschrift verschwindet im Gehirn des Lesers, und er eignet sich ihren Inhalt durch Wiederholungen so an, daß er ihm als sein eigener Gedanke erscheint. Wenn der Leser jedoch anfängt, diesen zu vergessen, wird ein neuer Bogen der Zeitschrift, die Wiederholungen niemals fürchtet, ihn ihm vorsagen und wieder wachrufen.

Der Einfluß der »Glocke« hat in der Tat den des »Polarsterns« in Rußland innerhalb eines Jahres weit überholt. »Die Glocke« ist in Rußland als eine Antwort auf das Bedürfnis nach einem Organ, das nicht von der Zensur verfälscht ist, aufgenommen worden. Begeistert begrüßte uns die junge Generation; es gab Briefe, von denen uns die Tränen in die Augen traten . . . Aber nicht die junge Generation allein unterstützte uns . . .

»›Die Glocke‹ ist eine Macht«, sagte – horribile dictu – Katkow zu mir in London und fügte hinzu, daß sie bei Rostowzew auf dem Tisch liege als Informationsquelle in der Bauernfrage . . . Und vor ihm hatten auch Turgenjew und Aksakow und Samarin und Kawelin, die Generale aus den Reihen der Liberalen, die Liberalen aus den Reihen der Staatsräte, die nach Fortschritt dürstenden Hofdamen und die literaturbeflissenen Flügeladjutanten dasselbe gesagt; selbst W. P. Botkin, der sich mit der Beständigkeit einer Sonnenblume vor jeglicher Macht verehrungsvoll neigte, blickte gerührt auf die »Glocke«, als wäre sie mit Trüffeln gefüllt . . . Zum vollen Triumph fehlte es nur noch an einem aufrichtigen Feind. Wir standen unter der Feme, und so ließ denn ein solcher nicht lange auf sich warten. Das Jahr 1858 war noch nicht vergangen, da erschien der »Anklagebrief« von Tschitscherin. Mit der hochmütigen Kälte eines unbeugsamen Doktrinärs, mit der raideur[5] eines unbestechlichen Richters rief er mich zur Verantwortung, und wie Biron goß er mir im Dezember einen Kübel kalten Wassers über den Kopf. Das Verfahren dieses Saint-Just des Bürokratismus setzte mich in Erstaunen. Heute jedoch . . . nach sieben Jahren* erscheint mir Tschitscherins Brief als Blüte der Höflichkeit verglichen mit den starken Worten und dem dick aufgetragenen Patriotismus in der Ära der Michails. Aber auch die Gesellschaft war damals anders gestimmt; die »Anklageschrift« rief einen Ausbruch der Empörung hervor, wir sahen uns veranlaßt, die aufgebrachten Freunde zu besänftigen. Wir erhielten Dutzende von Briefen, Artikeln, Protesten. Dem Ankläger selbst schrieben seine ehemaligen Freunde einzeln und kollektiv Briefe voller Vorwürfe, einer davon war von unseren gemeinsamen Freunden unterzeichnet (dreiviertel von ihnen stehen jetzt T. näher als uns); in antiker Standhaftigkeit übersandte er uns diesen Brief zur Aufbewahrung in unserer Rüstkammer.

Im Winterpalais hatte die »Glocke« schon vorher das Bürgerrecht erhalten. Im Zusammenhang mit den darin veröffentlichten Aufsätzen befahl der Zar, die Prozeßakten des »Schützen Kotschubej« zu überprüfen, der seinen Verwalter angeschossen hatte. Die Kaiserin weinte über den an sie gerichteten Brief über die Erziehung ihrer Kinder, und es heißt, daß selbst der mutige Staatssekretär Butkow mehrfach in einem Anfall von hochfahrender Selbständigkeit erklärt habe, daß er nichts fürchte, »beklagt euch beim Zaren, macht was ihr wollt, meinetwegen schreibt an die ›Glocke‹ – mir ist alles egal!« Ein Offizier, der bei der Beförderung übergangen worden war, bat uns allen Ernstes, diesen Fall zu veröffentlichen nebst einer besonderen Ermahnung an den Zaren. Die Anekdote von Schtschepkin und Gedeonow habe ich an anderer Stelle wiedergegeben. Ich könnte Dutzende solcher Anekdoten erzählen.

Gortschakow wies erstaunt auf den in der »Glocke« abge-

* geschrieben im Jahre 1865.

5 (franz.) Unbeugsamkeit.

druckten Bericht von der geheimen Sitzung des Staatsrates über die Bauernfrage hin. »Wer konnte denn«, sagte er, »alle Einzelheiten so richtig mitteilen, wenn nicht jemand von den Anwesenden?«

Der Rat wurde unruhig und beriet einmal im geheimen – zwischen »Butkow und Zar« –, wie man die »Glocke« beschwichtigen könnte. Der uneigennützige Murawjow riet, mich zu bestechen; die Giraffe mit den Andreasorden, Panin, zog es vor, mich in den Staatsdienst zu locken. Gortschakow, der zwischen diesen »toten Seelen« die Rolle des Mishujew spielte, zweifelte an meiner Käuflichkeit und fragte Panin: »Was für einen Posten wollen Sie ihm denn anbieten?«

»Den eines stellvertretenden Staatssekretärs.«

»Na, den Posten eines stellvertretenden Staatssekretärs wird er nicht annehmen«, antwortete Gortschakow, und damit war das Schicksal der »Glocke« dem Willen Gottes anheimgestellt.

Und der Wille Gottes offenbarte sich deutlich in einer Flut von Briefen und Zuschriften aus allen Teilen Rußlands. Jeder schrieb, was ihm einfiel: der eine, um sich das Herz zu erleichtern, ein anderer – um sich selbst davon zu überzeugen, daß er ein gefährlicher Mensch sei . . . aber es gab auch Briefe, die in einer Aufwallung von Empörung geschrieben waren, leidenschaftliche Ausrufe, die Gemeinheiten des Alltags enthüllten. Solche Briefe entschädigten für Dutzende »Schreibübungen«, so wie so mancher Besuch für sämtliche »kolonels rüß«.

Im allgemeinen konnte man den Ballast der Briefe in drei Kategorien einteilen: Briefe ohne Tatsachen, aber mit einem großen Überfluß an Seele und Beredsamkeit; Briefe mit obrigkeitlichen Billigungen oder obrigkeitlichen Verweisen, und endlich Briefe mit wichtigtuerischen Mitteilungen aus der Provinz.

II
(1862)

Wieder einmal schlägt es zehn Uhr morgens, wieder einmal höre ich eine fremde Stimme, diesmal jedoch keine kriegerische, tiefe und strenge, sondern eine weibliche, die gereizt, nervös und ein bißchen nach Tränen klingt: »Ich muß ihn unbedingt, ich muß ihn auf jeden Fall sehen . . . Ich gehe nicht fort, ehe ich ihn gesehen habe.«

Und dann tritt ein junges russisches Mädchen oder Fräulein ein, dem ich früher schon einmal begegnet war.

Sie bleibt vor mir stehen und blickt mir unverwandt in die Augen; ihre Gesichtszüge sind traurig, die Wangen brennen; sie entschuldigt sich in Eile und sagt dann: »Ich bin soeben aus Rußland zurückgekehrt, aus Moskau: Ihre Freunde, Menschen, die Sie lieben, haben mir aufgetragen, Ihnen zu sagen, Sie zu bitten . . .« Sie hält inne, die Stimme versagt ihr.

Ich begreife nichts.

»Sollten Sie wirklich, Sie, den wir so heiß liebten, Sie? . . .«

»Ja, um was handelt es sich?«

»Sagen Sie, um Himmels willen, ja oder nein: Waren Sie an dem Brand in Petersburg beteiligt?«

»Ich?«

»Ja, ja, Sie; Sie werden beschuldigt . . . zum mindesten heißt es, daß Sie von diesem frevlerischen Vorhaben wußten.«

»Welch ein Wahnsinn! Und Sie können das im Ernst glauben?«

»Alle sagen es!«

»Wer sind alle? Irgendein Nikolai Filippowitsch Pawlow?« (Meine Vorstellung ging in jenen Zeiten nicht weiter!)

»Nein, Menschen, die Ihnen nahestehen, Menschen, die Sie leidenschaftlich lieben, um ihretwillen müssen Sie sich rechtfertigen; sie leiden, die warten . . .«

»Und Sie selbst glauben daran?«

»Ich weiß es nicht. Deshalb bin ich ja gekommen, weil ich es nicht weiß; ich erwarte von Ihnen eine Erklärung . . .«

»Vor allem beruhigen Sie sich erst einmal, setzen Sie sich und hören Sie mich an. Wenn ich insgeheim an Brandstiftung beteiligt gewesen wäre, wieso sind Sie dann der Meinung, daß ich es Ihnen auf den ersten Anhieb gesagt hätte? Sie haben nicht das Recht und keinen Grund, mir zu glauben . . . Sagen Sie mir lieber, wo es, in allem, was ich geschrieben habe, etwas gibt, ein einziges Wort, das eine so unsinnige Beschuldigung rechtfertigen könnte. Wir sind doch keine Wahnsinnigen, um uns dem russischen Volk durch Brandstiftungen auf dem Trödelmarkt zu empfehlen!«

»Weshalb schweigen Sie denn, weshalb verteidigen Sie sich nicht öffentlich?« bemerkte sie, und in ihren Augen waren Bedenken und Zweifel zu lesen. »Prangern Sie diese Bösewichte in der Presse an, sagen Sie, daß Sie über sie entsetzt sind, daß Sie nichts mit ihnen zu tun haben, oder . . .«

»Oder was? Na, schon gut«, sagte ich lächelnd zu ihr, »hören Sie auf, die Rolle der Charlotte Corday zu spielen; Sie haben keinen Dolch, und ich sitze nicht in der Badewanne. Sie schämen sich, und ihre Freunde schämen sich doppelt, einem solchen Unsinn Glauben zu schenken, für uns aber wäre es beschämend, uns in einer solchen Sache zu rechtfertigen, und dabei vielleicht noch zu versuchen, Menschen unglücklich zu machen und zu beleidigen, die uns gänzlich unbekannt sind, Menschen, die sich jetzt in den Händen der Polizei befinden und die sehr wahrscheinlich ebenso an den Bränden beteiligt gewesen sind wie Sie und ich.«

»So wollen Sie sich entschieden nicht rechtfertigen?«

»Nein.«

»Was soll ich denn nach drüben schreiben?«

»Nun, das, wovon wir beide gesprochen haben.«

Sie holte die letzte Nummer der »Glocke« aus der Tasche und las vor: »Was für ein Feuerkelch des Leidens geht an uns vorüber? Ist dies das Feuer einer wahnwitzigen Zerstörung, eine Strafe, die durch Flammen reinigt? Was hat die Menschen zu einem solchen Mittel greifen lassen und was sind das für Leute? Was für schwere Augenblicke für den Abwesenden, wenn er sich dorthin wendet, wo all seine Liebe ist, all das, wovon der Mensch lebt, und nichts sieht als den stummen Feuerschein?«

»Schreckliche, dunkle Zeilen sind das, die nichts gegen Sie und nichts für Sie aussagen. Glauben Sie mir: Rechtfertigen Sie sich – oder denken Sie an meine Worte: Ihre Freunde und Anhänger werden Sie verlassen.«

Wie also einst der »kolonel rüß« ein Tambourmajor unseres Erfolges gewesen war, so erschien jetzt eine friedliche Charlotte Corday als Verkünderin unseres Zerfalls mit der öffentlichen Meinung, und zudem nach beiden Seiten. Zur selben Zeit, als die Reaktionäre den Kopf hoben und uns Ungeheuer und Brandstifter nannten, nahm ein Teil der Jugend Abschied von uns, als den Menschen, die auf dem Wege zurückgeblieben sind. Die ersteren verachteten wir, die anderen bedauerten wir und warteten traurig darauf, daß die rauhen Wogen des Lebens sie allzuweit Vorausgeschwommenen ins Verderben reißen würden. Wir fürchteten, daß nur ein Teil von ihnen das Ufer wieder erreichen würde.

Die Verleumdung wuchs und verbreitete sich bald, aufgegriffen von der Presse, in ganz Rußland. Erst damals begann die »fiskalische« Periode unserer Journalistik. Ich erinnere mich lebhaft an die

Verwunderung einfacher und anständiger Leute, die durchaus keine Revolutionäre waren, über die gedruckten Denunziationen; das war etwas völlig Neues für sie. Die enthüllende Literatur hatte ihrer Waffe abrupt eine andere Stoßrichtung gegeben und war von heute auf morgen in die Literatur der polizeilichen Haussuchungen und der Ohrenbläserei von Spionen eingeschwenkt.

In der Gesellschaft ging eine Umwälzung vor sich. Die Befreiung der Bauern hatte die einen ernüchtert, die anderen waren einfach der politischen Agitation müde geworden; sie hätten gern die frühere Ruhe wiedergehabt – ihnen verging der Hunger noch vor dem Mittagessen, das mit soviel Plackereien beschafft werden mußte.

Na, ich muß schon sagen: kurz ist unser Atem und lang unsere Ausdauer! – Sieben Jahre Liberalismus haben den ganzen Vorrat an radikalen Bestrebungen aufgezehrt. Alles, was sich seit 1825 in den Geistern angesammelt und zusammengeballt hatte, ist für die Begeisterung und die Vorfreuden verausgabt worden, für den Vorgeschmack künftigen Wohlergehens. Als dann die Bauernbefreiung – in recht begrenztem Umfang – durchgeführt war, schien es den Leuten mit schwachen Nerven, als wäre Rußland zu weit gegangen, als schreite es zu rasch vorwärts.

Zur gleichen Zeit begann die junge und ebendeshalb noch äußerst theoretische radikale Partei immer deutlicher hervorzutreten und die ohnedies verängstigte Gesellschaft in Schrecken zu versetzen. Was diese Partei bereits nach außen hin erkennen ließ, deutete derart extreme Konsequenzen an, daß die Liberalen und die Anhänger einer allmählichen Entwicklung, sich bekreuzigend und ausspukkend, vor ihnen flohen, sich die Ohren zuhielten und sich unter der alten, schmutzigen, aber gewohnten Bettdecke der Polizei verbargen. Die Unbedachtsamkeit der Studenten und die mangelnde Gewohnheit der Gutsherren, andere bis zu Ende anzuhören, mußten dazu führen, daß sie miteinander in Streit gerieten.

Die gerade erst ins Leben gerufene Macht der öffentlichen Meinung gab sich in einem wilden Konservatismus kund; ihre Beteiligung an der gemeinsamen Sache bestand darin, daß sie die Regierung zu schweren Terroraktionen und Verfolgungen veranlaßte.

Unsere Lage wurde immer schwieriger. Auf der schmutzigen Plattform der Reaktion konnten wir nicht stehen, außerhalb derselben verloren wir ständig an Boden. Gleich verirrten Rittern im Märchen warteten wir am Kreuzweg. Gehst du nach rechts – verlierst du das Pferd, bleibst aber selber heil; gehst du nach links –

bleibt das Roß heil, aber du selbst kommst um; gehst du geradeaus vorwärts – verlassen dich alle; gehst du rückwärts – das ist schon ganz unmöglich, denn dort ist für uns der Weg mit Gras zugewachsen. Wenn wenigstens ein Zauberer oder ein Einsiedler erschiene, der die Last der Unschlüssigkeit von uns nähme! . . .

An den Sonntagabenden versammelten sich bei uns die Bekannten, und zwar vorzugsweise die Russen. 1862 hatte sich die Zahl der letzteren sehr vergrößert; zur Ausstellung kamen Kaufleute und Touristen, Journalisten sowie Beamte aller Abteilungen und besonders der Dritten. Eine strenge Auswahl zu treffen war unmöglich; so benachrichtigten wir gute Bekannte, daß sie am folgenden Tage kommen möchten. Die fromme Langeweile des Londoner Sonntags siegte jedoch über die Vorsicht.

Zum Teil waren denn auch diese Sonntage daran schuld, daß es zu dem Unglück kam . . . Doch bevor ich davon spreche, muß ich den Leser mit zwei, drei Exemplaren unserer heimischen Fauna bekanntmachen, die in dem bescheidenen Saal von Orset House erschienen. Unsere Galerie lebender Raritäten aus Rußland war ohne jeden Zweifel bemerkenswerter und interessanter als die russische Abteilung auf der Great Exhibition[6].

Im Jahre 1860 bekam ich aus einem Hotel am Haymarket einen russischen Brief, in dem mich irgendwelche Leute davon in Kenntnis setzten, daß sie Russen seien und sich im Dienste des Fürsten Jurij Nikolajewitsch Golizyn befänden, der Rußland heimlich verlassen habe: »Der Fürst selber ist nach Konstantinopel gereist, uns aber hat er eine andere Route nehmen lassen. Der Fürst hat befohlen, auf ihn zu warten, und uns für wenige Tage Geld gegeben. Mehr als zwei Wochen sind vergangen, vom Fürsten ist nichts zu hören, das Geld ist ausgegeben, der Besitzer des Hotels ist ärgerlich. Wir wissen nicht, was tun; keiner von uns spricht englisch.« In diesem hilflosen Zustande baten sie mich, ihnen aus der Verlegenheit zu helfen.

Ich fuhr zu ihnen und brachte die Sache in Ordnung. Der Hotelbesitzer kannte mich und fand sich bereit, noch eine Woche zu warten.

Etwa fünf Tage danach kam eine elegante Equipage am Portal vorgefahren, gezogen von einem Paar Apfelschimmel. Wie oft hatte ich meinem Personal erklären müssen, daß ich am Vormittag

6 (engl.) Großen Ausstellung.

niemanden empfinge, wie der Betreffende sich auch nennen mochte, meinetwegen Duke, und selbst wenn er mit einem Vierer- oder Sechserzug vorfahre; die Hochachtung vor einer aristokratischen Equipage und vor einem Titel habe ich nicht besiegen können. Diesmal trafen die beiden verführerischen Momente zusammen, und deshalb wurde ich eine Minute später von einem riesigen, dikken Mann mit dem schönen Gesicht eines assyrischen Stier-Gottes umarmt, der mir für meinen Besuch bei seinen Leuten dankte.

Das war Fürst Jurij Nikolajewitsch Golizyn. Einen so großen und charakteristischen Brocken Rußlands, ein derartiges specimen[7] unserer Heimat hatte ich lange nicht zu sehen bekommen.

Er erzählte mir sofort eine unwahrscheinliche Geschichte, die sich aber ganz und gar als wahr erwies: Wie er einem Kanzleischreiber einen Artikel aus der »Glocke« zum Abschreiben gegeben habe und wie er sich von seiner Frau getrennt habe; wie der Schreiber ihn denunziert habe und seine Frau ihm kein Geld schikke; wie der Zar ihn zum ständigen Aufenthalt nach Koslow verbannt habe, daß er sich daraufhin entschlossen habe, ins Ausland zu fliehen und darum ein junges Mädchen, die Gouvernante, den Verwalter, den Chordirigenten und das Stubenmädchen über die moldauische Grenze mit sich genommen habe. In Galaz hatte er noch einen Lakaien aufgegabelt, der gebrochen in fünf Sprachen redete und der ihm wie ein Spion vorkam . . . Zugleich erklärte er mir, daß er ein leidenschaftlicher Musiker sei und in London Konzerte geben würde, deswegen wolle er Ogarjow kennenlernen.

»Bei Ihnen in England ist der Z-Zoll aber sehr hoch«, sagte er leicht stotternd, als er den Kursus seiner allgemeinen Geschichte beendet hatte.

»Vielleicht für Waren«, bemerkte ich, »den Reisenden gegenüber ist das custom-house[8] sehr nachsichtig.«

»Das sage ich ja nicht – ich habe an fünfzehn Shilling für ein Krok-kodil bezahlt.«

»Ja, was ist das denn?«

»Was das ist? Na, einfach ein Krok-kodil.«

Ich machte große Augen und fragte ihn: »Was soll denn das, Fürst, führen Sie statt eines Reisepasses ein Krokodil mit sich, um damit den Gendarmen an den Grenzen Angst einzujagen?«

»Das ist so ein Zufall. Ich ging in Alexandrien spazieren und da

7 (engl.) Muster.
8 (engl.) Zollamt.

verkaufte ein Araberjunge ein Krokodil. Es gefiel mir, und da habe ich es gekauft.«

»Na und den Araberjungen, haben Sie den auch gekauft?«

»Haha! Nein.«

Eine Woche später war der Fürst bereits in Porchester terrace installiert, das heißt in einem sehr teuren Stadtteil, in einem großen Hause. Er begann damit, daß er den Befehl gab, für alle Ewigkeit, entgegen dem englischen Brauch, das Tor weit aufzumachen, und am Portal ständig zwei Apfelschimmel bereithielt. Er fing an, in London in demselben Stil zu leben wie in Koslow, wie in Tambow.

Geld hatte er, selbstverständlich, keines, das heißt, er besaß einige tausend Francs, die für den Anschlagzettel und die Titelseite des Londoner Lebens ausreichten; diese Summe gab er unverzüglich aus, aber er hatte den Leuten Sand in die Augen gestreut und es fertiggebracht, sich für einige Monate sicherzustellen, dank der stumpfsinnigen englischen Vertrauensseligkeit, die die Ausländer des gesamten Kontinents den Briten bis heute nicht austreiben konnten.

Aber der Fürst ging mit Volldampf ans Werk . . . Es begannen die Konzerte. London war verwundert über den fürstlichen Titel auf dem Plakat, und beim zweiten Konzert war der Saal voll (St. James's Hall, Piccadilly). Das Konzert war großartig. Wie Golizyn es fertiggebracht hat, den Chor und das Orchester so gut einzustudieren – das ist sein Geheimnis, aber das Konzert war ein außergewöhnliches. Die russischen Lieder und Kirchengesänge, die »Kamarinskaja« und die Messe, Bruchstücke aus einer Oper von Glinka und aus dem Evangelium (das Vaterunser) – alles wurde hervorragend dargeboten.

Die Damen konnten sich nicht satt sehen an den kolossalen Fleischmassen des schönen assyrischen Gottes, der majestätisch und anmutig sein Zepter aus Elfenbein hob und senkte. Die alten Damen gedachten der athletischen Formen des Zaren Nikolai, der die Londoner Damen am allermeisten mit seinen elchledernen collants[9] der Gardekavallerie, weiß wie der russische Schnee, bezaubert hatte.

Golizyn brachte es fertig, auch aus diesem Erfolg einen Verlust für sich zu machen. Berauscht von dem Beifallsklatschen ließ er sich beim Schluß des ersten Teils des Konzerts einen Korb voll

9 (franz.) enganliegenden Beinkleidern.

Blumensträußen holen (vergessen Sie nicht die Londoner Preise!) und betrat das Podium vor dem Beginn des zweiten Teiles; zwei livrierte Lakaien trugen den Korb, der Fürst dankte den Sängerinnen und Choristinnen und präsentierte jeder von ihnen einen Strauß. Das Publikum quittierte auch diese Galanterie des aristokratischen Kapellmeisters mit donnerndem Beifallsklatschen. Mein Fürst wurde noch großartiger, er blühte geradezu auf, und kaum war das Konzert zu Ende, da lud er sämtliche Musiker zum Abendessen ein.

Man muß, abgesehen von den Preisen, auch die Londoner Bräuche kennen: Um elf Uhr abends ist, sofern man sich nicht morgens angemeldet hat, nirgends ein Abendessen für nahezu fünfzig Personen zu bekommen.

Der assyrische Führer zog mit seinem musikalischen Heer tapfer zu Fuß die Regent Street entlang, klopfte bei verschiedenen Restaurants an die Tür und hatte schließlich Erfolg: Ein Wirt, der die Sachlage richtig erfaßte, zog sich mit kaltem Fleisch und feurigen Weinen aus der Affäre.

In der Folgezeit kam es dann zu jenen Konzerten, die durch alle möglichen Mätzchen, sogar durch politische Tendenzen, gekennzeichnet waren. Jedesmal erdröhnte Herzens Walzer, es erdröhnte »Ogarefs Quadrille« und hinterher die »Emancipation Symphony« . . . Stücke, mit denen der Fürst heute vielleicht auch die Moskauer bezaubert und die wahrscheinlich bei der Übersiedlung aus Albion nichts verloren haben, außer ihren eigenen Namen: Diese konnten leicht durch »Potapoffs Walzer«, »Mina-Walzer«, und späterhin auch durch Komissaroffs Partitur ersetzt werden.

Bei all diesem Rummel war kein Geld da; nichts, womit man bezahlen konnte. Die Lieferanten fingen an zu murren, und daheim begann allmählich ein Spartakusaufstand der Sklaven . . .

Eines Morgens erschien bei mir das Faktotum des Fürsten, sein Verwalter, der sich selbst zum Sekretär ernannt hatte, zusammen mit dem »Regenten«, das heißt nicht mit dem Vater Philipps von Orléans, sondern mit einem blondgelockten russischen Burschen von etwa zweiundzwanzig Jahren, der den Chor dirigierte.

»Wir kommen zu Ihnen, Alexander Iwanowitsch.«

»Was ist passiert?«

»Nun, Jurij Nikolajewitsch behandelt uns sehr schlecht; wir wollen nach Rußland fahren und verlangen die Entlohnung; lassen Sie uns nicht vergeblich auf Ihre Gnade hoffen, treten Sie für uns ein.«

Mir ward zumute wie in der heimatlichen Badestube, wenn kaltes Wasser auf die heißen Steine gegossen wird und der Dampf aufsteigt . . .

»Warum wenden Sie sich denn mit dieser Bitte an mich? Wenn Sie ernste Gründe zu Klagen über den Fürsten haben – dafür gibt es hier für jeden ein Gericht, und zwar ein Gericht, das weder zugunsten eines Fürsten noch zugunsten eines Grafen das Recht beugt.«

»Wir haben in der Tat davon gehört, doch wozu sollen wir zum Gericht gehen? Untersuchen Sie lieber die Sache!«

»Was für einen Nutzen werdet ihr denn davon haben, wenn ich das tue? Der Fürst wird sagen, daß ich mich in fremde Angelegenheiten mische, und ich kann mit langer Nase abziehen. Wollt ihr nicht zum Gericht gehen, dann geht zum Botschafter; nicht mir, sondern ihm sind die Russen in London anvertraut . . .«

»Wohin denn noch? Sobald da russische Herrschaften sitzen – wie wird dann wohl die Verhandlung mit dem Fürsten aussehen; und Sie sind doch für das Volk: daher sind wir auch zu Ihnen gekommen – erweisen Sie uns die Gnade, bringen Sie schon die Sache in Ordnung.«

»Was seid ihr bloß für Leute; der Fürst wird meine Untersuchung ja gar nicht anerkennen, was habt ihr denn dabei gewonnen?«

»Erlauben Sie zu vermelden«, entgegnete voll Lebhaftigkeit der Sekretär, »das wird der Fürst nicht wagen, weil er Sie sehr achtet, und außerdem fürchtet er Sie auch noch: In die ›Glocke‹ zu geraten, macht ihm keinen Spaß – das läßt sein Ehrgefühl nicht zu.«

»Also hört zu, damit wir nicht unnütz Zeit verlieren. Da habt ihr meinen Beschluß: Wenn der Fürst mit meiner Vermittlung einverstanden ist, will ich eure Sache untersuchen, wenn nicht – dann geht ans Gericht; und da ihr weder die Sprache versteht noch wißt, wie man hier eine solche Angelegenheit vor Gericht betreibt, so will ich, damit der Fürst euch bestimmt nicht benachteiligt, euch einen Mann geben, der Englisch kann, sich bei Gericht auskennt und außerdem Russisch spricht.«

»Erlauben Sie . . .« bemerkte der Sekretär.

»Nein, ich erlaube nicht, mein Bester. Leben Sie wohl.«

Während sie zum Fürsten gehen, möchte ich einige Worte über sie sagen. Der Chorleiter zeichnete sich durch nichts als durch seine musikalischen Fähigkeiten aus; er war ein wohlgenährter, feister, dümmlich-schöner und rotbäckiger Bursche aus dem Gesindestand; seine Art, mit einem leichten Schnarren zu sprechen, und die ein bißchen verschlafenen Augen erinnerten mich an eine ganze Reihe – wie im Zauberspiegel – von Saschkas, Senjkas, Aljoschas, Miroschkas. Der Sekretär war gleichfalls ein rein russisches Produkt als Vertreter seines Typs, jedoch weit profilierter. Ein Mann von über Vierzig, mit einem unrasierten Kinn, einem ausgemergelten Gesicht, in einem speckigen Rock, der ganze Mensch – außen und innen – unsauber und schmierig, mit kleinen durchtriebenen Schelmenaugen und dem besonderen Geruch russischer Säufer, der zusammengesetzt ist aus einem chronischen stinkigen Fuselbukett mit einem leisen Hauch von Zwiebel und Nelken zum Überdecken. Jeder einzelne Zug seines Gesichts stellte eine Ermunterung dar für jeglichen hinterhältigen Plan, wollte um Vertrauen für derartige Vorhaben werben, die in seinem Herzen bestimmt Echo und Würdigung und – sollten sie sich als vorteilhaft erweisen – auch seine Hilfe gefunden hätten. Das war die Urgestalt des russischen Beamten, des Schmarotzers, des Amtsschreibers, des Marktschreiers. Als ich ihn fragte, ob er mit der in Vorbereitung befindlichen Bauernbefreiung zufrieden sei, gab er mir zur Antwort: »Gewiß, ohne Zweifel«, und fügte mit einem Seufzer hinzu: »Herrgott, wieviel Prozesse, wieviel Streitsachen wird es geben! Und der Fürst hat mich hierher verschleppt wie zum Hohn, ausgerechnet in solch einer Zeit.«

Vor der Ankunft Golizyns in London hatte er zu mir mit dem Anschein von Herzlichkeit gesagt: »Glauben Sie es nicht, wenn jemand Ihnen von dem Fürsten erzählt, daß er die Bauern bedrücke oder daß er ihnen die Freiheit ohne Land gegen ein großes Lösegeld geben wolle. Das sind alles Feinde, die dergleichen ausstreuen. Nun ja, er ist ein Verschwender und ein Stutzer, dafür hat er ein gutes Herz und war den Bauern ein Vater.«

Doch kaum hatte er sich mit ihm entzweit, beklagte er sich über ihn, verfluchte sein Schicksal, daß »er sich einem solchen Gauner anvertraut hatte . . . der sein Leben lang ein Liederjan gewesen ist und die Bauern ruiniert hat, er verstellt sich jetzt doch nur vor Ihnen so, dabei ist er ein wildes Tier . . . ein Räuber . . .«

»Wann haben Sie denn nun die Unwahrheit gesagt: jetzt oder damals, als Sie ihn lobten?« fragte ich ihn und lächelte.

Der Sekretär wurde verlegen, ich drehte mich um und ging weg.

Wäre dieser Mann nicht im Gesindehaus der Fürsten Golizyn zur Welt gekommen, nicht als Sohn irgendeines »Dorfpolizisten« – bei seinen Fähigkeiten wäre er längst ein Minister, ein Walujew und ich weiß nicht wer geworden.

Eine Stunde später erschienen der Chorleiter und sein Mentor mit einem Briefchen von Golizyn; er entschuldigte sich und bat mich, wenn ich könnte, zu ihm zu kommen, um diesen Streitigkeiten ein Ende zu setzen. Der Fürst versprach im voraus, meine Entscheidung ohne Widerspruch anzunehmen.

Es war nichts zu machen, und ich begab mich zu ihm. Alles im Hause deutete auf eine ungewöhnliche Erregung hin. Der französische Diener Picot öffnete mir eilfertig die Tür und führte mich mit der feierlichen Geschäftigkeit, mit der man einen Arzt zur Konsultation bei einem Sterbenden geleitet, in den Saal. Dort befand sich, aufgeregt und gereizt, die zweite Frau Golizyns; er selbst ging mit Riesenschritten im Zimmer auf und ab, ohne Krawatte, mit nackter Heldenbrust. Er war wütend und stotterte daher noch mehr; seinem ganzen Gesicht war das Leiden anzusehen, das ihm die Notwendigkeit verursachte, sich die Maulschellen, Püffe und Ohrfeigen zu verkneifen, die er gar zu gern losgeworden wäre und mit denen er den Insurgenten eine Antwort erteilt hätte, wäre man im Gouvernement Tambow gewesen.

»Um G-G-Gottes willen, verzeihen Sie mir, daß ich Sie wegen dieser G-G-Gauner belästige . . .«

»Worum geht es?«

»Ich b-b-bitte Sie, fragen Sie sie selbst, ich werde nur zuhören.«

Er rief den Chorleiter, und zwischen uns entwickelte sich folgendes Gespräch: »Sie sind mit etwas unzufrieden?«

»Sehr unzufrieden . . . und ebendeswegen will ich auf jeden Fall nach Rußland fahren.«

Der Fürst, dessen Stimme die Stärke eines Lablache besaß, stieß einen Löwenseufzer aus – noch fünf Maulschellen, die auf sein eigenes Herz zurückfielen.

»Der Fürst kann Sie davon nicht abhalten, sagen Sie also, womit Sie unzufrieden sind.«

»Mit allem, Alexander Iwanowitsch.«

»Nun drücken Sie sich mal etwas genauer aus!«

»Sie fragen mich: womit? Seit ich aus Rußland hierhergekommen bin, weiß ich nicht aus noch ein vor Arbeit, an Gehalt aber habe ich nur zwei Pfund bekommen, und das dritte hat mir der Fürst neulich mehr als Geschenk gegeben.«

»Und wieviel müssen Sie bekommen?«

»Das kann ich nicht sagen . . .«

»Sie bekommen doch ein bestimmtes Gehalt?«

»Durchaus nicht. Als der Fürst geruhte ins Ausland zu fliehen (diese Formulierung war nicht böse gemeint), sagte er zu mir: ›Hast du Lust, mit mir zu fahren, dann‹, sagte er, ›werde ich für dich sorgen, und wenn ich Glück haben werde, gebe ich dir ein großes Gehalt, wenn nicht, mußt du dich auch mit einem kleinen zufriedengeben.‹ Na, und da bin ich mitgefahren.«

Da ist er also unter derartigen Bedingungen aus Tambow nach London gefahren . . . O Rußland!

»Nun, was meinen Sie denn, hat der Fürst Glück gehabt oder nicht?«

»Was denn für ein Glück . . . Natürlich, es könnte alles sein . . .«

»Das ist eine andere Frage. Wenn er kein Glück hat, müssen Sie sich mit einem kleinen Gehalt zufriedengeben.«

»Der Fürst hat aber selber gesagt, daß ich in meiner Stellung, das heißt auch mit meinen Fähigkeiten, in hiesigem Geld nicht weniger als an die vier Pfund im Monat haben müßte.«

»Fürst, möchten Sie ihm vier Pfund für den Monat bezahlen?«

»G-g-gern . . .«

»Die Sache steht ausgezeichnet, was gibt es noch?«

»Der Fürst hat versprochen, daß er mir die Rückreise nach Petersburg bewilligt, wenn ich zurückfahren will.«

Der Fürst nickte und fügte hinzu: »Ja, aber nur in dem Falle, daß ich mit ihm zufrieden sein sollte!«

»Weswegen sind Sie denn unzufrieden mit ihm?«

Jetzt brach der Damm. Der Fürst sprang auf; in tragischem Baß, dem das Klirren einiger Buchstaben und kleine Pausen zwischen den Konsonanten noch mehr Gewicht verliehen, hielt er die folgende Rede: »Ich soll mit ihm z-zufrieden sein, mit diesem M-m-milchbart, mit diesem Grünschnabel?! Mich macht die schmutzige Undankbarkeit dieses Räubers rasend! Ich habe ihn aus der allerärmsten Bauernfamilie, von Läusen zerfressen, barfuß zu mir auf den Hof genommen; ich habe ihn selbst unterrichtet, den Taugenichts, ich habe aus ihm einen M-m-menschen gemacht, einen Musiker, einen Dirigenten; ich habe die Stimme dieser Kanaille ausgebildet, so daß er jetzt in Rußland hundert Rubel Gehalt im Monat kriegt, in der Saison.«

»Das mag alles sein, Jurij Nikolajewitsch, aber ich kann Ihre Ansicht nicht teilen. Weder er noch seine Familie haben Sie gebeten, aus ihm einen Ronconi zu machen, folglich können Sie von seiner Seite auch keine besondere Dankbarkeit verlangen. Sie haben ihn unterrichtet, wie man Nachtigallen unterrichtet, und haben etwas Gutes getan, aber das ist auch alles. Zudem gehört das gar nicht zur Sache ...«

»Sie haben recht ... aber ich wollte sagen: Wie könnte ich so was hinnehmen? Ich habe ihn doch ... diese K-kanaille ...«

»So sind Sie also einverstanden, ihm das Reisegeld zu geben?«

»Der Teufel soll ihn holen – Ihretwegen ... nur Ihretwegen gebe ich's.«

»Nun, damit wäre die Angelegenheit in Ordnung; und wissen Sie, wieviel für die Reise notwendig ist?«

»Es heißt, etwa zwanzig Pfund.«

»Nein, das ist zuviel. Von hier bis Petersburg sind hundert Rubel übergenug. Werden Sie die geben?«

»Ich gebe sie.«

Ich rechnete alles auf einem Stück Papier zusammen und übergab es Golizyn; dieser warf einen Blick auf die Summe – es waren, soweit ich erinnere, gegen dreißig Pfund. Er händigte sie mir unverzüglich ein.

»Sie können doch wohl lesen und schreiben?« fragte ich den Chorleiter.

»Natürlich ...«

Ich schrieb für ihn eine Quittung, etwa so: »Ich habe vom Fürsten J. N. Golizyn dreißig und soundso viel Pfund (in russischem Gelde soundso viel) für das mir schuldig gebliebene Gehalt und die Reise von London nach Petersburg erhalten. Damit bin ich abgefunden und werde keine anderen Forderungen an ihn stellen.«

»Lesen Sie das durch und unterschreiben Sie ...«

Der Chorleiter las, machte jedoch keinerlei Anstalten zum Unterschreiben.

»Woran fehlt's denn noch?«

»Ich kann nicht.«

»Wie, Sie können nicht?«

»Ich bin unzufrieden ...«

Ein unterdrücktes Löwengebrüll – und ich selbst war auch schon drauf und dran, ihn anzuschreien.

»Was ist das für eine Teufelei! Sie haben soeben gesagt, worin Ihre Forderung besteht. Der Fürst hat alles bis auf Heller und Pfennig bezahlt – womit sind Sie denn unzufrieden?«

»Ich bitte Sie – und was habe ich alles ausgestanden, seitdem ich hier bin . . .«

Es war klar, daß die Leichtigkeit, mit der er das Geld bekommen hatte, seinen Appetit anregte.

»Zum Beispiel habe ich noch etwas für das Abschreiben von Noten zu bekommen.«

»Das lügst du!« schrie Golizyn so laut, wie selbst Lablache niemals geschrien hat . . . Zaghaft klang im Flügel das Echo nach, und der bleiche Kopf von Picot zeigte sich im Türspalt, um mit der Schnelligkeit einer erschreckten Eidechse wieder zu verschwinden. – »Gehört etwa das Abschreiben der Noten nicht zu deinen unmittelbaren Pflichten? Und was hättest du denn die ganze Zeit tun sollen, wenn keine Konzerte stattfanden?«

Der Fürst war im Recht, wenn es auch überflüssig gewesen war, Picot mit dem Schall einer Kontra-Baßtuba zu erschrecken.

Der Chorleiter, der an alle möglichen Töne gewöhnt war, gab nicht nach, er ließ das Notenschreiben beiseite und wandte sich an mich mit folgendem Unsinn: »Ja und auch noch wegen der Kleidung: Ich bin völlig abgerissen.«

»Hat Jurij Nikolajewitsch sich denn auch noch verpflichtet, Sie zu kleiden, obwohl er Ihnen an die fünfzig Pfund Gehalt im Jahr zahlt?«

»Nein, aber früher hat der Fürst mir manchmal etwas gegeben, und jetzt, eine Schande, es zu sagen, ist es so weit gekommen, daß ich ohne Socken herumlaufe.«

»Ich laufe selber ohne S-s-s-socken herum!« donnerte der Fürst, und mit auf der Brust verschränkten Armen blickte er stolz und voller Verachtung auf den Chorleiter. Diese überraschende Enthüllung hatte ich denn doch nicht erwartet und sah ihm erstaunt in die Augen. Aber als ich merkte, daß er keine Anstalten machte, fortzufahren, daß der Chorleiter jedoch unbedingt fortfahren würde, sagte ich sehr ernst zu dem edlen Sänger: »Sie sind heute morgen mit der Bitte um meine Vermittlung zu mir gekommen, folglich hatten Sie Vertrauen zu mir?«

»Wir kennen Sie schon lange sehr gut, wir zweifeln kein bißchen an Ihnen, Sie werden uns schon nicht zu Schaden kommen lassen . . .«

»Ausgezeichnet, nun, so entscheide ich den Fall folgendermaßen: Unterschreiben Sie sofort die Quittung, oder geben Sie das Geld zurück; ich werde es dem Fürsten übergeben, und zugleich lehne ich jede weitere Einmischung ab.«

Der Chorleiter hatte keine Lust, die Geldscheine dem Fürsten auszuhändigen, er unterschrieb und bedankte sich bei mir. Ich verschone den Leser mit der Erzählung, wie er die Umrechnung in Rubel vollzog; ich konnte ihm absolut nicht eintrichtern, daß der Rubel nach dem Kursstand jetzt anders gehandelt wurde als damals, als er aus Rußland wegfuhr.

»Wenn Sie meinen, daß ich Sie um anderthalb Pfund betrügen will, dann tun Sie folgendes: Gehen Sie zu unserem Popen und bitten Sie, die Umrechnung für Sie zu machen.« Damit war er einverstanden.

Alles schien erledigt zu sein, und Golizyns Brust hob und senkte sich nicht mehr so drohend und stürmisch, doch das Schicksal wollte es, daß das Finale genauso an die Heimat erinnerte wie der Anfang.

Der Chorleiter druckste eine Weile herum, und plötzlich, als wäre nichts zwischen ihnen gewesen, wandte er sich an Golizyn mit den Worten: »Euer Durchlaucht, da der Dampfer erst in fünf Tagen in Hull abgeht, haben Sie die Gnade – erlauben Sie mir, vorläufig bei Ihnen zu bleiben.«

›Er wird es ihm schön geben, mein Lablache‹, dachte ich bei mir und richtete mich im Innern voller Selbstverleugnung auf die Ohrenschmerzen ein, die ich von dem Gebrüll bekommen mußte.

»Wo zum Teufel sollst du auch hingehen. Selbstverständlich, bleib da.«

Der Chorleiter bedankte sich beim Fürsten und ging fort. Golizyn sagte als Erklärung zu mir: »Er ist doch ein herzensguter Kerl; angestiftet hat ihn nur dieser Gauner, dieser D-dieb . . . dieser ekelhafte Winkeladvokat . . .«

Das wäre etwas für Savigny und Mittermaier! Sollen sie mal die Rechtsvorstellungen in Formeln fassen und zu Normen verallgemeinern, die sich in unserem rechtgläubigen Vaterland zwischen dem Pferdestall, in dem das Gesinde geprügelt wurde, und dem herrschaftlichen Arbeitskabinett, in dem die Bauern ausgeplündert wurden, entwickelt haben!

Die zweite cause célèbre[10], nämlich mit dem »Winkeladvokat«, mißlang. Golizyn war hinausgegangen und fing plötzlich dermaßen an zu schreien – und der Sekretär brüllte nicht weniger –, daß eigentlich nur noch gefehlt hätte, daß man einander »in die Weichen« trat, wobei der Fürst den kahlhäuptigen Rechtsverdreher natürlich beschädigt hätte. Aber weil in diesem Hause sich alles nach den Gesetzen einer besonderen Logik vollzog, so raufte nicht der Fürst mit dem Sekretär, sondern der Sekretär mit der Tür. Nachdem er genug Wut in sich aufgespeichert hatte, versetzte er beim Hinausgehen der großen Glasscheibe in der Tür einen Faustschlag und – zerbrach sie. Diese Scheiben haben gewöhnlich die Stärke eines Fingers.

»Polizei!« schrie Golizyn, »Einbrecher! Polizei!« und warf sich, in den Saal zurückgekehrt, erschöpft auf ein Sofa. Als er ein wenig zu sich gekommen war, erklärte er mir unter anderem, worin die Undankbarkeit des Sekretärs bestand. Dieser Mann war der Bevollmächtigte seines Bruders gewesen und hatte, ich weiß nicht mehr, was es gewesen ist, eine Gaunerei begangen, derzufolge er unbedingt hätte vor Gericht gestellt werden müssen. Er tat Golizyn leid; er dachte sich so sehr in seine Lage hinein, daß er die letzte Uhr versetzte, um ihn aus seinen Schwierigkeiten zu befreien. Und danach, trotzdem er den vollen Beweis hatte, daß er ein Gauner war, nahm er ihn zu sich als Verwalter! – Daß er Golizyn auf Schritt und Tritt betrog, daran kann kein Zweifel bestehen.

Ich fuhr nach Hause. Ein Mann, der mit der Faust eine Spiegelscheibe durchschlagen konnte, war imstande, selber sein Recht zu suchen. Zudem erzählte er mir später, als er mich bat, ihm einen Paß für die Reise nach Rußland zu besorgen, daß er Golizyn stolz die Pistole und das Los um den ersten Schuß angeboten habe.

Wenn das stimmt, dann war die Pistole ganz sicher nicht geladen.

Das letzte Geld des Fürsten ging bei der Niederschlagung des Spartakusaufstandes drauf, und trotzdem geriet er schließlich, wie auch zu erwarten war, wegen seiner Schulden ins Gefängnis. Einen anderen hätte man festgesetzt, und die Sache wäre erledigt gewesen; mit Golizyn ließ sich auch das nicht so einfach machen.

Ein Policeman brachte ihn täglich gegen acht Uhr zum Cremorn Garden; dort dirigierte er, zum Vergnügen der galanten Damen von ganz London, das Konzert, und mit der letzten Bewegung des

10 (franz.) Sensationsprozeß.

Zepters aus Elfenbein wuchs unauffällig ein Polizist aus dem Boden und verließ den Fürsten nicht mehr bis zu dem Moment, da ein Cab den Gefangenen im schwarzen Frack und weißen Handschuhen ins Gefängnis entführte. Als er sich von mir im Garten verabschiedete, hatte er Tränen in den Augen. Armer Fürst! Ein anderer hätte darüber gelacht, er aber nahm sich Haft und Freiheitsentzug sehr zu Herzen. Die Verwandten haben ihn irgendwie ausgelöst. Später gestattete ihm die Regierung, nach Rußland zurückzukehren, und verschickte ihn zuerst nach Jaroslawl, wo er zusammen mit Felinski, dem Warschauer Erzbischof, geistliche Konzerte dirigieren konnte. Die Regierung war ihm besser gesinnt als sein Vater: nicht weniger ein Schlaukopf als sein Sohn, hatte er diesem geraten, ins Kloster zu gehen . . . Der Vater kannte seinen Sohn gut, war er ja selber ein so guter Musiker, daß Beethoven ihm eine seiner Symphonien gewidmet hatte.

Über der prächtigen Gestalt des assyrischen Gottes, des feisten Apollo-Stieres, dürfen wir die Reihe anderer russischer Kuriositäten nicht vergessen.

Ich rede nicht von den vorbeihuschenden Schatten, wie dem »kolonel rüß«, sondern von denen, die hier infolge verschiedener Launen des Schicksals gelandet und für lange in London hängengeblieben sind, wie etwa jener Beamte der Kriegsintendantur, der, in geschäftliche Schwierigkeiten und Schulden geraten, in die Newa sprang, ertrank . . . und in London als Vertriebener auftauchte, im Pelz und in einer Pelzmütze, die er nie ablegte, trotz der feuchten Wärme des Londoner Winters. Oder wie mein Freund Iwan Iwanowitsch Sawitsch, den die Engländer Sewidge nannten und der nur darauf zu warten schien, so wie er war, von Kopf bis Fuß, mit all seinen Antezedenzien und seiner Zukunft, mit einem Kopf, der sozusagen nicht die Haare, sondern die Aasseite des Fells nach außen kehrte, in meine Galerie russischer Seltenheiten aufgenommen zu werden.

Als Leibgardeoffizier des Pawlowskij-Regiments im Ruhestand lebte er in Ländern jenseits der russischen Grenzen in den Tag hinein, und das dauerte bis zur Februarrevolution; da erschrak er und begann, sich selbst als einen Verbrecher zu betrachten; nicht daß ihn das Gewissen quälte, aber ihn quälte der Gedanke an die Gendarmen, denen er an der Grenze, in Kasematten, in der Troika, im Schnee begegnen konnte . . . und so entschloß er sich, die Rückkehr zu verschieben. Plötzlich kam die Nachricht, daß sein Bruder im Zusammenhang mit dem Schewtschenko-Prozeß verhaftet worden sei. Nun wurde es in der Tat gefährlich, und er beschloß, unverzüglich zu reisen. Um diese Zeit lernte ich ihn in Nizza kennen. Sawitsch machte sich auf den Weg, nachdem er sich ein winziges Fläschchen mit Gift gekauft hatte, das er beim Grenzübertritt in einem hohlen Zahn befestigen und im Falle einer Verhaftung zerbeißen wollte.

Je näher er der Heimat kam, um so mehr wuchs seine Angst. In Berlin war sie bereits zur beklemmenden Qual geworden, doch Sawitsch überwand sich und stieg in den Eisenbahnwagen. Nach etwa fünf Haltestellen war es aus mit ihm – er konnte nicht weiterfahren. Die Lokomotive nahm Wasser auf; unter einem Vorwand entgegengesetzter Art verließ er den Wagen . . . Die Lokomotive pfiff, der Zug setzte sich ohne Sawitsch in Bewegung; das war es, was er brauchte. Er überließ den Koffer seinem Schicksal und kehrte mit dem ersten in entgegengesetzter Richtung fahrenden Zug nach Berlin zurück. Von dort telegrafierte er wegen seines Koffers und ließ seinen Paß nach Hamburg visieren. »Gestern sind Sie nach Rußland gefahren, und heute fahren Sie nach Hamburg«, bemerkte der Polizist, der ihm das Visum durchaus nicht verweigerte. Der verängstigte Sawitsch sagte zu ihm: »Briefe – ich habe Briefe bekommen«, und wahrscheinlich war sein Ausdruck derart, daß er seitens des preußischen Beamten einfach ein Dienstversäumnis darstellte, ihn nicht verhaftet zu haben. Dann kam Sawitsch, der sich wie Louis-Philippe in Sicherheit brachte, obwohl ihn niemand verfolgte, nach London. In London begann für ihn, wie für Tausende und aber Tausende anderer, ein schweres Leben; jahrelang hat er redlich und entschlossen mit der Not gekämpft. Doch auch ihm hat das Schicksal eine Bordüre des Komischen an alle tragischen Begebenheiten geheftet. Er entschloß sich, Unterricht in Mathematik, Zeichnen und sogar in der französischen Sprache (für Engländer!) zu geben. Nachdem er sich mit dem einen und anderen beraten hatte, merkte er, daß es ohne eine Annonce oder Visitenkarte nicht abging.

»Aber die Sache hat einen Haken: Was wird die russische Regierung dazu sagen?« . . . Ich überlegte hin und her, na und dann ließ ich anonyme Visitenkarten drucken.

Lange Zeit konnte ich mich nicht genug freuen über den großartigen Einfall – die Möglichkeit einer Visitenkarte ohne Namen war mir nie in den Kopf gekommen.

Mit Hilfe seiner anonymen Visitenkarten, einem großen Haß, beharrlicher Arbeit und einer entsetzlichen Sparsamkeit (er nährte sich ganze Tage lang von Kartoffeln und Brot), brachte er seine Barke von der Sandbank herunter; er begann sich mit Kommissionsgeschäften zu befassen und hatte damit Erfolg.

Und dies gerade zu einer Zeit, als es einem anderen Leibgardeoffizier des Pawlowskij-Regiments überaus schlecht erging. Geschlagen, bestohlen, betrogen, zum Narren gehalten war der Chef des Pawlowskij-Regiments in die Ewigkeit eingegangen. Erleichterungen traten ein, Amnestien wurden erlassen. Auch Sawitsch hätte gern von der kaiserlichen Gnade einen Nutzen gehabt; er schrieb also einen Brief an Brunnow und fragte an, ob er unter die Amnestie falle. Einen Monat später wurde Sawitsch gebeten, in die Botschaft zu kommen. ›Die Sache ist nicht so einfach‹, dachte er, ›einen Monat haben sie nachgedacht.‹

»Wir haben Antwort bekommen«, sagte der Erste Sekretär zu ihm. »Sie haben das Ministerium ungewollt in Schwierigkeiten gebracht: es liegt nichts gegen Sie vor. Es hat sich mit dem Minister für innere Angelegenheiten in Verbindung gesetzt, und auch dort können sie keine Akten über Sie finden. Sagen Sie uns einfach, was mit Ihnen war, es kann ja nichts von Bedeutung gewesen sein!«

»Aber im Jahre 49 ist mein Bruder verhaftet und später verschickt worden.«

»Na und?«

»Weiter nichts.«

›Nein‹, dachte Nikolai bei sich, ›da stimmt etwas nicht‹, und sagte zu Sawitsch, wenn es so stehe, dann wolle das Ministerium von neuem Nachforschungen anstellen. Zwei Monate vergingen. Ich stelle mir vor, was sich in den zwei Monaten in Petersburg abgespielt hat . . . schriftliche Rapporte, Mitteilungen, vertrauliche Erkundigungen, geheime Anfragen aus dem Ministerium bei der Dritten Abteilung, aus der Dritten Abteilung beim Ministerium, Anfragen beim Generalgouverneur von Charkow . . . Rügen, Verweise . . . aber eine Akte über Sawitsch konnten sie nicht finden. Dies teilte das Ministerium denn auch nach London mit.

Brunnow schickte persönlich nach Sawitsch.

»Da«, sagte er, »schauen Sie sich die Antwort an: nirgends ist etwas über Sie zu finden. Sagen Sie mir, in welchen Prozeß Sie verwickelt gewesen sind.«

»Mein Bruder . . .«

»Das habe ich alles gehört, aber Sie selbst, in welchen Prozeß waren Sie verwickelt?«

»Weiter ist nichts passiert.«

Brunnow, der sich von seiner Geburt an nie über etwas gewundert hat, staunte.

»Weshalb bitten Sie denn um Begnadigung, wenn Sie doch nichts getan haben . . .«

»Ich dachte, es wäre immerhin besser . . .«

»Sie benötigen also ganz einfach einen Paß und keine Amnestie.«

Und Brunnow befahl, ihm einen Paß auszustellen.

In seiner Freude kam Sawitsch bei uns angerannt.

Nachdem er ausführlich die ganze Geschichte mit der Amnestie erzählt hatte, nahm er Ogarjow am Arm und führte ihn in den Garten.

»Geben Sie mir um Gottes willen einen Rat«, sagte er zu ihm. »Alexander Iwanowitsch lacht immer über mich . . . das ist nun mal so seine Art; aber er hat ein gutes Herz. Sagen Sie mir offen: Glauben Sie, daß ich, ohne Gefahr zu laufen, über Wien fahren kann?«

Ogarjow machte der guten Meinung von ihm keine Ehre und brach in Gelächter aus. Aber was besagt schon Ogarjows Reaktion – ich kann mir vorstellen, wie Brunnow und Nikolai für zwei Minuten ihre schweren politischen Sorgen vergessen, die Sorgenfalten geglättet und geschmunzelt haben, als der amnestierte Sawitsch das Arbeitskabinett verlassen hatte.

Doch bei all seinen originellen Einfällen war Sawitsch ein anständiger Mensch. Andere Russen, die wer weiß woher auftauchten, die sich ein, zwei Monate in London herumtrieben, die mit selbstgeschriebenen Empfehlungsbriefen bei uns erschienen und wer weiß wohin verschwanden, waren bei weitem nicht so ungefährlich.

Die traurige Angelegenheit, von der ich erzählen will, trug sich im Sommer 1862 zu. Die Reaktion befand sich damals in der Inkubationszeit und kroch erst allmählich aus der inneren, verborgenen Fäulnis hervor. Niemand fürchtete sich, uns zu besuchen, niemand fürchtete sich, die »Glocke« mitzunehmen oder andere Veröffentlichungen von uns, viele prahlten damit, wie meisterhaft sie sie durchschmuggelten. Wenn wir zur Vorsicht rieten, lachte man über uns. Briefe schrieben wir so gut wie gar nicht nach Rußland. Den alten Bekannten hatten wir nichts zu sagen, wir entfernten uns immer weiter von ihnen, mit den neuen Unbekannten korrespondierten wir durch die »Glocke«.

Im Frühjahr kehrte Kelsijew aus Moskau und Petersburg zurück. Seine Reise gehört zweifellos zu den bemerkenswertesten Episoden jener Zeit. Der Mann, der der Polizei unter den Fingern durchgeschlüpft war, der sich kaum verborgen gehalten, an Diskussionen der Altgläubigen und an Kameradschaftsgelagen teilgenommen hatte, mit einem ganz dummen türkischen Paß in der Tasche, und sain et sauf[11] nach London zurückgekehrt war, war ein bißchen außer Rand und Band geraten. Er hatte es sich in den Kopf gesetzt, uns zu Ehren am Tage des fünfjährigen Bestehens der »Glocke« unter Subskription im Restaurant Kühn einen kleinen Schmaus zu veranstalten. Ich bat ihn, das Fest bis zu einer anderen, fröhlicheren Zeit zu verschieben. Er wollte nicht. Das Fest mißlang: es fehlte der entrain[12], und er mußte fehlen – unter den Teilnehmern befanden sich Leute, die uns allzu fern standen.

Man sprach von diesem und jenem, zwischen Trinksprüchen und Anekdoten wurde wie von der allergewöhnlichsten Sache davon gesprochen, daß Wetoschnikow, ein Freund von Kelsijew, nach Petersburg reise und bereit sei, einiges mitzunehmen. Wir gingen spät auseinander. Viele sagten, daß sie am Sonntag zu uns kommen würden. Tatsächlich fand sich dann auch eine ganze Menge Leute ein, darunter eine Anzahl uns völlig unbekannter Gesichter und, zum Unglück, Wetoschnikow selbst; er trat auf mich zu, sagte, daß er am nächsten Morgen abreise, und fragte mich, ob ich Briefe und Aufträge hätte. Bakunin habe ihm schon zwei, drei Briefe gegeben. Ogarjow ging hinunter in sein Zimmer und schrieb einige freundschaftliche Worte an N. Serno-Solowjowitsch; ich fügte einen Gruß hinzu und bat ihn, die Aufmerksamkeit von Tschernyschewskij (an den ich niemals schrieb) auf unser Angebot in der »Glocke« zu lenken, »in London auf meine Kosten den ›Sowremennik‹ zu drucken«. Gegen zwölf Uhr begannen die Gäste auseinanderzugehen; zwei, drei blieben noch. Wetoschnikow kam in mein Arbeitszimmer und nahm den Brief in Empfang. Es ist gut möglich, daß auch dies unbemerkt geblieben wäre. Aber es passierte folgendes: Um den Teilnehmern an dem Diner zu danken,

11 (franz.) gesund und heil.
12 (franz.) erwärmende und belebende Munterkeit.

bat ich sie, nach ihrer Wahl etwas von unseren Druckschriften oder die große Photographie, die Lewizkij von mir gemacht hatte, zur Erinnerung anzunehmen. Wetoschnikow nahm die Photographie; ich riet ihm, den Rand abzuschneiden und das Bild zu einem Röhrchen zusammenzurollen; er wollte das nicht und sagte, daß er es auf den Boden des Koffers legen würde. Er wickelte es daher in einen Bogen der »Times«, und so nahm er es auch mit. Dies konnte nicht unbemerkt bleiben.

Nachdem ich mich von ihm als letztem verabschiedet hatte, ging ich ruhig schlafen – so stark ist manchmal die Verblendung – und dachte natürlich nicht daran, wie teuer mir dieser Augenblick zu stehen kommen und wieviel schlaflose Nächte er mir eintragen würde.

Das alles war in höchstem Grade dumm und unbedachtsam gewesen . . . Man hätte Wetoschnikow bis zum Dienstag zurückhalten, am Sonnabend abreisen lassen sollen. Warum war er nicht am Morgen gekommen? Und überhaupt, weshalb war er selbst gekommen? Und warum haben wir geschrieben?

Es heißt, daß einer der Gäste sofort nach Petersburg telegrafiert habe.

Wetoschnikow wurde auf dem Dampfer verhaftet; das übrige ist bekannt.

Zum Abschluß dieser traurigen Geschichte werde ich noch von einem Menschen berichten, den ich flüchtig erwähnt habe und an dem man nicht vorübergehen darf. Ich spreche von Kelsijew.

Im Jahre 1859 habe ich den ersten Brief von ihm erhalten.

Vierzehntes Kapitel: Die junge russische Emigration

Kaum hatte Kelsijew die Schwelle hinter sich gelassen, klopften neue Menschen, vertrieben von der strengen Kälte des Jahres 1863, an unsere Tür. Sie kamen nicht aus den Werkstätten einer herannahenden Umwälzung, sondern von einer eingestürzten Bühne, auf der sie bereits als Akteure aufgetreten waren. Sie suchten Schutz vor dem äußeren Sturm und suchten nichts im Innern; sie brauchten ein vorläufiges Asyl, bis das Unwetter sich gelegt haben, bis sich aufs neue die Möglichkeit bieten würde, in den Kampf zu gehen. Diese Menschen, die sehr jung waren, hatten mit den Ideen und mit der Ausbildung Schluß gemacht; theoretische Probleme interessierten sie nicht, zum Teil deswegen, weil sie bei ihnen noch nicht aufgetaucht waren, zum Teil auch, weil es bei ihnen um die Anwendung ging. Sie waren materiell geschlagen, hatten aber Beweise ihres Wagemutes gegeben. Ihr Banner hatten sie zusammengerollt, nun galt es für sie, seine Ehre zu bewahren. Daher der sachliche Ton, cassant, raide[1], scharf und ein wenig emphatisch, daher die militärische, ungeduldige Abkehr von langen Erörterungen, von Kritik, die ein wenig gesuchte Geringschätzung gegenüber allem geistlichen Luxus, worunter sie in erster Linie die Künste verstanden . . . Was ging sie jetzt Musik, was Poesie an! »Das Vaterland ist in Gefahr, aux armes, citoyens!«[2] In einigen Fällen waren sie theoretisch im Recht, aber sie brachten nicht den verwickelten und verworrenen Prozeß in Anschlag, durch den die Ideale mit der Wirklichkeit ins Gleichgewicht gebracht werden, und betrachten ihre eigenen Meinungen und Anschauungen ganz selbstverständlich als die Meinungen und Anschauungen von ganz Rußland. Es wäre ungerecht, unsere jungen Steuerleute des künftigen Sturms deswegen anzuklagen. Das ist ein Zug, der allen jungen Menschen gemeinsam ist. Etwa ein Jahr zuvor hatte mir ein Franzose, ein Verehrer von Comte, versichert, daß der Katholizismus in Frankreich nicht existiere, sondern a complètement perdu le terrain[3],

1 (franz.) hochfahrend, unnachgiebig.
2 (franz.) zu den Waffen, Bürger!
3 (franz.) vollkommen den Boden verloren hat.

und berief sich unter anderem auf die medizinische Fakultät – auf Professoren und Studenten, die nicht nur keine Katholiken, sondern nicht einmal Deisten seien.

»Na und jener Teil Frankreichs«, bemerkte ich, »der nicht liest und keine medizinischen Vorlesungen hört?«

»Der Teil hält sich natürlich an die Religion und den Ritus . . . aber mehr aus Gewohnheit und aus Unwissenheit.«

»Das glaube ich schon, aber was machen Sie denn mit ihm?«

»Und was hat das Jahr 1792 gemacht?«

»Nicht viel: die Revolution hat die Kirchen zuerst zugeschlossen, und nachher hat sie sie wieder aufgeschlossen. Erinnern Sie sich an die Antwort, die Augereau Napoleon gab, als das Konkordat gefeiert wurde: ›Gefällt dir die Zeremonie?‹ fragte der Konsul den Jakobiner-General beim Verlassen der Kirche Notre-Dame ›Sehr‹, erwiderte dieser, ›nur schade, daß es keine zweihunderttausend Menschen gibt, die ihr Leben dafür lassen würden, damit derartige Zeremonien unmöglich werden.‹ – ›Ah bas! . . . wir sind klüger geworden und werden die Kirchentüren nicht aufschließen, oder, besser, wir schließen sie überhaupt nicht zu und machen aus den Götzentempeln des Aberglaubens – Schulen.‹«

»L'infâme sera écrasée«[4], beendete ich den Satz und lachte.

»Ja, ohne Zweifel . . . das ist sicher!«

»Aber wir beide werden es nicht erleben – das ist noch sicherer.«

Aus dieser Betrachtung der Umwelt durch ein von persönlichen Sympathien gefärbtes Prisma ist die Hälfte aller Mißerfolge der Revolutionen zu erklären. Das Leben junger Leute spielt sich im allgemeinen in einer Art von lärmerfüllter und exklusiver Absonderung ab, weit weg von dem alltäglichen Kampf aller um persönliche Interessen; allgemeine Wahrheiten fangen sie rasch auf, versagen aber fast immer infolge einer falschen Vorstellung über ihre praktische Anwendungsmöglichkeit.

Anfangs belebten uns die neuen Gäste mit ihren Erzählungen von der Petersburger Bewegung, von den üblen Ausschreitungen der flügge gewordenen Reaktion, von den Prozessen und Verfolgungen, von den Parteien an der Universität und in der Literatur . . . dann, als das alles mit jener Schnelligkeit mitgeteilt war, mit der man sich in solchen Fällen beeilt, alles zu erzählen, traten Pausen

4 (franz.) Die Niedertracht wird ausgerottet werden.

ein, kam der Hiatus . . . unsere Gespräche wurden langweilig und eintönig.

›Sollte es wirklich der Altersunterschied sein‹, dachte ich, ›der zwei Generationen scheidet? Eine Kälte, ausgelöst durch Lebensjahre, durch Müdigkeit und Erfahrungen?‹

Wie dem auch sein mochte, ich fühlte, daß unser Horizont mit dem Auftauchen der neuen Leute sich nicht erweitert, sondern verengt hatte, der Radius der Gespräche war kürzer geworden; so manches Mal hatten wir uns nichts zu sagen. Sie waren in Anspruch genommen von den Einzelheiten ihrer Zirkel, über deren Grenze hinaus sie nichts interessierte. Nachdem sie einmal alles Interessante darüber mitgeteilt hatten, blieb ihnen nichts anderes übrig, als sich zu wiederholen, und sie wiederholten sich auch. Mit der Wissenschaft und Geschäften befaßten sie sich wenig, sie lasen sogar wenig und verfolgten auch die Zeitungen nicht ordentlich. Absorbiert von Erinnerungen und Erwartungen, liebten sie es nicht, sich auf andere Gebiete zu begeben; uns aber mangelte es an Luft in dieser abgeschlossenen Atmosphäre. Wir, die wir durch andere Maßstäbe verwöhnt waren, erstickten.

Hinzu kam, daß sie, wenn sie auch eine gewisse Schicht in Petersburg kannten, Rußland überhaupt nicht kannten und, obgleich sie den aufrichtigen Wunsch hatten, dem Volk näherzukommen, ihm nur durch Bücher und in der Theorie näherkamen.

Das Gemeinsame, das uns verband, war zu allgemein. Zusammengehen, dienen, wie die Franzosen sagen, etwas zusammen tun, das konnten wir, aber zusammen herumstehen und mit müßig im Schoß liegenden Händen dahinleben, das war schwer. An eine ernste Beeinflussung war gar nicht zu denken. Ein krankhaftes und sehr rücksichtsloses Geltungsbedürfnis war längst über alle Stränge geschlagen. Ihr Geltungsbedürfnis war nicht so groß, wie herausfordernd und reizbar, vor allem aber übten sie wenig Zurückhaltung in ihren Worten. Sie waren weder imstande, ihren Neid zu verbergen noch einen gewissen übertriebenen Anspruch auf Ehrenbezeichnungen für den Rang, den sie sich anmaßten. Dabei blickten sie selbst auf alles von oben herab und verspotteten einander ständig; daher dauerten ihre Freundschaften nie länger als einen Monat. Manchmal verlangten sie freilich nach einem Programm, nach Anleitung, aber das war bei aller Aufrichtigkeit nicht das, was sie wirklich wollten. Sie warteten darauf, daß wir ihre eigene Meinung formulierten, und waren nur in dem Falle mit uns einverstanden, wenn das von uns Gesagte dieser Meinung in nichts widersprach. Sie blickten auf uns wie auf ehrwürdige Invaliden, wie auf die Vergangenheit und wunderten sich naiv, daß wir noch gar nicht so sehr hinter ihnen zurückgeblieben waren.

Ich habe stets und in allem – »mehr als den Satan« – Mesalliancen gefürchtet, habe sie stets zugelassen, teils aus Humanität, teils aus Nachlässigkeit, und habe immer unter ihnen gelitten.

Es war nicht schwer vorauszusehen, daß die neuen Verbindungen nicht lange halten und früher oder später reißen würden und dieser Bruch – wenn man den rauhen Charakter der neuen Freunde in Betracht zog – nicht ohne schlimme Folgen abgehen würde.

Die Frage, an der unsere wackligen Beziehungen ins Schwanken gerieten, war eben jene Frage, die gewöhnlich zum Abbruch von Bekanntschaften führt, die mit schlechten Fäden geheftet sind. Ich spreche vom Geld. Da sie weder über meine Mittel noch über meine finanziellen Opfer Bescheid wußten, stellten sie an mich Forderungen, die zu befriedigen ich nicht für richtig hielt. Wenn ich bereits an die fünfzehn Jahre hindurch, trotz aller Mißgeschikke, ohne jede Unterstützung die russische Propaganda durchführen konnte, so war mir das nur deshalb möglich, weil ich andere Ausgaben maßvoll begrenzte. Die neuen Bekannten fanden, daß alles, was ich getan hatte, zuwenig sei, und blickten entrüstet auf einen Mann, der sich für einen Sozialisten ausgab und sein Vermögen nicht unter die Leute aufteilte, die nicht arbeiteten, aber Geld haben wollten. Offensichtlich standen sie noch auf dem unpraktischen Standpunkt der christlichen Mildtätigkeit und der freiwilligen Armut, die sie als praktischen Sozialismus betrachteten.

Versuche mit der Schaffung eines »Gemeinschaftsfonds« erbrachten keine besonderes guten Resultate. Die Russen geben nicht gerne Geld für eine gemeinnützige Sache, wenn nicht der Bau einer Kirche, ein Bankett, ein Saufgelage damit verbunden sind und eine hohe Obrigkeit ihre Billigung dazu gibt.

Als die Geldnot der Emigranten auf ihrem Gipfel stand, verbreitete sich das Gerücht, daß ich im Besitz einer Geldsumme sei, die man mir zu Propagandazwecken eingehändigt habe.

Den jungen Leuten erschien es gerecht, mir dieses Geld wegzunehmen.

Damit man dies versteht, muß ich von einem seltsamen Vorfall erzählen, der sich im Jahre 1858 zugetragen hat.

Eines Morgens bekam ich einen Brief, der sehr kurz war, von einem mir unbekannten Russen; er schrieb, daß er mich »dringend sprechen müsse«, und bat, eine Zeit anzuberaumen. Ich war gerade im Begriff nach London zu fahren; statt jeder Antwort ging ich daher selbst ins Sablonnière-Hotel und fragte nach ihm. Er war zu Hause. Ein junger Mann vom Aussehen eines Kadetten, schüchtern, sehr mißmutig und von jenem besonderen, ziemlich ungeschlachten Äußeren, wie man es bei den siebenten und achten Söhnen von Steppengutsbesitzern antrifft. Er war sehr wenig gesprächig und schwieg fast die ganze Zeit; offenbar hatte er etwas auf dem Herzen, konnte sich aber nicht dazu durchringen es auszusprechen.

Ich ging weg, nachdem ich ihn für zwei, drei Tage darauf zum Mittagessen eingeladen hatte. Noch vor diesem Termin traf ich ihn auf der Straße.

»Darf ich Sie begleiten?« fragte er.

»Natürlich – mir droht keine Gefahr, wohl aber Ihnen, wenn Sie mit mir gehen. Aber London ist groß . . .«

»Ich habe keine Angst . . .« – und da, plötzlich, war der Bann gebrochen, und er sagte rasch: »Ich werde niemals nach Rußland zurückkehren . . . nein, nein, ich kehre keinesfalls nach Rußland zurück . . .«

»Ich bitte Sie, Sie sind so jung.«

»Ich liebe Rußland, ich liebe es sehr; aber dort sind Menschen . . . dort ist für mich kein Leben. Ich will eine Kolonie auf völlig sozialer Grundlage aufbauen; ich habe mir das alles überlegt und fahre jetzt direkt dorthin.«

»Und wohin?«

»Auf die Markesasinseln.«

Ich betrachtete ihn in stummer Verwunderung.

»Ja . . . ja. Das ist eine beschlossene Sache – ich fahre mit dem ersten Dampfer und freue mich daher sehr, daß ich Sie heute getroffen habe. Darf ich Ihnen eine unbescheidene Frage stellen?«

»Soviel Sie wollen.«

»Erzielen Sie einen Gewinn bei Ihren Veröffentlichungen?«

»Was kann es da schon für einen Gewinn geben? Nur gut, daß jetzt die Druckkosten herauskommen.«

»Na und wenn sie einmal nicht herauskommen?«

»Dann werde ich zuzahlen.«

»Also verfolgen Sie mit Ihrer Propaganda keinerlei kommerzielle Ziele?«

Ich brach in Gelächter aus.
»Ja – aber, warum sollen denn Sie allein zuzahlen? Und Ihre Propaganda ist notwendig . . . Verzeihen Sie, ich frage nicht aus Neugierde: als ich Rußland für immer verließ, hatte ich den Gedanken, etwas Nützliches für meine Heimat zu tun, und da habe ich mich entschlossen . . . nur wollte ich vorher von Ihnen selbst hören, wie die Dinge liegen . . . Ja, so habe ich mich denn entschlossen, Ihnen ein wenig Geld zurückzulassen. Für den Fall, daß es für Ihre Druckerei benötigt wird oder für die russische Propaganda überhaupt, Sie können dann darüber verfügen.«
Ich mußte ihn widerum verwundert betrachten.
»Weder die Druckerei noch die Propaganda, noch ich brauchen Geld. Im Gegenteil, es geht alles bergauf, wozu soll ich da Ihr Geld annehmen? Aber, wenn ich es auch ablehne, so erlauben Sie mir doch, Ihnen von Herzen für Ihre gute Absicht zu danken.«
»Nein, das ist eine beschlossene Sache. Ich habe fünfzigtausend Francs; dreißig nehme ich mit mir auf die Inseln, zwanzig gebe ich Ihnen für die Propaganda.«
»Wo soll ich denn damit hin?«
»Nun, wenn Sie das Geld nicht brauchen, geben Sie es mir wieder, wenn ich zurückkehre; sollte ich in etwa zehn Jahren nicht zurückkehren oder sterben, dann benutzen Sie es zur Verstärkung Ihrer Propaganda. Nur«, fügte er nach einigem Überlegen hinzu, »machen Sie, was Sie wollen, aber . . . aber geben Sie nichts meinen Erben. Sind Sie morgen vormittag frei?«
»Das könnte sein.«
»Erweisen Sie mir die Gefälligkeit, führen Sie mich in eine Bank und zu Rothschild; ich kenne mich nicht aus und kann nicht Englisch sprechen und Französisch sehr schlecht. Ich möchte die zwanzigtausend Francs so rasch wie möglich loswerden und abreisen.«
»Nun gut, ich nehme das Geld an, aber unter folgenden Bedingungen: Ich gebe Ihnen eine Quittung . . .«
»Ich brauche keine Quittung . . .«
»Ja, aber ich muß Ihnen eine solche geben, sonst nehme ich Ihr Geld nicht an. Hören Sie doch. Erstens wird in der Quittung zum Ausdruck kommen, daß Sie das Geld nicht mir allein anvertrauen, sondern mir und Ogarjow. Zweitens, da Sie sich vielleicht auf den Markesasinseln langweilen und Sehnsucht nach der Heimat bekommen« (er schüttelte den Kopf) ». . . was kann man wis-

sen . . . darf nichts von dem Zweck darin stehen, für den Sie das Kapital hergeben, sondern wir sagen, daß . . . das Geld mir und Ogarjow zur vollen Verfügung gestellt wird; sollten wir jedoch keine andere Anordnung treffen, dann kaufen wir Ihnen für die ganze Summe Aktien, die von der englischen Regierung garantiert sind, mit einer Verzinsung von fünf Prozent oder so ähnlich. Weiter gebe ich Ihnen mein Wort, daß wir Ihr Geld ohne offenkundige Not für die Propaganda nicht anrühren werden; Sie können in allen Fällen damit rechenen, außer wenn England Bankrott macht.«

»Wenn Sie unbedingt soviel Umstände machen wollen, tun Sie es . . . und morgen holen wir das Geld.«

Der folgende Tag war ungewöhnlich komisch und mühevoll. Es begann mit der Bank und mit Rothschild. Das Geld wurde in Papierscheinen ausgehändigt. Bachmetew hatte anfangs die gut gemeinte Absicht, sie in spanisches Gold oder Silber einzuwechseln. Die Büroangestellten Rothschilds sahen ihn verwundert an, als er jedoch, wie aus einem Schlaf erwachend, plötzlich in einem völlig gebrochenen Franko-Russisch sagte: »Also dann lettre crédit îles Markis[5]«, da wandte sich Kestner, der Direktor des Büros, mir mit einem erschrockenen und zugleich melancholischen Blick zu, der besser als Worte sagte: ›Ist er etwa gefährlich?‹ Zudem hatte noch nie jemand im Hause Rothschilds einen Kreditbrief auf die Markesasinseln verlangt.

Es wurde beschlossen, dreißigtausend in Gold mitzunehmen und nach Hause zu fahren; unterwegs gingen wir in ein Café, und ich stellte eine Quittung aus; Bachmetew seinerseits bestätigte mir, daß er mir achthundert Pfund zu meiner und Ogarjows voller Verfügung übergebe. Dann ging er nach Hause, um irgend etwas zu holen, und ich begab mich in eine Buchhandlung, um dort auf ihn zu warten. Eine Viertelstunde später erschien er, bleich wie Leinwand, und erklärte, daß ihm von den dreißigtausend zweihundertfünfzig Francs, das heißt zehn Livres, fehlten. Er war vollkommen durcheinander. Wie der Verlust von zweihundertfünfzig Francs einen Menschen, der ohne jegliche ernsthafte Garantie zwanzigtausend weggegeben hatte, so umwerfen konnte, das ist wiederum ein psychologisches Rätsel der menschlichen Natur.

»Haben Sie nicht einen Schein zu viel bei sich behalten?«

»Ich habe weiter kein Geld bei mir, ich habe alles Rothschild ge-

5 (franz.) Kreditbrief auf die Markesasinseln.

geben, und hier ist die Quittung: genau achthundert Pfund erhalten.«

Bachmetew, der ganz ohne Not seine Papierscheine in Pfund eingewechselt hatte, schüttete die dreißigtausend Francs auf Tchórzewskis Ladentisch aus; zählte, zählte noch einmal – es fehlten zehn Pfund, und dabei blieb es. Als ich seine Verzweiflung sah, sagte ich zu Tchórzewski: »Ich werde es so machen, daß ich die verfluchten zehn Pfund auf meine Rechnung nehme, denn er hat ja doch ein gutes Werk getan, und wird nun auch noch gestraft.«

»Klagen und reden hilft hier nicht«, fügte ich zu ihm gewandt hinzu, »ich schlage vor, wir fahren sofort zu Rothschild.«

Wir fuhren hin. Es war bereits nach vier und die Kasse geschlossen. Ich ging mit dem verlegenen Bachmetew hinein. Kestner schaute ihn an, nahm lächelnd eine Zehnpfundnote vom Tisch und überreichte sie mir.

»Auf welche Weise ist das passiert?«

»Ihr Freund hat mir beim Geldwechseln statt zwei Fünfpfundnoten zwei Zehnpfundnoten gegeben, und ich habe es nicht gleich bemerkt.«

Bachmetew betrachtete die Scheine lange und sagte dann: »Wie dumm: die zu zehn Pfund und die zu fünf Pfund sind von derselben Farbe – wer kann denn daraufkommen? Sehen Sie, wie gut, daß ich das Geld in Gold umgewechselt habe.«

Beruhigt kam er mit mir zum Mittagessen, und ich versprach ihm, am nächsten Tage zu ihm zu kommen, um Abschied zu nehmen. Er war vollkommen reisefertig. Ein kleines abgeschabtes, unverschließbares Köfferchen, wie es die Kadetten oder Studenten haben, ein zusammengeschnallter Mantel und . . . und dreißigtausend Francs in Gold, eingeknüpft in ein dickes Seidentuch, so wie man es bei uns mit einem Pfund Stachelbeeren oder Nüssen tut.

So reiste dieser Mann auf die Markesasinseln.

»Ich bitte Sie«, sagte ich zu ihm, »Sie können ja totgeschlagen oder ausgeplündert werden, noch ehe Sie die Küste verlassen haben. Legen Sie das Geld lieber in das Köfferchen.«

»Es ist voll.«

»Ich besorge Ihnen eine Reisetasche.«

»Unter keinen Umständen.«

So ist er denn auch weggefahren. In den ersten Tagen dachte ich: ›Womöglich murkst ihn jemand ab, und auf mich fällt der Verdacht, ich hätte den Mörder vorgeschickt.‹

Seit der Zeit ist nichts mehr von ihm zu hören gewesen. Sein Geld habe ich dem Fonds einverleibt mit der festen Absicht, es ohne äußere Not der Druckerei oder Propaganda nicht anzurühren.

In Rußland hat lange Zeit niemand davon gewußt, später gingen unklare Gerüchte um; das hatten wir zwei, drei von unseren Freunden zu verdanken, die ihr Wort gegeben hatten, nicht darüber zu sprechen. Schließlich wurde bekannt, daß das Geld in der Tat vorhanden war und von mir aufbewahrt wurde.

Diese Nachricht fiel unter sie wie ein Apfel der Versuchung, sie wirkte wie ein chronischer Reiz und ein Ferment. Es stellte sich heraus, daß alle dieses Geld brauchten, und ich gab es nicht heraus. Man konnte es mir nicht verzeihen, daß ich nicht mein ganzes Vermögen verloren hatte, und da hatte ich auch noch ein Depot, das mir für die Propaganda zur Verfügung gestellt worden war; und wer war denn Propaganda, wenn nicht sie? Die Summe wuchs bald aus den bescheidenen Francs zu Silberrubeln an, und das reizte diejenigen, die es privat für die gemeinsame Sache verschleudern wollten, noch mehr. Sie waren empört über Bachmetew, daß er das Geld mir anvertraut hatte, und nicht jemand anderem; die am kühnsten waren, behaupteten, daß er aus Unkenntnis so gehandelt habe, daß er das Geld in Wirklichkeit nicht mir, sondern einem Petersburger Zirkel habe zuführen wollen, und daß er es in London mir übergeben habe, weil er nicht wußte, wie er das machen sollte. Die Kühnheit bei diesen Behauptungen war um so bemerkenswerter, als niemand Bachmetews Familiennamen gekannt und niemand von seiner Existenz gewußt hatte, ebensowenig hatte er vor seiner Abreise mit irgend jemandem über sein Vorhaben gesprochen, nach seiner Abreise aber hatte niemand mit ihm gesprochen.

Die einen brauchten dieses Geld zur Entsendung von Emissären, die anderen zur Schaffung von Zentren an der Wolga, dritte zur Herausgabe einer Zeitschrift. Mit der »Glocke« waren sie unzufrieden, und auf unsere Einladung, daran mitzuarbeiten, reagierten sie recht sauer.

Ich weigerte mich entschieden, das Geld herauszugeben, und diejenigen, die es von mir forderten, mögen selber sagen, wo es hingekommen wäre, wenn ich es herausgegeben hätte.

»Bachmetew«, sagte ich, »kann ohne einen Groschen zurückkehren; es ist schwer, Geschäfte zu machen, während man eine sozialkritische Kolonie auf den Markesasinseln aufbaut.«

»Er ist sicher gestorben.«
»Und wenn er, Ihnen zum Trotz, am Leben ist?«
»Aber er hat das Geld doch für die Propaganda gegeben.«
»Einstweilen brauche ich es dazu nicht.«
»Aber wir brauchen es.«
»Und wofür?«
»Jemand muß an die Wolga geschickt werden, jemand nach Odessa.«
»Ich bin nicht der Meinung, daß das so sehr nötig ist.«
»Sie glauben also nicht an die Notwendigkeit, jemanden zu entsenden?«
»Nein, daran glaube ich nicht.«
»Er wird alt und geizig«, sagten die Allerentschlossensten und Rabiatesten in allen Tonarten von mir. »Was sehen wir noch lange zu, man muß ihm das Geld wegnehmen und basta«, fügten die noch Entschlosseneren und Rabiateren hinzu. »Und sollte er Widerstand leisten, dann werden wir ihn so in den Zeitungen durchhecheln, daß er sich merkt, was es heißt, fremdes Geld einzubehalten.«

Ich gab kein Geld her.

In den Zeitungen hechelten sie mich nicht durch. Beschimpfungen in der Presse erschienen erst viel später, aber auch dabei ging es um Geld.

Diese noch Rabiateren, von denen ich sprach, waren jene Ultras, jene ungehobelten und rauhbeinigen Vertreter der »neuen Generation«, die man die Sobakewitsche und Nosdrjows des Nihilismus nennen kann.

So überflüssig so ein Vorbehalt auch sein mag, aber ich mache ihn doch, da ich die Logik und die Art unserer Widersacher kenne. Meine Worte enthalten nicht den geringsten Wunsch, einen Stein auf die junge Generation oder auf den Nihilismus zu werfen. Über den letzteren habe ich viele Male geschrieben. Unsere Sobakewitsche des Nihilismus stellen nicht ihre stärkste Ausdrucksform dar, sondern ihr überspitztes Extrem.* Wer wird denn das Christentum nach den Geißlern des Origenes beurteilen und die Revolution

* Zur selben Zeit waren in Moskau und Petersburg, sogar in Kasan und Charkow unter der Universitätsjugend Kreise im Entstehen, die sich ernsthaft dem wissenschaftlichen Studium widmeten, besonders unter den Medizinern. Sie arbeiteten redlich und gewissenhaft, waren jedoch, da sie sich von einer intensiven Beteiligung an der Tagespolitik fernhielten, nicht gezwungen, Rußland zu verlassen, und wir kannten sie so gut wie gar nicht.

nach den Schlächtern des September und den Robespierreschen Strumpfstrickerinnen?

Die anmaßenden Jünglinge, von denen die Rede ist, verdienen studiert zu werden, weil auch sie einen zeitbedingten Typus darstellen, einen sehr bestimmten, der sich oft wiederholt hat, eine Übergangsform unserer Entwicklungskrankheit, die uns aus der früheren Stagnation herausführt.

Größtenteils verfügten sie nicht über jene Haltung, die die Erziehung verleiht, und jene Disziplin, die man durch ein wissenschaftliches Studium erwirbt. Im ersten Eifer der Befreiung hatten sie sich beeilt, alle Formen der Konvention von sich zu werfen und sämtliche Kautschukkissen, die harte Zusammenstöße verhindern könnten, fortzustoßen. Das erschwerte die einfachsten Beziehungen zu ihnen.

Nachdem sie alles bis zum letzten Fetzen ausgezogen hatten, kamen unsere enfants terribles stolz daher, wie die Mutter sie geboren hatte, und geboren hatte sie sie schlecht, durchaus nicht als brave pausbäckige Burschen, sondern als Erben des miserablen und ungesunden Lebens der unteren Petersburger Schichten. Statt athletischer Muskeln und jugendlicher Nacktheit enthüllten sich traurige Spuren einer vererbten Dyskrasie, Spuren von alten Geschwüren und den verschiedensten Fußblöcken und Halsfesseln. Wenige unter ihnen sind aus dem Volk hervorgegangen. Das Vorzimmer, die Kaserne, das geistliche Seminar, der kleine Gutsbesitz haben sich ins Gegenteil verkehrt, sich dabei aber zugleich auch in Blut und Hirn erhalten, ohne ihre spezifischen Merkmale verloren zu haben. Diesem Umstand wurde, soviel mir bekannt ist, nicht die gebührende Aufmerksamkeit geschenkt.

Einerseits mußte die Reaktion gegen das Alte, Enge, das auf der Welt lastete, die junge Generation in einen Antagonismus zu ihrer Umgebung und in generelle Verneinung des feindlichen Milieus hineintreiben – Maß und Gerechtigkeit sind da nicht zu erwarten. Im Gegenteil, hier wird alles zum Tort getan, hier wird Rache genommen. »Ihr seid Heuchler – wir werden Zyniker sein; ihr wart moralisch in Worten – wir werden in Worten Bösewichte sein; ihr seid höflich gegen die Oberen und grob gegen die Niederen gewesen – wir werden alle grob behandeln; ihr grüßt freundlich, ohne den Betreffenden zu achten; wir werden Püffe versetzen, ohne uns zu entschuldigen; bei euch bestand das Gefühl der Würde einzig in der Schicklichkeit und in äußerer Ehre – wir werden es uns zur

Ehre anrechnen, alle Anstandsregeln mit Füßen zu treten und sämtliche points d'honneur zu verachten.«

Auf der anderen Seite aber war diese von den gewöhnlichen Formen des Zusammenlebens entblößte Persönlichkeit voller ererbter Leiden und Mißförmigkeiten. Indem sie, wie wir schon sagten, alle Hüllen abwarfen, stolzierten die Allerverwegensten im Kostüm des Gogolschen Petuch umher, wobei sie nicht einmal die Pose der Mediceischen Venus bewahrten. Die Nacktheit verbarg nicht, sondern offenbarte, wer sie waren. Sie offenbarte, daß ihre systematische Ungeschliffenheit, ihre grobe und freche Sprache nichts gemein hat mit der keineswegs kränkenden und treuherzigen Grobheit eines Bauern, aber sehr viel mit den Manieren, wie sie bei Amtsschreibern, Ladenschwengeln und in den Lakaienstuben der Gutshäuser üblich sind. Das Volk hat sie ebensowenig zu den Seinen gerechnet wie die Slawophilen in den Pelzkappen. Für das Volk sind sie Fremde geblieben, die niedere Schicht des feindlichen Lagers, heruntergekommene Herrensöhne, stellenlose Kanzlisten, Deutsche russischer Herkunft.

Um die Freiheit zu vollenden, müssen sie ihre Befreiung und das, wovon man befreit wurde, vergessen, alle Gewohnheiten des Milieus, dem sie entwachsen sind, ablegen. Solange dies nicht geschehen ist, werden wir unwillkürlich bei jeder ihrer Bewegungen und bei jedem Wort an das Vorzimmer, die Kaserne, die Kanzlei und das Seminar erinnert werden.

Jemandem beim ersten Widerspruch, wenn nicht mit der Faust, so mit einem Schimpfwort in die Fresse zu schlagen, St. Mill einen rascal[6] zu nennen, wobei man seine ganzen Verdienste vergißt, – sind das nicht jene herrschaftlichen Allüren, die an die Zeit erinnern, als man »wegen eines zerdrückten Jabots den alten Gawrila auf Maul und Bart schlug«? Erkennt man nicht in diesen und ähnlichen Exzessen den Revierwachtmeister, den Kreischef oder den Bezirkschef der Landpolizei, der den Dorfvogt an seinem greisen Bart zerrt? Sehen Sie bei der rüpelhaften Frechheit des Benehmens und der Antworten nicht deutlich die Rüpelei der Nikolaischen Offizierskaste vor sich, und bei Leuten, die von oben herab und mit Geringschätzung von Shakespeare und Puschkin sprechen, nicht die Enkel von Skalosub, die ihre Erziehung im Hause des Großvaters genossen haben, der ihnen »seinen Unteroffizier als Lehrer und Voltaire« geben wollte?

6 (engl.) Spitzbuben.

Selbst der Aussatz der Bestechlichkeit ist erhalten geblieben in der erpresserischen Weise, Geld zu fordern, durch Einschüchterung und Bedrohung, unter dem Vorwand, es für die gemeinsame Sache zu brauchen, in dem Versuch, sich auf Staatskosten ernähren zu lassen, und im Falle einer Ablehnung, sich durch Ränke und Verleumdung zu rächen.

Das alles wird mit der Zeit verarbeitet und vermahlen werden; man kann jedoch nicht umhin zu bekennen, daß die zaristische Vormundschaft sowie die kaiserliche Zivilisation einen merkwürdigen Boden in unserem »finsteren Reich« geschaffen haben. Einen Boden, dessen vielversprechende Schößlinge einerseits von Verehrern der Murawjows und Katkows, andererseits von »Dentisten« des Nihilismus und schonungslosen Basarowschen Horden durchsetzt sind.

Unsere guten Humusäcker brauchen noch viel Dränage!

Fünfzehntes Kapitel: M. Bakunin und die polnische Sache

Ende November erhielten wir von Bakunin den folgenden Brief:

»15. Oktober 1861. San Franzisko. Freunde, es ist mir gelungen, aus Sibirien zu fliehen, und nach langer Wanderschaft am Amur, an der Küste des Tatarensundes entlang und durch Japan bin ich heute in San Franzisko angekommen.

Freunde, mit meinem ganzen Wesen treibt es mich zu euch, und sobald ich da bin, werde ich ans Werk gehen; ich werde bei euch in der polnisch-slawischen Frage mitarbeiten, die seit 1846 meine idée fixe war und in den Jahren 48 und 49 meine Spezialität in der Praxis. Die Vernichtung, die vollkommene Vernichtung der österreichischen Monarchie wird mein letztes Wort sein; ich sage nicht – Werk, das wäre denn doch zu ehrgeizig; um diesem Werk zu dienen, bin ich bereit, ein Trommler zu werden oder sogar ein Profoß, und wenn es mir gelingt, es auch nur um eines Haares Breite vorwärtszubringen, werde ich zufrieden sein. Danach aber kommt die herrliche freie slawische Föderation, der einzige Ausweg für Rußland, die Ukraine, Polen und überhaupt für alle slawischen Völker . . .«

Von seiner Absicht, Sibirien zu verlassen, wußten wir bereits einige Monate vorher.

Gegen Neujahr erschien denn auch höchstselbst Bakunins imposante Gestalt und warf sich in unsere Arme.

In unsere Arbeit, in unseren fest gefügten Zweierbund war ein neues Element eingetreten, oder meinetwegen ein altes Element, ein auferstandener Schatten der vierziger Jahre und mehr noch des Jahres 1848. Bakunin war ganz unverändert; gealtert war er nur körperlich, sein Geist war jung und begeisterungsvoll wie in Moskau zur Zeit der »nächtelangen« Diskussionen mit Chomjakow; er war der einen Idee noch ebenso treu wie einst, ebenso fähig, sich mitreißen zu lassen, in allem die Erfüllung seiner Wünsche und Ideale zu sehen, und mehr denn je bereit zu jedem Versuch, jedem Opfer, weil er fühlte, daß das vor ihm liegende Leben nicht mehr so lang war und daß er sich folglich beeilen mußte und keine Gelegenheit vorübergehen lassen durfte. Langes Studium und das Abwägen pro und kontra fiel ihm lästig, und vertrauensvoll und abstrakt wie früher stürzte er sich auf eine Aufgabe, sofern sie nur ins Zentrum revolutionärer Stürme rief, wenn es zu zerschmettern galt und die Lage bedrohlich war.* Er wiederholte auch immer wieder – wie seinerzeit in den Aufsätzen von Jules Elysar –: *»Die Lust der Zerstörung ist eine schaffende Lust«*. Die Phantasien und Ideale, mit denen zusammen man ihn 1849 auf dem Königstein eingesperrt hatte, hatte er bewahrt, sie unversehrt im Jahre 1861 durch Japan und Kalifornien getragen und mitgebracht. Sogar seine Sprache erinnerte an die besten Aufsätze der »Réforme« und der »Vraie République«, an die scharfen Reden de la Constituante[1] und des Klubs von Blanqui. Der damalige Geist der Parteien, ihre Exklusivität, ihre Symapthien und Antipathien gegenüber Personen und vor allem ihr Glaube an die baldige Wiederkunft der Revolution – alles war vorhanden.

Gefängnis und Verbannung tragen ungemein dazu bei, daß die Kraft starker Menschen erhalten bleibt, sofern sie sie nicht sofort umbringen; sie gehen daraus hervor wie aus einer Ohnmacht, und fahren in derselben Tätigkeit fort, bei der sie das Bewußtsein verlassen hat. Die Dekabristen sind jünger unter dem sibirischen Schnee hervorgekommen und zurückgekehrt als die an der Wurzel zertretene Jugend, die sie empfing. Während zwei Generationen Franzosen sich mehrmals veränderten, rot wurden und wieder weiß, hochgehoben bei Flut und wieder fortgetragen bei Ebbe, blieben Barbès und Blanqui die unverrückbaren Leuchttürme, deren Schein durch die Gitter der Gefängnisse und aus ferner Fremde leuchtete und an die früheren Ideale in all ihrer Reinheit erinnerte.

»Die polnisch-slawische Frage . . . die Zerschmetterung der österreichischen Monarchie . . . die herrliche freie slawische Föderation . . .« Und das alles sogleich, unverzüglich nach der Ankunft in London – und geschrieben wurde es aus San Franzisko, einen Fuß schon auf dem Schiff!

Die europäische Reaktion existierte nicht für Bakunin, es existierten auch nicht die schweren Jahre von 1848 bis 1858 – sie waren ihm in großen Zügen bekannt, aus der Ferne, flüchtig. Er hat in Sibirien davon gelesen, so wie er im Kaidanow von den Punischen

* Über Bakunin siehe Kapitel »Sasonow«.
1 (franz.) der Verfassunggebenden Versammlung.

Kriegen und vom Niedergang des Römischen Reiches gelesen hat. Wie ein Mensch, der nach einer Seuche zurückgekehrt ist, hörte er sich an, wer gestorben war, und seufzte über jeden von ihnen; aber er hat nicht am Bett der Sterbenden gesessen, er hat nicht auf ihre Rettung gehofft und ist nicht hinter ihrem Sarge hergegangen. Ganz im Gegenteil: die Ereignisse von 1848 lagen für ihn noch ganz nahe, waren dem Herzen vertraut, waren in allen Einzelheiten gegenwärtig und lebendig . . . die Gespräche mit Caussidière, die Reden der Slawen auf dem Prager Kongreß, die Debatten mit Arago oder Ruge – dies alles war für Bakunin wie gestern, klang ihm noch in den Ohren, flimmerte vor seinen Augen.

Übrigens ist das, abgesehen vom Gefängnis auch kein Wunder.

Die ersten Tage nach der Februarrevolution waren die besten Tage im Leben Bakunins. Aus Belgien zurückgekehrt, wohin ihn Guizot wegen seiner Rede auf dem polnischen Jahrestag am 29. November 1847 abgeschoben hatte, hatte er sich kopfüber in die hochgehenden Wogen der Revolution gestürzt. Er kam nicht mehr heraus aus den Kasernen der Montagnarden, übernachtete bei ihnen, aß mit ihnen . . . und predigte . . . immerfort predigte er: den Kommunismus et l'égalité du salaire[2], die Nivellierung im Namen der Gleichheit, Befreiung aller Slawen, Vernichtung sämtlicher Österreiche, die Revolution en permanence, Krieg bis zur Ausrottung des letzten Feindes. Caussidière, der Präfekt der Barrikaden, der »Ordnung aus der Unordnung schuf«, wußte nicht, wie er den teuren Prediger loswerden sollte, und schließlich kam er gemeinsam mit Flocon tatsächlich auf die Idee, ihn zu den Slawen zu entsenden, mit brüderlicher Accolade[3] und in der Überzeugung, daß er sich dort das Genick brechen und nicht mehr stören würde. »Quel homme! Quel homme!«[4] sagte Caussidière von Bakunin. »Am ersten Tag der Revolution ist er einfach unbezahlbar, doch am nächsten Tag muß man ihn erschießen.«*

* »Sagen Sie Caussidière«, sagte ich scherzend zu seinen Freunden, »daß Bakunin sich eben dadurch von ihm unterscheidet, daß auch Caussidière ein netter Mensch ist, daß es aber besser wäre, ihn am Vorabend der Revolution zu erschießen.« Später, in London, im Jahre 1854, erinnerte ich ihn einmal daran. Der Präfekt in der Verbannung schlug sich nur mit seiner riesigen Faust an die Heldenbrust, mit einer Kraft, mit der man sonst Pfähle in die Erde rammt, und sagte: »Hier trage ich Bakunin . . . hier!«

2 (franz.) Gleichheit des Lohnes.

3 (franz.) Umarmung.

4 (franz.) Welch ein Mensch! Welch ein Mensch!

Als ich aus Rom nach Paris kam, Anfang Mai 1848, hielt Bakunin bereits in Böhmen schöne Reden, umgeben von altgläubigen Mönchen, Tschechen, Kroaten, Demokraten, und er sprach so lange, bis Fürst Windischgrätz seiner Beredsamkeit mit Kanonen ein Ende machte (und sich die gute Gelegenheit nicht entgehen ließ, bei diesem günstigen Anlaß versehentlich seine Frau zu erschießen). Aus Prag verschwunden, erscheint Bakunin als militärischer Kommandant in Dresden; der ehemalige Artillerieoffizier lehrt die Professoren, Musiker und Pharmazeuten, die zur Waffe gegriffen haben, das Kriegshandwerk . . . er gibt ihnen den Rat, die »Madonna« von Raffael und die Bilder von Murillo auf die Stadtmauern zu stellen und sich mit ihnen vor den Preußen zu schützen, die *zu klassisch gebildet* seien, um es zu wagen, auf Raffael zu schießen.

Seine artilleristischen Kenntnisse haben ihm überhaupt geholfen. Als er von Paris nach Prag unterwegs war, stieß er irgendwo in Deutschland auf einen Bauernaufstand; sie lärmten und schrien vor dem Schloß und wußten sich nicht zu helfen. Bakunin stieg aus dem Wagen, und da er keine Zeit hatte festzustellen, um was es ging, stellte er die Bauern in Reih und Glied auf und gab ihnen so gute Lehren, daß, als er sich wieder in seinen Wagen setzte, um den Weg fortzusetzen, das Schloß an allen vier Ecken brannte.

Bakunin wird einmal seine Faulheit überwinden und sein Versprechen halten: er wird einmal das lange Martyrium erzählen, das für ihn nach der Einnahme Dresdens begonnen hatte. Ich erinnere hier nur an die Hauptzüge. Bakunin war zum Schafott verurteilt worden. Der König von Sachsen ersetzte das Beil durch lebenslängliches Gefängnis, dann lieferte er ihn, ohne jeden Grund, an Österreich aus. Die österreichische Polizei dachte, von ihm etwas über die slawischen Pläne erfahren zu können. Bakunin wurde im Hradschin festgesetzt und, als man nichts erreichte, nach Olmütz geschickt. Unter starker Bedeckung von Dragonern wurde Bakunin gefesselt dorthin geleitet; der Offizier, der sich zu ihm in den Wagen setzte, lud in seiner Gegenwart die Pistole.

»Was soll denn das?« fragte Bakunin. »Glauben Sie wirklich, daß ich unter diesen Bedingungen fliehen kann?«

»Nein, aber Ihre Freunde könnten Sie mit Gewalt entführen; die Regierung hat diesbezüglich Gerüchte gehört, und in einem solchen Falle . . .«

»Was denn?«

» . . . ist mir befohlen, Ihnen eine Kugel in den Kopf zu jagen.«

Und die Kameraden galoppierten los.

In Olmütz wurde Bakunin an die Wand geschmiedet, und in dieser Lage verbrachte er ein halbes Jahr. Österreich bekam es schließlich satt, umsonst einen fremden Verbrecher zu füttern; es bot Rußland an, ihn auszuliefern; Nikolai brauchte Bakunin gar nicht, brachte es aber nicht über sich, abzulehnen. An der russischen Grenze wurden Bakunin die Ketten abgenommen – von diesem Akt der Barmherzigkeit habe ich oft gehört; die Ketten sind ihm in der Tat abgenommen worden, aber die Erzähler vergaßen hinzuzufügen, daß ihm dafür andere, viel schwerere, angelegt wurden. Der österreichische Offizier, der den Häftling übergab, hatte die Ketten als k. u. k. Staatseigentum zurückverlangt.

Nikolai lobte das tapfere Betragen Bakunins in Dresden und setzte ihn in den Alexej-Ravelin. Er schickte Orlow zu ihm und ließ ihm sagen, daß er von ihm einen schriftlichen Bericht über die deutsche und slawische Bewegung wünsche (der Monarch wußte nicht, daß alle Einzelheiten derselben in den Zeitungen abgedruckt waren). Den Bericht verlangte er »nicht als Zar, sondern als Beichtiger«. Bakunin fragte Orlow, wie der Zar das Wort »Beichtiger« verstehe: ob in dem Sinne, daß alles in der Beichte Gesagte ein heiliges Geheimnis bleiben solle? Orlow wußte darauf nichts zu sagen; diese Leute sind überhaupt mehr gewohnt zu fragen als zu antworten. Bakunin schrieb einen journalistischen leading article[5]. Nikolai war auch damit zufrieden. »Er ist ein kluger und guter Kerl, aber ein gefährlicher Mensch, man muß ihn unter Verschluß halten«, und nach diesem allerhöchsten Lob blieb Bakunin auf die Dauer von vollen drei Jahren im Alexej-Ravelin begraben. Die Verpflegung muß wohl gut gewesen sein, wenn auch dieser Gigant dermaßen von Kräften kam, daß er sich das Leben nehmen wollte. 1854 wurde Bakunin nach Schlüsselburg übergeführt. Nikolai fürchtete, daß Charles Napier ihn befreien könnte, doch Charles Napier und Cie befreiten nicht Bakunin vom Ravelin, sondern Rußland von Nikolai. Alexander II. ließ Bakunin trotz eines Anfalls von Gnade und Barmherzigkeit, bis 1857 in der Festung, dann schickte er ihn zur Ansiedlung nach Ostsibirien. In Irkutsk fand er sich nach neunjähriger Haft in der Freiheit wieder. Der Kommandant des Gebiets dort war zum Glück ein origineller Mann, ein Demokrat und Tatar, Liberaler und Despot, ein Verwandter von Michail Bakunin und Michail Murawjow und selbst ein Mura-

5 (engl.) Leitartikel.

wjow, damals noch nicht mit dem Beinnamen Amurskij. Er ließ Bakunin aufatmen, gab ihm die Möglichkeit, menschlich zu leben, Zeitschriften und Zeitungen zu lesen, und träumte selber, gemeinsam mit ihm . . . von künftigen Umwälzungen und Kriegen. Zum Dank ernannte Bakunin insgeheim Murawjow zum Oberbefehlshaber der künftigen Volksarmee, die er ihrerseits zur Vernichtung Österreichs und zur Gründung eines slawischen Bundes bestimmte.

Im Jahre 1860 bat Bakunins Mutter den Zaren für ihren Sohn um die Erlaubnis zur Rückkehr nach Rußland; der Zar sagte, daß »solange er lebe, Bakunin nicht aus Sibirien übergeführt werde«, damit sie aber nicht ohne Trost und kaiserliche Gnade bleibe, erlaubte er ihm, als Schreiber in Staatsdienst zu treten.

Da beschloß Bakunin, die roten Backen und die vierzig Jahre des Kaisers in Betracht ziehend, zu fliehen; ich rechtfertige ihn darin vollkommen. Die letzten Jahre beweisen am besten, daß er in Sibirien nichts mehr zu erwarten hatte. Neun Jahre Kasematten und einige Jahre Verbannung waren mehr als genug. Nicht infolge seiner Flucht, wie es heißt, hatten es die politischen Verbannten schlechter; vielmehr waren die Zeiten schlechter geworden und folglich auch die Menschen. Was für einen Einfluß hatte die Flucht Bakunins darauf, daß Michailow auf abscheuliche Weise verfolgt wurde und daß man ihm schließlich vollends den Garaus machte? Und daß ein Korsakow einen Verweis erhalten hat . . . darüber braucht man kein Wort zu verlieren. Schade, daß es nicht zwei Verweise waren.

Bemerkenswert ist Bakunins Flucht durch ihre räumlichen Entfernungen, im geographischen Sinne ist dies die längste Flucht. Nachdem er sich unter dem Vorwand von Handelsgeschäften bis an den Amur durchgeschlagen hatte, überredete er einen amerikanischen Schiffskapitän, ihn bis zur japanischen Küste mitzunehmen. In Hakodate übernahm es ein anderer amerikanischer Kapitän, ihn nach San Franzisko zu bringen. Bakunin begab sich zu ihm aufs Schiff und traf dort den Seemann bei eifrigen Vorbereitungen zum Mittagessen an; er erwartete einen Ehrengast und lud Bakunin ein. Bakunin nahm die Einladung an und erfuhr erst, als der Gast eingetroffen war, daß dieser der russische Generalkonsul war.

Zum Verbergen war es zu spät, es wäre gefährlich und lächerlich gewesen . . . er knüpfte sogleich ein Gespräch mit ihm an und sagte, daß er um Urlaub zu einer Spazierfahrt gebeten habe. Ein kleines russisches Geschwader, wenn ich mich recht erinnere unter Admiral Popow, lag draußen auf der Reede und war im Begriff, in Richtung Nikolajew abzufahren.

»Kehren Sie nicht mit den Unseren zurück?« fragte der Konsul.

»Ich bin soeben erst angekommen«, erwiderte Bakunin, »und möchte mir noch die Gegend ansehen.«

Nachdem sie zusammen gegessen hatten, gingen sie en bons amis[6] auseinander. Am übernächsten Tag fuhr er auf dem amerikanischen Dampfer an dem russischen Geschwader vorbei . . . Außer dem Ozean gab es keine Gefahr mehr.

Bakunin hatte sich in London kaum umgesehen und eingelebt, das heißt die Bekanntschaft sämtlicher vorhandenen Polen und Russen gemacht, als er sich an die Arbeit begab. Zur Leidenschaft des Predigens und der Agitation . . . vielleicht auch der Demagogie, verbunden mit unaufhörlichen Anstrengungen, Komplotte und Verhandlungen einzufädeln und zu organisieren, Verbindungen anzuknüpfen und ihnen eine ungeheure Bedeutung beizumessen, tritt bei Bakunin die Bereitschaft, als erster an die Ausführung heranzugehen, die Bereitschaft unterzugehen, der Wagemut, alle Konsequenzen auf sich zu nehmen. Das war eine heroische Natur, der die Geschichte die Mitarbeit verweigert hat. Er verschwendete seine Kräfte manchmal für puren Unsinn, so wie der Löwe im Käfig seine Schritte verschwendet, weil er immerfort meint, aus diesem herauszukommen. Aber er war kein Rhetor, der Angst hatte vor der Erfüllung seiner Worte oder der Verwirklichung seiner allgemeinen Theorien auswich . . .

Bakunin besaß viele Mängel. Aber die Mängel waren geringer Art, seine guten Eigenschaften dagegen gewaltig. Ist nicht bereits dieser eine Zug imposant, daß Bakunin, sobald er vom Schicksal, wohin es auch sei, verschlagen worden war und zwei, drei Wesenszüge seiner Umgebung erfaßt hatte, die revolutionäre Strömung separierte und sich unverzüglich daran machte, sie voranzutreiben und das Feuer anzufachen, indem er die Revolution zu einer leidenschafterfüllten Lebensfrage machte?

Man erzählt, daß I. Turgenjew in seinem Rudin das Porträt Bakunins habe zeichnen wollen . . . aber Rudin erinnert kaum an einige Züge Bakunins. Turgenjew hat sich von der biblischen Gewohnheit Gottes hinreißen lassen und Rudin nach seinem Ebenbild geschaffen; Rudin ist ein zweiter Turgenjew, der durch Zu-

6 (franz.) als gute Freunde.

hören den philosophischen Jargon des jungen Bakunin erlernt hat.

In London begann er erstens, die »Glocke« zu revolutionieren, und brachte 1862 gegen uns beinahe dasselbe vor wie 1847 gegen Belinskij. Die bloße Propaganda bedeute wenig, unumgänglich notwendig sei die Umsetzung in die Tat, Zentren und Komitees müßten organisiert werden; es sei nicht genug, ein paar nahe und entfernte Bekannte zu haben, notwendig sei »eine Bruderschaft von Eingeweihten und Halbeingeweihten«, eine Organisation im Lande – selbst eine slawische Organisation, eine polnische Organisation. Bakunin fand, daß wir zu gemäßigt seien und nicht verstünden, die bestehende Lage auszunutzen, daß wir zuwenig geneigt seien, entschiedene Mittel anzuwenden. Er verzagte übrigens nicht und glaubte, daß er uns in kurzer Zeit auf den rechten Weg bringen würde. In Erwartung unserer Bekehrung gruppierte Bakunin um sich selbst einen ganzen Kreis von Slawen. Da waren Tschechen, angefangen bei dem Literaten Frič bis zu einem Musiker, der sich Naprstek[7] nannte, Serben, die sich einfach nach ihrem Vater – Ioanowitsch, Danilowitsch, Petrowitsch nannten; es gab Walachen, die die Funktion von Slawen versahen, mit ihren ewigen esco am Namensende; schließlich waren da ein Bulgare, türkischer Armeearzt, und Polen aller Sprengel – Anhänger von Bonaparte, Mierosławski, Czartoryski –, Demokraten ohne soziale Ideen, aber mit einem Schuß Offiziersblut; katholische Sozialisten, aristokratische Anarchisten und einfach Soldaten, die irgendwo ein bißchen raufen wollten, in Nord- oder Südamerika . . . vorzugsweise aber in Polen.

Bei ihnen erholte sich Bakunin von neunjährigem Schweigen und von der Einsamkeit. Er debattierte, predigte, traf Anordnungen, schrie, entschied, leitete, organisierte und ermunterte den ganzen Tag, die ganze Nacht, ganze vierundzwanzig Stunden lang. In den kurzen freien Augenblicken, die ihm blieben, stürzte er an seinen Schreibtisch, säuberte eine wenig umfangreiche Stelle von der Asche und begann zu schreiben – fünf, zehn, fünfzehn Briefe nach Semipalatinsk und Arad, nach Belgrad und Zargrad, nach Bessarabien, in die Moldau und nach Belokriniza. Mitten im Schreiben warf er die Feder hin und rief irgendeinen zurückgebliebenen Dalmatiner zur Ordnung . . . sodann, ohne seine Rede beendet zu haben, griff er wieder zur Feder und fuhr fort zu schreiben, was

7 (tschech.) Fingerhut.

ihm übrigens dadurch erleichtert wurde, daß er stets von dem schrieb, wovon er auch sprach. Seine Tätigkeit, sein Müßiggang, sein Appetit und alles andere, wie sein gigantischer Wuchs und sein ständiges Schwitzen – das alles war ebensowenig wie er selber von menschlichen Ausmaßen; und er selbst war ein Riese mit einem Löwenkopf, mit einer zerzausten Mähne.

Mit fünfzig Jahren war er noch ganz und gar der nomadisierende Student von der Marossejka-Straße, derselbe obdachlose bohème von der Rue de Bourgogne; unbekümmert um den nächsten Tag und das Geld geringschätzend: Wenn er welches hatte, verschwendete er es nach rechts und links, wenn er keins hatte, lieh er es sich mit jener Selbstverständlichkeit, mit der Kinder es von ihren Eltern entgegenehmen – unbesorgt um die Rückgabe, mit jener Naivität, mit der er selbst bereit war, einem jeden sein letztes Geld zu geben, nachdem er sich die nötige Summe für Zigaretten und Tee beiseite gelegt hatte. Diese Lebensweise bedrückte ihn nicht; er war zum großen Vagabunden geboren, zum großen Obdachlosen. Wenn jemand ihn ernstlich hätte fragen wollen, was er vom Recht des Eigentums halte, hätte er dasselbe sagen können, was Lalande Napoleon auf die Frage nach Gott geantwortet hat: »Sire, es ist bei meiner Arbeit noch niemals vorgekommen, daß ich diese Hypothese gebraucht hätte!«

In ihm war etwas Kindliches, Argloses und Schlichtes, und das verlieh ihm einen ungewöhnlichen Charme, der die Schwachen wie die Starken anzog, nur kleinliche Spießbürger fühlten sich davon abgestoßen.*

Daß er es zu einer Heirat gebracht hat, kann ich mir nur aus der sibirischen Langeweile erklären. Wie ein Heiligtum bewahrte er alle Gewohnheiten und Bräuche der »Heimat«, das heißt des Studentenlebens in Moskau; Haufen von Tabak lagen auf dem Tisch, gewissermaßen vorsorglich als Fourage, unter den Papieren und nicht ausgetrunkenen Teegläsern lag Zigarrenasche . . . vom frühen Morgen an zog der Rauch in dicken Schwaden durch das Zimmer, es war, als sei ein ganzer Chor von Rauchern am Werk, die wie um die Wette rauchten, eilig, keuchend, den Rauch einzie-

* Wenn Bakunin im Streit sich fortreißen ließ unter Donner und Geprassel eine Schimpfkanonade auf den Gegner abfeuerte, die niemandem verziehen worden wäre, wurde ihm das verziehen, und ich war der erste, der das tat. Martjanow pflegte manchmal zu sagen: »Oleksandr Iwanowitsch, Bakunin ist eine rechte Liese, wie sollte man ihr zürnen, sie ist ein Kind!«

hend, mit einem Wort so, wie einzig und allein Russen und Slawen rauchen. Oft habe ich mich an der Verwunderung des Stubenmädchens Grace ergötzt, wenn sie verwirrt und mit einem gewissen Entsetzen mitten in der Nacht bereits zum fünftenmal die volle Zuckerdose und heißes Wasser in diese Werkstatt der slawischen Befreiung hineintrug.

Lange nachdem Bakunin aus London – Nr. 10 Paddington green – abgereist war, erzählte man sich noch von seinem Leben und Treiben, das sich über alle von englischen Spießbürgern hochgehaltenen Begriffe und in geradezu religiöser Weise von ihnen gehüteten Maßstäbe und Formen hinweggesetzt hatte. Beachten Sie dabei, daß das Stubenmädchen und die Wirtin ihn abgöttisch liebten.

»Gestern«, sagte einer seiner Freunde zu Bakunin, »ist der und der aus Rußland gekommen; ein prächtiger Mensch, ehemaliger Offizier . . .«

»Ich habe von ihm gehört, er wurde sehr gelobt.«

»Darf ich ihn herbringen?«

»Unbedingt, aber was heißt herbringen! Wo ist er? Sofort!«

»Er scheint ein bißchen Konstitutionalist zu sein.«

»Kann sein, aber . . .«

»Aber ich weiß, er ist ein ritterlich tapferer und edelmütiger Mensch.«

»Ist er auch zuverlässig?«

»Er wird in Orsett House sehr geschätzt.«

»Gehen wir hin.«

»Wozu denn? Er wollte ja zu Ihnen kommen, wir haben es so verabredet – ich bringe ihn her.«

Bakunin fängt sogleich an zu schreiben; er schreibt, streicht einiges durch, schreibt um und adressiert nach Jassy, versiegelt das Kuvert und beginnt in unruhiger Erwartung im Zimmer auf und ab zu gehen, mit Schritten, unter denen das ganze Haus Nr. 10 Paddington green schwankt.

Der Offizier erscheint – bescheiden und still. Bakunin le met à l'aise[8], spricht wie ein Kamerad, wie ein junger Mensch, versetzt den anderen in Begeisterung, wäscht ihm den Kopf wegen des Konstitutionalismus und fragt plötzlich: »Sie werden es sicher nicht ablehnen, etwas für die gemeinsame Sache zu tun?«

»Ohne Bedenken . . .«

»Hält Sie hier nichts zurück?«

8 (franz.) bittet ihn, Platz zu nehmen.

»Nichts; ich bin eben erst angekommen . . . ich . . .«

»Können Sie morgen, übermorgen mit diesem Brief nach Jassy reisen?«

So was war dem Offizier weder im Felde bei der Armee in Kriegszeiten noch im Generalstab in Friedenszeiten passiert, jedoch – an militärischen Gehorsam gewöhnt – sagte er nach kurzem Schweigen mit nicht ganz sicherer Stimme: »O ja!«

»Das habe ich gewußt. Da ist der Brief, er ist fix und fertig.«

»Ich würde ja ganz gern sofort . . . nur . . .«, der Offizier ist verlegen, » . . . ich habe gar nicht mit dieser Reise gerechnet.«

»Was? Sie haben kein Geld? Warum sagen Sie das nicht gleich? Das hat nichts zu bedeuten. Ich leihe es mir bei Herzen für Sie aus, Sie können es ihm später zurückgeben. Wieviel ist das schon . . . nicht mehr als . . . alles in allem zwanzig Livres. Ich werde ihm gleich schreiben. In Jassy bekommen Sie Geld. Von dort schlagen Sie sich nach dem Kaukasus durch. Wir haben dort einen verläßlichen Menschen besonders nötig . . .«

Der verblüffte, erstaunte Offizier und sein Reisegenosse, verblüfft und erstaunt wie er, gehen fort. Das kleine Mädchen, das für Bakunin die großen diplomatischen Botengänge besorgt, fliegt zu mir durch Regen und Schlackerwetter mit dem Briefchen. Ich habe speziell für die Schokolade en losange[9] vorrätig, um sie in dem Klima ihres Vaterlandes mit irgend etwas zu trösten, daher gebe ich ihr eine große Handvoll und füge hinzu: »Sagen Sie dem hohen gentleman, daß ich persönlich mit ihm sprechen werde.«

In der Tat, der Briefwechsel war überflüssig: zum Mittagessen, das heißt eine Stunde später, erscheint Bakunin.

»Wozu braucht der Bruder die zwanzig Pfund?«

»Sie sind nicht für ihn, für die Sache . . . nicht wahr, er ist ein prachtvoller Mensch!«

»Ich kenne ihn seit einigen Jahren, er war schon früher ein paarmal in London.«

»Eine solche Gelegenheit! Es wäre eine Sünde, sie nicht wahrzunehmen, ich schicke ihn nach Jassy. Und nachher besichtigt er den Kaukasus!«

»Nach Jassy? Und von dort in den Kaukasus?«

»Gleich mußt du wieder Witze machen! Mit Anspielungen wirst du nichts beweisen.«

»Ja, du hast doch in Jassy nichts verloren.«

9 (franz.) in kleinen Täfelchen.

»Woher weißt du das?«

»Ich weiß es deshalb, weil, erstens, niemand etwas in Jassy verloren hat, und zweitens, wenn das der Fall wäre, du mir eine Woche lang damit ständig in den Ohren gelegen hättest. Dir ist ein Mensch in den Weg gelaufen, ein junger, schüchterner, der seine Ergebenheit beweisen will, da hast du dir ausgedacht, ihn nach Jassy zu schicken. Er will die Ausstellung sehen, aber du zeigst ihm die Moldau und die Walachei. Nun, sag mir bloß, wozu?«

»Bist du aber neugierig! Du nimmst keinen Anteil an meinen Angelegenheiten, was für ein Recht hast du dann zu fragen?«

»Das ist wahr, ich bin sogar der Meinung, daß du dieses Geheimnis vor allen verbirgst, nur, ich habe nicht die Absicht, Geld zu geben für Eilboten nach Jassy und Bukarest.«

»Er wird es dir doch zurückgeben, er wird Geld bekommen.«

»Dann soll er es klüger anwenden; genug, genug, den Brief wirst du mit irgendeinem Petresco-Manon-Lescaut wegschicken, und jetzt wollen wir essen.«

Und Bakunin lachte selber, schüttelte den Kopf, der trotz allem am Ende die Oberhand behielt, und gab sich aufmerksam und eifrig bei der Arbeit des Mittagessens hin, nach welcher er jedesmal zu sagen pflegte: »Jetzt ist der glückliche Moment gekommen« – und eine Zigarette anzündete.

Bakunin empfing jedermann, immer und zu jeder Zeit. Häufig schlief er noch, wie Onegin, oder wälzte sich in seinem Bett, das unter ihm knarrte, während bereits zwei, drei Slawen mit verzweifelter Hast in seinem Zimmer rauchten; er erhob sich schwerfällig, übergoß sich mit Wasser und begann im gleichen Augenblick, sie zu belehren; sie langweilten ihn nie und fielen ihm nie zur Last; er konnte ohne zu ermüden, frischen Kopfes mit dem allerklügsten und dem allerdümmsten Menschen reden. Infolge dieser unwählerischen Art ergaben sich oft die allerkomischsten Situationen.

Bakunin stand spät auf; das konnte auch nicht anders sein, da er die Nacht zu Gesprächen und zum Teetrinken verwendete.

Einmal, gegen elf Uhr, hörte er, wie jemand sich in seinem Zimmer zu schaffen macht. Sein Bett stand in einem großen Alkoven hinter einem zugezogenen Vorhang.

»Wer ist da?« schrie Bakunin im Erwachen.

»Ein Russe.«

»Wie heißen Sie?«

»Soundso.«

»Sehr erfreut.«

»Wieso stehen Sie so spät auf – noch dazu als Demokrat.«

Schweigen. Man hört Wasserrauschen . . . Kaskaden.

»Michail Alexandrowitsch!«

»Was gibt es?«

»Ich wollte Sie fragen: Sind Sie in der Kirche getraut?«

»Ja.«

»Das war nicht recht. Was für ein Beispiel von Inkonsequenz – nun will auch Turgenjew seine Tochter verheiraten. Ihr Alten sollt uns durch euer Beispiel belehren.«

»Was erzählen Sie da für einen Unsinn.«

»Nun sagen Sie mir noch eins: Haben Sie aus Liebe geheiratet?«

»Was geht Sie das an?«

»Bei uns ging ein Gerücht um, Sie hätten geheiratet, weil Ihre Braut* reich war.«

»Was soll das, sind Sie gekommen, um mich zu verhören? Scheren Sie sich zum Teufel!«

»Na, nun sind Sie böse geworden, und ich habe es wirklich nur gut gemeint. Leben Sie wohl. Aber ich komme doch noch mal wieder.«

»Gut, gut – nur seien Sie dann gescheiter!«

Inzwischen kam das polnische Ungewitter immer näher heran. Im Herbst 1862 erschien Potebnja für einige Tage in London. Traurig, reinen Herzens, selbstlos dem Wirbelsturm hingegeben, war er gekommen, um in seinem und im Namen seiner Kameraden mit uns zu sprechen und – trotz allem seinen eigenen Weg zu gehen. Immer häufiger erschienen Polen aus dem Lande selbst: Ihre Sprache war bestimmter und schärfer, sie gingen auf die Explosion zu – geradenwegs und bewußt. Im Geiste sah ich voll Entsetzen, daß sie dem unvermeidlichen Untergang entgegengingen.

»Potebnja und seine Kameraden tun mir in der Seele leid«, sagte ich zu Bakunin, »und das um so mehr, als sie wohl kaum den gleichen Weg mit den Polen haben.«

»Doch, doch, sie haben den gleichen Weg«, widersprach Bakunin. »Sollen wir denn ewig dasitzen, die Hände in den Schoß legen und reflektieren? Die Geschichte muß hingenommen werden, wie sie kommt, sonst bleibt man jedesmal entweder zurück oder ist zu weit voraus.«

Bakunin verjüngte sich – er war in seinem Element. Er liebte nicht

* Bakunins Braut brachte keine Mitgift in die Ehe.

nur das Tosen des Aufstandes und den Lärm des Klubs, den Marktplatz und die Barrikaden, er liebte auch die vorbereitende Agitation, dieses erregte und gleichzeitig gebremste Leben der Konspiration, der Beratschlagungen, der Nächte ohne Schlaf, der Verhandlungen, Verträge, Berichtigungen, Chiffren, der chemischen Tinte und der Geheimzeichen. Wer einmal an den Proben zu einer häuslichen Theateraufführung und an den Vorbereitungen zur Weihnachtsfeier teilgenommen hat, der weiß, daß sie den besten und schönsten Teil der Veranstaltung darstellen. Da er aber nicht für die Vorbereitungen zu einer Weihnachtsfeier schwärmte, hatte ich im Herzen ein ungutes Gefühl; ich lag ständig im Streit mit ihm und tat ungewollt Dinge, die ich eigentlich nicht tun wollte.

Hier möchte ich bei einer betrüblichen Frage verweilen. Wie kommt das, woher habe ich die Nachgiebigkeit, wenn auch unter Murren, diese Schwäche verbunden mit Empörung und Protest? Auf der einen Seite die Gewißheit, daß ich so und nicht anders handeln müßte, auf der anderen – die Bereitschaft, ganz anders zu handeln. Dieser Wankelmut, diese Uneinigkeit mit mir selbst, *dieses Zögernde* haben in meinem Leben eine Unmenge Schaden angestiftet und im Bewußtsein nicht einmal den schwachen Trost hinterlassen, daß es sich um einen ungewollten, unbewußten Irrtum gehandelt hat; ich habe à contre-cœur[10] Fehler begangen, bei denen ich das Negative der Angelegenheit klar vor Augen hatte. Ich habe in einem der vorhergehenden Teile von meiner Beteiligung am 13. Juni 1849 erzählt. Das ist ein typisches Beispiel dessen, wovon ich spreche. Keinen Augenblick glaubte ich an einen Erfolg des 13. Juni, ich sah die Sinnlosigkeit der Bewegung und deren Kraftlosigkeit, die Gleichgültigkeit des Volkes, die Wut der Reaktion und das niedrige Niveau der Revolutionäre; ich habe darüber geschrieben und bin trotzdem auf die Straße gegangen, wobei ich mich über die Leute, die hinausgingen, lustig gemacht habe.

Wieviel Mißgeschicke, wieviel Schicksalsschläge weniger hätte es in meinem Leben gegeben, wenn ich in allen wichtigen Fällen die Kraft gehabt hätte, auf mich selbst zu hören. Man warf mir meinen enthusiastischen Charakter vor. Natürlich habe ich mich auch mit fortreißen lassen, aber das ist nicht die Hauptsache. Wenn ich mich auch leicht beeindrucken ließ, so hielt ich doch sogleich inne –

10 (franz.) widerwillig.

Denken, Reflexion und Beobachtung gewannen fast stets die Oberhand in der Theorie, nicht aber in der Praxis. Und darin liegt die ganze Problematik der Frage, warum ich mich nolens volens führen ließ . . . Der Grund meiner raschen Nachgiebigkeit war falsche Scham, waren manchmal aber auch die besten Impulse – Liebe, Freundschaft, Nachsicht . . . doch warum hat das alles über die Logik gesiegt?

Nach Worcells Beerdigung am 5. Februar 1857 als alle, die ihm das Geleit gegeben hatten, auseinandergegangen und nach Hause zurückgekehrt waren, und ich, in mein Zimmer zurückgekehrt, mich betrübt an meinen Schreibtisch setzte, da ging mir die traurige Frage durch den Sinn, ob wir, als wir diesen Gerechten in die Erde senkten, zusammen mit ihm nicht auch alle unsere Beziehungen zur polnischen Emigration begraben haben?

Die mildherzige Persönlichkeit des alten Mannes, der bei den unaufhörlich entstehenden Mißverständnissen als das versöhnende Prinzip auftrat, war nicht mehr, die Mißverständnisse aber waren geblieben. Einzeln, im persönlichen Umgang konnten wir den einen oder anderen Polen lieben, mit ihm befreundet sein, aber im allgemeinen gab es zwischen uns selten eine gleiche Aufassung, und deshalb waren unsere Beziehungen gespannt und mit gutem Gewissen unaufrichtig, wir machten einander Zugeständnisse, das heißt, wir schwächten uns selbst und dezimierten einander gegenseitig beinahe die besten Kräfte.

Zu einer gemeinsamen Auffassung zu gelangen, war unmöglich. Wir gingen von verschiedenen Punkten aus – und unsere Wege kreuzten sich nur im gemeinsamen Haß gegen die Petersburger Willkürherrschaft. Das Ideal der Polen lag hinter ihnen: Sie strebten zu ihrer Vergangenheit zurück, die gewaltsam abgeschnitten worden war, und nur von dort aus konnten sie ihren Weg fortsetzen. Sie besaßen eine Unmenge Reliquien, wir – nur leere Wiegen. In all ihren Taten und in ihrer ganzen Poesie war ebensoviel Verzweiflung wie leuchtender Glaube.

Ihnen geht es um die Auferstehung der Toten, wir wollen die unseren möglichst rasch begraben. Die Formen unseres Denkens, unserer Hoffnung sind ganz anders, unser ganzer Genius, unsere ganze Veranlagung hat keinerlei Ähnlichkeit mit ihrem Wesen. Unsere Vereinigung mit ihnen erschien ihnen bald als mésalliance, bald als eine Verstandesehe. Von unserer Seite gab es mehr Aufrichtigkeit, aber nicht mehr Tiefe – wir erkannten unsere indirekte

Schuld, wir liebten ihren Wagemut und achteten ihren unumstößlichen Protest. Was konnten sie uns lieben, was achten? Sie überwanden für einige Russen eine ehrenvolle Ausnahme.

Im Gefängnisdunkel des Nikolaischen Regimes, als wir zusammen eingesperrt waren, als Gefängniskameraden haben wir mehr Sympathien füreinander gehabt, als wir wußten. Doch kaum hatte sich das Fenster ein wenig geöffnet, da errieten wir, daß man uns von verschiedenen Seiten zusammengeführt hatte und daß wir auf verschiedenen Wegen auseinandergehen würden. Nach dem Krimkrieg atmeten wir freudig auf – sie aber beleidigte unsere Freude: Die neue Luft in Rußland erinnerte sie an ihre Verluste, nicht an ihre Hoffnungen. Bei uns fing die neue Zeit mit hochmütigen Forderungen an, wir strebten ungestüm vorwärts, bereit, alles zu zerbrechen ... bei ihnen begann diese Zeit mit Seelenmessen und Gebeten für die Verstorbenen.

Aber die Regierung schweißte uns ein zweites Mal mit ihnen zusammen. Angesichts der Schüsse auf Priester und Kinder, auf Kruzifixe und Kinder, angesichts der Schüsse auf Hymnen und Gebete verstummten alle Probleme, verwischten sich alle Unterschiede. Unter Tränen und Schluchzen schrieb ich damals eine Reihe von Aufsätzen, die die Polen tief gerührt haben.

Der alte Adam Czartoryski sandte mir vom Sterbelager durch seinen Sohn warmherzige Worte, in Paris überreichte mir eine Deputation der Polen eine Adresse, die von vierhundert Vertriebenen unterschrieben war, zu der von überallher Unterschriften gesandt worden waren, sogar von polnischen Auswanderern, die in Algier und Amerika lebten. Es schien, als stünden wir uns in vielem nahe, doch man brauchte nur um einen Schritt näher heranzutreten – und der Unterschied, ein markanter Unterschied, stach sofort in die Augen.

Einmal saßen Ksawery Branicki, Chojecki und noch einer der Polen bei mir; sie waren alle auf der Durchreise in London und waren gekommen, um mir für diese Aufsätze die Hand zu drücken. Schließlich sprach man von dem Attentat auf Konstantin.

»Dieser Schuß«, sagte ich, »wird uns furchtbar schaden. Die Regierung hätte vielleicht einige Zugeständnisse gemacht, jetzt wird sie nichts zugestehen und doppelt grausam werden.«

»Das ist es ja gerade, was wir wollen«, bemerkte Charles Edmond feurig. »Für uns gibt es kein ärgeres Unglück als Zugeständnisse ... wir wollen den Bruch, den offenen Kampf.«

»Ich wünsche euch von Herzen, daß ihr das nicht bereut.«

Charles Edmond lächelte ironisch, und niemand fügte ein Wort hinzu. Das war im Sommer 1861. Und anderthalb Jahre später sagte Padlewski dasselbe, als er sich über Petersburg nach Polen begab.

Die Würfel waren gefallen!

Bakunin glaubte an die Möglichkeit eines militärisch-bäuerlichen Aufstandes in Rußland, auch wir glaubten zum Teil daran, ja, es glaubte auch die Regierung selber daran, wie sich später durch eine Reihe von Maßnahmen, Artikel auf staatliche Bestellung und Hinrichtungen auf staatlichen Befehl herausgestellt hat. Die Spannung der Geister, die Gärung der Gemüter war unverkennbar, und niemand sah damals voraus, daß man sie abbiegen und auf einen wütenden Patriotismus lenken würde.

Bakunin, der sich beim Abwägen sämtlicher Umstände nicht lange aufhielt, blickte einzig und allein auf das ferne Ziel und nahm den zweiten Monat der Schwangerschaft für den neunten. Er weckte die Begeisterung nicht mit Beweisen, sondern durch den Wunsch. Er wollte glauben, und so glaubte er eben, daß Litauen und die Wolga, der Don und die Ukraine sich wie ein Mann erheben würden, sobald sie von Warschau hörten; er glaubte, daß unsere Altgläubigen sich die katholische Bewegung zunutze machen würden, um die gesetzliche Anerkennung der Kirchenspaltung zu erzwingen.

Daran, daß unter den Offizieren der Regimenter, die in Polen und Litauen standen, die Gesellschaft, der Potebnja angehörte, wuchs und erstarkte – daran konnte es keinen Zweifel geben; aber sie war weit entfernt von der Macht, die ihr vorsätzlich die Polen und naiv Bakunin beimaßen.

Ende September kam Bakunin einmal besonders sorgenvoll zu mir und gab sich ein bißchen feierlich.

»Das Warschauer Zentralkomitee«, sagte er, »hat zwei Mitglieder hergeschickt, damit sie mit uns verhandeln. Den einen von ihnen kennst du, es ist Padlewski; der andere, Giller, ist ein erprobter Kämpfer, er ist in Ketten von Polen bis zu den Bergwerken spaziert und hat sich, kaum zurückgekehrt, aufs neue ans Werk gemacht. Heute abend bringe ich sie zu euch, und morgen versammeln wir uns bei mir – unsere Beziehungen müssen endgültig geregelt werden.«

Damals war meine Antwort an die Offiziere in Satz gegangen.

»Mein Programm ist fertig, ich werde ihnen meinen Brief vorlesen.«

»Ich bin mit deinem Brief einverstanden, du weißt das . . . aber ich weiß nicht, ob ihnen wohl alles gefallen wird; jedenfalls meine ich, daß ihnen das zuwenig sein wird.«

Abends kam Bakunin mit drei Gästen, statt mit zweien. Ich las meinen Brief vor. Während des Gesprächs und der Lektüre saß Bakunin unruhig dabei, wie das bei Verwandten im Examen oder bei Rechtsanwälten der Fall ist, die um ihren Klienten zittern, daß er sich nicht verplappere und das ganze Spiel der Verteidigung zunichte mache, das so gut eingefädelt ist, wenn auch nicht ganz und gar der Wahrheit gemäß, so doch im Hinblick auf einen erfolgreichen Ausgang.

Ich sah es den Gesichtern an, daß Bakunin richtig geraten hatte und daß die Lektüre des Briefes nicht gerade besonders gefiel.

»Zunächst«, bemerkte Giller, »werden wir Ihnen den an Sie gerichteten Brief des Zentralkomitees vorlesen.«

Miłowicz las ihn vor; dieses Dokument, das den Lesern der »Glocke« bekannt ist, war russisch geschrieben – sprachlich nicht ganz einwandfrei, aber klar verständlich. Man hat behauptet, daß ich es aus dem Französischen übersetzt und verändert hätte – das ist nicht wahr. Alle drei sprachen gut russisch.

Der Sinn des Schriftstückes bestand darin, durch uns den Russen zu sagen, daß sie sich bildende polnische Regierung mit uns einverstanden sei und »die Anerkennung des Rechtes der Bauern auf den von ihnen bearbeiteten Boden und die volle Rechtszuständigkeit jedes Volkes, über sein Schicksal selbst zu bestimmen«, ihren Handlungen zugrunde liege. Diese Erklärung, sagte Miłowicz, verpflichtet mich, die fragende und »zweifelnde« Form meines Briefes zu mildern. Ich war mit einigen Änderungen einverstanden und schlug ihnen meinerseits vor, den Gedanken bezüglich der Eigengesetzlichkeit der Provinzen etwas stärker hervorzuheben und klarer auszudrücken. Sie waren damit einverstanden. Dieser Streit um Worte zeigte, daß unsere Einstellung zu ein und denselben Fragen nicht die gleiche war. – Am nächsten Tage saß Bakunin bereits morgens bei mir. Er war unzufrieden mit mir und fand, daß ich zu kühl gewesen sei, gerade als hätte ich kein Vertrauen.

»Was willst du denn noch? Die Polen haben niemals derartige Zugeständnisse gemacht. – Sie drücken sich mit anderen Worten aus, die bei ihnen so selbstverständlich in Gebrauch sind wie der Katechismus; sie können doch nicht, wenn sie die nationale Flagge hissen, beim ersten Schritt das reizbare Volksgefühl beleidigen . . .«

»Mir kommt es immer so vor, als wäre ihnen im Grunde genommen am Bauernboden wenig gelegen, an den Provinzen jedoch allzuviel.«

»Mein lieber Freund, du wirst ein Dokument in Händen haben, das von dir verbessert und in Gegenwart von uns allen unterzeichnet ist, was willst du mehr?«

»Es gibt doch noch einiges.«

»Wie schwer fällt dir doch jeder Schritt – du bist gar kein praktischer Mensch!«

»Das hat vor dir schon Sasonow gesagt.«

Bakunin machte eine resignierte Handbewegung und ging in Ogarjows Zimmer. Ich blickte ihm traurig nach; ich sah, daß er wieder mittendrin steckte in seiner Revolutionstrunksucht, und dann war mit ihm nicht zu reden. Er marschierte mit Siebenmeilenstiefeln über Berge und Meere, über Jahre und Generationen hinweg. Hinter dem Aufstand in Warschau sah er bereits seine »herrliche und slawische Föderation«, von der die Polen teils mit Entsetzen, teils mit Abscheu sprachen; er sah schon das rote Banner der Organisation »Land und Freiheit« im Ural und an der Wolga, in der Ukraine und im Kaukasus flattern, womöglich auf dem Winterpalais und der Peter-Pauls-Festung, und beeilte sich, irgendwie alle Hindernisse aus dem Weg zu räumen, die Widersprüche zu vertuschen, die trennenden Klüfte nicht zuzuschütten, sondern eine Teufelsbrücke über sie zu legen.

»Du bist genau wie ein Diplomat auf dem Wiener Kongreß«, wiederholte Bakunin ärgerlich, als wir nachher bei ihm mit den Vertretern des Rzad[11] verhandelten, »du nörgelst an Worten und Ausdrücken herum. Das ist doch kein Zeitungsartikel, keine Literatur!«

»Ich meinerseits«, bemerkte Giller, »werde nicht um Worte streiten; ändert, was ihr wollt, wenn nur der hauptsächliche Sinn erhalten bleibt.«

»Bravo, Giller!« rief Bakunin freudig aus.

›Na‹, dachte ich bei mir, ›der ist wohlgewappnet hierhergekommen und auf alles vorbereitet, der wird in der Sache um keinen Deut nachgeben, daher gibt er in Worten bei allem nach.‹

11 (poln.) Regierung, Ordnung.

Das Schriftstück wurde verbessert, die Mitglieder des Rzad unterzeichneten, ich schickte es in die Druckerei.

Giller und seine Kameraden waren davon überzeugt, daß wir das Auslandszentrum einer ganzen Organisation darstellten, die von uns abhängig sei und auf unsere Anweisung sich ihnen anschließen würde oder nicht. Bei ihnen ging es in der Tat nicht um Worte und nicht um ein theoretisches Einverständnis, ihre profession de foi konnte sie jederzeit durch entsprechende Auslegungen abschattieren, etwa in der Weise, daß die leuchtenden Farben verlorengingen, ausblichen und sich veränderten.

Daß in Rußland die ersten Keimzellen einer Organisation geschaffen wurden, daran bestand kein Zweifel – die ersten Fäden und Fasern waren mit bloßem Auge zu erkennen; aus diesen Fäden, diesen Knoten konnte in der Stille und mit der Zeit ein weitläufiges Gewebe entstehen, das stimmte schon, aber es war eben noch nicht vorhanden, und jeder heftige Schlag drohte die Arbeit einer ganzen Generation zuschanden zu machen und die ersten zarten Spinnfäden des Netzes zu zerreißen.

Das alles habe ich auch zu Giller und seinen Kameraden gesagt, nachdem ich den Brief des Komitees zur Druckerei geschickt hatte und mit ihnen über das Unzeitgemäße ihres Aufstandes sprach. Padlewski kannte Petersburg nur zu gut, um sich über meine Worte zu wundern, obgleich er mir versicherte, daß die Stärke und die Verzweigungen der Gesellschaft »Land und Freiheit« viel weiter gingen, als wir dächten; aber Giller wurde nachdenklich.

»Sie haben geglaubt«, sagte ich lächelnd zu ihm, »daß wir stärker wären . . . Ja, Giller, Sie haben sich nicht geirrt: wir sind im Besitz einer großen und aktiven Stärke, aber diese Stärke beruht einzig und allein auf der öffentlichen Meinung, das heißt, sie kann sich jederzeit verflüchtigen; wir sind stark durch die Sympathien, die uns entgegengebracht werden, im Unisono mit den Unseren. Eine Organisation, der wir sagen könnten: ›Geh nach rechts oder links‹ – besteht nicht.«

»Aber lieber Freund . . . es ist doch . . .«, fing Bakunin an, der aufgeregt im Zimmer auf und ab ging.

»Na sag doch, besteht sie etwa?« fragte ich ihn und hielt inne.

»Nun, wie man's nennen will; natürlich, wenn man die äußere Form nimmt . . . das liegt gar nicht im russischen Charakter . . . Aber siehst du . . .«

»Erlaube mir, zu Ende zu sprechen – ich will Giller erklären, warum ich so auf Worten bestehe. Wenn in Rußland auf eurem Banner nicht die Landzuteilung und die Freiheit für die Provinzen steht, dann wird unsere Sympathie euch keinerlei Nutzen bringen, uns aber wird sie ins Verderben reißen . . . weil unsere ganze Stärke auf einem einheitlichen Herzschlag beruht; bei uns schlägt das Herz vielleicht ein wenig rascher, und darum ist es um eine Sekunde voraus vor unseren Freunden, aber sie sind mit uns durch Sympathie verbunden, nicht durch Verpflichtung!«

»Sie werden mit uns zufrieden sein«, sagten Giller und Padlewski.

Am übernächsten Tag reisten zwei von ihnen nach Warschau, der dritte fuhr nach Paris.

Es trat die Stille vor dem Sturm ein. Eine schlaffe und schwere Zeit, in der es immer aussah, als würde die Wolke vorüberziehen, jedoch sie näherte sich ständig; da kam der Ukas von der »einer bestimmten Absicht dienenden« Rekrutenaushebung – das war der letzte Tropfen; Leute, die noch vor dem entscheidenden und unwiderruflichen Schritt gezögert hatten, drängten zum Kampf. Jetzt begannen auch die Weißen auf die Seite der Bewegung überzugehen.

Padlewski traf wieder in London ein. Man wartete zwei, drei Tage. Die Anweisung zur Rekrutenaushebung wurde nicht zurückgenommen. Padlewski reiste nach Polen.

Bakunin schickte sich an, nach Stockholm zu reisen (ganz unabhängig von der Expedition Łapinskis, an die damals noch niemand dachte). Potebnja tauchte für ganz kurze Zeit auf und verschwand wieder, gleich nach Bakunin.

Zur gleichen Zeit wie Potebnja traf aus Petersburg über Warschau der Bevollmächtigte der Gesellschaft »Land und Freiheit« ein. Voller Entrüstung erzählte er, daß die Polen, die ihn nach Warschau eingeladen hatten, überhaupt nichts unternommen hätten. Er war der erste Russe, der den Beginn des Aufstandes gesehen hatte. Er berichtete von der Ermordung von Soldaten, von einem verwundeten Offizier, der Mitglied der Gesellschaft war. Die Soldaten glaubten, es handele sich um Verrat, und begannen wütend auf die Polen einzuschlagen. Padlewski – Oberkommandierender in Kowno – raufte sich die Haare . . . wagte jedoch nicht, offen gegen seine eigenen Leute vorzugehen.

Der Bevollmächtigte war erfüllt von der Wichtigkeit seiner Mission und bot uns an, Agenten der Gesellschaft »Land und Freiheit« zu werden. Ich lehnte dies ab, zur großen Verwunderung nicht nur Bakunins, sondern auch von Ogarjow. Ich sagte, daß mir diese abgedroschene französische Bezeichnung nicht gefalle. Der Bevollmächtigte behandelte uns so, wie die Kommissare des Konvents im Jahre 1793 die Generale in den weit entfernt stehenden Armeen behandelt hatten. Mir gefiel auch dies nicht.

»Seid ihr viele?« fragte ich.

»Das ist schwer zu sagen . . . einige hundert Leute in Petersburg und an die dreitausend in den Provinzen.«

»Glaubst du das?« fragte ich später Ogarjow.

Er schwieg.

»Glaubst du es?« fragte ich Bakunin.

»Natürlich, er hat ein bißchen übertrieben . . . na, wenn's jetzt nicht so viele sind, so später!« – Und er lachte.

»Das ist eine andere Sache.«

»Es geht doch aber darum, daß die schwachen Anfänge genützt werden; wenn sie stark wären, brauchten sie uns nicht«, bemerkte Ogarjow, der in solchen Fällen stets mit meinem Skeptizismus unzufrieden war.

»Dann hätten sie aber auch zu uns kommen und offen sagen müssen, daß sie schwach sind und eine freundschaftliche Hilfe wünschen, statt uns eine alberne Agentur anzubieten.«

»Das ist die Jugend«, fügte Bakunin hinzu und reiste nach Schweden.

Nach ihm reiste auch Potebnja ab. Tief bekümmert und bedrückt nahm ich von ihm Abschied; ich zweifelte keine Sekunde, daß er seinem Untergang entgegenging.

Einige Tage vor Bakunins Abreise kam Martjanow, bleicher als gewöhnlich, trauriger als gewöhnlich; er setzte sich in eine Ecke und schwieg. Er litt unter der Sehnsucht nach Rußland und trug sich mit dem Gedanken an eine Rückkehr in die Heimat. Es wurde über den Aufstand gestritten. Martjanow hörte schweigend zu, erhob sich dann, wollte gehen und sagte plötzlich, vor mir stehenbleibend, düster zu mir: »Seien Sie mir nicht böse, Oleksandr Iwanowitsch – ob so oder anders, aber der ›Glocke‹, der haben Sie den Garaus gemacht. Wozu haben Sie es nötig gehabt, sich in die polnischen Angelegenheiten einzumischen. Die Polen sind vielleicht sogar im Recht, aber das ist ihre eigene, adlige Sache – nicht Ihre. Um uns war es Ihnen nicht leid, Gott mit Ihnen, Oleksandr Iwanowitsch. Denken Sie an das, was ich gesagt habe. Ich selber werde es nicht erleben, ich geh zurück nach Hause. Hier habe ich nichts zu tun.«

»Weder werden Sie nach Rußland gehen, noch ist es mit der ›Glocke‹ aus«, gab ich ihm zur Antwort.

Er ging schweigend fort und ließ mich unter dem schweren Druck einer zweiten Prophezeiung zurück und mit dem dunklen Gefühl, daß irgend etwas falsch gemacht worden war.

Martjanow tat, was er gesagt hatte: Er kehrte im Frühjahr 1863 zurück, um in den Bergwerken bei der Zwangsarbeit zu sterben; sein »Landesvater« hat ihn dorthin geschickt, für seine Liebe zu Rußland, für seinen Glauben an ihn.

Ende 1863 sank der Absatz der »Glocke« von zweitausendfünfhundert, zweitausend Exemplaren auf fünfhundert herab und hat sich nie wieder über tausend erhoben.

Die Charlotte Corday aus Orjol und der bäuerliche Daniel haben recht gehabt!

(Geschrieben Ende 1865 in Montreux und Lausanne).

Sechzehntes Kapitel: Ohne Verbindung

Lausanne

Ich bin auf der Durchreise in Lausanne. In Lausanne sind alle auf der Durchreise, außer den Ureinwohnern.

In Lausanne wohnen keine Fremden, trotz seiner herrlichen Umgebung und obwohl es die Engländer einmal entdeckt haben: einmal nach dem Tode Cromwells, einmal zu Gibbons Lebzeiten und jetzt, indem sie dort Häuser und Villen bauen. Die Touristen wohnen nur in Genf.

Der Gedanke an diese Stadt ist für mich unlösbar mit dem Gedanken an den allerkältesten und -trockensten großen Mann verknüpft und an den allerkältesten und -trockensten Wind – an Calvin und an die Bise. Ich kann alle beide nicht ausstehen.

Dabei haben bei jedem Genfer die Bise und Calvin ihren deutlichen Eindruck hinterlassen, haben sie ihn doch geistig und körperlich vom Tage seiner Geburt, vom Tage der Empfängnis an und sogar noch früher – der eine aus den Bergen, der andere aus den Gebetbüchern – angeweht.

Die Spur dieser beiden Formen von Erkältung bildet in Verbindung mit verschiedenen durch die Grenzlage bedingten Mischungselementen – savoyischen, wallisischen, vor allem aber französischen – den Grundcharakter des Genfers, einen guten zwar, aber nicht gerade besonders angenehmen.

Übrigens, ich beschreibe jetzt Reiseeindrücke, in Genf jedoch wohne ich. Ich werde über diese Stadt schreiben, sobald ich aus der Entfernung die künstlerische Perspektive habe . . .

In Fribourg kam ich gegen zehn Uhr abends an – direkt vor dem *Zähringhof*. Derselbe Wirt im schwarzen Samtkäppchen, der mich schon im Jahre 1851 empfangen hatte, mit dem gleichen regelmäßigen und hochmütig-höflichen Gesicht eines russischen Oberzeremonienmeisters oder eines englischen Portiers, trat an den Omnibus heran und beglückwünschte uns zu unserer Ankunft.

Und auch der Speisesaal war noch wie früher, mit denselben netten viereckigen, mit rotem Samt bezogenen Sofachen.

Vierzehn Jahre waren an Fribourg vorübergegangen wie vierzehn Tage! Derselbe Stolz noch auf die Orgel in der Kathedrale, derselbe Stolz auf die Kettenbrücke.

Der Hauch eines neuen Geistes, eines unruhigen Geistes, der, aufgewirbelt von den Äquinoktialstürmen des Jahres 1848, die Scheidewände verschob und hundert Dinge auf einmal begann, hatte die geistig und physisch abseits stehenden Städte, wie das jesuitische Fribourg und das pietistische Neuchatel, wenig berührt. Diese Städte bewegten sich auch vorwärts, aber mit Schildkrötentempo, sie waren besser geworden, aber uns erschienen sie rückständig in ihrem steinernen Kleid, das nicht nach der Mode genäht war. Freilich war auch in dem früheren Leben vieles gar nicht so schlecht und außerdem dauerhafter, bequemer: Es war besser für eine kleine Anzahl Auserwählter berechnet, und ebendeshalb entspricht es nicht mehr der riesigen Zahl der neu Geladenen, die weitaus nicht so verwöhnt sind und so schwierig in ihrem Geschmack.

Selbstverständlich könnte man bei dem gegenwärtigen Stand der Technik, bei den täglich neuen Entdeckungen, mit den erleichternden Mitteln das neue Leben behaglich und großzügig gestalten. Aber der westliche Mensch, der über ein warmes Plätzchen verfügt, begnügt sich mit wenigem. Überhaupt hat man ihn verleumdet, und hauptsächlich er selbst war es, der sich jenen Hang zum Komfort und jene Verwöhnung angedichtet hat, von denen immer geredet wird. Das alles ist bei ihm Rhetorik und Phrase, so wie alles übrige auch; er hat ja doch freie Institutionen besessen ohne frei zu sein, warum sollte er nicht eine glanzvolle Umgebung für ein enges und unbeholfenes Leben haben. Es gibt Ausnahmen. Was kann man nicht alles bei englischen Aristokraten, bei französischen Kameliendamen, bei den judäischen Fürsten dieser Welt finden . . . Doch ist das alles etwas Individuelles und Vorübergehendes: die Lords und Bankiers haben keine Zukunft, und die Kameliendamen keine Nachkommen. Wir sprechen von der ganzen Welt, von der goldenen Mittelmäßigkeit, vom Chor und vom Corps de ballet, das jetzt auf der Bühne steht und sein Leben genießt, und lassen dabei den Vater des Lord Stanley, dessen tägliche Einkünfte an die zwanzigtausend Francs betragen, außer acht, ebenso den Vater jenes zwölfjährigen Kindes, das sich in diesen

Tagen in die Themse gestürzt hat, um den Eltern die Ernährung der Familie zu erleichtern.

Ein alter, reich gewordener Kleinbürger spricht gern von den Annehmlichkeiten des Lebens; für ihn ist das alles noch neu: daß er ein Herr ist, qu'il a ses aises[1], daß seine Mittel ihm das erlauben, daß ihn dies nicht ruiniert. Er bewundert das Geld und kennt seinen Wert und seine Flüchtigkeit, während seine Vorgänger in bezug auf den Reichtum weder an die Möglichkeit seiner Erschöpfung glaubten noch an seinen Wert, und sich darum ruinierten. Aber sie ruinierten sich mit Geschmack. Beim »bourgeois« findet man wenig Sinn dafür, die gesparten Kapitalien großzügig zu verwenden. Die Gewohnheit des früheren, ererbten, engen geizigen Lebensstils ist geblieben. Er wird vielleicht auch große Summen ausgeben, aber nicht für das, was nötig wäre. Die Generation, die ihr Leben hinter dem Ladentisch zugebracht hat, war nicht imstande, sich jene Maßstäbe und jene Lebensart anzueignen, die eine gewisse Behaglichkeit gewährleisten, und doch darf sie nicht zurückstehen. Bei diesen Leuten scheinen alle Dinge nur dazu gemacht, um verkauft zu werden, und natürlich haben sie die Absicht, möglichst viele Vorteile herauszuschlagen, einen klingenden Gewinn und ein gewisses Ansehen. Der »propriétaire«[2] verringert instinktiv die Größe der Zimmer und vergrößert ihre Zahl, ohne zu wissen, warum er kleine Fenster macht und niedrige Decken; er nützt jeden Winkel aus, um ihn dem Mieter oder seiner Familie vorzuenthalten. Er braucht diesen Winkel nicht, aber für alle Fälle nimmt er ihn irgend jemandem weg. Mit besonderem Vergnügen baut er zwei unbequeme Küchen, statt einer richtigen, baut er für das Dienstmädchen eine Mansarde, in der man weder arbeiten noch sich umdrehen kann, aber dafür ist es dort feucht. Für diese Ersparnis an Licht und Raum schmückt er die Fassade, überlädt er den Salon mit Möbeln und legt vor dem Hause einen Blumengarten mit einem Springbrunnen an – eine Strafe für die Kinder, ihre Wärterinnen, die Hunde und die Mieter.

Was die Knickerigkeit noch nicht ganz verdorben hat, das besorgte die Unbehendigkeit des Verstandes. Der Strom der Wissenschaft, der den trüben Teich des alltäglichen Lebens durchpflügt, ohne sich mit ihm zu vermischen, wirft die Reichtümer nach rechts und nach links aus, aber die kleinbürgerlichen Bootfahrer verste-

1 (franz.) daß er seine Bequemlichkeiten hat.
2 (franz.) Besitzer, Hausbesitzer.

hen es nicht, sie herauszufischen. Der ganze Nutzen kommt den Großhändlern zugute und wird dann tropfenweise für die anderen abfiltriert; die Großhändler verändern die Erdkugel, neben ihren Lokomotiven aber schleppt sich das private Leben in einer alten Reisekutsche, mit eigenen Schindmähren dahin . . . Ein Kamin, der nicht raucht, bleibt ein Traum; ein Genfer Hauswirt sagte beruhigend zu mir: »Dieser Kamin raucht nur, wenn die Bise weht«, das heißt gerade dann, wenn am meisten geheizt werden muß, und diese Bise wird hingestellt, als wäre sie eine Zufälligkeit oder eine neue Erfindung, als ob sie nicht bereits vor Calvins Geburt geblasen hätte und auch noch nach Fazys Tod blasen würde. In ganz Europa, weder Spanien noch Italien ausgenommen, muß man beim Eintritt in den Winter sein Testament machen, wie man es früher tat, wenn man sich auf die Reise von Paris nach Marseille begab, und Mitte April einen Dankgottesdienst vor der Iberischen Muttergottes abhalten.

Sollten mir diese Leute sagen, daß sie sich nicht mit den Nichtigkeiten dieser Welt befassen, daß sie genug anderes zu tun haben, so verzeihe ich ihnen wohl die rauchenden Kamine, die Türschlösser, die einen beim Öffnen zur Ader lassen, den Gestank im Hausflur und alles andere, werde jedoch fragen, worin ihr Werk eigentlich besteht, wie ihre höheren Interessen aussehen. Die gibt es nämlich gar nicht – sie werden nur zur Schau gestellt, um damit die unvorstellbare Leere und Sinnlosigkeit zu verdecken . . .

Im Mittelalter lebten die Menschen denkbar schlecht und vergeudeten Mittel für Bauten, die völlig unnötig waren und keineswegs der Bequemlichkeit dienten. Aber das Mittelalter redete auch nicht vom Hang zur Bequemlichkeit; im Gegenteil, je unbequemer ihr Leben verlief, desto näher waren sie ihrem Ideal; ihr Luxus bestand in der Pracht des Gotteshauses und des Rathauses, und dort geizten sie auch nicht und drückten sich nicht zusammen. Ein Ritter baute damals eine Burg und keinen Palast, er suchte sich dazu nicht die allerbequemste Straße aus, sondern einen unzugänglichen Felsen. Heutzutage braucht man sich vor niemandem mehr zu schützen, an die Rettung der Seele durch Ausschmückung von Kirchen glaubt niemand; vom Forum und vom Rathaus, von der Opposition und vom Klub ist der friedliebende Bürger der Ordnung abgerückt – Leidenschaften und Fanatismus, Religionen und Heroismus – dies alles hat dem materiellen Wohlstand Platz gemacht, der aber ist nicht so, wie er sein sollte.

Für mich liegt in alledem etwas Trauriges und Tragisches; es ist, als lebte diese Welt irgendwie dahin, in der Erwartung, daß die Erde sich vor ihren Füßen spalten wird, und so bemüht sie sich nicht, sich einzurichten, sondern sich zu vergessen. Ich erkenne das nicht nur an den Sorgenfalten, sondern auch an der Furcht vor einem ernsten Gedanken, an dem Abscheu vor jeglicher Prüfung der eigenen Lage, an der krampfhaften Sucht, die Zeit totzuschlagen, an der Sucht nach äußerlicher Zerstreuung. Die Alten sind bereit, sich mit Spielzeug zu beschäftigen, nur damit ihnen »keine ernsten Dinge in den Sinn kommen«.

Das moderne Zugpflaster sind die Weltausstellungen. Das Pflaster und die Krankheit zusammengenommen sind wie ein Wechselfieber mit wechselnden Zentren. Alles hastet herbei, zu Schiff, zu Fuß, rennt herum, gibt Geld aus, legt großen Eifer an den Tag, schaut, ermüdet, lebt noch unbequemer als sonst, nur um den Fortschritt zu verfolgen! – Was für einen? Nun, einfach die Fortschritte. Als ob es in drei, vier Jahren einen so merklichen Fortschritt auf allen Gebieten geben könnte, als ob angesichts der Existenz von Eisenbahnen eine so dringende Notwendigkeit bestünde, Häuser, Maschinen, Pferdeställe, Kanonen, am Ende noch Gärten und Gemüsefelder aus einer Ecke der Welt in die andere zu bringen!

Na, und wenn man der Ausstellungen überdrüssig ist, wird man einen Krieg vom Zaun brechen, man wird anfangen, sich durch Haufen von Leichen ablenken zu lassen, nur um ein paar schwarze Punkte am Horizont nicht zu sehen.

Zu deutsch

Drei Tage lang gießt es in Strömen, es ist unmöglich, hinauszugehen, zum Arbeiten habe ich keine Lust . . . Im Fenster einer Buchhandlung ist »Heines Briefwechsel« ausgestellt, in zwei Bänden. Das ist die Rettung – ich nahm sie und fing an, darin zu lesen, bis der Himmel sich aufklären würde.

Seit Heine an Moser, Immermann und Varnhagen schrieb, ist viel Wasser den Berg hinabgeflossen.

Merkwürdig: Seit 1848 befanden wir uns immerfort auf dem Rückzug und retirierten, warfen ständig etwas über Bord und schrumpften zusammen, und doch kam einiges zustande, hat sich alles allmählich verändert. Wir sind der Erde näher, wir stehen weiter unten, das heißt fester auf ihr, der Pflug schneidet tiefer in sie ein, die Arbeit ist nicht so ansehnlich, sie ist gröber – vielleicht deswegen, weil es wirkliche Arbeit ist. Die Don Quichotes der Reaktion haben viele unserer Luftballons aufgeschlitzt, die Rauchgase haben sich verflüchtigt, die Aerostate sind niedergegangen, und wir schweben nicht mehr wie der Geist Gottes über den Wassern, mit Hirtenflöte und prophetischem Lobgesang, sondern klammern uns an die Bäume, die Dächer und an die feuchte Mutter Erde.

Wo sind die Zeiten hin, als das »Junge Deutschland« in seiner »schönen Erhabenheit« das Vaterland theoretisch befreite und in den Sphären der reinen Vernunft und der Kunst ein Ende machte mit der Welt der Überlieferungen und Vorurteile? Heine war nicht wohl zumute in der grellerleuchteten frostigen Höhe, auf der majestätisch der alt gewordene Goethe schlummerte, und die zwar nicht ganz korrekt gereimten, doch klugen Träume seines zweiten Teiles des »Faust« träumte, sich aber auch nie tiefer als bis zur Buchhandlung herabließ; es war alles noch so wie früher: die akademische Aula, die literarischen Zirkel, die journalistischen Gemeinden mit ihren Klatschereien und ihrem Gezänk, mit ihren buchhändlerischen Shylocks in Gestalt von Cotta oder Hoffmann und Campe, mit ihren Göttingenschen Erzpriestern der Philologie und Bischöfen der Jurisprudenz in Halle oder Bonn. Weder Heine noch sein Kreis kannten das Volk, und das Volk kannte sie nicht. Weder das Leid noch die Freude der Niederungen gelangten bis auf diese Gipfel; um das Stöhnen, das sich aus dem menschlichen Morast von heute erhebt, zu verstehen, mußten sie es auf lateinische Verhältnisse übertragen und über die Gracchen und die Proletarier bis zu deren Gedanken vordringen.

Als Bakkalaurei einer sublimierten Welt traten sie manchmal hinaus ins Leben; sie fingen dabei, wie Faust, mit dem Dünnbierkeller an und – wie er – stets mit dem Geist einer schülerhaften Verneinung, der sie mit seiner Reflexion, wie Faust, daran hinderte, einfach hinauszuschauen und zu sehen. Daher kehrten sie denn auch sogleich von den lebendigen Quellen zurück zu den historischen – dort fühlten sie sich mehr zu Hause. Die Beschäftigungen, denen sie nachgingen, und das ist besonders bemerkenswert, waren nicht nur nichts Rechtes, sondern hatten nicht einmal etwas mit Wissenschaft zu tun, sie waren sozusagen vorwiegend bloße Gelehrsamkeit und Literatur.

Heine rebellierte zuweilen gegen die Archivluft und den analytischen Genuß, ihn verlangte es nach etwas anderem; seine Briefe jedoch sind vollkommen deutsche Briefe jener deutschen Periode, auf deren erster Seite Bettina das Kind steht und auf der letzten Rahel die Jüdin. Sobald wir in seinen Briefen auf leidenschaftliche Anwandlungen von Judaismus stoßen, atmen wir freier; an solchen Stellen ist Heine ein Mensch, der sich wirklich hinreißen lassen kann, und doch wendet er sich sofort wieder ab, erkaltet gegenüber dem Judentum, und zürnt ihm wegen seines eigenen, bei weitem nicht uneigennützigen Verrates.

Die Revolution von 1830 und die darauf folgende Übersiedlung Heines nach Paris haben ihm starke Impulse gegeben. *»Der Pan ist gestorben!«* – sagte er entzückt und eilt dorthin, dorthin – wohin auch ich einst voll geradezu krankhafter Leidenschaft geeilt war – nach Paris; er will das »große Volk« sehen und den »greisen, auf einem grauen Pferd reitenden Lafayette«. Aber die Literatur gewinnt bald die Oberhand, äußerlich und innerlich füllen sich die Briefe an mit literarischen Klatschereien, mit persönlichen Anwürfen, hübsch abwechselnd mit Klagen über das Schicksal, über die Gesundheit, die Nerven, über die schlechte Gemütsverfassung, durch die maßlose, beleidigende Eitelkeit hindurchschimmert. Und da greift Heine einen falschen Ton. Sein kalt aufgeblasener rhetorischer Bonapartismus wird ebenso widerwärtig wie der zurückschaudernde Schrecken des gut gewaschenen Hamburger Juden vor den Volkstribunen, nicht vor denen in Büchern, sondern vor den leibhaftigen. Er konnte es nicht vertragen, daß die Arbeiterversammlungen sich nicht in der steifleinenen Umgebung von Varnhagens Arbeitszimmer und Salon abspielten, des »porzellanenen« Varnhagen von Ense, wie er selbst ihn genannt hat.

Auf saubere Hände und Gepflegtheit ohne Tabakgeruch beschränkt sich auch sein Gefühl der eigenen Würde. Deswegen kann man ihn schwer anklagen. Dieses Gefühl ist kein deutsches, kein jüdisches, zum Unglück auch kein russisches.

Heine kokettiert mit der preußischen Regierung, er sucht sich durch den Gesandten, durch Varnhagen bei ihr einzuschmeicheln und beschimpft sie.

Hat denn nicht auch ein vom preußischen König ausgehaltener Genius dasselbe getan? Seine Doppelwesenheit hat ihm einen beißenden Ausspruch eingetragen. Nach 1848 war der ultrakonservative und altfeudale König von Hannover nach Potsdam gekommen. Auf der Schloßtreppe empfingen ihn verschiedene Höflinge und Humboldt in Fracklivree. Der boshafte König blieb stehen und sagte lächelnd zu ihm: *»Immer derselbe: immer Republikaner und immer im Vorzimmer des Palastes.«*

Heine kokettiert mit dem bayerischen König und überschüttet ihn mit Sarkasmen; mehr noch als kokettieren tut er mit dem »hohen« deutschen Bund und entschädigt ihn für sein schlechtes Betragen ihm gegenüber mit bissigen Spötteleien.

Erklärt dies alles nicht vielleicht, warum das gelehrtrevolutionäre Aufflammen in Deutschland so schnell verpufft ist im Jahre 1848? Es gehörte ebenfalls der Literatur an und verschwand wie eine im Krollgarten abgefeuerte Rakete; es hatte seine Professorenführer und seine Generale von der Philologie, es hatte sein Volk in Stulpenstiefeln und Baretts, das Studentenvolk, das die Sache der Revolution verriet, sobald sie aus dem Bereich der metaphysischen Entschlossenheit und der literarischen Bravour auf den Marktplatz geraten war.

Außer einigen Arbeitern, die sich verlaufen hatten oder verführt worden waren, ist das Volk diesen bläßlichen *Führern* nicht gefolgt, sie waren ihm fremd und sind es geblieben.

»Wie bringen Sie es nur fertig, alle Beleidigungen Bismarcks zu ertragen?« fragte ich ein Jahr vor dem Kriege einen Deputierten der Linken aus Berlin, gerade zu der Zeit, als der Graf sich darauf vorbereitete, ein paar Zähne auszuschlagen, die kräftiger waren als die von Grabow und Co.

»Wir haben *innerhalb* der Konstitution alles getan, was wir konnten.«

»Na, dann sollten Sie es, nach dem Beispiel der Regierung, *außerhalb* versuchen.«

»Wie denken Sie sich das denn? Einen Aufruf an das Volk erlassen, die Zahlung der Steuern einstellen? . . . Das ist ein Traum . . . kein einziger Mann würde für uns einen Finger krumm machen, keiner würde uns unterstützen, und wir hätten Bismarck nur einen neuen Triumph verschafft, indem wir unsere eigene Schwäche offenbarten.«

»Nun, dann sage auch ich, wie Ihr Präsident bei jeder Ohrfeige: ›Ruft dreimal: *Es lebe der König!*‹ und geht in Frieden auseinander!«

Villa Adolphina ... Adolfine? Was ist denn das? ... Villa Adolphina grands et petits appartements, jardin, vue sur la mer ...[3]

Ich trete ein – alles ist sauber, hübsch, Bäume, Blumen, englische Kinder auf dem Hof – dicke, zarte, rotbäckige –, denen ich von Herzen wünsche, daß sie nie mit Anthropophagen zusammentreffen mögen. Ein altes Mütterchen kommt heraus und beginnt das Gespräch, nachdem sie nach dem Grund meines Besuchs gefragt hat, mit der Bemerkung, daß sie keine Dienstmagd sei, sondern »mehr aus Freundschaft«, daß Mme. Adolphine in das Krankenhaus oder das Altersheim gefahren sei, dessen Patronin sie ist. Dann führt sie mich hinein, um mir die »ungewöhnlich bequeme Wohnung« zu zeigen, die zum erstenmal während der Saison noch nicht vermietet und an diesem Morgen von zwei Amerikanern und einer russischen Fürstin besichtigt worden sei, woraufhin das »mehr aus Freundschaft« dienende Mütterchen mir den aufrichtigen Rat gibt, keine Zeit zu verlieren. Nachdem ich ihr für diese unvermutete Teilnahme und Bevorzugung gedankt hatte, wandte ich mich an sie mit der Frage:

»Sind Sie eine Deutsche?«

»Zu Diensten. Und der gnädige Herr?«

»Ein Russe.«

»Das freut mich zu sehr. Ich wohnte so lange, so lange in Petersburg. Ich muß bekennen, eine solche Stadt gibt es, glaube ich, nicht noch einmal und wird es auch nicht wieder geben.«

»Das ist sehr angenehm zu hören. Haben Sie Petersburg schon lange verlassen?«

»Aber nicht erst gestern; wir wohnen hier schlechterdings schon an die zwanzig Jahre. Ich bin seit der Kindheit befreundet mit Mme. Adolphine, und darum wollte ich sie niemals verlassen. Sie befaßt sich wenig mit der Hauswirtschaft, das geht alles so bei ihr, es fehlt an der Aufsicht. Als *meine Gönnerin* dieses kleine *Paradies* kaufte, hat sie mich sogleich aus Braunschweig kommen lassen.«

»Und wo haben Sie in Petersburg gewohnt?« fragte ich plötzlich.

»Oh, wir haben im allerbesten Stadtteil gewohnt, *wo lauter Herrschaften und Generale* wohnen. Wie oft habe ich den verstorbenen

3 (franz.) große und kleine Zimmer, Garten, Aussicht auf das Meer ...

Kaiser gesehen, wie er in der Equipage oder im Schlitten mit einem Pferd vorbeigefahren ist, so ernst – man kann sagen, ein richtiger Potentat war er.«

»Haben Sie auf dem Newskij gewohnt, auf der Morskaja?«

»Ja, das heißt nicht ganz auf dem Newskij, sondern gleich daneben, an der Polizeibrücke.«

›Genug, genug, wie sollte ich da nicht Bescheid wissen‹, dachte ich und bat das alte Mütterchen, sie möchte bestellen, daß ich wegen der Wohnung bei Mme. Adolphine selbst vorsprechen würde.

Ich konnte niemals ohne ein Gefühl besonderer Rührung mit den Ruinen einer längst vergangenen Zeit zusammentreffen, mit ihren halbzerstörten Denkmälern, ganz gleich, ob sie nun aus dem Tempel der Vesta oder anderer Götter stammten. Das alte Mütterchen »aus Freundschaft« gab mir das Geleit durch den Garten bis ans Tor.

»Da, unser Nachbar hat auch lange in Petersburg gelebt«, sie wies auf ein großes, kokett ausstaffiertes Haus, diesmal mit englischer Aufschrift: »Large and small apartments (furnished or unfurnished)«[4]. »Sie erinnern sich sicher an Floriani? Coiffeur de la cour[5] bei der Milionnaja-Straße; er hatte eine unangenehme Affäre . . . er wurde verfolgt und ist beinahe nach Sibirien geraten . . . wissen Sie, wegen allzu großer Nachsicht, damals ging es so streng zu.«

›Na‹, dachte ich, ›sie wird den Floriani unbedingt zu meinem »Unglücksgefährten« befördern.‹

»Ja, ja, jetzt erinnere ich mich dunkel an diese Geschichte, ein Oberprokurator vom Synod und andere Theologen sowie Gardeoffiziere waren in sie verwickelt.«

»Da ist er selbst.«

Ein ausgedörrtes, zahnloses altes Männlein mit einem kleinen Strohhut, einem Marine- oder Kinderhut, um dessen Kopf sich ein himmelblaues Band schlang, in einem kurzen, hellen, erbsfarbenen Überzieher und in gestreiften Höschen trat zum Tor hinaus. Er hob die abweisend-unfreundlichen, leblosen Augen und grüßte, mit den dünnen Lippen mümmelnd, durch ein Kopfnicken das alte Mütterchen »aus Freundschaft«.

»Wenn Sie wollen, rufe ich ihn.«

»Nein, ich danke ergebenst . . . ich bin nicht von diesem Gewer-

4 (engl.) »Große und kleine Zimmer (möbliert oder unmöbliert).«
5 (franz.) Hoffriseur.

be . . . wie Sie sehen, rasiere ich mich nicht . . . Leben Sie wohl. Übrigens, sagen Sie bitte, habe ich mich geirrt oder nicht: trägt monsieur Floriani das rote Bändchen?«

»Ja, ja, er hat sehr viel gespendet!«

»Ein gutes Herz!«

In den klassischen Zeiten liebten es die Schriftsteller, längst und unlängst Verstorbene im Jenseits zusammenzuführen, damit sie ein bißchen über dies oder jenes plaudern konnten. In unserem realistischen Zeitalter spielt sich alles auf der Erde ab, und sogar einen Teil des Jenseits haben wir in dieser Welt. Die Elysäischen Felder haben sich zu ganzen Elysäischen Gestaden ausgedehnt, die Elysäischen Strandufer haben sich hier und dort über die Kurorte mit warmen und Schwefelquellen ergossen, zu Füßen der Berge, an den Umrahmungen der Seen; sie werden ackerweise verkauft, für den Weinbau kultiviert . . . Ein Teil derer, die an den Widerwärtigkeiten des Lebens gestorben sind, absolviert hier den ersten Kursus der Seelenwanderung und die Gymnasialklasse des Fegefeuers.

Jeder Mensch, der an die fünfzig Jahre gelebt hat, hat eine ganze Welt begraben, sogar zwei; mit ihrem Verschwinden hat er sich abgefunden und sich an die Dekorationen des anderen Akts gewöhnt; doch plötzlich erscheinen die Namen und Personen einer längst gestorbenen Zeit immer häufiger auf seinem Wege, sie rufen Reihen von Schatten und Bildern wach, die für alle Fälle irgendwo in den unendlichen Katakomben des Gedächtnisses aufbewahrt waren, sie veranlassen ihn, bald zu lächeln, bald zu seufzen, so manches Mal rühren sie ihn auch zu Tränen.

Diejenigen, die wie Faust die »Mütter« und sogar die »Väter« zu besuchen wünschen, brauchen durchaus keinen Mephistopheles, es genügt, eine Fahrkarte für die Eisenbahn zu kaufen und gen Süden zu fahren. Von Cannes und Grasse ab wandeln sich wärmende Schatten einer lang verflossenen Zeit umher; ans Meer gedrängt, warten sie ruhevoll und gebeugten Rückens auf Charon und bis sie an die Reihe kommen.

An der Schwelle dieser Città, die nicht gerade sehr dolente[6] ist, steht als Torhüter die hohe, gebeugte und majestätische Gestalt von Lord Brougham. Nach einem langen, redlichen und von fruchtloser Arbeit erfüllten Leben gibt er mit seinem ganzen Wesen und der einen greisen Braue, die niedriger ist als die andere, ei-

6 (ital.) Stadt des Leidens.

nem Teil der Danteschen Aufschrift Ausdruck: Voi ch'entrate[7], mit der Hoffnung, das alteingewurzelte historische Übel mit Hausmitteln bessern zu können, lasciate ogni speranza[8]. Der greise Brougham, Bester der alten Recken, Verteidiger der unglücklichen Königin Caroline, Freund von Robert Owen, Zeitgenosse Cannings und Byrons, der letzte, ungeschriebene Band Macaulays, hat seine Villa zwischen Grasse und Cannes hingestellt und sehr gut daran getan. Denn wen sonst, wenn nicht ihn soll man als versöhnendes Aushängeschild in die Vorhalle des provisorischen Fegefeuers hinstellen, damit die Lebenden nicht abgeschreckt werden?

Und nun befinden wir uns en plein[9] in der Welt der verstummten Tenöre, die vor dreißig Jahren unsere achtzehnjährigen Herzen erschüttert haben, der Füßchen, die unser Herz zusammen mit dem des ganzen Parketts dahinschmelzen und ersterben ließen, der Füßchen, die jetzt ihre Karriere in gestopften, eigenhändig aus Wolle gestrickten Pantoffeln beenden, in denen sie hinter dem Dienstmädchen her schlappen: aus zweckloser Eifersucht, und in der Hauswirtschaft – aus sehr zweckentsprechendem Geiz.

Und alles dies setzt sich mit verschiedenen Unterbrechungen bis unmittelbar zur Adria fort, bis zu den Gestaden des Comer Sees und sogar einiger deutscher Bade*flecken.* Hier haben wir die Villa Taglioni, dort den Palazzo Rubini, hier die Campagna Fanny Elßler und anderer Personen ... du prétérit défini et du plus-que-parfait[10].

Neben Schauspielern, die von der Bühne eines kleinen Theaters abgetreten sind, haben wir die Schauspieler der allergrößten Bühnen der Welt, deren Namen längst von den Theaterplakaten verschwunden und vergessen sind; sie beschließen in der Stille ihr Leben als ungewollte Cincinnati und Philosophen. Neben den Künstlern, die einstmals ausgezeichnete Könige darstellten, begegnet man Königen, die ihre Rolle schlecht gespielt haben. Diese Könige haben, wie indische Leichname, die ihre Frauen ins Jenseits mitnehmen, zwei, drei ergebene Minister mitgenommen, die ihnen so eifrig geholfen haben zu stürzen und selber mit ihnen gefallen sind. Darunter gibt es gekrönte Häupter, die bei ihrem De-

7 (ital.) Die ihr hier eintretet.
8 (ital.) laßt alle Hoffnung fahren.
9 (franz.) ganz und gar.
10 (franz.) der bestimmten Vergangenheit und der Vorvergangenheit.

büt ausgepfiffen worden sind und immer noch darauf warten, daß das Publikum zu einer gerechteren Bewertung kommt und sie wieder ruft. Es gibt auch solche, denen der impresario des historischen Theaters nicht einmal gestattet hat, zu debütieren; es sind Totgeborene, die ein Gestern, aber kein Heute haben, ihre Biographie endete mit ihrem Eintritt in die Welt; Azteken eines längst zu Fall gebrachten Thronfolgegesetzes, bleiben sie übrig als sich bewegende Denkmäler erloschener Dynastien.

Weiter kommen die Generale, berühmt durch die Siege, die über sie errungen worden sind, scharfsinnige Diplomaten, die ihre Länder, und Spieler, die ihr Vermögen ruiniert haben, und runzlige, weißhaarige alte Frauen, die zu Olims Zeiten die Herzen dieser Diplomaten und dieser Spieler unglücklich gemacht haben. Die staatsmännischen Fossilien, die immer noch den Tabak so schnupfen, wie sie ihn bei Pozzi di Borgo, Lord Aberdeen und bei dem Fürsten Esterhazy geschnupft haben, gedenken zusammen mit den »ausgegrabenen« Schönen aus den Zeiten der Mme. Récamier des Salons der Lievenschen, der Jugend von Lablache, des Debüts der Malibran und wundern sich, daß die Patti es danach noch wagt zu singen. Und zur gleichen Zeit plaudern die Leute des grünen Tuches, hinkend und ächzend, halb schon vom Schlaganfall gelähmt, halb schon von der Wassersucht ertränkt, mit anderen alten Damen von anderen Salons und anderen Berühmtheiten, von kühnen Einsätzen, von der Gräfin Kisseljowa, von der Homburger und der Baden-Badener Roulette, vom Spiel des verstorbenen Suchosanet, von jenen patriarchalischen Zeiten, als die herrschenden Fürsten der deutschen Kurorte zusammen mit den Spielbankhaltern am Gewinn beteiligt waren und die mit Gefahr verbundene mittelalterliche Form der Ausplünderung von Reisenden auf das friedliche Feld der Bank und des rouge et noir[11] verlegt hatten.

Und das alles atmet noch, bewegt sich noch: Wer nicht auf eigenen Füßen gehen kann, im Rollstuhl, in einer Equipage, mit der Pelzdecke zugedeckt; andere stützen sich statt auf Krücken auf ihren Diener, und so mancher auch auf den Krückstock in Ermangelung eines Dieners. Die »Fremdenlisten« sind alten Adreßkalendern ähnlich, Fetzen zerrissener Zeitungen aus den »Zeiten von Navarino und der Eroberung von Algier«.

Neben den erlöschenden Sternen der drei ersten Klassen haben sich andere Kometen und Leuchten bewahrt, die vor etwa dreißig

11 (franz.) rot und schwarz.

Jahren die müßige und lüsterne Neugierde auf sich gezogen hatten, zufolge einer besonderen blutdürstigen Wollust, mit der die Leute Prozesse verfolgen, die von Leichen zur Guillotine führen und von Haufen Goldes zur Zwangsarbeit. Darunter befinden sich verschiedene wegen »mangels an Beweisen« vom Gericht freigesprochene Giftmischer, Falschmünzer, Menschen, die eine sittlichkeitsfördernde Kur irgendwo in einem Zentralgefängnis oder in den Kolonien absolviert haben, in contumaciam Verurteilte und andere.

Am allerwenigsten begegnet man in diesen warmen Fegefeuern den Schatten von Leuten, die inmitten der revolutionären Stürme aufgetaucht sind oder bei mißlungenen Volkserhebungen. Die düsteren und erbosten Gebirgler der jakobinischen Gipfel ziehen die rauhe Bise vor; als mürrische Lakedaimonier verbergen sie sich hinter den Londoner Nebeln.

Siebzehntes Kapitel: La belle France

»Maame Erstin!« schrie ein finsterer Gendarm mit einem riesigen Schnurrbart in Calais an der Sperre, die alle Reisenden, die soeben von dem Dampfer aus Dover an Land gegangen und von den Zollbeamten und anderen Aufsehern in eine steinerne Scheune getrieben worden waren, auf ihrem Wege nach Frankreich nacheinander passieren mußten. Die Reisenden traten heran, der Gendarm gab die Pässe zurück, der Polizeikommissar befragte sie mit den Augen, wo er es für nötig hielt, auch mit der Zunge, und wer Billigung gefunden hatte und für das Kaiserreich als ungefährlich erachtet worden war, verlor sich hinter der Sperre.

Auf den Ruf des Gendarmen rührte sich diesmal niemand von den Reisenden.

»Mame Ogle Erstin!« schrie, die Stimme hebend, der Gendarm und schwenkte den Paß. Niemand antwortete.

»Ja, was ist denn das, gibt es niemanden dieses Namens?« schrie der Gendarm, dann, nach einem nochmaligen Blick auf das Papier, fügte er hinzu:

»Mamselle Ogle Erstin.«

Da erst erriet ein etwa zehnjähriges Mädchen, das heißt meine Tochter Olga, daß sie es war, die der Hüter der Ordnung mit solchem Ingrimm aufrief.

»Avancez donc, prenez vos papiers!«[1] kommandierte der Gendarm wütend.

Olga nahm den Paß, und sich an M. v. Meysenbug schmiegend, fragte sie ganz leise: »Est-ce que c'est l'empereur?«[2]

Dies war ihr im Jahre 1860 passiert, bei mir kam es aber ein Jahr später noch schlimmer, und das nicht an der Sperre von Calais (die jetzt nicht mehr existiert), sondern überall: im Eisenbahnwagen, auf der Straße, in Paris, in der Provinz, im Hause, im Schlaf und im Wachen – überall stand der Kaiser selbst vor mir mit dem langen, fadendünn verpichten Schnurrbart, mit blicklosen Augen und wortlosem Mund. Nicht nur die Gendarmen, die von Amts wegen

1 (franz.) Treten Sie doch vor, nehmen Sie Ihre Papiere!
2 (franz.) Ist das der Kaiser?

etwas Imperatorisches an sich haben, dünkten mir Napoleone zu sein, sondern auch die Soldaten, Verkäufer, Kellner und insbesondere die Schaffner der Eisenbahn und der Omnibusse. Erst hier, im Paris des Jahres 1861, vor demselben Hôtel de Ville, vor dem ich 1847 ehrfurchtsvoll gestanden hatte, vor derselben Notre-Dame, auf den Champs-Élysées und den Boulevards, verstand ich den Psalm, in dem König David in schmeichlerischer Verzweiflung sich bei Jehova beklagt, daß er sich nirgends vor ihm verbergen, nirgendhin entfliehen könne: »Ins Wasser – so bist du dort, in die Erde – du bist dort, in den Himmel – dort bist du erst recht.« Ob ich zum Mittagessen ins Maison d'Or ging: Napoleon dinierte in einer seiner Hypostasen ein paar Tische weiter und verlangte Trüffeln in der Serviette; begab ich mich ins Theater – saß er in der gleichen Reihe, und auf der Bühne ging noch einer umher. Floh ich vor ihm aus der Stadt – er blieb mir auf den Fersen und nicht nur bis zum Bois de Boulogne, im fest zugeknöpften Rock, im Schnurrbart mit steifgefärbten Enden. Wo gab es ihn nicht? Auf dem Ball Mabil? Bei der Messe in der Madeleine? – Mit Sicherheit fand man ihn hier wie dort.

La révolution s'est faite homme – »Die Revolution ist Mensch geworden« – war eine der Lieblingsphrasen des doktrinären Jargons in den Zeiten von Thièrs und den liberalen Historikern der Ära Louis-Philippes. Hier aber ging es noch raffinierter zu: »Revolution und Reaktion«, Ordnung und Unordnung, Vorwärts und Rückwärts hatten sich in einem Menschen inkarniert, und dieser Mensch inkarnierte sich seinerseits in die ganze Administration, vom Minister bis zu den Dorfwächtern, von den Senatoren bis zu den Dorfschulzen . . . schwärmte als Infanterie aus und fuhr als Flotte auf dem Meer.

Dieser Mensch ist kein Poet, kein Prophet, kein Sieger, keine Exzentrizität, kein Genie, kein Talent, sondern ein kalter, schweigsamer, mürrischer, häßlicher, sparsamer, beharrlicher, prosaischer Herr von »mittleren Jahren, weder dick noch hager«. Le bourgeois des bourgeoisen Frankreich, l'homme du destin, le neveu du grand homme[3] – eines Plebejers. Er vernichtet in sich alle hervorstechenden Seiten des nationalen Charakters und alle Bestrebungen des Volkes, indem er sie in seiner Person wie im Gipfelpunkt eines Berges oder einer Pyramide zusammenführt, die einen ganzen Berg im Nichts enden läßt.

3 (franz.) Der Mann des Schicksals, der Neffe des großen Mannes.

Im Jahre 1849 und 1850 habe ich Napoleon III. nicht durchschaut. Hingerissen von der demokratischen Rhetorik habe ich ihn falsch bewertet. Das Jahr 1861 war eines der besten für das Kaiserreich: Alles stand gut, alles war ins Gleichgewicht gekommen, hatte sich abgefunden und sich der neuen Ordnung gefügt. An Opposition und kühnen Gedanken gab es gerade so viel, wie zur Abtönung und für einen leicht würzigen Geschmack notwendig ist. Laboulaye lobte sehr klug New York, um Paris zu ärgern, Prévost-Paradol – Österreich, um Frankreich zu ärgern. In der Affäre Mirès wurden anonyme Andeutungen gemacht. Nach und nach wurde erlaubt, über den Papst zu schimpfen und mit der polnischen Bewegung ein wenig zu sympathisieren. Es gab kleine Zirkel, die zusammenkamen, um ein bißchen zu frondieren, so wie wir einstmals in Moskau in den vierziger Jahren bei einem von den alten Freunden zusammenkamen. Man hatte sogar seine unzufriedenen Berühmtheiten von der Art eines Jermolow im Zivildienst; etwa Guizot. Alles andere war vom Hagel zu Boden geschlagen. Und niemand beklagte sich; die Entspannung gefiel allen noch so gut, wie einem die erste Woche der großen Fasten mit ihrem Meerrettich und Sauerkraut nach der siebentägigen Butterwoche mit ihrer Völlerei und Trunkenheit gefiel. Diejenigen, denen das Fastenessen nicht behagte, bekam man nur schwer zu sehen: Sie verschwanden für kürzere oder längere Zeit und kehrten dann mit verbessertem Geschmack aus Lambessa oder Mazas zurück. Die Polizei, la grande police, die la grande armée ersetzt hatte, war überall, zu jeder Zeit. In der Literatur – Windstille der Plattheit; schlechte Bootfahrer fuhren in schlechten Booten ruhig über das einstmals stürmische Meer. Die Banalität der Stücke, die auf allen Bühnen gegeben wurden, riefen zur Nacht eine schwere Schläfrigkeit hervor, die am Morgen von stumpfsinnigen Zeitungen weiter gefördert wurde. Eine Journalistik im früheren Sinne existierte nicht. Die Hauptorgane vertraten keine Interessen, sondern Firmen. Hatte man die leading articels der Londoner Presse gelesen, die in einem gedrängten, sachlichen Stil geschrieben waren, mit »Nerv« und »Muskeln«, wie die Franzosen sagen, so waren die premiers-Paris unerträglich. Rhetorische Dekorationen, halbverblichen und abgenutzt, und die gleichen alten Verkündigungen, die mehr als lächerlich geworden waren, und dégoutant durch ihren offenkundigen Widerspruch zu den Tatsachen, ersetzten den Gehalt. Die leidenden Völkerschaften wurden ständig aufgefordert, ihre Hoffnungen wie früher auf Frankreich zu setzen: es sei trotz allem »an der Spitze der großen Bewegung« geblieben und bringe der Welt immer noch die Revolution, die Freiheit und die erhabenen Prinzipien des Jahres 1789. Die Opposition wurde unter dem Banner des Bonapartismus betrieben. Es waren nur Nuancen ein und derselben Farbe, aber man konnte sie etwa so bezeichnen, wie die Seeleute die Nebenhimmelsrichtungen auf der Windrose bezeichnen: NNW, NWN, NWW, WNW ... Verwegener, rasender, gemäßigter Bonapartismus, monarchistischer Bonapartismus, republikanischer, demokratischer und sozialer Bonapartismus; friedlicher, kriegerischer, revolutionärer, konservativer Bonapartismus, schließlich Bonapartismus des Palais-Royal und der Tuilerien . . . Spätabends liefen gewisse Herren durch die Redaktionen und rückten den Zeiger der Zeitungen zurecht, falls er sich zu weit von N auf W oder O gedreht hatte. Sie kontrollierten die Zeit nach dem Chronometer der Präfektur, strichen aus, fügten hinzu und eilten in die nächste Redaktion.

Im Café, beim Lesen der Abendzeitungen, in denen geschrieben stand, daß der Advokat von Mirès sich geweigert habe, die Verwendung irgendwelcher Summen anzugeben, indem er darauf hinwies, daß »allzu hochgestellte Persönlichkeiten« darin verwikkelt seien, sagte ich zu einem meiner Bekannten: »Wie kommt es, daß der Staatsanwalt ihn nicht gezwungen hat, sie zu nennen, und wie kommt es, daß die Zeitungen dies nicht verlangen?«

Der Bekannte zupfte mich am Paletot, blickte sich um, machte Zeichen mit den Augen, mit den Händen und mit dem Spazierstock. Ich hatte nicht umsonst in Petersburg gelebt: Ich verstand ihn und begann Betrachtungen über den Absinth und das Selterswasser anzustellen.

Als ich das Café verließ, erblickte ich einen winzigen Mann, der mit ausgebreiteten winzigen Armen auf mich zugelaufen kam. Beim Näherkommen erkannte ich Darimon.

»Wie glücklich müssen Sie sein«, sagte der Linksdeputierte, »daß Sie nach Paris zurückgekehrt sind! Ah! je m'imagine!«[4]

»Nicht gerade besonders!«

Darimon erstarrte.

»Nun, was macht madame Darimon und Ihr Kleiner, der jetzt sicher Ihr Großer ist, besonders, wenn er sich in bezug auf das Wachstum kein Beispiel am Vater nimmt?«

4 (franz.) Ah! ich stelle mir das vor!

»Toujours le même, hahaha, très bien.«[5] – Und wir trennten uns.

Ich war sehr deprimiert in Paris und atmete erst frei auf, als ich einen Monat später durch Regen und Nebel die schmutzigweiße Kreideküste Englands wiedersah. Alles, was unter Louis-Philippe gedrückt hatte wie enge Schuhe, drückte jetzt wie Fußblöcke. Einzelne Entwicklungsphasen, mit deren Hilfe eine neue Ordnung sich festigt und einrichtet, habe ich nicht feststellen können, fand vielmehr das neue Regime nach zehn Jahren völlig fertig und ausgebildet vor . . . Zudem erkannte ich Paris gar nicht mehr, seine umgebauten Straßen und seine nicht zu Ende gebauten Paläste waren mir fremd und am allermeisten – die Menschen, die ich traf. Das war nicht jenes Paris, das ich liebte und haßte, nicht das, wohin ich seit meiner Kindheit gestrebt, nicht jenes Paris, das ich mit Verwünschungen auf den Lippen verlassen hatte. Dies war ein Paris, das seine Individualität verloren hatte, ein gleichgültiges, das aufgehört hatte zu brodeln. Eine starke Hand hielt es überall nieder und war jeden Augenblick bereit, die Zügel anzuziehen, aber das war gar nicht notwendig: Paris hatte tout de bon das zweite Kaiserreich akzeptiert, es bewahrte kaum noch die äußeren Gewohnheiten der früheren Zeit. Die »Unzufriedenen« besaßen nichts Ernstes und Starkes, das sie dem Imperium hätten entgegensetzen können. Die Erinnerungen der taciteischen Republikaner und die unbestimmten Ideale der Sozialisten konnten den Thron des Cäsaren nicht erschüttern. Die »Phantasien« wurden von der Polizei nicht ernsthaft bekämpft, dergleichen versetzte sie wohl in Zorn, aber nicht als eine Gefahr, sondern als Unordnung und Ruhestörung. Die »Erinnerungen« verursachten mehr Ärger als die »Hoffnungen«, die Orleanisten wurden strenger gehalten. Manchmal holte die unumschränkt herrschende Polizei unerwartet zu einem Schlag aus, mit dem sie sich drohend in ungerechter und roher Weise in Erinnerung brachte; sie versetzte absichtlich zwei Stadtviertel zwei Monate lang in Angst und Schrecken und zog sich dann aufs neue zurück in die Ritzen der Präfektur und in die Korridore der Ministerien.

Im Grunde genommen war alles ruhig. Die zwei allerstärksten Äußerungen des Protests waren keine französischen gewesen. Durch die Attentate von Pianori und Orsini rächte sich Italien, rächte sich Rom. Die Tat Orsinis, die Napoleon erschreckt hatte,

5 (franz.) Immer derselbe, hahaha, sehr gut.

wurde als hinreichender Vorwand benutzt, um den letzten Schlag auszuführen – den coup de grâce[6]. Er gelang. Das Land, das die Gesetze des Generals Espinasse bezüglich der verdächtigen Leute über sich hatte ergehen lassen, stellte seine Kaution. Man mußte erschrecken, zeigen, daß die Polizei vor nichts haltmachte, man mußte jeden Begriff von Recht, von menschlicher Würde mit Füßen treten, man mußte die Geister verblüffen durch Ungerechtigkeit, sie daran gewöhnen und mit ihrer Hilfe seine Macht dokumentieren. Nachdem er Paris von verdächtigen Leuten gesäubert hatte, befahl Espinasse den Präfekten, in jedem Departement eine Verschwörung aufzudecken, nicht weniger als zehn erklärte Feinde des Kaiserreichs in sie zu verwickeln, sie zu verhaften und dem Minister zur Verfügung zu stellen. Der Minister hatte das Recht, ohne Untersuchung, ohne Rechenschaftslegung und Verantwortung nach Cayenne und Lambessa zu verschicken. Ein verbannter Mensch war dem Untergang geweiht; bei ihm war weder an eine Rechtfertigung noch einen Protest zu denken; er hatte nicht vor Gericht gestanden – für ihn gab es einzig und allein die Gnade des Monarchen.

»Da bekomme ich diesen Befehl«, erzählte der Präfekt N. unserem Dichter F. Tjutschew, »was sollte ich tun? Ich zerbrach mir lange den Kopf; die Situation war schwierig und unangenehm; schließlich kam mir ein glücklicher Gedanke, wie ich mich herauswinden könnte. Ich schickte nach dem Polizeikommissar und sagte zu ihm: ›Können Sie mir in allerkürzester Zeit ein Dutzend vom Gericht nicht erfaßte verwegene Taugenichtse, Diebe und ähnliche Leute beschaffen?‹ Der Kommissar meinte, nichts wäre leichter. ›Nun, dann stellen Sie eine Liste zusammen; wir werden sie heute nacht festnehmen und dann dem Minister als Aufrührer vorführen.‹«

»Na, und wie ist es abgegangen?« fragte Tjutschew.

»Wir haben sie abgeliefert, der Minister hat sie nach Cayenne geschickt, und das ganze Departement war zufrieden und hat sich bei mir bedankt, daß es die Spitzbuben auf so leichte Art losgeworden ist«, fügte der gute Präfekt lachend hinzu.

Die Regierung wurde es früher müde, mit Gewalt und Terror vorzugehen als das Publikum und die öffentliche Meinung. Die Zeiten der Stille, der Ruhe, de la sécurité[7] kamen sehr schnell; es

6 franz.) Gnadenstoß.
7 (franz.) der Sicherheit.

dauerte nicht Tage, sondern nur Stunden. Allmählich glätteten sich die Falten auf der Stirn der Polizei; der freche, herausfordernde Blick des Spions, das grimmige Aussehen des sergent de ville[8] milderten sich; der Kaiser träumte von allerhand klugen und bescheidenen Freiheiten und Dezentralisationsmaßnahmen. Die in ihrem Eifer unbestechlichen Minister zügelten seine liberale Hitze.

Seit 1861 waren die Türen geöffnet, und ich nahm mehr als einmal den Weg über Paris. Anfangs beeilte ich mich, rasch wieder abzureisen, später ging auch das vorüber, ich hatte mich an das neue Paris gewöhnt. Es ärgerte mich weniger. Das war eine andere Stadt, riesig und unbekannt. Der geistige Fortschritt und die Wissenschaft hatten sich hinter die Seine zurückgezogen, sie waren nicht zu sehen; das politische Leben war nicht zu hören. Napoleon hatte seine »erweiterten Freiheiten« gewährt; die zahnlose Opposition erhob ihren kahlen Kopf und stimmte ihr altes, phrasenhaftes Lied der vierziger Jahre an; die Arbeiter glaubten ihnen nicht, sie schwiegen und machten schwache Versuche mit Genossenschaften und Kooperativen. Paris wurde mehr und mehr zu einem europäischen Markt, auf dem alles auf der Welt in Massen zusammenkam und sich herumstieß: Kaufleute, Sänger, Bankiers, Diplomaten, Aristokraten, Schauspieler aller Länder und eine in früheren Zeiten nie gesehene Menge von Deutschen. Der Geschmack, der Ton, die Art sich auszudrücken – alles war anders geworden. Ein glanzvoller, überladener Luxus – metallisch, golden, teuer – hatte das frühere ästhetische Gefühl abgelöst; in Kleinigkeiten und in der Kleidung prahlte man nicht mit der Auswahl, nicht mit der Kennerschaft, sondern mit dem teuren Preis, mit der Möglichkeit, Geld auszugeben, und redete unaufhörlich vom Gewinn, von Kartenspiel, von Posten und Fonds. Die Loretten gaben den Damen den Ton an. Die weibliche Bildung sank auf die Stufe der italienischen von einst herab.

»L'empire, l'empire . . . da steckt das Übel, das ist das Unglück . . .«

Nein, die Ursache steckt tiefer.

»Sire, vous avez un cancer rentré«[9], sagt Antommarchi.

»Un Waterloo rentré«[10], antwortete Napoleon.

Hier aber sind zwei, drei Revolutionen rentrées, avortées, die

8 (franz.) Schutzmann.
9 (franz.) Majestät, Sie haben Krebs, der ist nach innen geschlagen.
10 (franz.) Ein nach innen geschlagenes Waterloo.

nach innen geschlagen, die nicht ausgetragen und abortiert worden sind.

Ob Frankreich deshalb nicht austragen kann, weil es zu früh, zu eilig in andere Umstände geraten ist und sich mit einem Kaiserschnitt erleichtern wollte? Oder deshalb, weil sein Mut zum Abhacken von Köpfen reichte, nicht aber, um Ideen zu köpfen? Oder deshalb, weil man aus der Revolution eine Armee gemacht und die Menschenrechte mit Weihwasser beträufelt hat? Oder deshalb, weil die Masse noch immer im Dunkel stand und die Revolution nicht für die Bauern gemacht worden war?

Nach dem Überfall

»Heiliger Vater, tun Sie jetzt das Ihre!«
»Don Carlos«, Philipp II. zum Großinquisitor

Diese Worte möchte ich gar zu gern an Bismarck richten. Die Birne ist reif, und ohne Seine Erlaucht wird die Sache nicht abgehen. Seien Sie nur nicht zimperlich, Graf!

Ich wundere mich nicht über das, was vorgeht, ich habe kein Recht, mich zu wundern, denn ich habe längst mein »Habt acht! habt acht! . . .« gerufen. Ich nehme einfach Abschied, und das ist schwer. Darin liegt weder ein Widerspruch noch eine Schwäche. Der Mensch kann sehr wohl wissen, daß es weh tun wird, wenn sich das Podagra bei ihm einstellt; er kann darüber hinaus im voraus fühlen, daß es sich einstellt und daß es durch nichts aufzuhalten ist; nichtsdestoweniger wird es ihm trotzdem weh tun, wenn es sich einstellt.

Mir tun die Personen leid, die ich liebe.

Mir tut das Land leid, dessen erstes Erwachen ich mit eigenen Augen gesehen habe und das ich jetzt vergewaltigt und entehrt sehe.

Mir tut dieser Mazeppa leid, den man vom Schwanz des einen Kaiserreichs losgebunden hat, um ihn an den Schwanz eines anderen zu binden.

Mir tut es leid, daß ich recht habe, ich fühle mich gleichsam mitbeteiligt an der Sache, weil ich sie in allgemeinen Zügen vorausgesehen habe. Ich ärgere mich über mich selbst, wie ein Kind sich über das Barometer ärgert, das Sturm vorhergesagt und den Spaziergang verdorben hat.

Italien gleicht einer Familie, in der kürzlich ein grausiges Verbrechen begangen worden ist, über die ein furchtbares Unglück hereingebrochen ist, das häßliche Geheimnisse enthüllt hat; einer Familie, die die Hand des Henkers gestreift hat, aus der jemand ausgeschieden ist, um eine Galeerenstrafe abzubüßen . . . alle sind gereizt, die Unschuldigen schämen sich und sind bereit zu tollkühnem Widerstand. Alle quält ein kraftloser Wunsch nach Rache, der passive Haß vergiftet und schwächt sie.

Vielleicht gibt es naheliegende Auswege, aber der Vernunft sind sie nicht erkennbar; sie hängen von Zufälligkeiten ab, von äußeren Umständen, sie liegen außerhalb der Grenzen. Das Schicksal Italiens liegt nicht in ihm selbst. Das ist allein schon eine der unerträglichsten Beleidigungen; eine derartige Behauptung erinnert so brutal an die unlängst überstandene Gefangenschaft und an das Gefühl der eigenen Unsicherheit und Schwäche, das schon angefangen hatte, sich zu verflüchtigen.

Und nur zwanzig Jahre!

Vor zwanzig Jahren, Ende Dezember, beendete ich in Rom den ersten Artikel der Schrift »Vom anderen Ufer« und habe ihn, mitgerissen vom Jahr achtundvierzig, verraten. Ich stand damals in der vollen Kraft meiner Entwicklung und verfolgte mit begierigem Interesse die Ereignisse, die sich vor mir abspielten. In meinem Leben hatte es damals noch kein einziges Unglück gegeben, das eine große, schmerzende Narbe hinterlassen hätte, kein einziger Vorwurf des Gewissens innen, kein einziges beleidigendes Wort von außen. Ich trieb mit vollen Segeln leicht über die Wogen dahin, in wahnwitzigem Leichtsinn, in grenzenlosem Selbstvertrauen. Und eines nach dem anderen mußte ich alle Segel einziehen! . . .

Zu der Zeit, als Garibaldi zum erstenmal verhaftet wurde, befand ich mich in Paris. Die Franzosen glaubten nicht an einen Einmarsch ihres Heeres. Ich hatte Gelegenheit, mit Leuten verschiedener Gesellschaftsschichten zusammenzutreffen. Die geschworenen Feinde jeden Fortschritts und die Klerikalen wünschten die Einmischung und schrien laut davon, hegten jedoch Zweifel. Auf dem Bahnhof sagte ein bekannter französischer Gelehrter beim Abschied zu mir: »Mein lieber nordischer Hamlet, Ihre Phantasie ist so geartet, daß Sie einzig das Dunkle sehen; darum erkennen Sie auch nicht die Unmöglichkeit eines Krieges mit Italien; die Regierung weiß allzugut, daß ein Krieg für den Papst alles was denken kann gegen sie aufbringen würde, denn wir sind trotz allem ein Frankreich des Jahres 1789.« Meine erste Information über diese Angelegenheit erhielt ich nicht aus der Presse. Ich sah die Flotte, die aus Toulon nach Civita auslief. »Das ist ein militärischer Spaziergang«, sagte mir ein anderer Franzose. »On ne viendra jamais aux mains[11], wir haben es doch auch nicht nötig, uns mit italienischem Blut zu beflecken.«

Es erwies sich doch als nötig. Ein paar Jünglinge aus »Latium« protestierten, sie wurden zur Polizeiwache gebracht; das war alles, was Frankreich tat.

Das verwundete, blutbefleckte Italien machte dank der Unentschlossenheit des Königs und dem falschen Spiel des Ministeriums alle nur möglichen Zugeständnisse. Aber der in Wut geratene Franzose, der sich an jedem Sieg berauschen muß, ließ sich nicht aufhalten – zu dem Blut, zu der Sache selbst mußte er noch ein hartes Wort hinzufügen.

Und auf dieses harte Wort hin, das im Kaiserreich mit Beifallsklatschen aufgenommen wurde, haben ihm seine schlimmsten Feinde die Hand gereicht: die Legitimisten in Gestalt des alten Kronanwalts der Bourbonen Berryer und die Orleanisten in Gestalt des alten Figaro der Zeiten Louis-Philippes – Thiers.

Ich halte das Wort von Rouher für eine historische Offenbarung. Wer danach Frankreich nicht verstanden hat, der ist blind geboren.

Graf Bismarck, tun Sie jetzt das Ihre!

Ihr aber, Mazzini, Garibaldi, ihr letzten Knechte Gottes, ihr letzten Mohikaner laßt die Hände in den Schoß sinken und kommt zur Ruhe. Jetzt braucht man euch nicht mehr. Ihr habt das Eure getan. Jetzt gebt Raum dem Wahnsinn, der Raserei des Blutvergießens, mit deren Hilfe Europa sich entweder selbst töten oder durch die Reaktion getötet wird. Was könnt ihr denn schon ausrichten mit euren hundert Republikanern, mit euren Freiwilligen, mit zwei, drei Kisten voll geschmuggelter Gewehre? Jetzt – kommt von hier eine Million, von dort eine Million, mit Zündnadeln und anderen Systemen. Jetzt wird es Seen von Blut, Meere von Blut, Berge von Leichen geben . . . und dann kommt der Typhus, der Hunger, kommen die Feuersbrünste und die verödeten Stätten.

11 (franz.) es wird niemals zum Handgemenge kommen.

Ah! Ihr Herren Konservatoren, ihr habt nicht einmal eine so farblose Republik haben wollen wie die vom Februar, und auch die versüßte Demokratie, wie sie euch der Zuckerbäcker Lamartine präsentiert hat, mochtet ihr nicht. Ihr wolltet weder Mazzini, den Stoiker, noch Garibaldi, den Helden. Ihr wolltet die Ordnung.

Dafür werdet ihr den Krieg haben, einen siebenjährigen, einen dreißigjährigen . . .

Ihr hattet Angst vor sozialen Reformen – nun habt ihr die Fenier nebst einem Faß Pulver und der angezündeten Lunte.

Wer ist nun der Dumme?

Genua, den 31. Dezember 1867

Nachbemerkung des Herausgebers

Alexander Herzens riesiges Memoirenwerk ist keine Autobiographie in irgendeinem normalen, hergebrachten Sinn, sondern eine Arbeit, die ihre singuläre Gestalt, jenseits aller vorgefundenen Gattungsbegriffe, in einer fünfzehnjährigen Auseinandersetzung mit alledem ausgebildet hat, was dieser russische Europäer erlebt und gedacht hat. *Byloe i dumy,* Erlebtes und Gedachtes: so, und nicht etwa *Memoiren,* lautet auch Herzens Originaltitel; und was er vor dem Leser auf über zweitausend Seiten entfaltet, ist eine Lektüre-Landschaft von abenteuerlicher Vielfalt, in der sich alle möglichen literarischen, philosophischen und journalistischen Formen abwechseln. Herzen ist zugleich Erzähler und Essayist, Geschichtsschreiber und Reporter; es finden sich in seinem Werk Porträts und Rezensionen, Pamphlete und Anekdoten, Dokumente und Monographien; ja, es ließen sich aus seinem Bericht sogar zwei veritable autobiographische Romane von höchst verschiedener Struktur isolieren.

Verwickelt ist auch die Entstehungsgeschichte des Buches. Da Herzen, wie gesagt, anderthalb Jahrzehnte lang an ihm geschrieben hat, kann es nicht wundernehmen, daß die Datierung der einzelnen Teile hin- und herspringt. Im Laufe der Zeit wurden immer neue Erweiterungen, Korrekturen, Ergänzungen, Postskripte und Querverweise nötig, und der Autor hat sich nicht gescheut, diesen Entwicklungsprozeß durch die Überschriften seiner Einschübe sichtbar zu machen: sie heißen »Vorworte«, »Anhänge«, »Arabesken« und »Fragmente«. Es wäre eine schwierige, aber auch amüsante Arbeit, den einzelnen Zeitschichten innerhalb des Buches nachzuforschen und in ihnen den Abdruck historischer Erfahrungen und Modifikationen aufzusuchen. Der eigentümlich offene, gleichsam anarchische Charakter des Werkes ist übrigens auch für seine Publikationsgeschichte bestimmend gewesen. Sie beginnt 1854 mit der Veröffentlichung eines schmalen, *Gefängnis und Verbannung* betitelten Bandes; sie setzt sich fort mit dem Abdruck immer neuer Kapitel in Zeitschriften und Almanachen, vor allem in Herzens eigener Revue *Polarstern;* aber erst neun Jahre nach dem Tod des Autors, im Jahre 1879, wird in Genf eine erste Gesamtausgabe zu Ende gebracht, die freilich immer noch viele Lükken aufweist; und es dauert ein volles Jahrhundert, bis mit der großen Ausgabe der *Gesammelten Werke*, besorgt von der sowjetischen Akademie der Wissenschaften in Moskau (1954–1961), ein definitiver Text vorliegt. – Herzen selbst war sich dieser Problematik seines Unternehmens durchaus bewußt. In einem seiner Vorworte äußert er sich dazu wie folgt:

»Viele von meinen Freunden haben mir geraten, an eine Gesamtausgabe von *Memoiren und Reflexionen* heranzugehen, und das bietet auch keine Schwierigkeiten, wenigstens was die beiden ersten Teile anbelangt. Aber sie sagen auch, daß diejenigen Ausschnitte, die im *Polarstern* abgedruckt sind, rhapsodisch und uneinheitlich seien, daß sie unmotiviert abbrächen, den Ereignissen manchmal vorauseilten und manchmal hinter ihnen zurückblieben. Ich fühle, daß dies zutrifft, kann es aber nicht mehr ändern. Ergänzungen einzufügen, die Kapitel chronologisch zu ordnen ist nicht schwer; aber alles d'un jet (auf einmal) umzugestalten, kann ich nicht auf mich nehmen. Die *Memoiren und Reflexionen* sind nicht hintereinander geschrieben worden; zwischen manchen Kapiteln liegen ganze Jahre. Daher liegt auf allem ein Schimmer der betreffenden Zeit und der verschiedenen Stimmungen – und den möchte ich nicht gern verwischen.

Es sind nicht so sehr Aufzeichnungen, als eine Beichte, die dann Veranlassung gab, daß sich um sie herum hier und da aufgegriffene Erinnerungen aus Erlebtem, hie und da festgehaltene Gedanken aus Durchdachtem gruppierten. Übrigens bildet die Gesamtheit dieser An- und Überbauten mit allen Nebengebäuden sehr wohl eine Einheit, zum mindesten will es mir so scheinen.«

Was aber verleiht diesem Ensemble von höchst verschiedenartig organisierten Texten seine Einheit? Es ist der eigentümliche Ton Herzens, sein *sfogato*, und diesem Tonfall entspricht eine Haltung, an der dieser Mann sein Leben lang festgehalten hat. Sie hält zwischen aristokratischer Désinvolture (in der noch Echos aus dem achtzehnten Jahrhundert wahrzunehmen sind) und leidenschaftlicher Verwicklung in zeitgenössische Kämpfe eine einzigartige Balance. Vermutlich ist es eben diese Ambivalenz, der Herzens Prosa ihren Reichtum verdankt. Sie gründet in der absonderlichen gesellschaftlichen Lage des Autors; statt sie passiv hinzunehmen, hat er ihr das beste abgewonnen, was sie als Möglichkeit barg: eine melancholisch gefärbte Freiheit und einen prognostischen Blick von illusionsloser Tiefenschärfe.

Wer ein Werk wie dieses in einer gekürzten Fassung vorlegt, ist dem Leser Rechenschaft über die Kriterien schuldig, nach denen er verfahren ist. Indiskutabel erschiene mir jeder Versuch, die »schönsten Passagen« aus Herzens Arbeit auszuwählen; auch ließe sich ein »geschlossener« literarischer Text nur gewinnen, wenn man alle Absichten des Autors preisgäbe. Die Perspektive, für die ich mich entschieden habe, ist bereits im Titel dieser Ausgabe formuliert (den ich als Herausgeber zu verantworten habe):

Alexander Herzen erscheint hier in erster Linie als Augenzeuge der gescheiterten europäischen Revolution von 1848 und als Chronist der Konsequenzen, die sich aus jener nie verwundenen Niederlage ergeben haben. Es ist also ein durchaus politischer Gesichtspunkt, der für die hier getroffene Auswahl maßgeblich war.

Einer solchen Perspektive mußten zunächst die beiden großen Romankomplexe zum Opfer fallen, von denen jeder ein Buch für sich abgäbe. Das sind zum einen die fast neunhundert Seiten des autobiographischen Entwicklungs- und Bildungsromans, einer unentbehrlichen Quelle für die Geschichte der russischen *intelligencija* im neunzehnten Jahrhundert: von diesem ersten Teil des Werkes erscheint hier, in Form einer lockeren Zitaten-Montage, nur soviel, wie zum Verständnis der schreibenden Person, ihres Hintergrunds und ihrer Auffassungen absolut notwendig ist. Es ist zum andern der ebenso autobiographische, wenngleich ganz anders aufgebaute Liebes- und Eheroman *Ein Familiendrama,* der übrigens, in seinen wesentlichen Teilen, erst nach Herzens Tod veröffentlicht worden ist, und in dem die subjektiven Momente durchaus überwiegen.

Ebenso verzichtet meine Auswahl auf eine lange Reihe von »russischen Schatten«, will sagen, auf die oft novellistisch komponierten Porträts von Freunden und Bekannten, die Herzen in seiner Heimat zurückließ, oder die er in der Emigration kennenlernte. Weggelassen habe ich auch eine Anzahl von eingestreuten Anekdoten, Briefen und Dokumenten.

Auf diese Weise habe ich versucht, den Kern von Herzens zeitgeschichtlicher Zeugenschaft freizulegen; von den Überlegungen, die er an seine unmittelbaren Erfahrungen knüpft, und deren Aktualität auf der Hand liegt, waren diese Berichte freilich nicht zu trennen; denn die Einheit von Erlebnis und Reflexion ist es, was Herzens politische Autorität ausmacht.

Selbst das politisch wesentliche Material war allerdings nicht in seinem ganzen Umfang in einer Taschenbuch-Ausgabe unterzubringen. Die notwendigen Kürzungen habe ich im Hinblick auf unsere eigenen Bedürfnisse vorzunehmen versucht; ein polnischer oder italienischer Herausgeber hätte hier anders entscheiden müssen. Innerhalb von einzelnen Kapiteln habe ich nur ausnahmsweise eingegriffen (abgesehen von dem einleitenden Mosaik). Die Kapitelüberschriften stammen nicht in allen Fällen von Herzen, gehen aber sämtlich auf dessen Formulierungen zurück. Im übrigen hoffe ich, daß mancher Leser dieses Auswahlbandes versucht sein wird, zu der Gesamtausgabe in deutscher Sprache vorzudringen, auf der auch der hier gebotene Text beruht: Alexander Herzen, *Mein Leben. Memoiren und Reflexionen.* Herausgegeben von Eberhard Reißner. Aus dem Russischen übersetzt von Hertha von Schulz. Drei Bände. Berlin (Aufbau Verlag) 1962–1963.

Aus dieser Edition sind auch Anmerkungen, Worterklärungen und biographische Daten in die vorliegende Taschenbuch-Ausgabe übernommen worden.

Ich möchte zum Schluß die Textstellen, die ich ausgewählt habe, einzeln nachweisen; die Kapitelkonkordanz soll dem Leser den Vergleich zwischen Auswahl und Gesamtausgabe erleichtern.

Berlin, Sommer 1976, H. M. E.

Kapitelkonkordanz

insel taschenbuch	Gesamtausgabe
Die russischen Jahre. Ein Mosaik	Erster Teil. Kinderstube und Universität 1. Kapitel: I, 15–16, 26 2. Kapitel: I, 42–43, 49–51, 57–58 3. Kapitel: I, 69–73, 75 4. Kapitel: I, 102–103, 107 6. Kapitel: I, 136, 137–139, 148, 171–174 7. Kapitel: I, 192, 194, 207–210 Zweiter Teil. Gefängnis und Verbannung 9. Kapitel: I, 231–233 12. Kapitel: I, 261–266, 267–268, 269–270, 276 14. Kapitel: I, 315–316 Vierter Teil: Moskau, Petersburg und Nowgorod 29. Kapitel: I, 655–658 33. Kapitel: I, 789–790, 792–794, 795–800
Erstes Kapitel. Die Reise	33. Kapitel: I, 800–801 Fünfter Teil: Paris–Italien–Paris 34. Kapitel: II, 11–18
Zweites Kapitel. Honigmond der Republik	35. Kapitel: II, 19–26
Westliche Arabesken. Erstes Heft	Westliche Arabesken. Erstes Heft: II, 27–40
Drittes Kapitel. Die Choristen der Revolution	36. Kapitel: II, 49–64
Viertes Kapitel. Die Emigration in Genf	37. Kapitel: II, 69–80, 83–92, 100–110
Fünftes Kapitel. Die Schweiz	38. Kapitel: II, 114–136
Westliche Arabesken. Zweites Heft	Westliche Arabesken. Zweites Heft: II, 143–150, 153–163

Sechstes Kapitel. Das Geld und die Polizei	39. Kapitel: II, 165–188
Siebentes Kapitel. Proudhon	41. Kapitel: II, 231–255
Gedanken über angeschnittene Fragen	Gedanken über angeschnittene Fragen: II, 256–269
Achtes Kapitel. Londoner Nebel	Sechster Teil: England 1. Kapitel: III, 9–14
Neuntes Kapitel. Das europäische Zentralkomittee	2. Kapitel: III, 19–37
Zehntes Kapitel. Die Emigration in London	3. Kapitel: III, 38–44, 47–51, 57–73
Elftes Kapitel. Die Deutschen in der Emigration	7. Kapitel: III, 190–210
Zwölftes Kapitel. Das Londoner Freikorps der fünfziger Jahre	8. Kapitel: III, 224–230, 233–237, 248–251
Dreizehntes Kapitel. Die freie russische Druckerei und »Die Glocke«	Siebenter Teil: Die freie russische Druckerei und »Die Glocke« 1. Kapitel: III, 372–382, 392–417
Vierzehntes Kapitel. Die junge russische Emigration	3. Kapitel: III, 434–448
Fünfzehntes Kapitel. M. Bakunin und die polnische Sache	4. Kapitel: III, 449–475
Sechzehntes Kapitel. Ohne Verbindung	Achter Teil: Bruchstücke 1. Kapitel: III, 553–558, 564–574
Siebzehntes Kapitel. La belle France	3. Kapitel: III, 623–632, 651–654

Anmerkungen

S. 33 *An N. P. Ogarjow* – N. P. Ogarjow ist der Jugendfreund und Mitkämpfer Herzens.

Die eine ist nicht mehr – Gemeint ist Herzens Frau, Natalja Alexandrowna.

Iskander – Pseudonym von Alexander Herzen.

38 *Der Unterschied . . . zwischen ihren Standesbezeichnungen* – Russisch: dworjanje = Adlige, dworowyje = Gesinde (abgeleitet von dwor = Hof).

39 *zu dem verabscheuungswürdigen Mittel des »Polizeireviers« griffen* – Im Polizeirevier wurden die Leibeigenen auf Verlangen ihrer Eigentümer, der Gutsbesitzer, geprügelt.

40 *Artel* – Genossenschaft: Im zaristischen Rußland lockere Gemeinschaft ohne den Status einer juristischen Person.

41 *Chodynka* – Chodynka-Feld, am Stadtrand von Moskau gelegen, damals Sommerlager des Militärs.

42 *Aufstand* – der Aufstand der fortschrittlichen Adelsintelligenz im Dezember 1825, der sog. Dekabristenaufstand.

er erzählte . . . vom Tode des Grafen Miloradowitsch – der Graf wurde beim Dekabristenaufstand tödlich verwundet.

43 *Lucile Desmoulins* – die Gattin von Camille Desmoulins, hatte gegen das vom Revolutionstribunal auf Verlangen von Robespierre ausgesprochene Todesurteil ihres Mannes Protest erhoben. Sie wurde daraufhin der Mitschuld angeklagt und am 13. April 1794 hingerichtet, acht Tage nach der Enthauptung ihres Mannes.

45 *Witbergs Dom* – das Ehrenmal für die Gefallenen im Vaterländischen Krieg von 1812.

dem weißen Prügelriemen – der weiße Schulterriemen der Gendarmenuniform, der zum Synonym für Prügelriemen wurde.

dem himmelblauen Benckendorff – Die Gendarmerie trug eine hellblaue Uniform.

Paßgesetz – Offenbar ist die Rede von den Gesetzesverordnungen Nikolais I. aus dem Jahre 1844, durch die weitere Einschränkungen für die Ausgabe von Pässen für Auslandsreisen eingeführt wurden. So wurde nach dem Ukas vom 15. März die Ausgabe von Auslandspässen dem Innenministerium übertragen; Auslandspässe wurden nur noch Personen ausgehändigt, die das 25. Lebensjahr erreicht hatten. Zu einem Kuraufenthalt im Ausland wurde außer der polizeilichen Genehmigung noch eine ärztliche Krankheitsbescheinigung verlangt u. a. m.

der religiösen Unduldsamkeit – Gemeint sind damit die verschiedenen gegen andere Glaubensbekenntnisse gerichteten Maßnahmen Nikolais I., die der Priorität der offiziellen rechtgläubigen Kirche zugute kamen: Anschluß der Uniaten an die orthodoxe Kirche (1839), Bekämpfung der Sekte der Altgläubigen, gewaltsame Christianisierung der Völkerschaften an der Wolga, im Ural, im Kaukasus und in Sibirien.

47 *gehörten zu ihr in der Mehrzahl Seminaristen und Deutsche* – In der Regel gingen zur medizinischen Fakultät, die die Kenntnis der lateinischen Sprache verlangte, meist die Söhne von Ausländern, die in Rußland tätig waren, vorzugsweise von Ärzten, Apothekern und Fremdsprachenlehrern. Der Mangel an Ärzten (vor allem in der Armee) führte zu einer Reihe von Regierungsmaßnahmen, die dem

Zwecke dienten, das Kontingent der Medizinstudenten an den Universitäten und medizinischen Fachschulen durch Zuweisung von Schülern aus den geistlichen Seminaren zu vergrößern, da sie Latein konnten. Diese Seminaristen erhielten dann staatliche Stipendien.

Lehrbuch . . . von Francœur – »Cours complet de mathématiques pures« par L.-B. Francœur, 2 Bde., Paris 1809.

48 *Radcliffeschloß* – Gemeint ist die Ähnlichkeit mit den alten Schlössern, die die englische Schriftstellerin Ann Radcliffe (1764-1823) in ihren Schauerromanen beschrieben hat.

Holyrood – Nach der Julirevolution floh Karl x. auf Schloß Holyrood in Schottland.

als Belgien aufflammte – Hinweis auf die Revolution in Belgien im Jahre 1830.

Beschreibung von Heine . . ., daß »der große heidnische Pan gestorben war« – Die Nachricht von der Julirevolution erreichte Heine auf Helgoland. Herzen bezieht sich hier auf das Buch »Ludwig Börne«, wo Heine die Ereignisse in Frankreich begeistert begrüßt. Siehe: Heinrich Heine, Gesammelte Werke in sechs Bänden. Berlin 1955, Aufbau-Verlag, Bd. 5, S. 409–427. Bei Heine heißt es auf Seite 427: »Pan ist tot!«

49 *»Nein, es sind keine leeren Träume!«* – Zitat aus dem Gedicht »Hoffnung« von Goethe. Dort heißt es: »Nein, es sind nicht leere Träume.«

verschwand ein Pole – G. S. Szaniawski.

50 *Fieberhaft warteten wir alle, was mit ihnen geschehen würde* – Die von Herzen genannten Studenten sind als gemeine Soldaten in verschiedene Truppenteile gesteckt worden.

Ich schrieb eine Dissertation – »Die analytische Erklärung des Sonnensystems nach Kopernikus«.

51 *Der Glaube an die Tischredenrevolution von Béranger* – In den Liedern von Béranger aus den zwanziger Jahren des 19. Jahrhunderts kamen in versteckter scherzhaft-ironischer Form, als Tischreden im Freundeskreis, republikanische Sympathien zum Ausdruck, in eigenartiger Weise verquickt mit einem Lobgesang auf die Freuden des Lebens.

Nestorchronik – Diese Chronik ist eines der ältesten Denkmäler der russischen Literatur; sie stammt aus dem 12. Jahrhundert und wird dem Mönch Nestor zugeschrieben. Die Slawophilen trieben mit dem Chronisten Nestor einen förmlichen Kult.

52 *nach dem Code Napoléon* – Herzen meint hier den philisterhaften und heuchlerischen Charakter des bürgerlichen Strafgesetzbuches sowie des im Jahre 1894 herausgegebenen »Zivilgesetzbuches«, das 1807 in »Code Napoléon« umbenannt worden war. Die Saint-Simonisten wurden 1832 auf Grund des Paragraphen 291 des Strafgesetzbuches der Beleidigung der öffentlichen Moral und der guten Sitten angeklagt.

der Orléans-Religion – Die Periode der Julimonarchie zeichnete sich durch äußerste Sittenverderbnis der herrschenden Finanzaristokratie aus. Zugleich aber beschuldigten die Behörden dieser Monarchie die Saint-Simonisten, die eine »neue Religion« und die Gleichberechtigung der Geschlechter propagierten, der Sittenlosigkeit und warfen ihnen vor, daß sie den »Gemeinbesitz der Frauen« predigten.

53 *sie aber zeigten auf das . . .verhängte Heiligenbild* – Während der Julimonarchie waren aus den Gerichtssälen die Kruzifixe entfernt und die Heiligenbilder mit einem grünen Schleier verhängt worden.

55 *Ein Student, . . . gab seinen Freunden am 24. Juni 1834 ein Fest* – Dieses »Fest« war von E. P. Maschkowzew veranstaltet worden.

56 *»Der Russenzar ist eben . . .«* – Aus dem Material der Untersuchungsakten ist zu ersehen, daß vermutlich A. J. Poleshajew der Verfasser dieses Liedes gewesen ist.

59 *Memoiren des Herzogs von Saint-Simon* – »Mémoires complets et authentiques du duc de Saint-Simon«, Paris 1829–1830.

60 *»Das war doch eben der, der über Peter I. geschrieben hat . . .«* – Gemeint ist Herzens Aufsatz »Der achtundzwanzigste Januar«. Peter I. ist am 28.1.1725 gestorben.

61 *Endlich, am zwanzigsten März, wurden wir . . . zur Urteilsverkündung gerufen* – Das Urteil wurde am 31. März 1835 verkündet.

66 *Ende November machte ich mich auf den Weg nach Petersburg.* – Herzen trat diese Reise erst ein Jahr nach dem erwähnten Briefwechsel und der Erlaubnis zur Einreise nach Petersburg an; er fuhr am 1. Oktober 1846 aus Moskau ab.

70 *Im Jahre 1850 sah ich . . . in Paris mein »Dossier«;* – Herzen erzählt von dieser Episode im 6. Kapitel.

zu früh – Auf dem erwähnten Bericht vom 7. April 1843 steht von Nikolai I. geschrieben »wir sprechen darüber«; Benckendorff hat darunter hinzugefügt: »er gestattet es nicht«.

72 *bis nach »Vier-Armee«* – So hieß die erste Poststationauf dem Wege von Petersburg nach Moskau, nach dem Wegweiser, der an einer Kreuzung in vier Richtungen zeigte: nach Moskau, Zarskoje Selo, Peterhof und Petersburg

73 *»Humor«* – Zitat aus Ogarjows Poem »Humor«.

Sechs-sieben Dreigespanne gaben uns das Geleit bis Tschornaja Grjas . . . Das war am 21. Januar . . . 1847 . . . – Vgl. Westliche Arabesken. Erstes Heft. Der Traum. – Herzen reiste am 19. Januar 1847 von Moskau ab. Beim Abschied fehlte N. P. Ogarjow, der sich zu der Zeit auf seinem Gut im Gouvernement Pensa befand. Tschornaja Grjas war die zweite Poststation auf dem Wege von Moskau nach Petersburg; dort wurden die Pferde zum erstenmal gewechselt und nach alter Tradition für die Abreisenden eine Abschiedsfeier veranstaltet.

74 *bis Tauroggen* – Letzte Poststation vor der preußischen Grenze auf dem Wege von Riga nach Tilsit.

Tata – die älteste Tochter Herzens, Natalja.

Zwischen Terraccino und Neapel – Herzen erzählt hier einen Vorfall vom Februar 1848.

75 *um den ich mich zwei Jahre lang bemüht hatte* – Herzen hatte bereits im Jahre 1843 erste Schritte zur Erlangung eines Auslandspasses unternommen.

80 *Gekreuzten Arms, wie Er's nur tut* – Zitat aus Puschkins »Eugen Onegin«, Kap. 7. Str. 19.

81 *Tramontana* – kalter Nordwind in Oberitalien.

»Morgen reisen wir nach Paris . . . wird die Reaktion ja nicht wegblasen.« – leicht abgewandeltes Zitat aus dem 8. Brief der »Briefe aus Frankreich und Italien«.

83 *von der Revolution in der Neu-Kolumbischen Republik* – im Jahre 1810 begann in Kolumbien der Aufstand gegen die Spanier. Der nationale Befreiungskampf dauerte bis 1824.

84 *Herzog de Noailles* – Es ist nicht bekannt, wen Herzen hier meint. Möglicherweise handelt es sich um den Herzog Rohan (1789–1869), den Herzen im 4. Brief seines Zyklus »Wieder in Paris« erwähnt.

85 *»Nicht uns . . . sondern deinem Namen«* – Herzen meint die Medaillen, die Alexander I. (nicht Pavel) zur Erinnerung an den Vaterländischen Krieg von 1812 prägen ließ.
Démosthène Olivier – Regierungskommissar war damals dessen Sohn Emile Olivier.
Blusenmänner – die Vertreter der arbeitenden Bevölkerung des vierten Standes; die Blusen (franz. blousier) waren ihre Arbeitskleidung.
Romagna – Gegend in Oberitalien.

86 *Affäre in Rouen* – Herzen meint den bewaffneten Aufstand der Arbeiter von Rouen am 27. und 28. April 1848 im Zusammenhang mit dem Wahlsieg der Konterrevolution.
Sprache von Port-Royal und der Sorbonne – das Kloster Port-Royal war im XVII. Jh. ein bedeutendes Zentrum der Aufklärung und der Literatur. Im Jahre 1660 entstand hier die »Allgemeine und rationelle Grammatik«, die klassische Normen der Sprachkunst zu fixieren suchte.

87 *dieses schreckliche Ritornell* – am 15. Mai 1848 erhoben die Pariser Volksmassen die Forderung nach Entsendung von französischen Truppen zur Unterstützung des Polenaufstandes in Preußen. Die Demonstration erlitt eine vollständige Niederlage.
Über diese Tage habe ich viel geschrieben – In den »Briefen aus Frankreich und Italien« und dem Werk »Vom anderen Ufer« (»Nach dem Gewitter«).

88 *nur einer fehlte* – N. P. Ogarjow.

89 *Ich sah den gezähmten König von Neapel und den Papst, der . . . um die Liebe des Volkes bettelte* – im Februar 1848 gab Ferdinand II. von Neapel den Forderungen der aufständischen Volksmassen nach, erließ eine Verfassung und stimmte der Bildung einer liberalen Regierung zu. Am 2. Januar 1848 zog Pius IX. durch die Straßen von Rom und segnete das Volk, in der Absicht, die Sympathien der Massen zurückzugewinnen.

90 *Der Korso ist voller Menschen* – Herzen beschreibt im folgenden die Demonstration der Römer vom 21. März 1848, die durch Nachrichten von der Revolution in Wien und dem Aufstand in Mailand ausgelöst wurde.
Aus Mailand sind Neuigkeiten gekommen . . . das Gerücht geht um, daß Karl Albert mit einem Heer anrückt – am 18. März 1848 erhob sich das Volk in Mailand gegen die Österreicher und zwang in fünftägigen Kämpfen die österreichische Armee zur Flucht. Karl Albert, der König von Piemont, erklärte daraufhin Österreich den Krieg, um die Volksinitiative abzufangen und eine Ausweitung der revolutionären Entwicklung zu verhindern.
ein Volkslieddichter – G. Benai, dessen Lieder bei der arbeitenden Bevölkerung von Rom sehr populär waren.

91 *alle vier Russinnen* – N. A. Herzen, M. F. Korsch, N. A. Tutschkowa, E. A. Tutschkowa.
um den »Traum« zu töten – Vgl. Shakespeare, Macbeth, II, 2.
My dream was past – Zitat aus Byrons Gedicht »Der Traum«.

93 *Madeleine* – gemeint ist die Kirche La Madeleine in Paris.
mit dem albernen Trichter im Knopfloch – Herzen meint das Abzeichen, das die Deputierten der Konstituierenden Versammlung trugen.

100 *mit einer Bekannten* – der ersten Frau A. Reichels.

101 *Ville d'Avray* – Ortschaft in der Nähe von Paris mit malerischer Umgebung.

103 *Kryptogamen* – blütenlose Pflanzen.
Phanerogamen – Blütenpflanzen.

105 *caffè delle Belle Arti* – »Café der schönen Künste«; liberaler Club in Rom, wo sich Schriftsteller und Künstler versammelten.
Circolo Romano – Club der liberalen Adligen Roms, der Finanzwelt und der Kaufleute, gegründet 1847; spielte z. Z. des Aufenthaltes Herzens in Rom eine große Rolle im politischen Leben der Stadt.
Circolo Popolare – Volksclub. Entstand Ende 1847; seine Mitglieder waren Handwerker und Arbeiter. Organisator des Clubs war Ciceruacchio.
106 *wie der Prozeß des Lesens dem Petruschka Tschitschikows gefiel* – vgl.: Gogol, Tote Seelen, Bd. 1, Kap. 3.
Château d'Eau – großer Springbrunnen auf dem Boulevard Saint-Martin
»Montagnards« – »Bergbewohner«; so nannte man die Jakobiner im Jahre 1793, da sie im Parlament die obersten Plätze innehatten. In den Jahren 1848/49 bezeichnete dieser Ausdruck die Anhänger Ledru-Rollins in der Konstituierenden Versammlung.
108 *Maison d'Or* – ein Restaurant in Paris
Conciergerie – Gefängnis in Paris.
109 *Vincennes* – Vorort von Paris.
111 *Versailler Prozeß* – nach der Zerschlagung der Demonstration vom 13. Juni 1849 in Paris und der Kundgebungen in anderen Städten Frankreichs erkannte die Regierung 33 Abgeordneten der »Bergpartei« die Deputiertenrechte ab, erklärte sie zu Staatsverbrechern und stellte sie vor Gericht.
112 *Nach dem . . . Versuch des Lyoner Aufstandes* – Der Aufstand fand am 15. Juni statt und war eine Reaktion auf die Pariser Ereignisse vom 13. In Straßenkämpfen mit Regierungstruppen wurden etwa 150 Personen getötet oder verwundet.
113 *im Stile der Grandville'schen Illustrationen* – Herzen meint offenbar Gérards (Pseudonym: Grandville) »La lune peinte par elle-même« in dem Buch »Un autre monde par Grandville«, Paris 1844.
114 *Rom fiel unter den Schlägen der Franzosen* – die Ausrufung der Republik in Rom am 9. Februar 1849 und die Beseitigung der weltlichen Herrschaft des Papstes diente als Vorwand für die französische Intervention. Nach erbittertem Widerstand fiel Rom am 3. Juli 1849.
der Bruder des preußischen Königs – Wilhelm, der spätere deutsche Kaiser Wilhelm I. Er kommandierte die preußischen Truppen, die den badisch-pfälzischen Aufstand niederschlugen.
Genf . . . wurde zum Koblenz der Revolution des Jahres 1848 – während der großen französischen Revolution war Koblenz Sammelpunkt der konterrevolutionären Emigration.
Franzosen, die der Bochart'schen Untersuchung . . . entronnen waren – der Bericht der Kommission, die zur Untersuchung der Maidemonstration und der Juniereignisse eingesetzt worden war, wurde am 3. August 1849 von Bochart in der Konstituierenden Versammlung verlesen.
badische Freischärler – gemeint sind die Angehörigen der badischen Armee und der Heimwehr, die sich nach der Zerschlagung des badischen Aufstandes vor den preußischen Truppen in Sicherheit bringen konnten.
Teilnehmer des Wiener Aufstandes – der Wiener Aufstand vom 6. Oktober 1848 war am 1. November zusammengebrochen.
Posener und galizische Polen – im Jahre 1848 kam es auch in den polnischen Gebieten zu nationalen Befreiungsbewegungen. Im März begann der Aufstand in Posen, der am 9. Mai niedergeschlagen war. Am 1./2. November kam es zu einem Aufstand in Galizien.

Les Pâquis – Vorort von Genf.

115 *Taboriten* – Vertreter des radikalen Flügels der böhmischen Hussitenbewegung.

Sobakewitsch – Gestalt aus Gogols Roman »Tote Seelen«, ein grober, klotziger Gutsbesitzer.

116 *Mit bedächtigem Schritt . . .* – Herzen wandelt hier eine Stelle aus Schillers »Handschuh« ab: Und hinein mit bedächtigem Schritt ein Löwe tritt . . .

Stand eines Fuchsen – Bezeichnung für einen Studenten im ersten und zweiten Semester.

120 ›*Si omnes consentiunt . . .*‹ – Die Worte spricht nicht Schufterle, sondern Grimm.

Giacomo Medici – er verteidigte die Villa Vascello, die den Zugang zu den Westtoren Roms beherrschte.

Triumvirat – die drohende Intervention und die Klassenspannungen in Rom veranlaßten die Konstituierende Versammlung, ein Triumvirat mit Sondervollmachten einzusetzen. Seine Mitglieder waren: Mazzini, Armelini und Saffi, den später enge Freundschaft mit Herzen verband.

121 *Seit den Zeiten von Menotti und der Brüder Bandiera* – Menotti war im Jahre 1831 das Haupt einer Verschwörung in Modena, deren Endziel die Vereinigung Italiens war. Der Plan scheiterte, Menotti wurde hingerichtet. – Im Jahre 1841 organisierten die Brüder Bandiera unter den Italienern, die in der österreichischen Flotte dienten, die Geheimgesellschaft »Esperia« und nahmen Kontakt mit Mazzini und seinem »Jungen Italien« auf. Im Jahre 1844 unternahmen sie mit einer Gruppe ihrer Freunde einen Landungsversuch an der Küste des Königreiches Neapel mit der Absicht, einen Aufstand gegen die Bourbonen einzuleiten, wurden jedoch überwältigt und erschossen.

122 *dem . . . Buonarotti – die Weihe gegeben hat* – Buonarotti, einer der Führer der Karbonari-Bewegung, setzte große Hoffnungen auf Mazzini, als dieser sich nach seiner Emigration aus Italien im Jahre 1831 der Organisation Buonarottis anschloß. Er erwartete von Mazzini eine Neubelebung der Bewegung. Wegen theoretischer und taktischer Meinungsverschiedenheiten kam es aber nur zu einem vorübergehenden Zusammenwirken zwischen Buonarotti und Mazzini.

124 *die piemontesische Schicht* – Herzen nennt die italienische Bourgeoisie so, weil in Piemont das Bürgertum stärker war, als irgendwo sonst in Italien. Mit der »ersten Revolution« meint Herzen offenbar die große französische Revolution von 1789 bis 1794.

Margera – ein Fort bei Venedig, das den österreichischen Truppen besonders hartnäckig Widerstand leistete.

die Trasteveriner Plebejer – die Bewohner des Handwerker- und Arbeiterviertels Trastevere im Südwesten Roms nahmen aktiven Anteil an der Verteidigung der Römischen Republik.

Garibaldi . . . als Kapitän eines Schiffes – nach der Revolution von 1848/49 mußte Garibaldi nach Amerika emigrieren. Hier arbeitete er zunächst in einer Fabrik und ging dann zur Handelsschiffahrt.

125 *in Begleitung . . . eines seiner Freunde* – des österreichischen Emigranten Ernst Haug.

126 *»Arma virumque cano!«* – Einleitungsvers der »Äneis« von Vergil.

am 14. Januar 1858 in der Rue Lepelletier – hier unternahm Orsini sein Attentat auf Napoleon III.

127 *Teverino* – Titelgestalt eines Romans von George Sand. In dieser romantischen

Gestalt verkörperte die Dichterin ihre Idee von einem freien Menschen, der unter Verachtung des materiellen Wohlstandes und der gesellschaftlichen Konvention in enger Berührung mit der Natur lebt und ganz seinem inneren Gefühl folgt.
Rienzi – die Gestalt des mittelalterlichen Volkstribuns Cola di Rienzi fand in der bürgerlichen Geschichtsschreibung um die Mitte des XIX. Jhs. starke Beachtung und wurde vielfach mit Ciceruacchio verglichen.
»Väter des Vaterlandes« – Vater des Vaterlandes (lat. pater patriae) war ein Beiname Ciceros, später fast allen römischen Kaisern als Ehrennahme vom Senat verliehen. Dem entsprach in Deutschland die Bezeichnung des Fürsten als »Landesvater«.

128 *unter Equipagen werfen* – es handelt sich hier um Episoden aus dem Leben Orsinis. Nach kühner Flucht aus dem Gefängnis im März 1856 kam Orsini nach London und bereitete das Attentat auf Napoleon III. vor.

129 *O divina Commedia! . . .* – Im Januar 1813 stattete Napoleon I. Papst Pius VII (Chiaramonti) einen Besuch in Fontainebleau ab, wo der Papst gefangengehalten wurde. Der Kaiser erlangte hierbei die Unterschrift des Papstes unter ein neues Konkordat, das die katholische Kirche dem französischen Kaiser unterstellte und die weltliche Macht des Papstes in Rom aufhob. Während des Gesprächs soll Pius nach Thiers' Darstellung nicht ohne Bitterkeit von der Unbeständigkeit des Schicksals und der Vergänglichkeit irdischer Güter gesprochen haben.

133 *Nach dem Dresdner Prozeß* – am Aufstand in Dresden im Mai 1849 war Bakunin führend beteiligt. Er wurde inhaftiert und zum Tode verurteilt, die Strafe dann jedoch in lebenslängliches Zuchthaus umgewandelt.

139 *Sonderbund* – die Vereinigung von 7 katholischen Kantonen zum Kampf gegen die Zentralisationsbestrebungen der übrigen 11 Kantone und zum Schutze der Rechte der Katholischen Kirche. Es kam zu kriegerischen Auseinandersetzungen, die im Jahre 1847 mit der Niederlage des Sonderbundes endeten.
die klägliche Rolle, die sie . . . spielte – die Schweizer Bundesregierung duldete Einmischung der reaktionären Großmächte und wies auf deren Ersuchen die revolutionären Flüchtlinge aus.

141 *Briareos* – in der griechischen Sage ein Riese mit hundert Armen.

142 *Carouge* – Vorort von Genf.

149 *Bedlam* – Irrenanstalt von London.

151 *›Der Wolf und das Schaf‹* – Herzen meint offenbar La Fontaines gleichnamige Fabel.
Pylades – der treue Freund des Orest.

155 *Der »unvergeßliche« Imperator* – Nikolai I.

156 *und wohin sollte diese Freundschaft einmal führen! . . .* – gemeint ist die Freundschaft mit G. Herwegh.

158 *Agrippina, gefallen unter den Streichen ihrer Kinder* – im Jahre 59 wurde sie auf Befehl ihres Sohnes, des Kaisers Nero, getötet.

159 *»Epilog auf das Jahr 1849«* – von A. Herzen aufgenommen in »Vom anderen Ufer«.

161 *Papst Voltaire, der den Enkel Franklins . . . gesegnet hat* – B. Franklin stellte während seines Aufenthaltes in Frankreich dem Philosophen seinen Enkel vor und bat, das Kind zu segnen. Voltaire sagte: »Gott und die Freiheit – das ist die einzige Devise, die des Enkels eines Franklin würdig ist.«
Davus sum, non Aedipus (Oedipus) – Vgl.: Terenz, Andria, 1, 2. Davus ist der Name eines Sklaven. Bedeutung: Ich bin nur ein Sklave, ich kann nicht so geschickt Rätsel lösen wie Oedipus.

162 *Als Sieyès erklärte, daß die Bürger »alles« seien . . .* – In der Broschüre »Qu'est ce que le tiers état« hatte Sieyès dargelegt, daß die Bourgeoisie im Staate herrschen werde.

Manichäismus – in Persien entstandene Mischreligion.

ein neuer Jonathan – Scherzbezeichnung für die Nordamerikaner.

164 *»Orbis pictus«* – »Die Welt in Bildern«, ein Werk des tschechischen Humanisten J. A. Komenský (Comenius).

176 *E tiene ancora del monte et del macigno!* – vgl.: Dante, Göttliche Komödie, Hölle, xv, 63.

178 *ein anderer* – der russische Botschafter in Frankreich N. D. Kisseljow.

188 *Aneurysma* – Schlagadererweiterung.

189 *Der zweite Dezember* – am 2. Dezember 1851 erfolgte der Staatsstreich Louis-Napoléons.

192 *du bist allzu arm, um ein Recht zur Rede zu haben!* – auf Grund eines neuen Gesetzes nach dem Juniaufstand hatten die Zeitungen für ihre Lizenz eine so hohe Kaution zu stellen, daß zahlreiche demokratische Zeitungen ihr Erscheinen einstellen mußten, da sie die Summe nicht aufbringen konnten.

193 *Proudhon saß gerade im Gefängnis* – wegen eines scharfen Artikels gegen den Präsidenten Louis-Napoléon hatte Proudhon eine Gefängnisstrafe von drei Jahren abzubüßen. Nach den Demonstrationen vom 13. Juni 1849 wurde die demokratische Presse verboten.

Phalanstère – Bezeichnung der Arbeitsgenossenschaften in dem utopischen Zukunftsbild der Fourieristen, das von ihnen in allen Einzelheiten ausgearbeitet war.

ikarische Polizeiverwaltung – in Cabets Roman »Reise nach Ikarien« wird eine ideale kommunistische Zukunftsgesellschaft gezeichnet. Es gab Versuche, nach diesem Muster kommunistische Siedlungen zu gründen.

»destruo et aedificabo« – Proudhon entnahm das Motto für sein Werk »Système des contradictions économiques ou Philosophie de la misère« (deutsch u. d. T. »Philosophie der Staatsökonomie oder Notwendigkeit des Elends«) dem Markusevangelium (xiv, 58).

196 *mit der kleinen Republik* – Anspielung auf die bürgerliche Republik von 1848/51 im Gegensatz zur großen Republik in Frankreich am Ende des XVIII. Jhs.

dem kleinen Napoleon – Napoleon III. Das Epitheton »klein« entnahm Herzen dem gegen Napoleon III. gerichteten Pamphlet Hugos »Napoléon le Petit«.

Volksbank – Zur Verwirklichung seiner Reformideen auf dem Gebiete des Zahlungsverkehrs und des Kredits schlug Proudhon die Gründung einer besonderen Bank auf Aktienbasis vor. Da jedoch die Meinungsverschiedenheiten über Aufgaben und Arbeitsweise des Unternehmens nicht beigelegt werden konnten, mußte Poudhon auf die Verwirklichung seines Projektes verzichten.

wie Platon Michailowitsch in »Geist bringt Kummer« – vgl.: Gribojedow, Geist bringt Kummer, III, 6.

von der Dissertation . . . bis zu dem . . . carmen horrendum . . . – Herzen meint Proudhons Traktat »De l'utilité de la célébration du dimanche« (»Über den Nutzen der Sonntagsfeier«) sowie sein »Manual du speculateur à la Bourse (»Handbuch des Börsenspekulanten«).

197 *in seinen »Bekenntnissen«* – »Les Confessions d'un révolutionnaire« . . .

»the deap slumber of a decided opinion« – Zitat aus Kapitel II des Werkes von Stuart Mill »On liberty«.

zu der Marrast'schen Konstitution – die im November 1848 angenommene Verfassung der französischen Republik.

198 *Der parlamentarische Pöbel antwortete . . . ins Irrenhaus! . . .* – Herzen spielt hier an auf eine utopische Gesetzesvorlage Proudhons, die die Erhebung einer einmaligen Steuer auf das gesamte bewegliche und unbewegliche Vermögen der Bürger in Höhe eines Drittels der daraus bezogenen Einkünfte vorsah. Der Vorschlag stieß auf wütende Ablehnung des Hauses.

nicht Katilina steht vor euren Toren, sondern der Tod – Herzen sah in diesen Worten Proudhons eine Prophezeiung des Untergangs der Republik. Proudhon hoffte jedoch, daß der Zusammenbruch zu verhüten sein werde, und zwar durch die formale Demokratie.

199 *»Erklärung der Menschenrechte«* – das programmatische Dokument der Französischen Revolution vom Ende des XVIII. Jhs.

201 *Lohn, der reichlich lohnet* – Zitat aus Goethes »Sänger«.

203 *Proudhon dirigierte . . . aus seiner Gefängniszelle* – er durfte Besuch empfangen, die Zeitungen lesen und schreiben.

204 *Meine Antwort auf die Rede von Donoso Cortès* – Herzen meint seinen Artikel »Donoso Cortès . . .«, der am 18. März 1850 in der Zeitung »La Voix du Peuple« erschien.

205 *Abgesehen von einem neuen Prozeß . . .* – zu einem neuen Prozeß gegen Proudhon kam es erst ein halbes Jahr später, im Juni 1850, im Zusammenhang mit seinem Artikel »Die Wahlen vom 28. April«. Der Prozeß endete mit einem Freispruch.

aber dieser Versuch wurde sofort erstickt – es handelte sich um die Zeitung »Le Peuple de 1850«, die nur vom 15. Juni bis zum 13. Oktober 1850 erscheinen konnte.

206 *Croupion* – franz. »Steiß«: volkstümliche Bezeichnung für das englische Rumpfparlament nach der Hinrichtung König Karls I. und der Ausrufung der Republik. Es hatte jegliche Bedeutung verloren und wurde 1653 von Cromwell auseinandergejagt.

212 *irgendeine Mandarinen-Hierarchie* – Auguste Comte gründete im Jahre 1848 die »Gesellschaft der Positivisten«, die eine »positivistische Kirche« ins Leben rief. Sie predigte eine sozialpolitische »Reorganisation der Menschheit« und verfügte über eine eigene Geistlichkeit, an deren Spitze als »Oberpriester« A. Comte selbst stand.

213 *Perun* – heidnische Gottheit der Ostslawen. Bei der Christianisierung des Kiewer Reiches im Jahre 988 ließ der Überlieferung nach der Fürst von Kiew Wladimir (der Heilige) die Holzstatuen des Perun in den Dnjepr werfen.

221 *Leone-Leoni* – Titelfigur eines Romans von G. Sand.

222 *Bliny* – Fladen aus Buchweizen-, Weizen- oder Gerstenmehl, die vor Beginn der Osterfasten im alten Rußland mit zerlassener Butter, saurem Rahm, Kaviar und anderen pikanten Zugaben gegessen wurden.

230 *. . .einen besonderen Auftrag an ihn . . .* – die Genueser Gruppe der Mitkämpfer Mazzinis hielt den geplanten Aufstand in Mailand für wenig aussichtsreich und forderte eine sorgfältige Vorbereitung unter Heranziehung geeigneter und befähigter Offiziere, die an der Revolution von 1848/49 teilgenommen hatten.

231 *Mazzini dachte damals schon an seinen 3. Februar 1853* – Herzen meint den Aufstand von Mailand, der am 6. 2. 1853 begann.

232 *Eine Nummer der »Italia del Popolo«. . .* – unter diesem Namen durfte die Zeitung bereits seit 1851 nicht mehr erscheinen. Herzen meint »Italia e Popolo«.

233 *. . . der junge Mann . . .* – Viktor Emanuel II.
234 *. . . lebte er in den Junten der Karbonari . . .* – in den Reihen dieser Geheimgesellschaft hatte Mazzini seine revolutionäre Tätigkeit begonnen. Die Organisation kämpfte gegen die österreichische Herrschaft und das feudal-absolutistische Regime in Italien.
Hetairia – (griech.: Genossenschaft von Freunden), im Jahre 1814 in Odessa gegründeter Geheimbund zur Befreiung Griechenlands von den Türken.
exaltados – Herzen meint die spanischen Republikaner.
. . . mit dem echten Cavaignac . . . – Louis-Godefroy Cavaignac, einer der Führer der republikanischen Bewegung unter Louis-Philippe, Bruder von Louis-Eugène Cavaignac, der im Juni 1848 den Arbeiteraufstand in Paris niederschlug.
. . . und dem falschen Romarino . . . – General Romarino leitete im Jahre 1834 im Auftrage Mazzinis den Zug eines revolutionären Korps nach Savoyen. Der Fehlschlag des Unternehmens war zu einem großen Teil die Folge der Unfähigkeit und mangelnden Bereitschaft Romarinos, die Aktion entschlossen durchzuführen.
. . . und den Moldau-Walachen . . . – Mazzini hatte im Jahre 1851 Ion Bratianu als Vertreter der moldau-walachischen Freiheitsbewegung in das Zentrale Europäische Revolutionäre Komitee aufgenommen. Im Namen dieses Komitees wandte sich Mazzini an das rumänische Volk und rief es zum Kampf um seine nationale Freiheit auf.
. . . der begeisterte Konarski . . . – Nach dem Zusammenbruch der polnischen Erhebung von 1830/31 kam Konarski nach Frankreich, wo er aktiv in der Organisation »Junges Polen« mitarbeitete, einer Sektion des unter Mazzinis Leitung stehenden »Jungen Europa«. Im Jahre 1835 ging er zurück nach Rußland, wo er revolutionäre Agitation betrieb. 1838 wurde er verhaftet und erschossen.
. . . wie Bem . . . zur Legende zu werden . . . – Józef Bem war 1848 der militärische Führer des Wiener Aufstandes und hat sich auch als General der ungarischen revolutionären Armee ausgezeichnet.
235 *. . . der König von Neapel . . .* – Ferdinand II. aus dem Hause Bourbon.
Seine . . . Rolle im April und Mai . . . – d. h. während der revolutionären Ereignisse von 1848. Mit den »Roten« meint Herzen die Sozialisten, mit den »Blauen« die bürgerlichen Republikaner.
. . . als auch Felix Pyat seinen Laden in London eröffnet hatte . . . – Pyat leitete nach seiner Emigration nach London die »Revolutionäre Kommune«, eine Emigrantenorganisation, die gegen das II. Kaiserreich in Frankreich kämpfte, jedoch auch gegen den proletarischen Sozialismus polemisierte.
239 *Epizykel* – die gekrümmte Planetenbahn im Weltbild des Ptolemäus.
240 *. . . weder ein Gluckist noch ein Piccinist . . .* – Herzen spielt hier an auf die Fehde zwischen den Anhängern der Komponisten Gluck und Piccini.
241 *. . . Staatsvertrag Katharinas II. mit der Pforte . . .* – im Vertrag von Kütschük-Kainardshi (1744) nach Abschluß des russisch-türkischen Krieges von 1768 bis 1774 wurden auch territoriale Fragen des Donaugebietes berührt.
. . . während unseres Aufstandes . . . – die ungarische Erhebung von 1848, die von Österreich mit Hilfe russischer Truppen niedergeschlagen wurde.
242 *. . . Lambessa und Cayenne . . .* – französische Strafanstalten in Algerien bzw. Französisch-Guayana.
. . . Libényi, der mit einem Messer nach dem österreichischen Kaiser stach . . . – am 18.2.1853 verübte Laszlo Libényi in Wien ein Attentat auf Franz-Joseph, der nur leicht verletzt wurde.

... weder durch die Begönnerung Wellingtons noch die der Statue Nelsons ... – während seines Aufenthaltes in London im Jahre 1848 spendete Nikolai Geld für die Denkmäler Wellingtons und Nelsons.

... als Bonaparte mit der Königin in Windsor dinierte ... – im April 1855 besuchte Napoleon III. England.

247 *... den Mönchen vom Berge Athos gleich ...* – die ersten christlichen Einsiedler ließen sich im 9. Jh., 5 Jahrhunderte nach Slatoust, auf dem mazedonischen Berge nieder. Das ganze Gebiet stand später jahrhundertelang (bis 1913) unter türkischer Herrschaft.

252 *Belle-Ile* – eine der französischen Küste vorgelagerte Insel im Atlantischen Ozean. In der hier gelegenen Festung wurden zwischen 1848 und 1852 die verurteilten Teilnehmer der Revolution untergebracht.

... Luxembourg-Kommission ... – im Jahre 1848 trat im Palais Luxembourg in Paris eine Regierungskommission zusammen, deren Aufgabe es war, die Lage der Arbeiter zu studieren. Ihre Verbesserungsvorschläge waren unrealistisch und sollten die Arbeiter vom sofortigen revolutionären Kampf ablenken.

253 *... in einer kleinen Broschüre ...* – in »Dovere della democrazia« (1852). Mazzinis Ziele waren auf die nationale Befreiung gerichtet; sozialistischer Propaganda gegenüber verhielt er sich ablehnend.

... ein geschickter Akrobat ... – gemeint ist Louis Bonaparte und sein Staatsstreich vom 2.12.1851. Ein Jahr später machte er sich zum Kaiser der Franzosen (Napoleon III.).

254 *... feierte den 24. Februar ...* – d. h. das Andenken der Februarrevolution von 1848.

... die Julitage ... – d. h. die bürgerliche Revolution von 1830, die der Herrschaft der Bourbonen in Frankreich ein Ende machte.

... der feierlichen Spazierfahrt Napoleons mit der Königin Viktoria durch London ... – sie fand am 19.4.1855 statt und sollte die Einmütigkeit der Verbündeten im Krimkrieg demonstrieren.

256 *... der mexikanische Krieg ...* – der abenteuerliche Krieg, den Napoleon III. gegen das republikanische Mexiko führte (1861 bis 1867), endete mit der Niederlage der Interventen.

258 *... der Prozeß von Barbès vor der Kammer der Pairs ...* – als Hauptorganisator einer republikanischen Verschwörung und Führer des Aufstandes vom 12.5.1839 wurde Barbès von der Pairskammer zum Tode verurteilt.

259 *... diese Zeilen sind erhalten geblieben ...* – Herzen meint vermutlich Barbès' Broschüre »Deux jours de condamnation à mort«.

Sie hatte ... die Abänderung der Strafe erwirkt ... – unter dem Druck des Protestes der Öffentlichkeit, der besonders von Arbeitern und Studenten ausging, wurde die Todesstrafe in lebenslange Haft ungewandelt. Auch V. Hugo hatte sich beim König für Barbès verwandt.

... wegen der Morde in Rouen. – Herzen meint die blutige Unterdrückung des Arbeiteraufstandes vom 27./28.4.1848.

... und am 15. Mai tat Barbès, was weder Ledru-Rollin vermochte noch Louis Blanc, und wovor Caussidière zurückschreckte. – Am 15.5.1848 kam es in Paris zu einer Erhebung der Volksmassen gegen die reaktionäre Politik der Konstituierenden Versammlung. Man rief eine neue provisorische Regierung aus, von deren Mitgliedern jedoch nur zwei ihre Tätigkeit aufnahmen: Barbès und Albert. Die übrigen verhielten sich abwartend wie Louis Blanc und Caussidière oder wandten sich sogar gegen die Aufständischen, wie Ledru-Rollin. Die elementare

Erhebung vom 15. Mai wurde niedergeschlagen und Barbès und die anderen revolutionären Führer sofort verhaftet.
... Brief von Barbès ... – gemeint ist der Brief vom 15.5.1854 an George Sand, geschrieben im Gefängnis von Belle-Ile.
260 *... daraus wurde kein 21. Januar mehr ...* – am 21.1.1793 wurde Ludwig XVI. enthauptet.
Mazas – Gefängnis von Paris, unter Napoleon III. in Betrieb genommen.
»Gottes feste Burg« – Herzen meint die Lutherische Hymne »Ein feste Burg ist unser Gott«.
261 *... die Prozession der Schatten in der Tragödie »Macbeth« ...* – vgl. Shakespeare, Macbeth IV, 1.
Sie haben ... so gehandelt, wie Alexander I. ... – Alexander hatte Kenntnis von dem Attentatsplan gegen seinen Vater Pawel I., der im März 1801 ermordet wurde.
263 *... seit der Zeit der Beerdigung von Lamarque.* – Die Beerdigung des Generals Lamarque, eines äußerst populären Abgeordneten der liberalen Opposition während der Julimonarchie, am 5.6.1832 wurde zu einer machtvollen Demonstration der Anhänger der Republik.
264 *... ein Fest der Föderalisation ...* – dieses Fest fand am 14.7. 1790 auf dem Marsfeld aus Anlaß des ersten Jahrestages der Erstürmung der Bastille statt.
266 *Widerrufung des Ediktes von Nantes ...* – Im Jahre 1685 hob Ludwig XIV. das von Heinrich IV. im Jahre 1598 erlassene Edikt von Nantes wieder auf, das den evangelischen Hugenotten die freie Religionsausübung garantiert hatte. Die Folge war die Emigration einiger Tausend Hugenotten aus Frankreich (Refugiés).
... Emigranten mit Holzschuhen ... – gemeint sind die bäuerlichen Emigranten aus Frankreich.
Var – dieser Fluß bildete die Grenze zwischen Frankreich und Savoyen.
Draguignan – Stadt im Departement Var.
268 *Carmagnole* – Jäckchen der Jakobiner z.Z. der Französischen Revolution.
... Senatorengewänder à la David ... – der Maler J.-L. David entwarf für die großen Feiern z. Z. der Französischen Revolution Kostüme, die den altrömischen Tuniken nachgebildet waren.
... bis das »Salus populi« eines schönen Tages ... umgewandelt war ... – Herzen meint die Krönung Napoleons I. zum Kaiser.
270 *Die Deutschen in der Emigration* – Über dieses Kapitel und die Darstellung seiner Person äußert sich Karl Marx in einem Artikel: »Noch einmal Stefanoni und die Internationale« (s. Marx-Engels: Werke, Berlin 1962, Bd. 18, S. 87/88).
Die deutsche Emigration unterschied sich ... – Nach dem Zusammenbruch des demokratischen pfälzisch-badischen Aufstandes vom Jahre 1848 verließen viele deutsche Demokraten die Heimat. Der größte Teil von ihnen ging in die Schweiz, von dort nach England oder den USA. Vom Herbst 1850 an war London das Zentrum der deutschen Emigration. Hier kam es zu heftigen Auseinandersetzungen zwischen den einzelnen politischen Gruppen und Strömungen. Marx und Engels befanden sich seit Herbst 1849 in England, wo sie zunächst aus dem Abflauen der revolutionären Bewegung die Konsequenz zogen und eine Überprüfung der Taktik des Bundes der Kommunisten vornahmen.
Die kleinbürgerliche deutsche Emigration zerfiel in mehrere einander befehdende Gruppen, an deren Spitzen Ruge, Kinkel, von Struve und Heinzen standen. In der irrigen Hoffnung auf neue revolutionäre Ausbrüche stellten sie enge

Beziehungen zu dem von Mazzini gegründeten Europäischen Demokratischen Komitee her und bildeten in London eine Reihe von Koalitionen und Vereinigungen.

Nach 1861 konnten viele Emigranten auf Grund einer preußischen Amnestie in die Heimat zurückkehren, wo viele ehemalige Revolutionäre zu nationalliberalen Anhängern der Bismarckschen Politik wurden. Nur die im Ausland verbleibende Gruppe der Kommunisten unter Führung von Marx und Engels setzte den Kampf gegen die europäische Reaktion fort.

271 *. . . die Aktien unseres vierzigjährigen Werther und der Baronin . . .* – Die Baronin Brüning, eine Bekannte Herzens, stammte aus Rußland. Sie sympathisierte mit der demokratischen Bewegung und hat sich an der Organisierung der Flucht Kinkels beteiligt. Hier wird auf ihre Liebesaffäre mit A. Willich angespielt.

272 *Kinkel war einer der bemerkenswertesten deutschen Emigranten in London.* – K. Marx hielt Kinkel für einen politischen Heuchler. Zu Beginn der 60er Jahre zeigt Kinkel in der Tat keine »revolutionären« Züge mehr, als er sich den Nationalliberalen anschloß. Er starb als Universitätsprofessor in Zürich.

273 *. . . Ruge ein Freund des Neokatholiken Ronge . . .* – Ronge war im Jahre 1844 in Deutschland dadurch bekannt geworden, daß er gegen den Bischof von Trier auftrat und eine Reform der Kirche forderte. Seiner Würde als Geistlicher entkleidet, wurde er zum Initiator der Bewegung der »Deutschkatholiken«. Nach der Märzerhebung schloß er sich der demokratischen Partei an.

. . . badischen Schilderhebung . . . – Herzen meint den ersten badischen Aufstand im April 1848.

. . . österreichischen Schwertfahrt . . . – gemeint ist der Aufstand in Wien im März 1848.

276 *. . . sie geben England und die Nord-Amerikanischen Staaten für Repräsentanten des Germanentums . . . aus.* – Entsprechende Ansichten vertrat z. B. Ruge in einem Brief an Herzen aus dem Jahre 1854.

. . . »Kirche und Staat« . . . – Herzen meint Bauers Broschüre »Rußland und das Germanenthum« (1853). Bauer trat in den Jahren der Reaktion mit einer ganzen Reihe von Schriften hervor, in denen er seiner Enttäuschung an der europäischen Kultur sowie der Hoffnung Ausdruck gab, daß die unverbrauchten Kräfte des zaristischen Rußlands Europas Erneuerung bewirken würden.

277 *Marx hat Bakunin . . . für einen russischen Spion ausgegeben. Er hat in seiner Zeitung eine ganze Geschichte erzählt . . .* – Hier irrt Herzen. Diese verleumderischen Gerüchte über Bakunin wurden bereits vor Ausbruch der Revolution von der zaristischen Botschaft in Paris ausgestreut und von bestimmten Kreisen der polnischen Emigration aufgegriffen. Im Interesse Bakunins veröffentlichte die »Neue Rheinische Zeitung«, deren Redakteur Marx war, am 6.7.1848 einen Korrespondenzbericht aus Paris, der diese Gerüchte sowie die Behauptung, George Sand halte Material in Händen, das den Revolutionär belaste, wiedergab. Am 16.7.1848 druckte Marx sowohl Bakunins Protest als auch seinen Brief an George Sand ab, in dem diese gebeten wurde, den Gerüchten entgegenzutreten. Die entsprechende Erklärung der Schriftstellerin, die Bakunin in vollem Umfange rehabilitiert, erschien in der »Neuen Rheinischen Zeitung« am 3.8.1848. Ende August kam es zu einem freundschaftlichen Treffen zwischen Marx und Bakunin in Berlin.

Bakunin saß damals . . . im Gefängnis . . . – Bakunin wurde im Zusammenhang mit seiner Teilnahme am Dresdner Aufstand vom Mai 1849 verhaftet, also fast ein Jahr n a c h jener Affäre.

279 *Zusammen mit Urquhart . . . gelangten die Marxiden . . . in den »Morning Advertiser«.* – Hier irrt Herzen. Marx unterhielt zu der genannten Zeitung nicht nur keine engen Beziehungen, sondern hat sich mehrfach sowohl über das politische Anliegen des Blattes als auch über den Charakter von Herausgeber und Redakteur negativ geäußert. Mit Urquhart wurde Marx erst einige Monate nach dieser Zeitungspolemik über Bakunin flüchtig bekannt. Mit Urquharts Ansichten hatte Marx nichts gemein und ist – wie auch Engels – in der Presse mehrfach mit scharfen Kritiken an ihm und seinen Vorstellungen hervorgetreten. Herzen wurde vermutlich dadurch irregeführt, daß Marx zu Beginn der 50er Jahre ähnlich Urquhart heftige Kritik an der zaristischen Diplomatie übte, insbesondere was deren Aktivität im Nahen Osten betraf. Die entsprechenden Artikel Marx' erschienen in »The People's Paper«, der Zeitung der Chartisten, und wurden von einzelnen Provinzzeitungen, die Urquhart nahestanden, nachgedruckt. Im Gegensatz zu Urquhart vertrat aber Marx nicht den Standpunkt, daß im Nahen Osten der Status quo aufrechterhalten werden müsse.

Eines schönen Morgens warf der »Morning Advertiser« . . . die Frage auf . . . – Der entsprechende mit F. M. gezeichnete Brief an die Redaktion des Blattes (2.8.1853) stammte nicht von K. Marx oder einem seiner Freunde, sondern von dem reaktionären Gutsbesitzer Francis Marx.

280 . . . *eine gemeinsame Protesterklärung* . . . – sie erschien im »Morning Advertiser« vom 29. 8. 1853; sie verwies u. a. darauf, daß bereits im Jahre 1848 ähnliche Verleumdungen gegen Bakunin verbreitet worden waren. Am 31. 8. 1853 ließ A. Ruge einen Brief in der Zeitung veröffentlichen, in dem er Marx wegen dessen seinerzeitigen »Verleumdungen« gegen Bakunin in der »Neuen Rheinischen Zeitung« angriff.

Sie eröffneten eine . . . Polemik mit Golowin . . . – In einer am 2.9. veröffentlichten Erklärung verwahrte sich Marx gegen die Beschuldigungen, die zu Unrecht gegen ihn und die »Neue Rheinische Zeitung« erhoben worden waren. Als F. M. in einer Zuschrift an die Redaktion des Blattes Bakunin wiederum angriff, antwortete Golowin – unterstützt von Herzen – in einem anonymen Schreiben mit der Behauptung, Marx trage an der Kampagne gegen Bakunin im Jahre 1848 die Schuld. Den hierauf antwortenden Protestbrief Marx' veröffentlichte das Blatt nicht, erklärte jedoch einige Zeit später, es bestehe keinerlei Grund, in Bakunin einen russischen Spion zu sehen.

. . . *in den »Deutschen Jahrbüchern«* . . . – Herzen meint die »Deutsche Monatsschrift für Politik, Wissenschaft, Kunst und Leben«.

Zu den Marxiden gesellte sich . . . Karl Blind . . . – Marx war im Jahre 1849 in Karlsruhe mit Blind bekannt geworden. Obwohl sie in den darauffolgenden Jahren – in Paris und London – häufig zusammenkamen, kann von einer ideologischen Übereinstimmung zwischen ihnen nicht die Rede sein, und im Jahre 1854 wurde eine Entfremdung deutlich, die zum Bruch führte, als Blind Ende der 50er Jahre ins Lager der Liberalen überging. Später trat Blind als Verfechter der Politik Bismarcks und Gegner des Sozialismus auf.

281 . . . *der Sohn von R. Owen* . . . – R. D. Owen war 1824 in die USA ausgewandert und vertrat 1853 bis 1858 sein Land als Gesandter im Königreich beider Sizilien.

. . . *Duell Soulés mit Turgot* . . . – Im Jahre 1854 schlug sich der amerikanische Botschafter in Spanien, Soulé, mit seinem französischen Kollegen Turgot und verwundete ihn. Dieser Vorfall verschlechterte die Beziehungen zwischen Frankreich und den USA.

285 *Als Nachahmer des Mithridates . . .* – König Mithridates von Pontos soll sich der Überlieferung nach – aus Furcht vergiftet zu werden – von Kindheit an allmählich an den Genuß von Giften gewöhnt haben.

. . . zum Gedenken des 24. Februar 1848 . . . – d. h. des Ausbruchs der Februarrevolution.

. . . wenn Marx und Golowinmich nicht gezwungen hätten . . . – am 13.2.1855 protestierte Golowin in einem Brief an die Redaktion des »Morning Advertiser« gegen das geplante Auftreten Herzens als Vertreter Rußlands auf dem Meeting. Zwei Tage später nahm Herzen gegen diesen Protest Stellung, und das Internationale Komitee stellte sich in seiner Erklärung, die im »People Paper« veröffentlicht wurde, hinter Herzen. In dem Kapitel »Iwan Golowin« hat Herzen selbst ausführlich über diesen Vorfall berichtet.

Marx entschloß sich aus verschiedenen politischen Gründen, nicht an dem Meeting teilzunehmen. Vor allem hielt er ein Zusammengehen von Arbeitern und kleinbürgerlicher Demokratie unter Führung der letzteren bei dieser Aktion für schädlich. Was A. Herzen betrifft, so hielt er ein gemeinsames Auftreten mit ihm deshalb nicht für richtig, weil er Herzens Auffassung von der Zukunft Europas und der Rolle, die Rußland bei seiner Erneuerung spielen sollte, grundsätzlich ablehnte.

Daß während eines Krieges zwischen England und Rußland ein russischer Emigrant öffentlich die Prinzipien von Demokratie und Sozialismus vertrat, war von großer politischer Bedeutung. Doch nahm Alexander Herzen in seiner Rede wiederum eine Gegenüberstellung des westlichen Europa mit Rußland vor, was nach der Ansicht von Marx äußerst schädlich war.

288 *Claremont* – englisches Domizil Louis-Philippes nach der Revolution von 1848. Nach seinem Tode im Jahre 1850 blieb es der Aufenthaltsort seiner Familie.

290 *. . . im Ton der keuschen Susanne . . .* – vgl. Daniel 13.

291 *. . . dem indischen Sieg Havelocks . . .* – gemeint ist die Niederschlagung eines Aufstandes indischer Truppen im Jahre 1857.

297 *. . . Gehilfe des Bürgermeisters . . .* – J. B. Bocquet.

Bei dem Kommunistenprozeß in Köln . . . – Im Oktober und November 1852 fand in Köln ein Prozeß gegen einige verhaftete Mitglieder des »Bundes der Kommunisten« statt.

301 *. . . einige Russen . . .* – M. K. Reichel, N.A. Melgunow u. a.

302 *Kein Russisch rings . . .* – Zitat aus Gribojedows Komödie »Geist bringt Kummer«, III, 22 (Monolog Tschazkijs).

Eltern-Sonnabend – Gedenktag für verstorbene Eltern; fand viermal im Jahre im Anschluß an bestimmte Feiertage statt.

Doktor Wenskij – P. L. Pikulin, den Herzen aus konspirativen Erwägungen nicht bei seinem Namen nannte. Pikulin stand in Verbindung mit den Freunden Herzens in Moskau.

303 *»Herr, nun lässest Du . . .«* – Nach Lukas 2, 25–30 war dem Simeon aus Jerusalem geweissagt worden, er werde nicht eher sterben, als bis er Christum gesehen habe. Nach langem Warten ging sein Wunsch in Erfüllung. Er sah im Tempel das Kind Jesus. Er nahm es auf den Arm und sprach: »Herr, nun lässest du deinen Diener in Frieden fahren, wie du gesagt hast; . . .«

. . . in dem kleinen Zimmer des »alten Hauses« . . . – das Haus von Herzens Vater in Moskau. Dieses Gebäude ist auch von Ogarjow in seinem Gedicht »Das alte Haus« geschildert worden.

304 *Im Frühjahr 1856 kam Ogarjow . . .* – Der Dichter hat sich um das Zustande-

kommen der Zeitung sehr verdient gemacht. Herzen schreibt ihm sogar die erste Idee zur Herausgabe der »Glocke« zu.

305 *... sagte ... Katkow zu mir in London ...* – die Begegnung fand im Jahre 1859 statt.

... wie Biron goß er mir ... einen Kübel kalten Wassers über den Kopf. – In Lashetschnikows Roman »Das Eishaus« wird beschrieben, wie die Leute Birons einen aufsässigen Ukrainer im Winter mit kaltem Wasser übergießen und ihn so in eine Eisstatue verwandeln.

... Ära der Michails ... – Herzen meint den Beginn der 60er Jahre, eine Periode der Reaktion, als viele Liberale auf Nationalismus und Chauvinismus umschwenkten. Herzen bezeichnet diese Periode mit den Namen der Repräsentanten der Reaktion: Michail Katkow und Michail Murawjow.

... einer davon war von unseren ... Freunden unterzeichnet ... – Herzen meint einen Brief K. D. Kawelins, der u. a. auch die Unterschriften von I. S. Turgenjew, P. W. Annenkow und N. N. Tjutschew trug.

... Prozeßakten des »Schützen Kotschubej« ... – Fürst L. W. Kotschubej hatte im Jahre 1853 auf seinen Gutsverwalter Salzmann geschossen und ihn verwundet. Er ging jedoch nicht nur straffrei aus, sondern brachte es mit Hilfe bestochener Richter dahin, daß sein Opfer ins Gefängnis kam. Die Entlarvung dieser Machenschaften durch Herzen führte zur Wiederaufnahme des Verfahrens und zur Freilassung Salzmanns.

Die Anekdote von Schtschepkin und Gedeonow ... – Herzen erzählt sie in seinem Artikel »Michail Semjonowitsch Schtschepkin«. Der Schauspieler konnte seine Gagenforderung mit Hilfe der Drohung, er werde sich im Falle einer Ablehnung an die »Glocke« wenden, durchsetzen.

306 *Der uneigennützige Murawjow ...* – er wurde wegen seiner Bestechlichkeit und der Unterschlagung von Staatsgeldern häufig in der »Glocke« angegriffen.

... die Giraffe ... Panin ... – W. N. Panin zeichnete sich durch hohen Wuchs aus. Auch er war die Zielscheibe heftiger Angriffe der »Glocke«.

Gortschakow, der ... die Rolle des Mishujew spielte ... – Mishujew gehört nach Gogols Worten zu jenen Leuten, die den anderen »nur darin zustimmen, daß sie anderer Meinung sind« (»Tote Seelen«, Bd. 1, Kap. 4).

307 *Waren Sie an dem Brand in Petersburg beteiligt?* – Am 28.5.1862 brachen in Petersburg zahlreiche Brände aus, die erst nach Tagen gelöscht werden konnten. Die Regierung nahm die Brände zum Vorwand für terroristische Repressalien gegen das revolutionäre Lager und verbreitete das Gerücht, von Herzen und Tschernyschewskij angestiftete Studenten hätten die Brände gelegt. Durch solche Behauptungen sollte die revolutionäre Bewegung diskreditiert und von der Bevölkerung isoliert werden.

308 *... die Rolle der Charlotte Corday ...* – Im Jahre 1793 wurde Marat von Ch. Corday in der Badewanne sitzend ermordet.

310 *... zur Ausstellung ...* – d. h. zur Weltausstellung 1862 in London.

Orset House – Name eines Londoner Hauses, in dem Herzen vom November 1860 bis zum Juni 1863 wohnte.

312 *... Nikolai, der die Londoner Damen ... bezaubert hatte.* – Der Zar hatte England im Jahre 1844 besucht.

313 *... mit dem »Regenten« ...* – Während der Minderjährigkeit Ludwigs XV. führte Philippe II. von Orleans die Regentschaft.

322 *... daß Beethoven ihm eine seiner Symphonien gewidmet hatte.* – Gemeint sind offenbar die drei Streichquartette von 1823 (Es-Dur, a-Moll, B-Dur), die auf

Bestellung N.B. Golizyns, des Vaters von Ju.N. Golizyn, geschrieben wurden.

323 *... wie Louis-Philippe ...* – gemeint ist die Flucht des Königs nach der Februarrevolution von 1848.

324 *... der Chef des Pawlowskij-Regimentes ...* – Zar Nikolai I.

... einen Brief an Brunnow ... – Russischer Botschafter in London war zu dieser Zeit (1856–1858) nicht Brunnow, sondern M.I. Chrebtowitsch.

327 *... einer der Gäste ...* – Unter Herzens Gästen befand sich G. G. Peretz, ein Agent der III. Abteilung, der Wetoschnikows Rückkehr meldete.

... das Übrige ist bekannt. – Alle Briefe, die Wetoschnikow mitgegeben worden waren, fielen der II. Abteilung in die Hände. Im Juli 1862 wurden N. G. Tschernyschweskij und N. A. Serno-Solowjowitsch verhaftet. Eine Sonderkommission unter Leitung von A. F. Golizyn untersuchte den Fall der 32 Personen, die der »Verbindung zu den Londoner Propagandisten« angeklagt waren. Das Verfahren gegen Tschernyschewskij wurde von dem der übrigen Angeklagten abgetrennt. Die Massenverhaftungen in Rußland bedeuteten für Herzen und Ogarjew eine ernste Beeinträchtigung ihrer Verbindungen zur revolutionären Bewegung in der Heimat.

328 *»Das Vaterland ist in Gefahr« ...* – Zitat aus dem Dekret der Gesetzgebenden Versammlung vom 11.7.1792, das von der Invasion der monarchistischen Koalitionsarmeen in Frankreich Kunde gab.

... ein Franzose, ein Verehrer von Comte ... – Herzen meint seinen Landsmann G.N. Wyrubow, dessen Ansichten und Tätigkeit gegenüber er sich kritisch verhielt, den er als »Franzosen« und »Doktrinär« bezeichnete und wegen der Lösung aller Bande zur Heimat verurteilte.

329 *... als das Konkordat gefeiert wurde ...* – Am 12.8.1802 wurde durch einen Gottesdienst in der Pariser Kathedrale Notre-Dame das Abkommen zwischen Napoleon I. und dem Päpstlichen Stuhl gefeiert, das die Aufhebung der gegen die Kirche gerichteten Gesetze aus der Zeit der großen Französischen Revolution beinhaltete.

»L'infâme sera écrasée« – Herzen gibt sinngemäß den Ausspruch Voltaires (»Ecrasez l'infâme«) wieder, der sich auf die katholische Kirche und die reaktionäre Geistlichkeit bezieht.

331 *... »mehr als den Satan«.* ... – Zitat aus Gribojedows Komödie »Geist bringt Kummer«, I, 2.

»Gemeinschafts-Fonds« – Er wurde im Jahre 1862 geschaffen und aus freiwilligen Spenden gespeist. Der Fonds gab Herzen die Möglichkeit, notleidende Angehörige der jungen Emigranten zu unterstützen. Doch kam es über die Art der Verteilung zwischen einzelnen Emigranten und Herzen zu Meinungsverschiedenheiten. Im Mai 1867 wurde der Fonds liquidiert.

332 *»Auf die Markesasinseln«.* – P.A. Bachmetew ging nach Neuseeland.

336 *Sein Geld ...* – Im Juli 1869 erhielt auf Vorschlag Ogarjows der Anarchist S.G. Netschajew die Hälfte des Geldes, nach Herzens Tod auch noch den Rest. Das Geld wurde für nutzlose pseudo-revolutionäre Abenteuer vertan.

337 *... nach den Geißlern des Origenes ...* – Origenes, frühchristlicher Theologe und extremer Eiferer, rief zur Selbstkastration auf, um auf diese Weise dem Ideal eines heiligen Lebens nahezukommen. Die sog. Geißler treten jedoch erst im 13.–15. Jh. in Europa auf. Sie geißelten sich in Nachahmung der Geißlung Christi und betrachteten ihr Tun als freiwilliges Bußwerk.

338 *... nach den Schlächtern des September ...* – Anfang September 1792 kam es in

Frankreich zu elementaren Ausbrüchen der Volkswut. In der Furcht, die äußeren Feinde würden sich mit den inneren vereinigen, stürmte die Masse die Gefängnisse, wo auf Grund von improvisierten Gerichtsurteilen, z. T. aber auch ohne jedes Urteil, die in Haft gehaltenen Konterrevolutionäre umgebracht wurden.

... *den Robespierre'schen Strumpfstrickerinnen?* – Herzen meint offenbar die plebejischen Volksschichten in Frankreich, die die Jakobinerdiktatur unterstützten.

339 ... *im Kostüm des Gogolschen Petuch* ... – Der Gutsbesitzer Petuch tritt Tschitschikow nackt entgegen (Tote Seelen, Bd. 2, Kap. 3).

.... *St. Mill einen rascal zu nennen* ... – Dies tat N.W. Sokolow in seinem Artikel »Mill«, veröffentlicht in der Zeitschrift »Russisches Wort« (1865). Dieser Artikel rief beim »Zeitgenossen« Widerspruch hervor.

... *wegen eines zerdrückten Jabots ...«* – Zitat aus dem Gedicht »Zeitgenössisches Lied« von D.W. Dawydow.

... *»seinen Unteroffizier als Lehrer und Voltaire«* ... – leicht abgewandeltes Zitat aus Gribojedows Komödie »Geist bringt Kummer«, IV, 5.

342 *Jules Elysar* – Unter diesem Pseudonym veröffentlichte Bakunin in den Jahren 1842 bis 1848 seine Artikel.

Königstein – Festung im damaligen Königreich Sachsen.

343 ... *auf dem Prager Kongreß* ... – der sogenannte Slawenkongreß fand vom 31.5 bis 12.6.1848 statt. Bakunin gehörte zur radikalen Linken. Die maßgebliche Rolle auf dem Kongreß spielten bürgerlich-liberale tschechische Kreise, die eine Umwandlung der österreichischen Monarchie in eine Föderation slawischer Länder unter den Habsburgern propagierten.

... *wegen seiner Rede auf dem polnischen Jahrestag* ... – Auf einer Versammlung, die aus Anlaß des 17. Jahrestages der Polnischen Erhebung von 1830 am 29.11.1847 in Paris stattfand, hielt Bakunin eine Rede, in der er zum Sturz der zaristischen Selbstherrschaft durch die gemeinsame Anstrengung des polnischen und des russischen Volkes aufrief.

... *ihn zu den Slawen zu entsenden* ... – Ende März 1848 verließ Bakunin Paris, in der Absicht, sich nach Posen zu begeben. Die Berliner Polizei hinderte ihn jedoch daran, und Bakunin konnte lediglich Breslau besuchen, von wo er sich nach Prag begab.

344 ... *versehentlich seine Frau zu erschießen* ... – Bei der Niederschlagung des Aufstandes in Prag im Juni 1848 kam die Frau des Oberkommandierenden der österreichischen Truppen, Windischgrätz, durch einen Zufall ums Leben.

345 *Bakunin schrieb einen ... leading article.* – Im Jahre 1851 schrieb Bakunin in der Peter-Paul-Festung für Nikolai I. seine »Beichte«, in der seine panslawistischen Tendenzen deutlich zum Ausdruck kommen. Außerdem zeigt er tiefe Reue und bezeichnet seine revolutionäre Tätigkeit als Verbrechen, dessen Ursache geistige Unreife gewesen sei. Da Bakunin wußte, daß eine solche »Beichte« ihn in den Augen der Revolutionäre kompromittieren mußte, suchte er später ihren Inhalt zu verbergen.

346 ... *daß Michailow auf abscheuliche Weise verfolgt wurde* ... – Ende 1861 zu sechs Jahren Zwangsarbeit und Ansiedlung in Sibirien auf Lebenszeit verurteilt, wurde M.I. Michailow in Ketten in die Gruben von Kandinsk geschickt, wo er 1865 starb.

... *daß ein Korsakow einen Verweis erhalten* ... – Der Generalgouverneur von Ostsibirien, M.S. Korsakow, gab im Juni 1861 Bakunin die Erlaubnis zu einer

Amurreise, die der Revolutionär zur Flucht benutzte. Der Generalgouverneur erhielt daraufhin einen strengen Verweis vom Zaren.

351 *»Nach Jassy? Und von dort in den Kaukasus?* – Herzen wollte offenbar auf Puschkin und seine Verbannung im Süden anspielen.

354 *... von meiner Beteiligung am 13. Juni 1849 ...* – vgl. 3. Kap.

356 *Angesichts der Schüsse auf Priester und Kinder ...* – Im Jahre 1861 kam es in Polen zu Massendemonstrationen gegen die zaristische Unterdrückungspolitik. In den Kirchen wurden nationalreligiöse Hymnen gesungen. Diese Manifestationen endeten mehrfach mit blutigen Zusammenstößen mit den russischen Truppen.

... Attentat auf Konstantin. – Großfürst Konstantin Nikolajewitsch wurde im Jahre 1862 zum Statthalter von Polen ernannt. Im Juni des Jahres, einen Tag nach seiner Ankunft, wurde auf ihn ein Anschlag verübt.

357 *Padlewski* – Im September 1862 nahm Padlewski an den Verhandlungen zwischen den Vertretern des Zentralen Nationalen Komitees und den Herausgebern der »Glocke«, Ende November desselben Jahres an den Besprechnungen mit den Vertretern der Organisation »Land und Freiheit« in Petersburg teil. In der Anfangsperiode des Aufstandes von 1863 spielte er eine bedeutende Rolle, doch wurde er schon bald von den russischen Truppen gefangengenommen und hingerichtet.

... Giller ... ist in Ketten ... zu den Bergwerken spaziert ... – wegen seiner Teilnahme am polnischen Aufstand von 1830/31 wurde A. Giller nach Sibirien verbannt. Ende der 50er Jahre kehrte er nach Polen zurück, wo er sich dem rechten Flügel der Aufstandsbewegung anschloß.

... meine Antwort an die Offiziere ... – »An die russischen Offiziere in Polen«.

358 *Abends kam Bakunin mit drei Gästen ...* – der dritte – außer Padlewski und Giller – war W. Milowicz, der Vertreter des rechten Flügels der »Roten«.

361 *... zwei nach Warschau ...* – Padlewski und Giller.

... der dritte ... nach Paris. – Miłowicz.

... der Ukas von der ... Rekrutenaushebung ... – Im Herbst 1862 verfügten die zaristischen Behörden eine Rekrutenaushebung in Polen, in der Hoffnung, dadurch der revolutionären Bewegung Einhalt zu gebieten. Der Beginn dieser Aktion im Januar 1863 war einer der Anlässe zum Aufstand.

... auch die Weißen ... – Als »Weiße« wurden die Angehörigen des liberalen Adels und der Bourgeoisie innerhalb der polnischen Bewegung zu Beginn der 60er Jahre bezeichnet. Sie lehnten revolutionäre Kampfmethoden ab und traten für gemäßigte Reformen ein. Herzen setzt ihren Anschluß an die Revolution allerdings zu früh an. Dazu kam es erst Ende Februar/Anfang März 1863, als westliche Staaten diplomatische Schritte zugunsten der Polen unternahmen.

... der Bevollmächtigte der Gesellschaft »Land und Frieden« ... – A. A. Slepzow kam zu Verhandlungen mit Herzen und Ogarjow nach London. Er schlug vor, die »Glocke« zu einem Organ der Gesellschaft zu machen und ihren obersten Rat in London zu bilden. Den ersten Vorschlag lehnte Herzen ab; der Rat kam zustande.

362 *... daß er seinem Untergang entgegenging.* – A. A. Potebnja nahm als Führer einer Kampfeinheit am Aufstand teil und fiel im März 1863.

363 *Die Charlotte Corday aus Orjol ...* – Herzen meint das russische Mädchen, von dem er im 13. Kapitel erzählt. Es hatte Herzens Isolation vorausgesehen.

... der bäuerliche Daniel ... – gemeint ist P. A. Martjanow, der den Niedergang der »Glocke« prophezeit hatte.

368 . . .*»Heines Briefwechsel«* . . . – Herzen meint »Correspondance inédite de Henri Heine . . .«, 2 Bde., Paris 1866/67.

369 . . . *feuchte Mutter Erde* . . . – häufig gebrauchte Redewendung aus der russischen Volksdichtung.

370 . . . *Bettina das Kind* . . . – Bettina von Arnim, die Verfasserin von »Goethes Briefwechsel mit einem Kinde«.

. . . *Rahel die Jüdin* . . . – die Gattin Varnhagen von Enses (geb. Levin). In ihrem Berliner Salon hat Heine verkehrt. Sie ist die Autorin der »Galerie von Bildnissen aus Rahels Umgang und Briefwechsel«.

»Der Pan ist gestorben!« – ungenaues Zitat aus Heines »Ludwig Börne«, 2. Buch.

371 *Krollgarten* – Berliner Vergnügungslokal.

. . . *ein Jahr vor dem Kriege* . . . – dem Krieg zwischen Preußen und Österreich von 1866.

373 *Polizeibrücke* – in ihrer Nähe befanden sich die Petersburger Polizeizentrale und das Büro der III. Abteilung.

375 *Der greise Brougham... Verteidiger der... Königin Karoline...* – Brougham hielt 1820 im Prozeß gegen die Königin Karoline, Gattin Georgs IV., die des Ehebruchs angeklagt war, die Verteidigungsrede. Die Königin wurde freigesprochen.

376 *»Zeiten von Navarino und der Eroberung von Algier«* . . . – Herzen gibt hier einem Vers aus Gribojedows Komödie »Geist bringt Kummer«, II, 5, eine aktuelle Abwandlung. In der für den griechischen Freiheitskampf entscheidenden Seeschlacht vor Navarino siegte im Jahre 1827 eine vereinigte englisch-französisch-russische Flotte über die ägyptisch-türkische. Algier wurde im Jahre 1830 französische Kolonie.

379 . . . *eine der Lieblingsphrasen des doktrinären Jargons* . . . – Unter Doktrinären versteht Herzen hier jene politischen Gruppen, die die Interessen der Großbourgeoisie vertraten, als die in der Epoche der Restauration wohl den Absolutismus bekämpften, demokratischen Ideen gegenüber jedoch sich ablehnend verhielten. Hierzu zählt er auch den Politiker Thiers, der in den 20er Jahren im »Constitutionnel«, der Zeitung der »Doktrinäre«, schrieb. Die bedeutendsten liberalen Historiker zur Zeit der Julimonarchie waren Thierry, Michelet und Quinet.

. . . *ein* . . . *Herr von »mittleren Jahren, weder dick noch hager«* . . . – Anspielung auf die Charakteristik, die Gogol von Tschitschikow im ersten Kapitel der »Toten Seelen« gibt.

. . . *habe ich Napoleon nicht durchschaut.* – Herzen bezieht sich auf seine »Briefe aus Frankreich und Italien« (Brief 14), wo er eine vernichtende Charakteristik von Louis-Napoléon entwirft. Herzen hat Napoleon insofern falsch bewertet, als er seine politische Wendigkeit unterschätzte.

380 *Laboulaye lobte* . . . *New York* . . . – Der französische Publizist kritisierte in seiner »Geschichte der Vereinigten Staaten von Amerika«, seinen Skizzen »Über die Vereinigten Staaten und Frankreich« und in seinem satirischen Roman »Paris in Amerika« das zweite Kaiserreich, indem er es mit der Demokratie in den USA konfrontierte.

. . . *Prévost-Paradol* . . . – Der französische Journalist veröffentlichte im Jahre 1866 in der Zeitung »Courrier de Dimanche« Artikel, in denen er im Zusammenhang mit dem preußisch-österreichischen Krieg von der Bedrohung des europäischen Friedens durch Preußen sprach, das die Hegemonie in Deutschland an sich reiße.

In der Affäre Mirès ... – Der Financier Mirès wurde 1861 wegen Betruges zu fünf Jahren Gefängnis verurteilt, saß die Strafe jedoch nicht ab.

... *etwa Guizot.* – Als einem erklärten Gegner der Bonapartisten war es Guizot, den die Revolution von 1848 der Möglichkeit politischer Tätkigkeit beraubt hatte, auch nach dem Staatsstreich des Louis Bonaparte im Jahre 1851 nicht möglich, seine reaktionäre politische Tätigkeit wiederaufzunehmen.

... *la grande police* ... – so wurde die Polizei unter Napoleon III. genannt. Herzen vergleicht sie ironisch mit der »großen Armee« Napoleons I.

381 *Palais-Royal* – hier residierte der Thronfolger, Exkönig Jérôme.

Tuilerien – hier residierte Napoleon III.

382 *Seine umgebauten Straßen* ... – Unter Napoleon III. wurden in Paris zahlreiche bauliche Veränderungen vorgenommen.

... *die Attentate von Pianori und Orsini* ... – sie fanden 1855 bzw. 1858 statt.

383 ... *die Gesetze* ... *bezüglich der verdächtigen Leute* ... – Im Jahre 1858 wurde ein Gesetz über die gesellschaftliche Sicherheit erlassen, dessen Durchführung Napoleon III. Espinasse übertrug.

384 *Der geistige Fortschritt und die Wissenschaft hatten sich über die Seine zurückgezogen* ... – Das Quartier Latin, wo sich Universität, Akademie sowie eine Reihe wissenschaftlicher Hochschulen und Institute befinden, liegt auf dem linken Ufer der Seine, während sich das Zentrum des politischen und wirtschaftlichen Lebens auf dem rechten Seineufer befindet.

385 *Nach dem Überfall.* – Herzen bezieht sich auf den Angriff der Truppen Napoleons auf die Einheiten Garibaldis im Oktober 1867, einen Monat vor dem Einmarsch Garibaldis in das päpstliche Territorium mit dem Ziel der Befreiung Roms und der Eingliederung der Stadt in das italienische Königreich.

»Heiliger Vater ...« – Das Zitat in Schillers »Don Carlos« lautet genau: »Kardinal, ich habe das Meinige getan. Tun Sie das Ihre!« (V, Schlußszene)

Mir tut dieser Mazeppa leid ... – Das von Österreich befreite Italien, das nun in die Abhängigkeit von Napoleon III. geraten war, vergleicht Herzen mit dem Kosakenhetman Mazeppa, den man in seiner Jugend einmal dadurch bestraft hatte, daß man ihn auf den Rücken eines wilden Pferdes band und das Tier davonjagte. Dieser Vorfall wird sowohl in Byrons Poem »Mazeppa« wie auch in dem gleichnamigen Gedicht Hugos geschildert.

386 ... *als Garibaldi zum ersten Mal verhaftet wurde* ... – Als Garibaldi im September 1867 mit seinen Truppen gegen das päpstliche Territorium vorrückte, wurde er auf Drängen Napoleons III. von der italienischen Regierung unter Anwendung von Gewalt nach Caprera gebracht und streng bewacht.

387 *Ich sah die Flotte* ... – Die in Toulon zusammengezogenen Truppen wurden auf Befehl Napoleons III. eingeschifft und zum italienischen Hafen Civita-Vecchio gebracht; von hier aus rückten sie gegen Rom vor, wo sie am 30.10.1867 eintrafen.

... *haben ihm seine schlimmsten Feinde die Hand gereicht* ... – Als in der gesetzgebenden Körperschaft am 5.12.1867 die italienische Frage zur Debatte stand, sprachen sich Thiers und Berryer gegen eine Einigung Italiens aus und forderten von Napoleon, daß er die französischen Truppen in Rom belasse.

... *das Wort von Rouher* ... – Der französische Innenminister Rouher erklärte am 5.12.1867 zu den Forderungen der Demokraten auf Abzug der französischen Truppen aus Rom: »Italien dürstet danach, Rom zu besitzen, das es als unerläßliche Einigung ansieht. Nun, so erklären wir namens der französischen Regierung, daß Italien Rom nicht besitzen wird. Frankreich wird diesen Angriff auf seine Ehre und auf den Katholizismus niemals dulden.«

388 . . . *der Zuckerbäcker Lamartine* . . . – Herzen bezeichnet den Dichter als Zukkerbäcker, weil Lamartine als Politiker der Zweiten Republik durch seine süßlichen Reden die revolutionäre Wachsamkeit der Volksmassen einschläferte und so die Festigung der bourgeoisen Republik förderte.

. . . *die Fenier* . . . – Mitglieder einer irländischen republikanischen Brüderschaft, die für die Befreiung ihres Landes vom britischen Joch kämpfte. Sie arbeiteten mit dem Mittel der Verschwörung und des Terrors. Ihr Aufstand im Jahre 1867 endete mit einem Mißerfolg.

Register

Zu dieser Ausgabe

insel taschenbuch 1097
Alexander Herzen
Die gescheiterte Revolution

Der Text folgt der Ausgabe: Alexander Herzen, Die gescheiterte Revolution. Denkwürdigkeiten aus dem 19. Jahrhundert. Ausgewählt und herausgegeben von Hans Magnus Enzenberger. Mit einer Einleitung von Isaiah Berlin. Suhrkamp Verlag Frankfurt am Main 1977. Der hier gebotene Text beruht auf einer Auswahl aus: Alexander Herzen, Mein Leben. Memoiren und Reflexionen. Herausgegeben von Eberhard Reißner. Aus dem Russischen übersetzt von Hertha von Schulz. Drei Bände. Berlin (Aufbau-Verlag) 1962–1963. Umschlagabbildung: F. G. Nordmann, 'Die Barricade', am 18. März 1848 von einem Augenzeugen. Farblithographie, Berlin 1848. *Hinter der Barrikade werden aus der Bleiverglasung herbeigeschleppter Fenster Kugeln gegossen.*

insel taschenbuch
Leben und Werk

Lou Andreas-Salomé
Leben. Persönlichkeit. Werk. Eine Biographie von Cordula Koepcke. it 905

Johann Sebastian Bach
Leben und Werk in Daten und Bildern. Herausgegeben von Klaus-Peter Richter. it 788

Eine Lebensgeschichte von Charles Sanford Terry. Aus dem Englischen von Alice Klengel. Mit einer Nachbemerkung von Klaus-Peter Richter. it 802

Alban Berg
Leben und Werk in Daten und Bildern. Herausgegeben von Erich Alban Berg. it 194

Bertolt Brecht
Leben und Werk in Daten und Bildern. Mit autobiographischen Texten, einer Zeittafel und einem Essay von Lion Feuchtwanger. it 406

Die Schwestern Brontë
Leben und Werk in Texten und Bildern. Herausgegeben von Elsemarie Maletzke und Christel Schütz. it 814

Hans Carossa
Leben und Werk in Daten und Bildern. Herausgegeben von Eva Kampmann-Carossa. it 348

Goethe
Sein Leben in Bildern und Texten. Vorwort von Adolf Muschg. Herausgegeben von Christoph Michel. it 1000

Heinrich Heine
Leben und Werk in Daten und Bildern. Von Joseph A. Kruse. it 615

Hermann Hesse
Leben und Werk im Bild. Von Volker Michels. Mit dem »Kurzgefaßten Lebenslauf« von Hermann Hesse. it 36

150/1/1.87

insel taschenbuch
Leben und Werk

Hölderlin
Chronik seines Lebens mit ausgewählten Bildnissen. Herausgegeben von Adolf Beck. it 83
Dokumente seines Lebens. Briefe, Tagebuchblätter, Aufzeichnungen. Herausgegeben von Hermann Hesse und Karl Isenberg. it 221

E. T. A. Hoffmann
Leben und Nachlaß. Von Julius Eduard Hitzig. Mit Anmerkungen zum Text und einem Nachwort von Wolfgang Held. it 755

Ödön von Horváth
Leben und Werk in Daten und Bildern. Herausgegeben von Traugott Kirschke. it 237

Erhart Kästner
Leben und Werk in Daten und Bildern. Herausgegeben von Anita Kästner und Reingart Kästner. it 386

Heinrich von Kleist
Leben und Werk im Bild. Herausgegeben von Eberhard Siebert. it 371

Gertrud von le Fort
Leben und Werk in Daten, Bildern und Zeugnissen. Von Gisbert Kranz. it 195

Novalis
Dokumente seines Lebens und Sterbens. Herausgegeben von Hermann Hesse und Karl Isenberg. it 178

Edith Piaf
Die Geschichte der Piaf. Ihr Leben in Texten und Bildern. Von Monique Lange. Aus dem Französischen von Hugo Beyer. Mit einer Discographie. it 516

Rainer Maria Rilke
Leben und Werk im Bild. Mit einer biographischen Einführung und einer Zeittafel. Von Ingeborg Schnack. it 35

150/2/1.87

insel taschenbuch
Leben und Werk

George Sand
Leben und Werk in Daten und Bildern. Herausgegeben von Gisela Spies. it 565

Schiller
Leben und Werk in Daten und Bildern. Ausgewählt und erläutert von Bernhard Zeller und Walter Scheffler. it 226

Reinhold Schneider
Leben und Werk im Bild. In Selbstzeugnissen und Worten der Mitlebenden von Edwin Maria Landau, Maria van Look, Bruno Stephan Scherer. it 318

Voltaire
Das Leben des Voltaire. Aus dem Französischen von Julia Kirchner. it 874

Richard Wagner
Leben und Werk in Daten und Bildern. Herausgegeben von Dietrich Mack und Egon Voss. it 334

Robert Walser
Leben und Werk in Daten und Bildern. Herausgegeben von Elio Fröhlich und Peter Hamm. it 246

Oscar Wilde
Leben und Werk in Daten und Bildern. Herausgegeben von Norbert Kohl. it 158

Stefan Zweig
Leben und Werk im Bild. Herausgegeben und eingeleitet von Donald Prater. Mit einem Essay von Volker Michels. it 528

150/3/1.87